前言

第1版

中华五千年的文明源远流长。国学浓缩了中国传统文化的精髓，是中国灿烂文化遗产中的瑰宝，从20世纪90年代至今，国学热潮再度掀起，进一步说明了今人对于传统文化的反思与正视。作为一个中国人，我们没有理由不深入地了解国学。

国学，顾名思义，就是中国之学。狭义的国学是指以儒学为主体的中国传统文化与学术。广义上的国学，则是指中国古代与现代的文化和学术，包括历史、思想、哲学、地理、政治、经济乃至书画、音乐、医学、星相、建筑等，都是国学的范畴。

就形式而言，国学是中国文明的主要载体，中国传统文化的精髓通过国学这种文化形态得以展现并传承，它就像一根坚韧的纽带，将形形色色、方方面面的中华文明珍珠串联在一起，形成一个完整的统一体。

国学典籍作为中国民族文化的载体，其内涵深刻，可谓国之瑰宝，世之奇葩。四书五经且诵且吟，《二十四史》忠孝节义，唐诗宋词娓娓道来，那卷帙浩繁的古代文献中，蕴涵着中国人对生命和客观世界多种多样的理解。国学精髓在“经史子集”的一些名言佳句中得到了充分反映，这些语句，熔知识、文化、趣味于一炉，堪称古代思想和艺术的结晶。阅读那一篇篇千古行文，吟诵那一首首优美诗篇，宛若与历代先贤秉烛夜话，观清风月朗，论沧海风云，弹指间，拈花一笑，触摸中华民族的文化脉搏。

国粹是指中国传统文化中最具代表性和最富独特内涵的文化遗产。中医、京剧、书法、国画等被世人称为“中国的国粹”。以上诸国粹具有悠久的历史与鲜明的民族特色，深受世界人民的热爱和欢迎。

国学思想包含了先秦儒家、道家、墨家等古代思想。儒家所倡导的“德治仁政”的治国理念，道家所追求的“天人合一”的哲学思维，法家所主张的“信赏必罚”的管理方略，墨家所宣扬的“兼爱交利”的文化精神，均已积淀为普遍的民族心理和宝贵的历史财富，值得我们进一步探索与追寻。

国学知识博大精深，千年来已渗透到社会的方方面面，直接影响着国人的思想、意识、伦理、道德、行为乃至娱乐等。本书以通俗易懂的文字及简洁流畅的表达方式，对中国的国学常识、国学典籍、国学思想、国学典故、国粹、国学大师等六个方面逐一分类阐述，旨在使读者了解国学精髓，领略国学精华，感悟国学精神，从而达到鉴古知今，探寻中华文化之本的目的。

汗青作札，岁月添灯，丹青批注……走进国学，你就拥有了一把开启精神家园的钥匙。身处其间，你就可以穿越时空，看中华千年荣辱悲欢，听先贤圣哲悠悠往事。

国学，如斯之美。

编著者

2011 年 11 月

国学知识一本通

张迤逦◎编著

第②版

中国纺织出版社

内 容 提 要

中华五千年的文明绵延久远，国学作为集大成者，浓缩了我国传统文化的精髓，是我国灿烂文化遗产中的瑰宝。国学知识博大精深，数千年来已渗透到社会的方方面面，直接影响着国人的思想、意识、伦理、道理、行为乃至娱乐等。

本书以通俗易懂的文字及简洁流畅的表达方式，对我国的国学常识、国学典籍、国学思想、国学典故、国粹、国学大师等六个方面逐一分类阐述，旨在使读者了解国学精髓，领略国学精华，感悟国学精神，从而达到鉴古知今，探寻中华文化之本的目的。

图书在版编目（CIP）数据

国学知识一本通 / 张迤逦编著. —2 版. —北京：中国纺织出版社，2015.1 （2022.6重印）

ISBN 978-7-5180-1117-9

Ⅰ.①国… Ⅱ.①张… Ⅲ.①国学—通俗读物 Ⅳ.①Z126-49

中国版本图书馆 CIP 数据核字（2014）第 237620 号

责任编辑：闫 星　　　　责任印制：储志伟

中国纺织出版社出版发行

地址：北京市朝阳区百子湾东里 A407 号楼　邮政编码：100027

销售电话：010—67004422　传真：010—64168231

http://www.c-textilep.com

E-mail:faxing@c-textilep.com

中国纺织出版社天猫旗舰店

官方微博 http://weibo.com/2119887771

三河市延风印装有限公司印刷　　各地新华书店经销

2012 年 3 月第 1 版　2015 年 1 月第 2 版　2022年6月第2次印刷

开本：710×1000　1/16　印张：21

字数：380 千字　定价：58.00元

前言

第2版

中华文化博大精深，上下五千年文明源远流长。提到“国学”一词，其实古已有之。从20世纪至今，国学热潮再度掀起，我们也开始重新审视传统文化。现如今，“国学”之意是指中华民族固有的文化与学术，是从古至今无数中国人智慧的结晶，经受历史的锤炼打磨与自然的甄选淘汰，终成世界文化史上的瑰宝，受无数世人所瞩目与敬仰。

最初，《汉书·艺文志》对国学有一个基本的分类，将其分为六个部分。这六部分构成了国学的前身。第一部分为六艺。指《诗》《书》《礼》《乐》《易》《春秋》六部经典。六艺有大六艺，小六艺。小六艺是六种技术：礼、乐、射、御、数、术，是具体培养人的人格和各种技能的。大六艺，就是六经。任何时候，经总是排在首位的。这就是中国的精神，是国学精神里面很重要的内容。第二部分为诸子百家。诸子如同皇帝出行时陪同的王侯，各司其职。诸子有儒家、道家、墨家、法家、名家、阴阳家、农家、纵横家、小说家等。第三部分为诗赋。诗和赋不一样，是两种不同的体裁。《汉书·艺文志》里有《诗赋律》。古代秀才登高就能赋，而我们不如古人。第四部分为兵书。兵书在古代知识分类中是非常重要的一部分，和后面讲的术数和方技被看做是实用理性的。第五部分为术数。譬如作为占筮的《周易》。第六部分为方技。房中术、医术都是方技。

国学经典可以说是中华文化的载体，细细划分，可以将其分为经、史、子、集四个部分，包括《四书五经》《二十四史》《唐宋诗词》等，那浩瀚的书卷中，蕴含了中国人对世界、对人生的多样性理解，在阅读一些名言佳句时，我们仿佛在与先哲们进行对话，三言两语便能为我们的人生指点方向。此外，一篇篇绝妙的诗文，更是让我们如沐春风、身临其境地感受其画面美。

随着科学技术和社会生产力的发展，我们每个人都在努力跟上时代的步伐，但作为国人，我们有必要了解和学习国学知识。同时，传统文化思想已经渗透到我们生活的各个层面，也在影响着我们的行为、思想、意识和道

德等各个方面。本书就是以通俗易懂的表达方式和简洁的文字对中国的国学常识、国学典籍、国学思想、国学典故、国粹、国学大师等多个方面一一进行阐述，旨在帮助读者朋友们更深入地了解中国，了解国学文化和追寻、探讨中华文化和精神，从而在其指引下不断丰富我们的思维和人生宽度。当我们将这本书捧于手心并细细阅览时，你会感到国学之美，也会为身为一个中国人而自豪！

本书在修订再版的过程中，对文字进行了进一步润色和提升，结合现今读者关注的国学知识，调整了部分内容，使得书稿更加严谨，让读者朋友从中更加受益。

编著者

2014 年 11 月

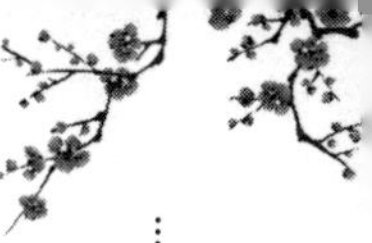

【目 录】

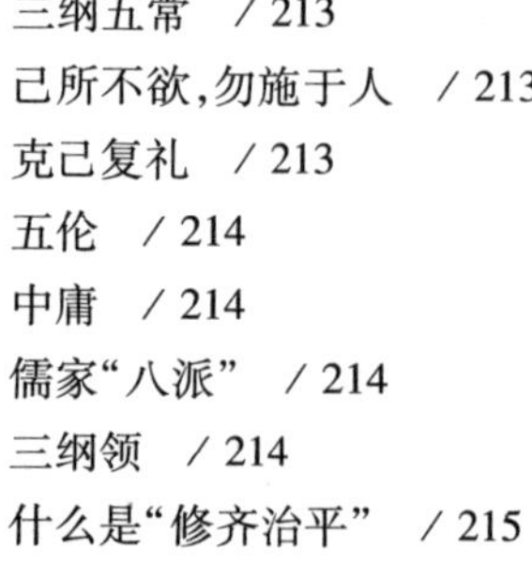

4 植物类 / 239

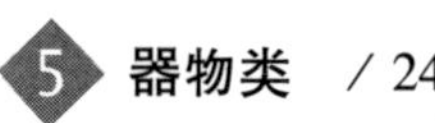

5 器物类 / 242

6 人事类 / 246

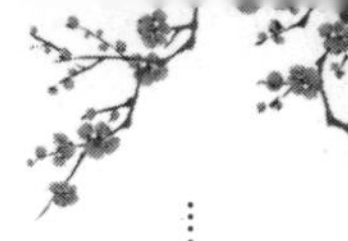

【第一章】一定要知道的国学常识

狭义的国学是指以儒学为主体的中华传统文化。广义上，中国古代与现代的文化，包括历史、地理、政治乃至音乐、术数、医学、星相、建筑等。国学常识是国学奇葩的零星点缀，它包括礼制、民俗、天文、地理、文学、乐律等诸多知识点，积淀和融合了中国传统文化的精髓。将国学常识尽收囊中，是轻松自如地获取国学知识的捷径。

1 神异人物

盘古

盘古，中国古代神话中开天辟地的神。盘古比较完整地首见于三国时徐整的《五运历年纪》。《五运历年纪》记载："天地浑沌如鸡子，盘古生其中。万八千岁，天地开辟，阳清为天，阴浊为地。盘古在其中，一日九变，神于天，圣于地。天日高一丈，地日厚一丈，盘古日长一丈，如此万八千岁。天数极高，地数极深，盘古极长。"有关盘古的神话，最早在我国南方少数民族民间广泛流传。苗、瑶向来崇奉盘古，把盘古看做自己的祖先。壮、侗等民族也盛传盘古，把盘古看做开天辟地的人类始祖。

盘古是自然大道的化身，在开天辟地的传说中蕴含了极为丰富而深刻的文化、科学和哲学等内涵，是研究宇宙起源、创世说和人类起源的重要线索。而他"鞠躬尽瘁、死而后已"的献身精神，更是人类精神的至高境界，历来为仁人志士所效仿。

女娲

在中国远古神话传说中有一个带有神秘色彩的人物，这就是曾以"造人"、"补天"而被尊崇为女神的女娲。在中国神话传说中，女娲神通广大，不但被尊为始祖神，而且还是赫赫有名的创世神。她最伟大之处就是她的创世业绩，即抟土造人与炼石补天。

女娲又称女阴、女娲娘娘，风姓，生于成纪（今甘肃秦安县北），一说她的名字为风里希（或为风里牺）。女娲的名字最早出自屈原的《楚辞·天问》："女娲有体，孰制匠之?"意思是：女娲的身体，是谁造出来的。《山海经·大荒西经》郭璞注："女娲，古神女而帝者，人面蛇身，一日中七十变。"女娲人首蛇身，与伏羲为兄妹。王延寿《鲁灵光殿赋》云："伏羲鳞身，女娲蛇躯。"

《说文》："娲，古之神圣女，化万物者也。"女娲神通广大化生万物，每天至少可以化生出 70 种东西，光她的一段肠子就能化生出 10 个神祇。女娲是中华民族伟大的母亲，《世本·姓氏篇》曰："女氏，天皇封娲于汝水之阳，后为天子，因称女皇。"女娲是被民间广泛而又长久崇拜的创世神和始祖神。

有巢氏

有巢氏，是神话传说中的人物，汉族人民想象中的始祖，原始巢居的发

明者。《通志·三皇纪》记载:“厥初,先民穴居野处,圣人教之结巢,以避虫豸之害,而食草木之实,故号‘有巢氏’,亦曰‘大巢氏’。”

“有巢氏”既是个人称号,也是氏族代号。“有巢氏”称号是后世之人,根据传说而给“首创巢居”的人追赠的荣誉性称号。在燧人氏之前,人类都是无名的,所谓“有巢氏”、“燧人氏”并不是他们的“自称”,而是后人的“他称”。

称“巢”,与有巢氏其人筑巢之事迹功德有关。称“氏”,这是古代的一种名称样式。古文献中,有关传说式记载的远古时代帝王,几乎一律都享受这样的称谓,如燧人氏、伏羲氏、女娲氏、神农氏、轩辕氏等,之所以如此,大凡此等称谓兼有氏族意义、时代意义,还多少包含着对他们的尊敬意味。

“有巢氏”因为功德和地位,自然成为他所在氏族的领袖人物,领袖人物的称号便逐渐成为他所生息的时代的名称。

燧人氏

燧人氏又称“燧人”,是新石器初期河套附近一个母系氏族,他们以打猎为生。在山林中居住的燧人氏,从石块与山石相碰时产生的火花中受到启发,发明了钻木取火。《古史考》云:“太古之初,人吮露精,食草木实,山居则食鸟兽,衣其羽皮,近水则食鱼鳖蚌蛤,未有火化,腥臊多,害肠胃。于使(是)有圣人出,以火德王,造作钻燧出火,教人熟食,铸金作刃,民人大悦,号曰燧人。”关于他的神话反映了中国原始时代从利用自然火,进化到人工取火的情况。

据古史记载,燧人氏不仅发明了“钻木取火”,还发明了“结绳记事”,为禽兽命名,立传教之台,兴交易之道。燧人氏在昆仑山立木观察星象祭天,发现了“天道”。因天道而受到启发,燧人氏始为山川百物命名,而有“地道”。天地之德孕育万物,而人为万物之尊。燧人氏以风姓为人类命名,对人的婚姻交配有了血缘上的限制,使人与兽有了严格的区分。这是人类早期的伦理道德,也就是“人道”。

由天道生地道,由天地之道而生人道,这便是“一生二,二生三,三生万物”的天道观。天、地、人始于无名,成于有名。有名则天地开明,人乃文明。中华民族有文字记载的九千年文明历史由此开始。

伏羲氏

伏羲又作宓羲、庖牺、包牺、伏戏,亦称牺皇、皇羲、太昊,史记中称伏牺,是中华民族的人文始祖。皇甫谧《帝王世纪》中说:“庖牺氏,风姓也,蛇身人首,有圣德。燧人氏没,庖牺代之,继天而王……称太昊,都陈,制嫁娶之礼。取牺牲以充庖厨,故号庖牺氏,是为牺皇。后世音谬,故谓之伏牺,或谓之宓

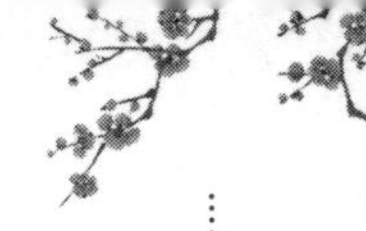

牺。”再后来，就演变成了伏羲。又传他教民结网，从事渔猎畜牧，始画八卦，造书契。

除了人祖外，伏羲也是一个统治一方的帝君。《淮南子·时则训》：“东方之极，自碣石山，过朝鲜，贯大人之国，东至日出之次，榑木之地，青土树木之野，太皞、句芒之所司者，万二千里。”高诱注：“太皞，伏羲氏，东方木德之帝也，句芒，木神。”伏羲在五帝中为东方天帝，此即其神职。

伏羲氏是中国文献记载中的最早的智者之一。伏羲氏对事物有着敏锐的观察力、对土地有着深厚的感情，同时他又拥有着超人的智能。伏羲氏将他观察到的一切，用一种数学符号描述了下来，这就是八卦。

神农氏

五千多年前，神农氏为姜姓部落的一位首领，在他生活的那个年代，作为一酋之长的神农氏和普通氏族成员一样长年劳作在田间。在劳动实践中，他发明了中国最早的农具——耒耜，从而大大促进了农业的发展，人们敬仰他对农业做出的贡献，所以称他为“神农氏”。

《白虎通义》记载：“古之人民皆食兽禽肉，至于神农，人民众多，禽兽不足，于是神农因天之时，分地之利，制耒耜，教民劳作，神而化之，使民易之，故谓神农也。”

神农氏还是中国最早的医药专家。据说，神农氏看到人民经常受到病魔的煎熬，心中忧虑不安。他从五谷能使人健康，联想到百草的果实块茎或许能治好人的疾病。传说中，神农氏跑遍山野采集各种各样的草药，为了摸清草药的特性，神农氏尝遍各种草药，常常中毒，甚至在一天中毒七十多次。据说神农氏还编写了《神农百草》，里面记载了治疗各种疾病的药方。

神农氏在位一百四十年，后来他的统治地位被黄帝所取代。

黄帝

黄帝同炎帝并称为中华民族的始祖，是传说中远古时代华夏民族的五帝之首。相传黄帝姓公孙，出生于轩辕之丘，故号轩辕氏，在姬水生长成人，所以又以姬为姓，后来在有熊建立国家，故又称有熊氏。《史记·五帝本记》记载：“黄帝者，少典之子，姓公孙，名轩辕，黄帝居于轩辕之丘。”他以土德为王，土是黄色，所以叫黄帝。

黄帝一生历经五十三战，打败了榆罔，降服了炎帝，诛杀了蚩尤，结束了战争，统一了三大部落，告别了野蛮时代，当选为中华民族第一帝。黄帝在位时间很久，国势强盛，政治安定，文化进步，有许多发明和制作，如文字、音乐、历数、宫室、舟车、衣裳和指南车等。相传尧、舜、禹、汤等均是他的后裔，因此黄帝被奉为华夏的“人文初祖”。

炎帝

炎帝，传说为远古时期姜姓部落的首领，号烈山氏或厉山氏。与黄帝同为中华民族始祖。《国语·晋语》载："昔少典娶有虫乔氏，生黄帝、炎帝。黄帝以姬水成，炎帝以姜水成。"南宋《路史·国名》载："炎帝后，姜姓国，今宝鸡有姜氏城，南有姜水。"据《史记》等古籍追记，相传其母名任姒，一日游华山，看见一条神龙，身体马上有反应，回来就生下炎帝。炎帝生于烈山石室，长于姜水，有圣德，以火德王，故号炎帝。

相传炎帝牛头人身，可能是以牛为图腾的氏族首领。事实上炎帝是一个神化了的人物，它代表的是远古人类在与大自然的斗争中改造自然集体的智慧。在今天，炎帝和黄帝作为中华五千年文明的象征被载入世界文明的史册，因此中国人也称为"炎黄子孙"。

颛顼

颛顼，黄帝之孙，昌意之子，生于若水，二十而登帝位，初封高阳，建都帝丘。他聪明敏慧，有智谋，在民众中有很高的威信。颛顼是传说中的神话人物，他有非凡的经历和超人的力量，有至高无上的权力。他的辖区非常大。据《淮南子·时则训》载："北方之极，颛顼、元冥（元冥又叫玄冥，是管北方的水神）之所司者万二千里。"又据《史记·五帝本纪》载："北至于幽灵，南至于交趾，西至于流沙，东至于蟠木，动静之物，大小之神，日月所照，莫不砥属。"真是一位泽被宇内，功德盖世的帝王。因他生前崇尚玄色，故后人推戴他为玄帝。

帝喾

帝喾，姓姬，名俊，为上古五帝之一。他是黄帝的曾孙。相传帝喾生于穷桑（西海之傧），母握裒因踏巨人足迹而生。帝喾少小聪明好学，十二三岁便有盛名，十五而佐颛顼，封有辛地方（今河南商丘），实住帝丘（今濮阳），三十而得帝位，迁都亳邑（今河南偃师县西南），在位七十年，享寿百岁。

据说帝喾非常喜欢音乐，他叫乐师咸黑制作了九招、六列、六英等歌曲，又命乐垂作鼙鼓、钟、磐等乐器，让64名舞女，穿着五彩衣裳，随歌跳舞。在音乐起鸣之后，凤凰、大翟等名贵仙鸟也都云集殿堂，翩跹起舞。古时认为只有德行高尚的人才能招来凤凰。

帝喾好巡游，他东到泰山、东海，东北至辽宁，北到涿鹿、恒山、太原，西北至宁夏、甘肃，西南至四川，南到湖北、湖南至长沙，几乎游遍五岳，参观了女娲、少昊、黄帝等先人的遗迹。

帝喾时战事不多，只在帝喾带领常仪、帝女南巡时，在云梦大泽遇到了房王作乱。当时帝女带着一只神通的狗，名叫盘瓠，它暗暗跑到敌营，咬死

了房王，平息了祸乱。帝喾把帝女和宫女许配了盘瓠，各生十二南女，分送到湖南、浙江两地。

著名文学家曹植曾作《帝喾赞》以颂之："祖自轩辕，玄嚣之裔，生言其名。木德治世。抚宁天地，神圣灵宾，教讫四海，明并日明。"

尧帝

尧，中国古代传说的圣王，姓伊祁，号放勋。据《史记·五帝本纪》和其他一些古代典籍记载，尧是黄帝的后代，为上古五帝之一的帝喾的儿子因封于唐，故称"唐尧"。

传说在尧的时代，首次制定了历法，这样，劳动人民就能够依时按节从事生产活动，不致耽误农时。

在诸子书中，还有关于帝尧武功的传说，文治和武功俱臻美备。《吕氏春秋·召类篇》说："尧战于丹水之浦，以服南蛮。"曾讨伐过南方的帮族，并亲自出征作战。《淮南子·本经训》中说："尧之时，十日并出，焦禾稼，杀草木，而民无所食。猰貐、凿齿、九婴、大风、封豨、修蛇皆为民害。"尧派后羿将那些野兽杀死，并射落九日。据说人们对尧为民除害的举措十分感激，所以拥戴他为天子。羿射九日已是神话，不过其中称颂尧"兴利除害，伐乱禁暴"的意思，确实是推崇帝尧安邦治国有道，不但文治昌明，而且武功赫奕。

《尧典》记载，尧登位时，正值年富力强，十六岁由唐侯升为天子，在位七十年，禅位后八年而终，尧的年龄在百岁上下。尧是父系氏族社会后期的部落联盟领袖。《帝王世纪》云："日月所照，风雨所至，莫不从服。"

舜帝

舜帝，姓姚，传说目有双瞳而取名"重华"。舜帝是中华民族的始祖之一，是中国道德文化的创始人。舜帝"只为苍生不为身"的奉献精神和敬老爱幼、诚信待人、惩恶扬善、举贤任能的优秀品德，四千多年来一直为中华民族所钦颂。舜帝主持国事，公正治理，积极推行"仁、义、礼、智、信"五德之言和五常之教而天下大治，为世人所扬。

舜帝是道德文化的鼻祖，舜文化是道德文化。《史记》所载："天下明德，皆自虞舜始。"

舜帝文化精神之魂可称为"德为先，重教化"，舜文化是由野蛮走向文明的历史转折时期的中华文化。以农耕文化为内涵的炎帝文化，以政体文化为内涵的黄帝文化，以道德文化为内涵的舜文化，共同构成了中华文化三座里程碑。

祝融

神话传说中的古帝，以火施化，号赤帝，后人尊为火神。有人说祝融是

古时“三皇五帝”的三皇之一，住在昆仑山的光明宫，是他传下火种，教人类使用火的方法。另一说祝融原叫重黎，在担任火正官时，黄帝赐他姓“祝融氏”。

相传，祝融还是一个音乐家，他经常在高山上奏起悠扬动听、感人肺腑的乐曲，使黎民百姓精神振奋、情绪高昂，对生活充满热爱。祝融死后，葬在南岳衡山之阳，后人为了纪念他，就把南岳最高峰称为祝融峰。

祝融的后裔分为八姓，即己、董、彭、秃、妘、曹、斟、芈等，史书称为“祝融八姓”。

共工

相传共工为水神，是古代传说中神农氏的后代，属于炎帝一族。据《山海经·海内经》：“炎帝之妻，赤水之子听祆生炎居，炎居生节并，节并生戏器，戏器生祝融，祝融降处于江水，生共工。”身为水神，共工有人的面孔、手足和蛇的身体。《路史·后纪二》：“共工人面蛇身朱发。”《左传·昭公十七年》：“共工氏以水纪，故为水师而水名。”

共工在黄帝的继承人颛顼治世的时代反叛，被颛顼击败，共工怒而头撞不周山，造成世界向东南倾斜。

《淮南子·天文训》：“昔者共工与颛顼争为帝，怒而触不周之山，天柱折、地维绝，天倾西北，故日月星辰移焉；地不满东南，故水潦尘埃归焉。”故此战实为黄炎战争之继续。

今河南杞县流传的“女娲补天”则说：共工、祝融、女娲、棺人为兄妹。共工与祝融因吃天鹅蛋之争，共工撞不周山，天塌洪水泛滥，女娲乃有补天之举。

刑天

刑天是中国古代神话传说中的人物。刑天亦作“邢天”、“形天”。据《路史·后纪三》，刑天为炎帝臣属。刑天原是一个无名的巨人，因和黄帝争神座，被黄帝砍掉了脑袋，这才叫刑天。“刑天”的意思是要誓戮天帝以复仇。

据《山海经·海外西经》记载：“刑天与天帝争神，帝断其首，葬之常羊之山。乃以乳为目，以脐为口，操干戚以舞。”因此，刑天常被后人称颂为不屈的英雄。

到了后世，刑天成为勇猛将士的象征，各朝各代之中，更是被比喻作战斗之神。几千年后，晋朝的大诗人陶渊明在《读山海经》中写诗赞颂说：“精卫衔微木，将以填沧海。刑天舞干戚，猛志固常在。同物既无类，化去不复悔。徒设在昔心，良辰讵可待！”赞扬刑天虽然失败，仍然战斗不已的精神。

2 神　兽

龙

龙是中华民族传说中的一种善变化、能兴云雨、利万物的神异动物，传说能隐能显，春分时登天，秋分时潜渊。龙又能兴云致雨，为众鳞虫之长，四灵（龙、凤、麒麟、龟）之首。

自古以来，龙在中国文化中，有着非常特殊的涵义，它占据了各个领域，成为中华文化的精神象征。可以说从有文字以来，就有对龙的记载和崇拜。古籍记述其形象多不一。一说为细长有四足，马首蛇尾。一说为身披鳞甲，头有须角，五爪。《本草纲目》则称"龙有九似"，为兼备各种动物之所长的异类。《管子·水地篇》中："龙生于水，被五色而游，故神。欲小则化如蚕蠋，欲大则函于天地，欲上则凌于云气，欲下则入于深泉；变化无日，上下无时，谓之神。"而《说文解字》上也有类似的记载："龙，鳞虫之长，能幽能明，能细能巨，能短能长。春分而登天，秋分而潜渊。"可以看出，自古时起，人们就认为龙是具有玄妙神力的动物，故在上古时代，龙就被人们奉为神物。

龙是中华民族的象征，所有炎黄子孙都可称为"龙的传人"。《山海经》记载："南方祝融，兽身人面，乘两龙。""西方蓐收，左耳有蛇，乘两龙。""东方句芒，身鸟人面，乘两龙。""北方禺疆，黑身手足，乘两龙。"另有书记载"颛顼乘龙至四海"、"帝喾春夏乘龙"。《左传》说龙是一种水物，《韩非子》则说龙是虫，当它温柔欢呷时，人们可以骑它，但一旦触动它喉下的逆鳞，就会杀人。那么龙是否存在？是精神象征还是物质现象？这似乎至今还是一个谜。

现阶段，科学界一致认为中国的龙是古人对鱼、鳄、蛇、猪、马、牛、鹿等动物和云雾、雷电、虹霓、龙卷风等自然天象模糊集合而产生的一种神物。龙起源于新石器时代早期，距离今天的时间不会少于八千年，是一种精神图腾。

龙，作为一种对不可思议的自然力的"崇拜现象"，也就从那个时候起，开始了它的"模糊集合"。具体到外形方面：角似鹿、头似驼、眼如兔、项似蛇、腹如蜃、鳞如鱼、爪似鹰、掌似虎、身如牛。这种复合结构，意味着龙是万兽之首，万能之神。

据文献记载：六千五百年前，太昊伏羲氏“结网罟，养牺牲”，由此赢得了先民的爱戴，被推为部落首领。在太昊伏羲氏的率领下，这一部落先后征服了以雄鹿、鳄鱼、猛虎、苍鹰、巨蜥、红鲤、白鲨、长须鲸为图腾的八大部落，并取蟒蛇的身、鳄鱼的头、雄鹿的角、猛虎的眼、红鲤的鳞、巨蜥的腿、苍鹰的爪、白鲨的尾、长须鲸的须组成一个新的图腾。这个新图腾体现了华夏九州的大融合，被太昊伏羲氏命名为“龙”。太昊元年九月初五日，在古宛丘，太昊伏羲氏实现了华夏九大部落的第一次结盟。从此太昊伏羲氏“始定四海之广，制九州”（见《竹书纪年》）。他把自己统领的九大部落，“号曰龙师”（见《纲鉴易知录》）。这样，太昊伏羲氏便成为远古华夏的第一位帝王，被华夏后裔尊为第一代龙祖。

进入文明社会以后，龙的造型愈来愈多样，内涵愈来愈深厚，形成了别具一格的龙文化。毫无疑义的是，中国人的文化兼容心理和综合思维方式创造了中国龙的独特形态。所以兼容与综合是龙文化的主体精神，也是中国文化的原创精神。

龙生九子

俗话说，“龙生九子，各有不同。”龙在其形象形成过程中，曾海纳百川地汇集了多种怪异兽的形象。到后来，这些怪异兽在龙形象发展的同时糅合了龙的某一种特征，形成了龙生九子各不相同的说法。但龙之九子为何物，究竟谁排老大谁排老二，并没有确切的记载。民间也有各种各样的说法，不一而同。但对于“龙生九子”，影响较大的一种说法是：

大儿囚牛，平生好音乐；二儿睚眦，平生好杀；三儿嘲风，平生好冒险；四儿蒲牢，平生好鸣；五儿狻猊，平生好坐；六儿赑屃，平生好负重；七儿狴犴，平生好讼；八儿负屃，平生好文；九儿螭吻，平生好吞火。

①囚牛。囚牛形似有鳞角的黄色小龙，它常常蹲在琴头上欣赏弹拨弦拉的音乐，因此琴头上便刻有它的形象。这个装饰现在一直沿用下来，一些贵重的胡琴头部至今仍刻有龙头的形象，称为“龙头胡琴”。囚牛不光立在汉族的胡琴上，彝族的龙头月琴、白族的三弦琴以及藏族的一些乐器上也有其扬头张口的形象。

②睚眦。睚眦龙身豺首，性好杀，喜血腥之气，常被雕饰在刀柄剑鞘上。它不仅装饰在沙场名将的兵器上，更大量地用在仪仗和宫殿守卫者的武器上，从而更显得威严庄重。睚眦的本意是怒目而视，所谓“一饭之德必偿，睚眦之怨必报”。报则不免腥杀，这样，这位模样像豺一样的龙子出现在刀柄刀鞘上就很自然了。

③嘲风。嘲风是兽形龙，样子有点像狗，它善于瞭望，喜好冒险，故多安

在殿角上。不仅象征着吉祥、美观和威严，而且还具有威慑妖魔、清除灾祸的含义。嘲风的安置，使整个宫殿的造型既规格严整又富于变化，达到庄重与生动的和谐，宏伟与精巧的统一，它使高耸的殿堂平添一层神秘气氛。

④蒲牢。蒲牢形似盘曲的龙，平生好鸣好吼，虽然生活在海边，但是不能呼风唤雨，相反还十分惧怕鲸，当鲸一发起攻击，它就吓得大声吼叫。所以古人据其“性好鸣”的特点，“凡钟欲令声大音”，即把蒲牢铸为钟纽，而把敲钟的木杵作成鲸形状。敲钟时，让木杵一下又一下撞击蒲牢，使之“响入云霄”且“专声独远”。

⑤狻猊。狻猊形似狮子，又称金猊、灵猊。平生喜静不喜动，好坐，又喜欢烟火。狻猊本是狮子的别名。由于佛祖释迦牟尼有“无畏的狮子”之喻，人们便顺理成章地将狻猊安排在佛的坐席前，或者雕在香炉上让其款款地享用香火。

相传狻猊是随着佛教在汉代由印度人传入中国的，至南北朝时期，我国的佛教艺术上已普遍使用，这种造型经过我国民间艺人的创造，使其具有中国的传统气派，后来成了龙子的老五，它布置的地方多是在结跏趺坐或交脚而坐的佛菩萨像前。明清之际的石狮或铜狮颈下项圈中间的龙形装饰物也是狻猊的形象，它使守卫大门的中国传统门狮更为狰狞威武。

⑥赑屃。赑屃，又名霸下、石龟，形似龟，是老六，平生好负重，力大无穷，碑座下的龟趺是其遗像。赑屃有神灵大龟之称，民间多称为龙龟，传说当年女娲就是用其四足撑起被共工撞塌的天空。因为龙龟好负重，寓意能为人挡灾煞减祸害，有镇宅兴家的作用，可福泽庇佑众生。

传说霸下上古时代常驮着三山五岳，在江河湖海里兴风作浪。后来大禹治水时收服了它，它服从大禹的指挥，推山挖沟，疏通河道，为治水作出了贡献。洪水制服了，大禹担心霸下又到处撒野，便搬来顶天立地的特大石碑，上面刻上霸下治水的功绩，叫霸下驮着，沉重的石碑压得它不能随便行走。它总是吃力地向前昂着头，四只脚拼命地撑着，挣扎着向前走，但总是移不开步。我国一些显赫石碑的基座都由霸下驮着，在碑林和一些古迹胜地中都可以看到。

⑦狴犴。狴犴又名宪章，形似虎，有怪力。它平生好讼，却又有威力，狱门上部那虎头形的装饰便是其遗像。传说狴犴不仅急公好义，仗义执言，而且能明辨是非，秉公而断，再加上它的形象威风凛凛，因此除装饰在狱门上外，还匍匐在官衙的大堂两侧。衙门长官的坐堂，行政长官的衔牌和肃静回避牌的上端，便有它的形象，它虎视眈眈，环视察看，维护公堂的肃穆正气。

⑧负屃。负屃似龙形，排行老八，平生好文，石碑两旁的文龙是其遗像。

我国碑碣的历史久远，内容丰富，它们有的造型古朴，碑体细滑、明亮，光可鉴人；有的刻制精致，字字有姿，笔笔生动；也有的是名家诗文石刻，脍炙人口，千古称绝。而负屃十分爱好这种闪耀着艺术光彩的碑文，它甘愿化做图案文龙去衬托这些传世的文学珍品，把碑座装饰得更为典雅秀美。它们互相盘绕着，看去似在慢慢蠕动，和底座的霸下相配在一起，更觉壮观。

⑨螭吻。螭吻又名鸱尾，也叫鸱吻、好望等。形似把尾巴去掉的四脚蛇，这位龙子好在险要处东张西望，也喜欢吞火。宫殿阶柱及殿脊，以及在民间屋脊上雕的兽头是其造型。

相传大约在南北朝时，螭吻由印度随佛教传入。它在佛经中是雨神的座下之物，能够灭火。相传汉武帝建柏梁殿时，有人上疏说大海中有一种鱼，虬尾似鸱鸟，也就是鹞鹰，能喷浪降雨，可以用来厌辟火灾，于是便塑其形象在殿角、殿脊、屋顶之上。《太平御览》有如下记述："唐会要目，汉相梁殿灾后，越巫言，'海中有鱼虬，尾似鸱，激浪即降雨'，遂作其像于尾，以厌火祥。"文中所说的"巫"是术士之流，"鱼虬"则是螭吻的前身。螭吻属水性，用它作镇邪之物以避火。

凤凰

凤凰是传说中的一种吉祥神奇的瑞鸟，亦称为玄鸟、火鸟等。据《雨雅·释鸟》记载，凤凰的形体为"鸡头，蛇颈，燕颔，龟背，鱼尾，五彩色，高六尺许。"是一个集众多动物特征于一身的神鸟，象征吉祥和永生。

凤凰和麒麟一样，是雌雄统称，雄为凤，雌为凰。《诗·大雅·卷阿》："凤皇，灵鸟仁瑞也。雄曰凤，雌曰皇。"凤凰是中国古代传说中的百鸟之王，在中华文化中的地位仅次于龙。《大戴礼·易本命》云："有羽之虫三百六十而凤凰为长。"汉代许慎在《说文解字》说："凤凰出于东方君子之国，翱翔四海之外，过昆仑，饮砥柱，濯羽弱水，莫（暮）宿风（丹）穴，见则天下大安宁。"《诗经·大雅·卷阿》："非梧桐不栖息，非竹实不吃，非清泉不饮。"可见凤的高洁，非凡俗的鸟可比拟。

凤凰的起源约在新石器时代。凤凰的起源与龙一样，都是源于图腾文化，有关学者认为，凤凰是古代先民的一种鸟图腾崇拜。从凤凰的形象来看，是融合了古时各个不同氏族所崇拜自然物的特征，结果出现了"凤凰"这一美的图腾。

关于凤凰的原形，有学者说是孔雀，有的认为是锦鸡或雉，有的提出应是家鸡，有的说是鹤等。在神话传说中，凤凰又叫玄鸟。《礼记》郑玄注："玄鸟，燕也。"据闻一多等学者考证，燕是凤凰的原形之一。《尔雅·释鸟》："鶠，凤也，其雌黄。" "凤，一名鶠。"古时，鶠与燕是同音字。据《宋书·符瑞

志》中较为具体的说法，它是“蛇头燕颔，龟背鳖腹，鹤顶鸡喙，鸿前鱼尾，青首骈翼，鹭立而鸳鸯思”。《韩诗外传》亦云：“凤象鸿前而鳞后，蛇颈而龟尾，龙文而龟身，燕颔而鸡喙。”总之，凤凰是孔雀、鸡、鸭等动物具有独特个性的部位拼合而成的一个虚拟的、综合的神物。

麒麟

麒麟，亦作“骐麟”，中国传统文化中著名的四瑞兽之一，被称为圣兽王。主太平、长寿。据说能活两千年。雄的名麒，雌的名麟，合称麒麟。麒麟性情温和，不伤人畜，不践踏花草，故被称为仁兽。中国古代用麒麟象征祥瑞。相传只有在太平盛世，或世有圣人时此兽才会出现。有“有毛之虫三百六十，而麒麟为之长”之说。

汉许慎《说文解字》：“麒，仁兽也，麋身牛尾一角；麟，牝麒也。”何法《徵祥记》：“麒麟者，牡曰麒，牝曰麟。许云仁兽，用公羊说，以其不履生虫，不折生草也。”麒麟高逾五丈，麋身，牛尾，马蹄，遍身鳞甲，麒有独角，麟无角，口能吐火，声音如雷。麒麟是品性仁慈、妖力强大的生物，谙悟世理，通晓天意，可以聆听天命。传说中人的世界有十二个国家，分别由十二个王来统治。王不是以出身或功绩来评选，而是由天命来决定。麒麟就是传达天命，为自己的国家选出王者的神兽。《神魔志异 · 灵兽篇》：“水麒麟，蛮荒万载寒潭所出，性喜吞噬妖物，能御万水，震慑群妖。后传为异人收服，为灵山守护。”

麒麟，是按古代人民的意愿所构思、创造的神物。从其外部形状上看，麋身、牛尾、马蹄（史籍中有说为“狼蹄”）、鱼鳞皮、一角、角端有肉、黄色。这种造型是将许多实有动物肢解后的新合拼体，它把那些备受人们珍爱的动物所具备的优点全部集中在麒麟这一幻想中的神兽的建构上，充分体现了中国人的“集美”思想。

龟

龟是四灵中唯一真实存在的，也是所有动物中寿命最长的。人们不仅把龟当做健康长寿的象征，也认为它具有预知未来的灵性。在古代，每当重大活动之前，巫师都要烧龟甲，然后根据龟甲上爆裂的纹路来占卜吉凶。所以，人们都称龟为“神龟”、“灵龟”。

鲧因治水无功，被舜幽于羽山，鲧羞于自沉于羽渊，化为元龟。禹治水，得龟相助。有一次龟背一座大山帮助堵水，遇恶蛟，龟怕丢山于江中，就负大山于蛟恶斗，终于战胜恶蛟，但龟也因力竭被压山下。后来历经沧桑，龟始得复出，背生绿毛，成为“绿毛神龟”。

神龟在中国曾经受到过极大的尊敬，在古代帝王的皇宫、宅院和陵墓里，都有石雕或铜铸的神龟，用来象征国运的久远。不少人起名字时，也愿

意用上“龟”字，如“龟年”、“龟龄”等。

饕餮

“饕餮”是中国古代传说中的神秘怪兽。它最大的特点就是贪吃。《辞海》中记载：“饕餮是传说中的贪食的恶兽，古代钟鼎彝器上多刻其头部形状作为装饰。”

饕餮相传是尧舜时四个凶恶的部落首领之一，死后变化为凶恶贪食的巨兽，其状为人头羊身，头生尖角，体发长毛。《山海经·北山经》云：“钩吾之山其上多玉，其下多铜。有兽焉，其状如羊身人面，其目在腋下，虎齿人爪，其音如婴儿，名曰狍鸮，是食人。”根据晋代郭璞对《山海经》的注解，这里说的狍鸮即是指饕餮。《神异经·西南荒经》：“西南方有人焉，身多毛，头上戴豕。贪如狠恶，积财而不用，善夺人谷物。强者夺老弱者，畏强而击单，名曰饕餮。”

《左传》云：“缙云氏有不才子，贪于饮食，冒于货贿，侵欲崇侈，不可盈厌；聚敛积实，不知纪极；不分孤寡，不恤穷匮。天下之民以比三凶，谓之饕餮。”而《史记·五帝本纪》注曰：“缙云氏，姜姓也，炎帝之苗裔，当黄帝时在缙云之官也。”蚩尤姜姓，亦为炎帝之苗裔(《路史·蚩尤传》有载)，故蚩尤很可能即此缙云氏之“不才子”饕餮。

传说轩辕黄帝大战蚩尤，蚩尤被斩，其首落地化为饕餮。《吕氏春秋·先识》云：“周鼎著饕餮，有首无身，食人未咽，害及其身。”《路史·蚩尤传》注云：“蚩尤天符之神，状类不常，三代彝器，多者蚩尤之像，为贪虐者之戒。其像率为兽形，傅以肉翅。”揆其所说，殆亦饕餮。

由于饕餮是传说中特别贪食的恶兽，人们便将贪于饮食甚至贪婪财物的人称为饕餮之徒。

浑沌

相传浑沌是尧舜时四个凶恶的部落首领之一，传说它形状肥圆、像火一样通红，长有四只翅膀、六条腿，虽然没有五官，但是却能够通晓歌舞曲乐。原始的浑沌形象出自《山海经·西次三经》：“有神焉，其状如黄囊，赤如丹火，六足四翼，浑敦(浑沌)无面目，是识歌舞，实为帝江也。”这里的浑沌已和传说中魔兽的形象很一致了。

再后来，《神异经》中云：“昆仑西有兽焉，其状如犬，长毛，四足，似罴(音皮)而无爪，有目而不见，行不开，有两耳而不闻，有人知性，有腹无五藏，有肠直而不旋，食径过。人有德行而往抵触之，有凶德则往依凭之。名为混沌。空居无为，常咋其尾，回旋仰天而笑。”浑沌已经完完全全是凶兽的形象了。

浑沌在我国古代传说中被神化、物化和人化。《庄子·应帝王》中有“南海之帝为倏，北海之帝为忽，中央之帝为浑沌”的句子。又写道“倏与忽时相与遇于浑沌之地，浑沌待之甚善。倏与忽谋报浑沌之德，曰：人皆有七窍，以视听食息，此独无有，尝试凿之。日凿一窍，七日而浑沌死。”意思为，南海的主宰名叫“倏”，北海的主宰名叫“忽”，南海与北海的中间地带由神王混沌掌管。倏与忽经常在混沌的辖区会面，混沌不但能够接纳他们，还能善待他们，使他们来去方便自如。倏与忽对此心存感激，都想着如何报答他的恩惠。一日他俩坐在一起商量，他们觉得人人都有口、鼻、耳、目，而唯独混沌没有，他拿什么视听、呼吸、进食呢？他一定很难受吧，于是，他俩想为混沌开凿七窍。想到这里，他们说干就干，一日凿开一窍，过七日，七窍开通了，混沌也死了。

浑沌因其既混且乱，故后世称是非不分之人为“浑沌”，《左传·文公十八年》有云：“昔帝鸿氏有不才子，掩义隐贼，好行凶慝，天下谓之浑沌。”

梼杌

相传梼杌是尧舜时四个凶恶的部落首领之一，后因怨气而化为妖魔为害人间，《神异经·西荒经》中有云：“西方荒中有兽焉，其状如虎而大，毛长两尺，人面虎足，口牙，尾长一丈八尺，扰乱荒中，名梼杌。”

原本只是令人害怕厌恶的恶人，后来“梼杌”被用来比喻顽固不化态度凶恶之人。《左传·文公十八年》记载：“颛顼有不才子，不可教训，不知诂言，告之则顽，舍之则嚚，傲狠明德，以乱天常，天下之民，谓之梼杌。”这个不可教训的恶人死后最终演化成上古著名的魔兽。

穷奇

相传穷奇是尧舜时四个凶恶的部落首领之一，出于邽山，形状如牛，浑身长着刺猬般的毛，声音像狗吠，是吃人的魔兽。《山海经·北山经》有云：“又西二百六十里，曰邽山。其上有兽焉，其状如牛，猬毛，名曰穷奇，音如獆狗，是食人。”

穷奇靠吃人为生。据说穷奇经常飞到打架的现场，将有理的一方鼻子咬掉；如果有人犯下恶行，穷奇会捕捉野兽送给他，并且鼓励他多做坏事。因此古人也把那种不重心意、远君子近小人的人称为穷奇。但是，穷奇也有为益的一面。在一种称为“大傩”的驱鬼仪式中，有十二种吞食恶鬼的猛兽，称为十二神或十二兽，穷奇就是其中之一。由此可见，它应该是头凶兽。然而有些书上又说它也不是那么坏，在古时腊八的前一天，宫廷里要举行一个叫逐疫的仪式，由方相氏带着十二只异兽游行，穷奇和另一只叫腾根的异兽，共同负担着吃掉害人的蛊的任务，于是又让人感觉它对人还是有些益处

了。之后神话被历史化，神鬼也被人格化，穷奇逐渐演变为天下四凶之一。

后来"穷奇"用来比喻背信弃义之人，《左传 · 文公十八年》有云："少昊氏，有不才子，毁信恶忠，崇饰恶言，天下谓之穷奇。"

貔貅

貔貅是一种凶猛瑞兽，又名天禄。而这种猛兽分有雌性及雄性，雄性名"貔"，雌性名为"貅"。在古时这种瑞兽是分一角和两角的，一角的称为"天禄"，两角的称为"辟邪"。后来多以一角造型为主。在南方，被称为"貔貅"，而在北方则被称为"辟邪"。貔貅作为传说中的祥兽，被人们认为有招财进宝和辟邪等灵性和功能。最早貔貅分为雄性"貔"和雌性"貅"，后来，随着时间的推移，就慢慢流传成为貔貅。

徐珂《清稗类钞 · 貔貅》："貔貅，形似虎，或曰似熊，毛色灰白，辽东人谓之白熊。雄者曰貔，雌者曰貅，故，古人多连举之。"貔貅的造型很多，难以细分。经过朝代的转变，貔貅的形态比较统一，龙头、马身、麟脚，额下有长须，两肋有翅膀，会飞，且凶猛威武，如有短翼、双角、卷尾、鬃须常与前胸或背脊连在一起，突眼，长獠牙。现在常见、较为流行的形状是头上有一角，全身有长鬃卷起，有些是有双翼的，尾毛卷须。

貔貅凶猛威武，是中国传统的招财神兽，它的典型形象为龙头、鹿耳、羊角、狮身、凤尾、虎爪。它在天上负责巡视工作，阻止妖魔鬼怪、瘟疫疾病扰乱天庭。貔貅是以财为食的，纳食四方之财。

在传说中，貔貅曾帮助黄帝打败蚩尤，古代除舞龙、舞狮子外，亦有舞貔貅。汉高祖刘邦曾命名貔貅为帝宝，因貔貅是皇室专用之物，通常将它摆放在王陵门口、书房或是内务库，用开国昌运侵其龙脉，绝非一般官员及百姓所能使用。

金蟾

人们通常把蟾蜍叫金蟾，古语讲"家有金蟾，财源绵绵"。三脚蟾蜍天性喜欢金银财宝，对钱财有敏锐洞悉力，很会挖掘财源。

金蟾有三只脚，身背北斗七星，嘴衔两串铜钱，头顶太极两仪，脚踏元宝山及背负写有"招财进宝、一本万利、二人同心、三元及第、四季平安、五谷丰登、六合同春、七子团圆、八仙上寿、九世同居、十全富贵"等字的铜钱。金蟾能聚财、镇财，不使金钱流失。

金蟾的造型很多，一般为坐蹲于金元宝之上的三足蟾蜍，背负钱串，丰体肥硕，满身富贵自足，有"吐宝发财，财源广进"的美好寓意，所以民间有俗语"得金蟾者必大富"也。放置此物于家居或商铺之中，可助财运亨通，大富大贵。

金蟾是最佳旺财吉祥物，而蟾蜍制品以玉器及铜制品为最常见，其次是瓷制。玉及瓷制的三脚蟾蜍适宜摆放在五行属木及土的方位。玉蟾蜍的摆放是很有讲究的，它的头朝门可以为您吸财，在它的尾部压上钱，代表可以双倍地为您滚财。铜制的三脚蟾蜍适宜摆放在五行属金、属水及属火的方位，这样便能够使财运好转。

獬豸

獬豸，也称解豸，是古代传说中的著名神兽，又被称为"法兽"。其形象为独角、龙首、狮尾、牛身、羊蹄，据说它具有明辨是非的能力，是古代勇猛、忠直的图腾兽之一。根据《论衡》和《淮南子・修务篇》的说法，它身形大者如牛，小者如羊，样貌大致类似麒麟，全身长着浓密黝黑的毛发，双目明亮有神，额上通常有一只独角，据传角断者即死，有的被见到长有双翼，但多数没有翅膀。獬豸拥有很高的智慧，能听懂人言。

西汉东方朔《神异经》载："东北荒中有兽，如牛而一角，毛青，四足，似熊。"古代传说它曾协助尧时执掌刑狱之官的皋陶判案，如在南朝梁新安太守任的《述异记》中载有："獬豸……性知人罪。皋陶治狱，其罪疑者，令羊触之。"又如东汉王充《论衡・是应》中有："獬豸者，一角之羊也……皋陶敬羊，起坐事之。"因此，从目前明陵神道上的獬豸形象结合上述文献，可以判断獬豸是中国古人创造的一种综合了羊、鹿、牛、犀牛特征的，象征公正、勇敢、忠直的神兽。

据说，獬豸独角高额，能分辨是非曲直，见到有人相斗，会用角"触不直者"；听到有人相争，会"咋（音责，咬、啃的意思）不正者"。它能识善恶忠奸，发现奸邪的官员，就用角把他触倒，然后吃下肚子。当人们发生冲突或纠纷的时候，它能用角指向无理的一方，甚至会将罪该万死的人用角抵死，令犯法者不寒而栗。帝尧的刑官皋陶曾饲有獬豸，凡遇疑难不决之事，悉着獬豸裁决，均准确无误。所以在古代，獬豸就成了执法公正的化身。

作为中国传统法律的象征，獬豸一直受到历朝的推崇。相传在春秋战国时期，楚文王曾获一獬豸，照其形制成冠戴于头上，《后汉书・舆服志下》："獬豸，神羊，能辨别曲直，楚王尝获之，故以为冠。"于是上行下效，獬豸冠在楚国成为时尚。秦灭楚国后，将该冠赐给御史佩戴，遂称为"獬豸冠"。到了东汉时期，皋陶像与獬豸图成了衙门中不可缺少的饰品，而獬豸冠则被冠以法冠之名，执法官也因此被称为獬豸，这种习尚一直延续下来。至清代，御史和按察使等监察司法官员都一律戴獬豸冠，穿绣有"獬豸"图案的补服。显然，獬豸形象是蒙昧时代以神判法的遗迹。近代，其仍被视为法律与公正的象征。

3 礼　制

朝仪

古代帝王临朝时的典礼仪式。按规定：天子面向南，三公面向北以东为上，孤面向东以北为上，卿大夫面向西以北为上，王族在路门右侧，面向南以东为上，大仆大右及大仆的属官在路门左侧，面向南以西为上。朝仪之位已定，天子和臣子行揖礼，礼毕退朝。后世也称人臣朝君之礼仪为“朝仪”。

朝聘

古代诸侯亲自或派使臣按期朝见天子称为“朝聘”。诸侯朝见天子有三种形式：每年派大夫朝见天子称为“小聘”，每隔三年派卿朝见天子为“大聘”，每隔五年亲自朝见天子为“朝”。

朝觐

古代宾礼之一，为周代诸侯朝见天子的礼制。诸侯朝见天子，“春见曰朝，秋见曰觐”，此为定期朝见。春秋两季朝见天子，合称为朝觐。

封禅

封禅，封为“祭天”（多指天子登上泰山筑坛祭天），禅为“祭地”（多指在泰山下的小丘除地祭地），即古代帝王在太平盛世或天降祥瑞之时的祭祀天地的大型典礼。封禅，最早出现于《管子·封禅篇》，唐代张守节解释《史记》时曾对“封禅”进行了释义，并指出了封禅的目的，大意是说，在泰山顶上筑圆坛以报天之功，在泰山脚下的小丘之上筑方坛以报地之功，即《史记·封禅书》中的“登封报天，降禅除地”。

封禅的起源多与当时社会的生产力和人们对自然现象的认识有很大的联系，人们对自然界的各种现象不能准确地把握，因此产生原始崇拜，特别是在恐惧的状态下，对日月山川、风雨雷电更是敬畏有加，于是“祭天告地”也就应运而生，从最开始的郊野之祭，逐渐发展到对名山大川的祭祀，而对名山大川的祭祀则以“泰山封禅”最具代表。

中国古代帝王为加强自己的统治，不约而同地宣传“神权天授”的理论，为了使这种理论得以证明，便有了封禅泰山的活动，使泰山祭天的作用得以延续。封建统治者的这种行为让泰山在人们心中的神山地位进一步强化，

随后成为每代帝王一生必做的大事之一。

宗庙

宗庙制度是祖先崇拜的产物。人们在阳间为亡灵建立的寄居所即宗庙。帝王的宗庙制是天子七庙，诸侯五庙，大夫三庙，士一庙。庶人不准设庙。宗庙的位置，天子、诸侯设于门中左侧，大夫则庙左而右寝。庶民则是寝室中灶堂旁设祖宗神位。祭祀时还要卜筮选尸。尸一般由孙辈小儿充当。庙中的神主是木制的长方体，祭祀时才摆放，祭品不能直呼其名。祭祀时行九拜礼：稽首、顿首、空首、振动、吉拜、凶拜、奇拜、褒拜、肃拜。宗庙祭祀还有对先代帝王的祭祀，据《礼记·曲礼》记述，凡于民有功的先帝如帝喾、尧、舜、禹、黄帝、文王、武王等都要祭祀。自汉代起始修陵园立祠祭祀先代帝王。明太祖则始创在京都总立历代帝王庙。嘉靖时在北京阜成门内建立历代帝王庙，祭祀先王三十六帝。

五礼

指西周的五种礼制，即吉礼、凶礼、军礼、宾礼、嘉礼。

①吉礼：吉礼是五礼之冠，主要是对天神、地祇、人鬼的祭祀典礼。

②凶礼：凶礼是哀悯吊唁忧患之礼。

③军礼：军礼是师旅操演、征伐之礼。

④嘉礼：嘉礼是和合人际关系、沟通、联络感情的礼仪。

⑤宾礼：宾礼是接待宾客之礼。

吉礼

吉礼是五礼之冠，主要是对天神、地祇、人鬼的祭祀典礼，如祭日月、祭社稷、祭山川、祭天子宗庙、祀先代帝王、祀孔子、巡狩封禅等。历代兴革不一，但极为统治阶级所重视。吉礼的主要内容有：

①祀天神：昊天上帝，祀日月星辰，祀司中、司命、雨师。

②祭地祇：祭社稷、五帝、五岳，祭山林川泽，祭四方百物，即诸小神。

③祭人鬼：祭先王、先祖，春祠、秋尝等。

凶礼

五礼之一，指用于吊慰家国忧患方面的礼仪活动，包括丧葬礼、荒礼、吊礼、恤礼、禬礼等。后特指丧葬、持服、谥号等礼仪。

①葬礼：对死者的处理方式，主要包括安葬、殡仪、举哀等。

②荒礼：指自然灾害引起歉收、损失和饥馑后，国家为救荒而采取的政治礼仪措施。荒礼是历代统治者都注意研究的政治问题，规定在饥荒之年要减损礼仪，节制饮食。

③吊礼：邻国遭遇水火之灾，应该派使者前往吊问。鲁庄公十一年秋，宋国发生大水，鲁君派人前往吊问，说："天作淫雨，害于粢盛，如何不吊？"《谷梁传》："三日哭，哀也其哀礼也。"

④恤礼：春秋时，诸侯之间一国遭受战乱，他国遣使表示慰问，谓之"恤礼"。

⑤禬礼：禬礼是会合财货的意思。邻国发生祸难，发生重大物质损失，兄弟之国应该凑集钱财、物品以相救助。《谷梁传》："更宋之所丧财也。"意思是说补充宋国因灾祸而丧失的财物，使之尽快恢复正常的社会生活。

军礼

五礼之一，即国家有关军事方面的礼仪活动。如《周礼》所举大师（召集和整顿军队）、大均（校正户口，调节赋征）、大田（检阅车马人众，亲行田猎）、大役（因建筑城邑征集徒役）、大封（整修疆界、道路、沟渠），以及《开元礼》的告太庙、命将、出师、宣露布、大射、马祭、大傩等。

宾礼

五礼之一。宾礼用于朝聘会同，是天子款待来朝会的四方诸侯和诸侯派遣使臣向天子问安的礼节仪式。如天子受诸侯朝觐、天子受诸侯遣使来聘、天子遣使迎劳诸侯、天子受诸侯国使者表币贡物、宴诸侯或诸侯使者等。此外，王公以下直至士人相见礼仪，也属宾礼。

嘉礼

嘉礼是饮宴婚冠、节庆活动方面的礼节仪式，如君主登基、册皇太子、策拜王侯、公侯大夫士婚礼、冠礼、宴飨、乡饮酒等。有时特指婚礼。嘉礼的主要内容有：饮食之礼，婚、冠之礼，宾射之礼，飨燕之礼，脤膰之礼，贺庆之礼。

六礼

古代的婚姻礼仪。指从议婚至完婚过程中的六种礼节，即：纳采、问名、纳吉、纳征、请期、亲迎。这一娶亲程式，周代即已确立，以后各代大多沿袭周礼，但名目和内容有所更动。

纳采：男方欲与女方结亲，请媒妁往女方提亲，得到应允后，再请媒妁正式向女家纳"采择之礼"。

问名：即男方遣媒人到女家询问女方姓名，生辰八字。取回庚贴后，卜吉合八字。

纳吉：纳吉是男方问名、合八字后，将卜婚的吉兆通知女方，并送礼表示要订婚的礼仪。

纳征：纳征就是男方向女方送聘礼。男方是在得知女方允婚后才可行

纳征礼的，历代纳征的礼物各有定制，民间多用首饰、细帛等项为女行聘，谓之纳币，后演变为财礼。

请期：请期又称告期，俗称选日子。是男家派人到女家去通知成亲迎娶的日期。

亲迎：亲迎又称迎亲。是新郎亲自迎娶新娘回家的礼仪。

冠礼

古代男子在二十岁成年时加冠的礼节。冠礼在宗庙中进行，由父亲主持，并由指定的贵宾给行冠礼的青年加冠三次，先后加缁布冠、皮弁、爵弁，分别表示有治人、为国出力、参加祭祀的权力。加冠后，由贵宾向冠者宣读祝辞，并给起一个与俊士德行相当的美“字”，使他成为受人尊敬的贵族成员。因为男子二十岁行冠礼，所以后世将二十岁称作“弱冠”。

笄礼

古代嘉礼的一种，为汉族女子的成年礼。笄，即簪子。自周代起，规定贵族女子在订婚以后出嫁之前行笄礼。一般在十五岁举行，如果一直待嫁未许人，则年至二十也行笄礼。受笄即在行笄礼时改变幼年的发式，将头发绾成一个髻，然后用一块黑布将发髻包住，随即以簪插定发髻。

膜拜

古代的拜礼。行礼时，两手放在额上，长时间下跪叩头。原专指礼拜神佛时的一种敬礼，后泛指表示极端恭敬或畏服的行礼方式。今人多用“顶礼膜拜”形容对某人崇拜得五体投地。

九拜

古时候，在正式社交场合，人们必须严格遵守跪拜礼，它是我国特有的一种表示敬意的礼节。所谓跪，即两膝着地，腰杆挺直；跪而以手碰地即为拜。跪拜礼有所谓“九拜”之称。

《周礼》谓“九拜”：“一曰稽首，二曰顿首，三曰空首，四曰振动，五曰吉拜，六曰凶拜，七曰奇拜，八曰褒拜，九曰肃拜。”这是不同等级、不同身份的社会成员，在不同场合所使用的规定礼仪。

“稽首”为九拜中最重的礼节，用于十分正式、庄重的场合，如拜天、拜神、拜祖先、臣拜君、子拜父、学生拜师等。“顿首”是平辈之间的礼节，“空首拜”是位尊者对于位卑者稽首拜的答拜礼，“吉拜”和“凶拜”礼行于各种祠祭及丧葬礼中，“奇拜”是军队中所行特殊的跪拜礼，“褒拜”是宫廷礼仪。以上诸拜主要是男子所行的礼仪。由于在封建社会女子地位低下，因而在一般情况下，她们是没有资格行跪拜礼的。

稽首

古代的一种跪拜礼，为“九拜”之一。行礼时，施礼者屈膝跪地，左手按右手，拱手于地，头也缓缓至于地。头至地须停留一段时间，手在膝前，头在手后。这是九拜中最隆重的拜礼，常为臣子拜见君王时所用。后来，子拜父、拜天拜神、新婚夫妇拜天地父母、拜祖拜庙、拜师、拜墓等，也都用此大礼。

顿首

顿首即叩首，九拜之一。古人席地而坐，姿势和跪差不多，行顿首拜时，取跪姿，先拱手下至于地，然后引头至地，便立即举起。因为头触地时间很短，只是略作停顿，所以叫顿首。顿首通常用于下对上及平辈间的敬礼。如官僚间的拜迎、拜送，民间的拜贺、拜望、拜别等。

空首

空首是两手拱地，引头至手而不着地，是拜礼中较轻者。“《周礼》谓：‘头不至于地为空首。’空首者，对于稽首、顿首之头着地而言也。”它与稽首、顿首都是正拜。其他几种拜礼都是正拜的变通。

叩手礼

以“手”代“首”，二者同音，这样，“叩首”为“叩手”所代，三个指头弯曲即表示“三跪”，指头轻叩九下，表示“九叩首”。至今还有不少地方行此礼，每当主人请糖倒茶之际，客人即以叩手礼表示感谢。主人给客人斟茶时，客人要用食指和中指轻叩桌面，以致谢意，这就是广州人饮茶的“叩手礼”。

拱手礼

拱手礼属相见或感谢时常用的一种礼节。行礼时，双腿站直，上身直立或微俯，双手互握合于胸前。一般情况为丧事行拱手礼，则男子为左手握拳在内，右手在外，女子则正好相反。

拱手礼始于上古，有模仿带手枷奴隶的含义，意为愿作对方奴仆。后来拱手逐渐成了相见的礼节。从西周起就开始在同辈人见面、交往时采用了。古人通过程式化的礼仪，以自谦的方式表达对他人的敬意。

作揖

“揖礼”据考证大约起源于周代以前。其基本姿势为双手抱拳前举。周武王时，揖礼开始大行于天下。据《周礼》记载，根据双方的地位和关系，作揖有土揖、时揖、天揖、特揖、旅揖、旁三揖之分。土揖是拱手前伸而稍向下；时揖是拱手向前平伸；天揖是拱手前伸而稍上举；特揖是一个一个地作揖；旅揖是按等级分别作揖；旁三揖是对众人一次作揖三下。此外，还有长揖，即拱手高举，自上而下向人行礼。

揖让

一指古代宾主相见的礼节。揖让之礼按尊卑分为三种，称为三揖：一为土揖，专用于没有婚姻关系的异姓，行礼时推手微向下；二为时揖，专用于有婚姻关系的异姓，行礼时推手平而置于前；三为天揖，专用于同姓宾客，行礼时推手微向上。

唱喏

古代男子见面礼节之一。用于下属对上级、晚辈对长辈，即给人作揖同时扬声致敬。原为应答之声，东晋时氏族子弟开始将之用为礼节，后来开始普遍使用。唐裴铏《传奇・崔炜》："女酌醴饮使者曰：崔子俗归番禺，愿为挈往，使者唱喏。"

三朝礼

又称做三朝，一朝为十天。即婴儿出生第三十天接受外婆家的赠礼。旧时凡产妇生头胎，娘家要送婴儿一年四季所用的衣裤、兜蓬、尿布、座车、摇篮等。富有人家有送银质品，如银项圈、银手镯，甚至是金质的。此外还送彩饼、红蛋、花生、橘子等，以示吉利。

斋戒

古代祭祀或重大事件，事先要沐浴、更衣、独居，戒其嗜欲，以示心地诚敬，这些活动叫"斋戒"。"斋"又称"致斋"，致斋三日，宿于内室，要求"五思"（思其居处、笑语、志意、所乐、所嗜），这主要是为了使思想集中、统一。"戒"又称"散斋"，散斋七日，宿于外室，停止参加一切娱乐活动，也不参加哀吊丧礼，以防"失正"、"散思"。古人斋戒时忌荤，但并非忌食鱼肉荤腥，而是忌食有辛味臭气的食物如葱、蒜等，这主要是为了防止祭祀时口中发出的臭气，对神灵、祖先有所亵渎。

五服

中国封建社会是由父系家族组成的社会，以父宗为重。其亲属范围包括自高祖以下的男系后裔及其配偶，即自高祖至玄孙的九个世代，通常称为本宗九族。在此范围内的亲属，包括直系亲属和旁系亲属，为有服亲属，死为服丧。亲者服重，疏者服轻，依次递减。服制按服丧期限及丧服粗细的不同，分为五种，即所谓的"五服"。

①斩衰：斩衰是"五服"中最重的丧服，用最粗的生麻布制作，断处外露不缉边，丧服上衣叫"衰"，因称"斩衰"，表示毫不修饰以尽哀痛，服期三年。

②齐衰：齐衰是次于"斩衰"的丧服，用粗麻布制作，断处缉边，因称"齐衰"。服期分三年、一年、五月、三月。

③大功：大功亦称"大红"，是次于"齐衰"的丧服，用粗熟麻布制作，服期

为九个月。

④小功:小功亦称“上红”,用稍粗熟麻布制成,服期五个月。

⑤缌麻:缌麻是“五服”中最轻的一种,用较细的熟麻布制成。

守制

守制是封建时代的丧礼名。父、母亡故后,正在穿孝期间须遵守儒家的礼制,谓之“守制”,俗称“守孝”,亦称“读礼”。守制期间,孝子须遵礼做到如下几点:

①科举时代,不得参加考试。

②不娶不聘,夫妻分居不合房。

③不举行庆典,如不能庆寿、给小孩办满月或百日等。

④新年不给亲友、同僚贺年,并在门口贴上“恕不回拜”的字条。

丁忧

古代,父母死后,子女按礼须持丧三年,其间不得行婚嫁之事,不预吉庆之典,任官者必须离职,称“丁忧”。源于汉代。宋代,由太常礼院掌其事,凡官员有父母丧,须报请解官,服满后再重新出来任职。西汉时规定在朝廷供职人员离职三年,至东汉时,丁忧制度已盛行。此后历代均有规定。

座次

古时官场座次尊卑有别,十分严格。官高为尊居上位,官低为卑处下位。古人尚右,以右为尊,“左”即表示贬官。古代建筑通常是堂室结构,前堂后室。在堂上举行的礼节活动是南向为尊。皇帝聚会群臣,他的座位一定是坐北向南的。因此,古人常把称王称帝叫做“南面”,称臣叫做“北面”。室东西长而南北窄,因此室内最尊的座次是坐西面东,其次是坐北向南,再次是坐南面北,最卑是坐东面西。

席次

古代宴会席次,尊卑很有讲究。一般筵席用的是八仙桌,桌朝大门,其位次如下:位尊者居前,8 是主人席位。如果客多,可设两桌、三桌或更多,有上桌与散座的区别:上桌与单席的位次相同,散座则不分席次。

　1　2
3　　　4
5　　　6
　7　8

4 民 俗

元旦

在当代,元旦指公元纪年的岁首第一天。元是“初”、“始”的意思,旦指“日子”,元旦合称即是“初始的日子”,也就是一年的第一天。

我国历代元旦的月日并不一致。夏代在正月初一,商代在十二月初一,周代在十一月初一,秦始皇统一六国后,又以十月初一日为元旦。汉武帝时,司马迁创立了“太初历”,这才又以正月初一为元旦,一直沿用到辛亥革命。1911 年,孙中山建立了中华民国,决定使用公历,把公历的 1 月 1 日叫做“元旦”。不过当时并未正式公布和命名。

今天所说的“元旦”,是 1949 年确定的。为了区别农历和阳历两个新年,又鉴于农历二十四节气中的“立春”恰在农历新年的前后,因此便把农历正月初一改称为“春节”,阳历 1 月 1 日定为新年的开始,即“元旦”,并列入法定假日,成为全国人民的欢乐节日。

春节

春节是中国民间最隆重、最富有特色的传统节日。春节在不同的时代有不同名称,在先秦时叫“上日”、“改岁”等;到了两汉时期,又被叫为“三朝”、“正旦”等。

1911 年,中华民国明确将年节称为“春节”。到了 1949 年,中国进一步明确将农历正月初一称为“春节”,“春节”之名被正式列为中国节日。

春节一般指除夕和正月初一,又叫阴历年,俗称“过年”。但在民间,传统意义上的春节是指从腊月初八的腊祭或腊月二十三的祭灶开始,一直到正月十五,其中以除夕和正月初一为高潮。在春节期间,我国的汉族要举行各种活动以示庆祝。这些活动均以祭祀神佛、祭奠祖先、除旧布新、迎禧接福、祈求丰年为主要内容。

满、蒙古、瑶、壮、白、高山、达斡尔等几十个少数民族也都有过春节的习俗,只是过节的形式带有浓郁的民族特色。

人日

“人日”是汉族的传统节日。时在农历正月初七。此节亦称“人胜节”、“人庆节”等。人日的来历与传说中女娲每日造一生物的故事有关。传说女娲初创世,在造出了鸡狗猪牛马等动物后,在第七天造出了人,所以这一天

是人类的生日。汉朝开始有人日节俗,魏晋后开始重视。汉、魏以后,人日逐渐从单一的占卜活动,发展成为包括庆祝、祭祀等活动内容的节日。到了唐代,民间仍相当重视人日节。

古代人日有戴“人胜”的习俗,人胜是一种头饰,又叫彩胜、华胜,从晋朝开始有剪彩为花、剪彩为人来贴屏风,或戴在头发上的习俗。此外还有登高赋诗的习俗。唐代之后,更重视这个节日。每至人日,皇帝在这天往往赐给群臣金彩人胜。皇帝还要登高大宴群臣。如果正月初七天气晴朗,则主一年人口平安,出入顺利。

元宵节

元宵节在农历正月十五日,是我国汉族的传统节日。正月为元月,古人称夜为“宵”,而十五日又是一年中第一个月圆之夜,所以称正月十五为元宵节。

元宵节,又被称为“上元节”。上元节的由来,据《岁时杂记》记载说,这是因循道教的陈规。道教曾把一年中的正月十五称为上元,七月十五称为中元,十月十五称为下元,合称“三元”。道教又以三元配三官,说上元天官正月十五日生,中元地官七月十五日生,下元水官十月十五日生。这样,正月十五日就被称为上元节。

自从元宵节形成以后,历朝历代都以正月十五张灯观灯为一大盛事。沿至宋朝,张灯由三夜延长至五夜,灯彩以外还放焰火,表演各种杂要,情景更加热闹。到了明代,朱元璋在金陵即位后,又规定正月初八上灯,十七落灯,连张十夜,家家户户都要悬挂五色灯彩,这是我国最长的灯节。

元宵节有着悠久的历史,内容十分丰富。按中国民间的传统,在一元复始、大地回春的节日夜晚,天上明月高悬,地上彩灯万盏,人们观灯、猜灯谜、吃元宵,合家团聚、其乐融融。

春龙节

农历二月初二,传说是天上主管云雨的龙王抬头的日子。民谚说:“二月二,龙抬头,大仓满,小仓流。”二月二以后,雨水逐渐增多起来,因此,二月二这天又叫“春龙节”。

农历二月初二,正值惊蛰、春分时节,春回北国,冬眠动物开始复苏,这就是二月二龙抬头。这一习俗的最早记载是沈榜的《宛署杂记》:“宛人呼二月二为龙抬头。乡民用灰自门外委婉布入宅厨,旋绕水缸,呼为引龙回。”

元朝以后关于“二月二龙抬头”的各种民俗活动的记载便多了起来。明《帝京景物略》记载:“二月二曰龙抬头,煎元旦祭余饼,熏床炕,曰熏虫儿,谓引龙,虫不出也。”辽宁地区的民俗,清晨要用长竿敲击房梁,把龙唤醒。同

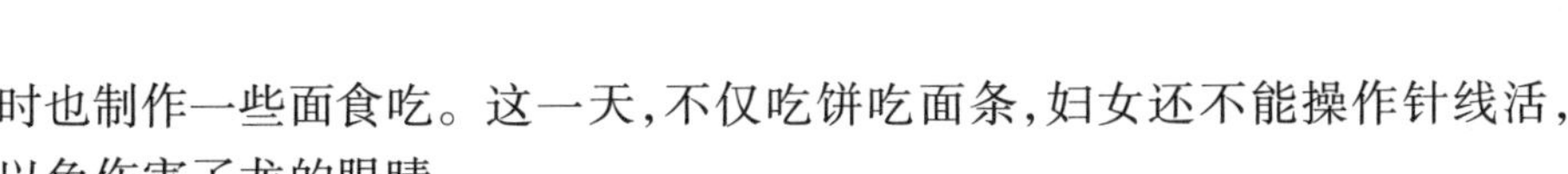

时也制作一些面食吃。这一天，不仅吃饼吃面条，妇女还不能操作针线活，以免伤害了龙的眼睛。

花朝节

花朝节，简称花朝，俗称“花神节”、“百花生日”、“花神生日”。花朝节在中国古代是一个十分重要的民间传统节日。节期因地而异，中原和西南地区以农历二月初二为花朝，江南和东北地区以二月十五为花朝。据说这是与八月十五中秋节相应，称“花朝”对“月夕”。此外，还有一些地区以二月十二或十八为花朝节。这种现象，可能与各地花信的早迟有关。

花朝节，是纪念百花的生日，因古时有“花王掌管人间生育”之说，所以又是生殖崇拜的节日。在宋代以前，过花朝节的习俗只限于一些士大夫和知识分子之中，在民间并不普及。从北宋开始，其活动又有了新内容，增加了种花、栽树、挑菜（采摘野菜）、祭神等项目，并逐渐扩大到民间的各个阶层。

节日期间，人们结伴到郊外游览赏花，称为“踏青”，姑娘们剪五色彩纸粘在花枝上，称为“赏红”。各地还有“装狮花”、“放花神灯”等风俗。

社日

古代农民祭祀土地神的节日，在春分前后。汉代以前只有春社，汉代以后开始有秋社。自宋代起，以立春、立秋后的第五个戊日为社日。社神，相传为古代共工氏之子，名曰后土，掌管土地与农业方面的事情。其风俗开始于先秦时代。社日这一天，乡邻们要在土地庙集会，准备酒肉祭神，然后宴饮。对于这个节日的喜庆气氛，王驾的《社日》诗作了具体生动的描写：“鹅湖山下稻粱肥，豚栅鸡栖半掩扉。桑柘影斜春社散，家家扶得醉人归。”

三月三

三月三是汉族及多个少数民族的传统节日，时在农历三月初三。古称上巳节。该节日在汉代以前定为三月上旬的巳日，后来固定在农历三月初三。相传三月初三是黄帝的诞辰，中国自古有“二月二，龙抬头；三月三，生轩辕”的说法。

汉族过三月三，除了祭祀之外，后期陆续发展为河畔嬉戏、男女相会、插柳赏花等民俗活动。同时这个节日也是男男女女出游踏青的日子，亦被称为中国的情人节、女儿节。

“三月三、踏沙滩”是土家族的一种民俗。当地农历三月初三前后，地温和水温开始升高，浅海辣螺争相爬上滩头繁殖。当地人便在这个季节去沙滩拾螺，由此产生了“三月三、踏沙滩”的劳动场景。如今的“三月三、踏沙滩”，在当地已经形成了以民俗文化活动为主体，以体育、渔业竞技项目以及

歌舞、杂技节目为陪衬的特点。其中的文艺表演多种多样，有跑马灯、舞龙灯、彩阁巡游等。

清明节

清明节是我国民间重要的传统节日。公历四月五日前后为清明节，是二十四节气之一。在二十四个节气中，既是节气又是节日的只有清明。清明节后雨水增多，大地呈现春和景明之象。

清明节的起源，据说始于周代帝王将相的“墓祭”之礼，后来民间亦相仿效，在这天祭祖扫墓，历代沿袭而成为一种固定的风俗。

清明节流行扫墓，其实扫墓是清明节的前一天寒食节的内容，寒食节相传起于晋文公悼念介之推一事。唐玄宗开元二十年诏令天下，“寒食上墓”。后来，由于清明节与寒食节的日子接近，而寒食是民间禁火扫墓的日子。渐渐地，寒食与清明就合二为一了。而吃寒食既成为清明的别称，也成为清明时节的一个习俗，清明之日不动烟火，只吃凉的食品。

清明节还有许多失传的风俗，如古代曾长期流传的戴柳、射柳、打秋千等。据记载，辽代风俗最重清明节，上至朝廷下至庶民百姓都以打秋千为乐，仕女云集，踏青之风也极盛。

泼水节

泼水节是傣族最隆重的节日，也是云南少数民族节日中影响面最大、参加人数最多的节日。泼水节源于印度，曾经是印度婆罗门教的一种宗教仪式，其后为佛教所吸收，经缅甸传入云南傣族地区，时间约在 13 世纪末至 14 世纪初，距今有 700 年的历史。

泼水节是傣历新年，一般在阳历四月十三日至四月十五日之间，节日一般持续 3 至 7 天。第一天傣语叫“麦日”，与农历的除夕相似；第二天傣语叫“恼日”（空日）；第三天是新年，叫“叭网玛”，竟为岁首，人们把这一天视为最美好、最吉祥的日子。节日清晨，傣族男女老少就穿上节日盛装，挑着清水，先到佛寺浴佛，然后就开始互相泼水，互祝吉祥、幸福、健康。人们一边翩翩起舞，一边呼喊“水！水！水！”鼓锣之声响彻云霄，祝福的水花到处飞溅，场面十分壮观。

端午节

农历五月初五，俗称“端午节”，端是“开端”、“初”的意思。初五可以称为端五。农历以地支纪月，正月为寅，二月为卯，顺次至五月为午，因此称五月为午月，“五”与“午”通，“五”又为阳数，故端午又名端五、重五、端阳、中天、重午、午日，此外一些地方又将端午节称之为五月节、艾节、夏节。据统计端午节的名称在我国所有传统节日中叫法最多，达二十多个，堪称节日别

名之最。

端午节是我国汉族人民的传统节日。这一天必不可少的活动逐渐演变为:吃粽子,赛龙舟,挂菖蒲、艾叶,薰苍术、白芷,喝雄黄酒。据说,吃粽子和赛龙舟是为了纪念屈原,所以新中国成立后曾把端午节定名为“诗人节”,以纪念屈原。至于挂菖蒲、艾叶,薰苍术、白芷,喝雄黄酒,则据说是为了压邪。古人认为“重午”是犯禁忌的日子,此时五毒尽出,因此端午风俗多为驱邪避毒,如在门上悬挂菖蒲、艾叶等,故端午节也称“菖蒲节”。

时至今日,端午节仍是一个十分隆重的节日。端午节从 2008 年起为国家法定节假日。

七夕

“七夕节”是汉族的传统节日,定在每年的农历七月初七。因为此日活动的主要参与者是少女,而节日活动的内容又是以乞巧为主,所以人们又称这天为“乞巧节”、“少女节”或“七夕爱情节”。七夕节是我国传统节日中最具浪漫色彩的一个节日,也是过去姑娘们最为重视的日子。

“七夕”来源于一种数字崇拜现象。古代民间把正月正、三月三、五月五、七月七、九月九等均列为吉庆日。“七”是算盘每列的珠数,浪漫而又严谨,给人以神秘的美感。“七”与“妻”同音,于是七夕在很大程度上成了与女人相关的节日。

七夕坐看牵牛织女星,是民间的习俗。相传,在每年的这个夜晚,是天上织女与牛郎在鹊桥相会之时。织女是一个美丽聪明、心灵手巧的仙女,凡间的妇女便在这一天晚上向她乞求智慧和巧艺,也少不了向她乞求爱情婚姻的美满幸福。

2006 年 5 月 20 日,“七夕节”被国务院列入第一批国家非物质文化遗产名录。

中元节

中元节是在每年的农历七月十五日,又称为“鬼节”。七月十五日包容的节俗比较复杂,既是民间的鬼节,又是道家的中元节。道教有所谓天官、地官、水官,合称三官,这三位是玉帝派驻人间的代表,每年都要考察人间的善恶,向上天汇报。三官分别以正月十五、七月十五、十月十五为诞辰,这三个日子也叫三元。七月十五日叫中元,民间在中元节这一天搞一些祭祀活动,应当与地官的赦罪有关。

七月十五又是佛教的盂兰盆节。据说释迦牟尼有个叫目连的弟子,其母虽然年轻漂亮,却无嘉言懿行,爱财小气,尤其仇视僧人,死后被打入恶鬼行列,目连按佛祖指点,在七月十五日这一天,准备百味五果、各种用具装入

盆中，供养十方僧众，其母才得以脱离恶鬼界，升入天堂。佛祖有鉴于此，推而广之，要求佛门弟子尽心行孝，将每年的七月十五定为“盂兰盆节”，以报答父母的恩情。

中秋节

中秋节是我国的传统佳节，与春节、端午、清明并称为中国汉族的四大传统节日。“中秋”一词，最早见于《周礼》。据史籍记载，古代帝王有春天祭日、秋天祭月的礼制，节期为农历即阴历八月十五。根据我国古代历法，农历八月十五日，在一年秋季的八月中旬，故称“中秋”。一年有四季，每季又分孟、仲、季三部分，三秋中第二月叫仲秋，故中秋也称为“仲秋”。直到唐朝初年，中秋节才成为固定的节日。

中秋节的盛行始于宋朝，至明清时，已与元旦齐名，成为我国的主要节日之一。这也是我国仅次于春节的第二大传统节日。因这个节日在秋季、八月，故又称“秋节”、“八月节”；又有祈求团圆的信仰和相关的节俗活动，故亦称“团圆节”。因中秋节的主要活动都是围绕“月”进行的，所以又俗称“月节”、“月夕”。关于中秋节的起源，大致有三种：起源于古代对月的崇拜、月下歌舞觅偶的习俗、古代秋报拜土地神的遗俗。

重阳节

农历九月九日，为传统的重阳节。重阳节又称为“双九”、“老人节”。因为古老的《易经》中把“六”定为阴数，把“九”定为阳数，九月九日，日月并阳，两九相重，故而叫重阳，也叫重九，古人认为是个值得庆贺的吉利日子，并且从很早就开始过此节日。“重阳节”名称见于记载是在三国时代，据曹丕《九日与钟繇书》中记载：“岁往月来，忽复九月九日。九为阳数，而日月并应，俗嘉其名。”

庆祝重阳节的活动多彩浪漫，一般包括出游赏景、登高远眺、观赏菊花、遍插茱萸、吃重阳糕、饮菊花酒等活动。九九重阳，因为与“久久”同音，九在数字中又是最大数，有长久长寿的含义，况且秋季也是一年收获的黄金季节，重阳佳节，寓意深远，人们对此节历来有着特殊的感情，唐诗宋词中有不少贺重阳、咏菊花的诗词佳作。

腊八节

农历十二月初八，是我国汉族传统的腊八节。腊八节又称腊日祭、腊八祭、王侯腊或佛成道日，原系古代欢庆丰收、感谢祖先和神灵的祭祀仪式，除祭祖敬神的活动外，人们还要逐疫。这项活动来源于古代的傩（古代驱鬼避疫的仪式）。史前时代的医疗方法之一即驱鬼治疾。作为巫术活动的腊月击鼓驱疫之俗，今在湖南新化等地区仍有留存。后演化成纪念佛祖释迦牟

尼成道的宗教节日。夏代称腊日为“嘉平”，商代为“清祀”，周代为“大腊”；因在十二月举行，故称该月为腊月，称腊祭这一天为腊日。先秦的腊日在冬至后的第三个戌日，南北朝开始才固定在腊月初八。

这天我国大多数地区都有吃腊八粥的习俗。腊八粥是用八种当年收获的新鲜粮食和瓜果煮成，一般都为甜味粥。而中原地区的许多农家却喜欢吃腊八咸粥，粥内除大米、小米、绿豆、豇豆、花生、大枣等原料外，还要加萝卜、白菜、粉条、海带、豆腐等。

祭灶

祭灶，是一项在我国民间影响很大、流传极广的习俗。旧时，差不多家家灶间都设有“灶王爷”神位。人们称这尊神为“司命菩萨”或“灶君司命”，传说他是玉皇大帝封的“九天东厨司命灶王府君”，负责管理各家的灶火，被作为一家的保护神而受到崇拜。灶王龛大都设在灶房的北面或东面，中间供上灶王爷的神像。没有灶王龛的人家，也有将神像直接贴在墙上的。有的神像只画灶王爷一人，有的则有男女两人，女神被称为“灶王奶奶”，这大概是模仿人间夫妇的形象。

每年农历十二月二十四日，灶神上天，报告人间功过，定人祸福。因此，南北习俗均于十二月二十三日晚上奉祀灶君，焚香祀送。奉祀灶君多用糖元宝、炒米糖、花生糖、芝麻糖和糯米团子之类，以冀塞住灶神之口，不讲人间罪恶，世称“上天言好事，下界保平安”。祭毕，即将奉祀经年的灶君旧纸马从灶上揭下，连同纸锭等一起焚化，以示灶神上天。除夕接神时，再行接灶神之礼，奉祀灶神后，再在灶上粘贴新的灶君纸马。

守岁

我国民间在除夕有守岁的习惯。守岁从吃年夜饭开始，这顿年夜饭要慢慢地吃，从掌灯时分入席，有的人家一直要吃到深夜。根据宗懔《荆楚岁时记》的记载，至少在南北朝时已有吃年夜饭的习俗。通宵守夜，象征着把一切邪瘟病疫照跑驱走，期待着新的一年吉祥如意。古时守岁有两种含义：年长者守岁为“辞旧岁”，有珍爱光阴的意思；年轻人守岁，是为延长父母寿命。这种习俗后来逐渐盛行，到唐朝初期，唐太宗李世民写有“守岁”诗：“寒辞去冬雪，暖带入春风。”直到今天，人们还习惯在除夕之夜守岁迎新。

压岁钱

春节拜年时，长辈要将事先准备好的压岁钱分给晚辈，据说压岁钱可以压住邪祟，因为“岁”与“祟”谐音，晚辈得到压岁钱就可以平平安安度过一岁。压岁钱的风俗源远流长，它代表着长辈对晚辈的一种美好祝福，是长辈送给孩子的护身符，保佑孩子在新的一年里健康吉利。

最早的压岁钱也叫厌胜钱，或叫大压胜钱，这种钱不是市面上流通的货币，是为了佩带玩赏而专铸成钱币形状的避邪品。这种钱币形式的佩带物品最早是在汉代出现的，有的正面铸有钱币上的文字和各种吉祥语，如“千秋万岁”、“天下太平”等；背面铸有各种图案，如龙凤、龟蛇、双鱼、斗剑、星斗等。

到了明清时，压岁钱大多数是用红绳串着赐给孩子。民国以后，则演变为用红纸包一百文铜元，其寓意为“长命百岁”，给已经成年的晚辈压岁钱，红纸里包的是一枚大洋，象征着“财源茂盛”。货币改为钞票后，家长们喜欢选用号码相连的新钞票送给孩子们，预示着后代“连连发财”、“连连高升”。

桃木符

东汉应劭在《风俗通义》中说，上古时候，有善于捉鬼的两兄弟，一个叫神荼，一个叫郁垒，他们用苇索把害人的鬼缚起来，投给老虎吃。后来，人们便用桃木制成两块板，分别写上“神荼”、“郁垒”二人的名字，元旦时悬挂在门旁，以为能辟鬼压邪。

五代末，后蜀的宫廷里开始在桃木上题联语。《宋史·蜀世家》：“孟昶命学士为题桃符，以其非工，自命笔题云：新年纳余庆，嘉节号长春。”以后挂桃符逐渐变为贴春联。

门神

旧时农历新年贴于门上的一种画类。门神是道教和民间共同信仰的守卫门户的神灵，旧时人们都将其神像贴于门上，用以驱邪避鬼、卫家宅、保平安、助功利、降吉祥等，是民间最受人们欢迎的保护神之一。道教因袭这种信仰，将门神纳入神系，加以祀奉。

不同类别的门神：

① 捉鬼门神。门神多为神荼和郁垒，金鸡和老虎。传说桃都山有大桃树，盘屈3000里。上有金鸡，下有二神，一名郁，一名垒，并执苇索，伺不祥之鬼，禽奇之属。郁垒二神捉到鬼后，缚以苇索，执以饴虎。北京人旧时在腊月二十三日后，便贴门神、饰桃人、垂苇索、画虎于门上，门左右置二灯，象征虎眼，以祛不祥、镇邪驱鬼。

② 祈福门神。这种门神并非门户的保护者，专为祈福而用，中心人物为赐福天官。也有刘海戏金蟾，招财童子小财神。供奉、张贴者的家庭多为商界人物，希望从祈福门神那儿得到功名利禄、宝马瓶鞍、皆取其各、以迎祥祉。

③ 武将门神。武将门神通常贴在临街的大门上，为了镇住恶魔或灾星从大门外进入，故所供的门神多手持兵器。如刀枪剑戟、斧钺钩叉、鞭锏锤

爪、镏棍槊棒、拐子、流星等。北京居民院门口的武将门神多为唐代名将秦琼与尉迟恭。

鞭炮

鞭炮又称鞭爆、爆竹等，起源至今有两千多年的历史。《荆楚岁时记》曾经这样记载，正月初一，鸡叫头一遍时，大家就纷纷起床，在自家院子里放爆竹，来逐退瘟神恶鬼。当时没有火药，没有纸张，人们便用火烧竹子，使之爆裂发声，以驱逐瘟神。

到了唐朝，鞭炮又被人们称为"爆竿"，大概是将一支较长的竹竿逐节燃烧，连续发出爆破之声。南昌诗人来鹄的《早春》诗句"新历才将半纸开，小亭犹聚爆竿灰。"写的就是当时春节燃烧竹竿的情景。

后来，炼丹家经过不断的化学试验，发现硝石、硫黄和木炭合在一起能引起燃烧和爆炸，于是发明了火药。有人将火药装在竹筒里燃放，声音更大，使得火烧竹子这一古老习俗发生了根本变化。北宋时，民间已经出现了用卷纸裹着火药的燃放物，还有单响和双响的区别，改名"爆仗"，后又改为"鞭炮"。

鞭炮最开始主要用于驱魔避邪，而在现代，华人在传统节日、婚礼喜庆、各类庆典、庙会活动等场合几乎都会燃放鞭炮。

祭祀

祭祀就是按照一定的仪式，向神灵致敬和献礼，以恭敬的动作膜拜它，请它帮助人们达成靠人力难以实现的愿望。"祭祀"也意为敬神、求神和祭拜祖先。

原始时代，人们认为人的灵魂可以离开躯体而存在。祭祀便是这种灵魂观念的派生物。最初的祭祀活动比较简单，也比较野蛮。人们用竹木或泥土塑造神灵偶像，或在石岩上画出日月星辰野兽等神灵形象，作为崇拜对象的附体。然后在偶像面前陈列献给神灵的食物和其他礼物，并由主持者祈祷，祭祀者则对着神灵唱歌、跳舞。进入文明社会后，物质的丰裕，使祭祀礼节越来越复杂，祭品也越来越讲究，并有了一定的规范。

"受人钱财，替人消灾"，人们把这一人间的通则加于神灵身上，便成为祭祀的心理动因。所以，祭祀从本质上说，是把人与人之间的求索酬报关系，推广到人与神之间而产生的活动。大千世界，祭礼繁杂。环境和民族的不同，构成了各具风格的祭祀文化。

十二生肖

生肖本是用于纪年的一套符号，是古代天文历法的一部分，后来成为普遍被人们认同的生肖历法。中国古代哲学观认为，日月是阴阳之源，金、木、

水、火、土五行是万物之本，合称七曜，旧时分别用来称一个星期的七天，日曜日是星期日，月曜日为星期一，其余以此类推，主宰一切。而十二生肖分置于天，以纪十二辰，以七曜统之，因此十二生肖便被阴阳五行观念所浸染，成为民间宗教信仰的一部分。

汉族生肖中的十二种动物的选择并不复杂，它是与汉族人的日常生活和社会生活相接近的。在十二种生肖动物，大致可将其分为三类：一类是已被驯化的“六畜”，即牛、羊、马、猪、狗、鸡，它们占十二种动物的一半；第二类是野生动物中为人们所熟知的，与人的日常、社会生活有着密切关系的动物，它们是虎、兔、猴、鼠、蛇，其中有为人们所敬畏的虎、蛇，也有为人们所厌恶的鼠类，更有人们所喜爱的兔、猴等；第三类是中国传统的吉祥物——龙，龙是中华民族的象征，代表着富贵与吉祥，因此生肖中少不了龙的位置。

“破五”吃饺子

正月初五，民间习惯称为“破五”，是春节后的一个重要节日。传说姜太公封老婆为穷神，并令她“见破即归”，人们为了避穷神，于是把这天称为“破五”。

“破五”吃饺子，承载了人们企盼吉利、幸福的寓意。民俗专家说，“破五”吃饺子一般有两层意思，第一是初五是牛日，休息四天以后破土动工，预示着春耕即将开始了；另一层意思是初一到初四，一般是吃素的地方多，初五开始可以破素吃荤了。

老北京有讲究，“破五”吃饺子的肉馅儿，一定要是自己去剁，菜馅儿也要自己去剁，这样的话，就是预示着来年一切都很顺利。把不顺的东西都剁没有了。“破五”的饺子讲究馅儿是一个肉丸的。饺子的形状是扁圆的，它和古代象征财富的元宝的样子很相似。一家人团圆吃“破五”饺子，那么就寓意着在新的一年里头，可以增加财富，可以过上更好的日子。

男左女右

在我们的日常生活中，男左女右，好像约定俗成地渗透到了我们社会生活的各个方面。那么这种习俗是怎么产生的呢？《五运历年纪》认为：中华民族的日月二神是盘古氏双眼所化，日神是盘古氏的左眼所化，月神是盘古氏的右眼所化，民间流传的“男左女右”习俗，就是由此而来。那么中华民族的日月二神是谁呢？日神就是伏羲，月神即是女娲，均是传说中的上古之神。

另外，“男左女右”的习俗还和古代人的哲学观关系非常紧密。我国古代哲学家认为，宇宙中通贯事物和人事的两个对立面就是阴阳。自然界的事物有大小、长短、上下、左右等。古人将其归类分为大、长、上、左为阳，小、

短、下、右为阴。阳者刚强,阴者柔弱。

人的性格,男子性暴刚强属于阳于左,女子性温柔和属于阴于右。

新娘乘花轿

早期,迎娶新娘多是用车,而不是轿子。这是因为,车要比轿子出现得早。封建社会早期,封建士大夫家庭娶亲的礼仪很讲究。譬如,男子到女家迎亲,要穿黑色衣服,要在黑夜里用黑漆车子,打着火把前去。新媳妇是坐在车子里的,车上有盖,里面有帷幕,以免被人看见。因为古人认为妇女代表阴气,迎阴气入室,宜在晚上进行。

轿子起源大致从唐朝开始,南宋孝宗曾为皇后制造一种"龙肩舆"。上面装饰着四条走龙,用朱红漆的藤子编成坐椅、踏子和门窗。内有红罗茵褥、软屏夹幔,外有围幛和门帘、窗帘,可以说,这是最早的"花轿"。这以后,历代帝王都为后妃制造彩舆,而且越来越华丽。

轿子娶亲这个仪式出现在宋代,并渐渐成为民俗,这主要和"亲迎"仪式出现了一系列变化有关。例如这时亲迎已改在早晨进行,新郎要披红插花,所以新娘坐的轿子也改成鲜艳的花轿。

生日祝寿

在中国,祝寿这一习俗很早就存在了。中国人过生日大约是从南北朝开始的。据北齐文学家颜之推的《颜氏家训》记载,当时,在江南盛行着庆祝孩子一周岁生日的习俗。在唐代,庆祝成人生日的习俗也很盛行。史籍记载,唐太宗有一次对大臣长孙无忌说:"今天是我的生日,世俗为之欢乐,而我却感到悲伤。"唐太宗生日时,曾在花萼楼上宴会百官,百官上表要求以皇帝生日这一天为千秋节。

至于生日上的寿礼,大约始于宋朝。在宋时,朝政腐败,做官的过生日,僚属都要献寿礼。《水浒传》一书中,就有"送生辰纲"的情节描述。绍兴年间,宋高宗曾下过禁止任何官员接受生日贺礼的命令。但秦桧掌权后,四方之官为巴结他,都趁生日之机向他送礼,各地效仿,预示这一习俗便流行起来了。

吃长寿面

在民间,生日有吃寿面的习俗。据说,这个习俗源于西汉年间。相传,汉武帝崇信鬼神,相信相术。有一天,他与众大臣聊天,谈到人的寿命话题时,汉武帝说:"《相书》上讲,人的人中长,寿命就长,若人中 1 寸长,就可以活到 100 岁。"

当时,坐在汉武帝身边的东方朔听后,就大笑了起来。众大臣莫不吃惊,都怪他对皇帝无礼。汉武帝问他笑什么,东方朔解释说:"我不是笑陛

下，而是笑彭祖。人活100岁，人中1寸长，彭祖活了800岁，他的人中就长8寸，那他的脸该有多长啊。”众大臣和汉武帝听后，也不禁大笑起来。看来想长寿，靠脸长长点是不可能的，必须换个方法来表达自己长寿的愿望。

脸即面，“脸长即面长”。于是，人们就借用长长的面条来祝福长寿。渐渐地，便演化为生日吃面条的习俗，并称之为吃“长寿面”，一直沿袭至今。

5 器用

礼器

礼器指中国古代贵族在举行祭祀、宴飨、征伐及丧葬等礼仪活动中使用的器物，用来表明使用者的身份、等级与权力。礼器是在原始社会晚期随着氏族贵族的出现而产生的。进入商周奴隶制社会后，礼器有了很大的发展，成为“礼治”的象征，用以调节统治阶级内部的秩序。这时的礼器包括玉器、青铜器。

玉礼器

古人云：“国之大事，在祀及戎。”在中国古代，祭祀是各部落族群之中最大的庆典活动。祭祀时一切用品都应由当时的最好材料来制作。按照古人万物有灵的观念，认为玉是山川赋予的精华，具有沟通天地神鬼的灵性。因此，最早古人使用于制作礼器的材料大部分就是玉。新石器时代就制作了大量的玉礼器，包括玉璧、玉琮等。夏、商、周时期，制作了无数玉圭、玉璜、玉璋、玉瑁等礼器。

瑞器：包括璧、琮、钺、璜、圭、璋等。

祭器：包括璜、琮、玦、瑗、璧、圭、琥、璋等。

符节器：包括符、节等。

青铜礼器

西周奴隶主制定出整套礼制，规定了森严的等级差别，以维护奴隶制统治秩序。由于礼制的加强，一些用于祭祀和宴饮的器物，被赋予特殊的意义，成为礼制的体现，这就是所谓“藏礼于器”。这类器物叫作“青铜礼器”，简称“礼器”。

青铜礼器种类繁多，数量巨大，可分为四大类：

①食器：有鼎、鬲、甗、簋、簠、盨、敦、豆等。其中盛肉的鼎是最重要的

礼器。

②酒器:包括饮酒器爵、觯、觥及盛酒器尊、卣、壶、斝、罍、觚等。

③水器:有盘、匜等。主要用于行礼时盥手以表示虔敬。

④乐器:有铙、钟、鼓等。

食器

古代食器种类很多,主要的有:

簋:形似大碗,人们从甗中盛出食物放在簋中再食用。

簠:簠是一种长方形的盛装食物的器具,用途与簋相同,故有“簠簋对举”的说法。

豆:豆像高脚盘,本用来盛黍稷,供祭祀用,后渐渐用来盛肉酱与肉羹。

皿:皿是盛饭食的用具,两边有耳。

盂:盛饮之器,敞口,深腹,有耳,下有圆形之足。

盆盂:均为盛物之器。

案:案又称食案,是进食用的托盘,形体不大,有四足或三足,足很矮。

匕:匕是长柄汤匙。古人食肉常用匕把鼎中肉取出,置于俎上,然后用刀割着吃。

俎:俎是长方形砧板,两端有足支地。

以上食器的质料均可选用竹、木、陶、青铜等。一般百姓的食器大多用竹、木、陶制成,贵族的食器则以青铜居多。

酒器

在商代,由于酿酒业的发达,青铜器制作技术提高,中国的酒器达到前所未有的繁荣。

商周的青铜器共分为食器、酒器、水器和乐器四大部,共五十类,其中酒器占二十四类。按用途分为煮酒器、盛酒器、饮酒器、贮酒器。

盛酒器具是一种盛酒备饮的容器。其类型很多,主要有尊、壶、区、卮、皿、鉴、斛、觥、瓮、瓿、彝等。尊,是古代酒器的通称,作为专名是一种盛酒器,敞口,高颈,圈足,尊上常饰有动物形象。壶,是一种长颈、大腹、圆足的盛酒器,不仅装酒,还能装水。觥,是一种盛酒、饮酒兼用的器具,像一只横放的牛角,长方圈足,有盖,多作兽形,觥常被用作罚酒。杯,椭圆形,是用来盛羹汤、酒、水的器物,杯的质料有玉、铜、银、瓷器,小杯为盏、盅。卮,也是一种盛酒器。

饮酒器的种类主要有:觚、觯、角、杯、舟。角,是一种口呈两尖角形的饮酒器。不同身份的人使用不同的饮酒器,如《礼记·礼器》篇明文规定:“宗庙之祭,尊者举觯,卑者举角”。

温酒器，饮酒前用于将酒加热，配以杓，便于取酒。爵，古代饮酒器的总称，作为专名是用来温酒的，下有三足，可升火温酒。温酒器有的称为樽，汉代流行。

水器

水器多用于盥洗，所以亦称为盥器。可分为注水器、承水器、盛水器三种，器型不多，主要有盘、鉴、匜。

鉴：大型盛水器，盛水亦可盛冰。

盘：盥洗器，配套洗手，一人捧匜烧水，一人捧盘盛水。

匜：盥洗器，配套洗手，一人捧匜烧水，一人捧盘盛水。

乐器

古代乐器，按用途可分为两类：祭祀、宴会、举行典礼时使用和军队中使用。青铜乐器是夏商周三代音乐文化中最具代表性、最重要的历史遗存。据考古发现，早在河南龙山文化时期，以洛阳为中心的河洛地区就已率先进入青铜时代，从而孕育了夏商周三代建立在青铜文明基础之上的洛阳古代音乐文化，并肇始了中国传统音乐最早的辉煌。迄今为止，在洛阳地区发现的青铜乐器有铜铃、钲、铙、编甬钟和编钮钟，几乎包括了青铜乐器所有的种类，构成了一个基本完整的青铜乐器的系统。

钟：古代打击乐器，盛行于青铜时代。钟在古代不仅是乐器，还是地位和权力象征的礼器。王公贵族在朝聘、祭祀等各种仪典、宴飨与日常燕乐中，广泛使用着钟乐。

铙：又称为钲和执钟，我国最早使用的青铜打击乐器之一，其最初的功能为军中传播号令之用。流行于商代晚期，周初沿用。

钲：击奏体鸣乐器，中国古代打击乐器，铜制。钲的形体似铙，较铙狭长，而比铙高大和厚重，考古界俗称为大铙。

铎：是一种大铃，形如铙、钲而有舌，盛行于中国春秋至汉代。其形制略近于甬钟，但比钟小，柄短而呈方形，体腔内有舌或无舌，有舌者可摇击发声，舌分铜制与木制两种。

炊具

我国古代炊具有鼎、镬、甑、甗、鬲等。炊具可分为陶制、青铜制两大类。一般百姓多用陶制，青铜炊具为贵族所用。

鼎：最早是陶制的，殷周以后开始用青铜制作。鼎腹一般呈圆形，下有三足，鼎的上沿有两耳，可穿进棍棒抬举。可在鼎腹下面烧烤。鼎的大小因用途不同而差别较大。

镬：是无足的鼎，与现在的大锅相仿，主要用来烹煮鱼肉之类的食物；后

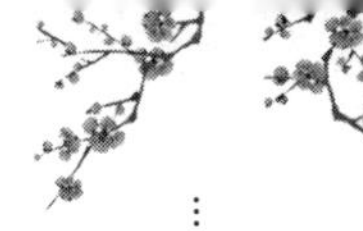

来它又发展成对犯人施行酷刑的工具，即将人投入镬中活活煮死。

甑：是蒸饭的用具，与今之蒸笼、笼屉相似，最早用陶制成，后用青铜制作，其形直口立耳，底部有许多孔眼，置于鬲或釜上，甑里装上要蒸的食物，水煮开后，蒸气透过孔眼将食物蒸熟。

鬲：与鼎相近，但足空，且与腹相通，这是为了更大范围地接受传热，使食物尽快烂熟。鬲只用作炊具，故体积比鼎小。

甗：鬲与甑合成一套使用称为"甗"。鬲只用作炊具，故体积比鼎小。

家具

我国古代家具主要有席、床、屏风、镜台、桌、椅、柜等。

席：是最古老、最原始的家具，最早由树叶编织而成，后来大都由芦苇、竹篾编成。

床：是席子以后最早出现的家具。一开始，床极矮，古人读书、写字、饮食、睡觉几乎都在床上进行。还有一种矮榻常与床并用，故有"床榻"之称。魏晋南北朝以后，床的高度与今天的床差不多，成为专供睡觉的家具。

几、案：人们常把几、案并称，是因为二者在形式和用途上难以划出截然不同的界限，几是古代人们坐时依凭的家具，案是人们进食、读书、写字时使用的家具。从种类上来分，案的种类有食案、书案、奏案、毡案、欹案。几的种类有宴几、凭几、炕几、香几、蝶几、花几、茶几、案头几。

屏风：古时建筑物内部挡风用的一种家具。屏风一般陈设于室内的显著位置，起到分隔、美化、挡风、协调等作用。

车马

中国是最早造车的国家之一，相传距今约5000年前的黄帝时代就已出现了车。最初的车以圆形木板作为车轮，称为"辁"。夏朝时，薛人奚正担任"车正"一职，对车辆作出重大改进，从此开始使用带辐条的空心车轮。

商代时，车辆已十分普遍，贵族下葬时，通常都有成套车马及驾人陪葬。商代的车基本都为单辕两轭。周代时，已采用油脂作为车轴的润滑材料。春秋战国时期，诸侯之间战争频繁，而且盛行车战，动辄就使用数百乘甚至数千乘战车进行作战，因此就有了"百乘之国"、"千乘之国"的说法。这一时期，造车技术已非常成熟，《考工记》中就对车轮制造的平正均衡、稳定耐磨提出了具体的要求。

秦代时，战车仍是主要的作战工具，秦兵马俑坑就出土驷马战车一百多辆。同时，车作为日常乘行工具也有了很大的发展。汉代机动部队多以骑兵充任，战车从此消失。同时，普通乘行车辆结构也有很大变化，单辕车逐渐被两辕车取代。三国时期，还出现了计里鼓车和指南车这两种带有精巧

机械装置的车辆，前者用于记录行驶里程，后者用于指示行驶方向。

魏晋时期出现了独轮车这种便捷的车式装载工具，一直沿用至今。

6 称 谓

谥号

谥号是对死去的帝王、大臣、贵族按其生平事迹进行评定后，所给予的或褒或贬或同情的称号，始于西周。周公旦和姜子牙有大功于周室，死后获谥。这是谥法之始。

谥法制度有两个要点：一是谥号要符合死者的为人，二是谥号在死后由别人评定并授予。君主的谥号由礼官确定，由即位皇帝宣布，大臣的谥号是朝廷赐予的。谥号带有评判性，相当于盖棺定论。

谥号来自于谥法。谥法规定了若干个有固定涵义的字，大致分为三类：属表扬的有：文、武、景、烈、昭、穆等；属于批评的有：炀、厉、灵等；属于同情的有：哀、怀、愍、悼等。

周王室和春秋战国时代广泛施行谥法制度，直至秦始皇认为谥号有“子议父、臣议君”的嫌疑，因此把它废除了。他认为自己“德兼三皇，功高五帝”，就始称“皇帝”。直到西汉建立之后又恢复了谥号。

年号

年号是中国古代封建皇帝用以纪年的名号。年号被认为是帝王正统的标志，称为“奉正朔”。年号的字数一般为两字，也有少数为三字、四字乃至六字。比如王莽的“始建国”，武则天的“万岁通天”，西夏景宗的“天授礼法延祚”。

中国年号的使用情况非常复杂。同一时期并存的政权，往往各有年号。还有的政权一年之中数次改元，几个年号重叠使用。也有政权自己不建年号，而沿用前朝或其他政权的年号。

一个政权使用另一个政权的年号，被认为是藩属、臣服的标志之一。这种现象主要发生在中国分裂的时期。五代十国时，闽国、楚国使用后梁、后唐年号，吴越国使用唐、后梁、后唐、后晋、后汉、后周和北宋的年号。也因此，许多地方割据势力、少数民族政权，以及人民起义也常常自立年号纪年。

中国历史上的年号，据统计数量有数百之多。上海人民出版社《中国历

史纪年表》的统计是500多个。

庙号

庙号是中国古代帝王死后在太庙里立宣奉祀时追尊的名号。一般认为,庙号起源于商朝,如太甲为太宗、太戊为中宗、武丁为高宗。庙号最初非常严格,按照"祖有功而宗有德"的标准,开国君主一般是祖、继嗣君主有治国才能者为宗。

汉朝以后承袭了庙号这一制度。汉朝对于追加庙号一事极为慎重,不少皇帝因此都没有庙号。到了魏晋南北朝时期,庙号开始泛滥。而到了唐朝,除了某些亡国之君以及短命皇帝之外,一般都有庙号。

在称呼时,庙号常常放在谥号之前,同谥号一道构成已死帝王的全号。习惯上,唐朝以前对殁世的皇帝一般简称谥号,如汉武帝、隋炀帝,而不称庙号。唐朝以后,由于谥号的文字加长,则改称庙号,如唐太宗、宋太祖等。

一般来说,庙号的选字并不参照谥法,但是也有褒贬之意。太祖、高祖开国立业,世祖、太宗发扬光大,中宗、宪宗都是中兴之主。另外,哲宗、兴宗等都是有所作为的好皇帝。神宗、英宗功业不足,德宗、宁宗过于懦弱,光宗、熹宗昏庸腐朽,哀宗、思宗只能亡国。

皇帝

历史上把君主称为"皇帝",是从秦始皇开始的。在此之前,中国的最高统治者称"王"或单称"皇"和"帝",如周文王、周武王、三皇、五帝等。

春秋战国时期,周王室开始不断衰落,一些国力强大的诸侯国的国君也自称为王,如秦王、楚王、齐王、赵王、燕王等。公元前221年,秦灭六国后,秦王政觉得自己的功绩超过了三皇五帝,如果不改名号,显不出他的丰功伟绩,于是他招集了李斯和博士们商议改帝号之事。李斯等人商议后报告秦王说,上古有天皇、地皇、泰皇,泰皇最贵,可改"王"为"泰皇"。秦始皇经过反复考虑后,认为自己"德高三皇,功过五帝",于是决定兼采"帝"号,称为"皇帝",以显示自己的尊贵。

陛下

"陛下"是封建时代臣民对君主的尊称,秦朝以后只用以称皇帝。为什么把皇帝称为"陛下"呢?"陛下"的"陛",是指帝王宫殿的台阶。皇帝临朝时,"陛"的两侧要有近臣执兵刃站列,以防不测和显示威风。当帝王与臣子谈话时,不敢直呼天子,必须先呼台阶下的侍者而告之,因而称"陛下"。

"陛下"这一称呼最早见于司马迁的《史记》。《史记·秦始皇本纪》中有这样的记载:"今陛下兴义兵,诛残贼,平定天下,海内为郡县,法令由一统,自上古以来未尝有,五帝所不及。"后来,人们就用"陛下"作为对皇帝的直接称呼，表示自己虽然是在对皇帝说话，但在礼仪上不敢忘记自己本来无此资格。

太上皇

简称上皇，是实行君主制时期，一种给予退位皇帝或当朝皇帝在世父亲的头衔，通常给予的对象是在世但已内禅的皇帝。

秦始皇统一中国后，曾追尊其父庄襄王为太上皇，但这不过是有太上皇称号的开始；真正做了太上皇的，汉高祖刘邦的父亲在中国历史上是第一位。

公元前202年，刘邦建立了汉朝，做了皇帝，摆起了天下至尊的架子。不过，有一件事却有损他的皇帝尊严。那就是碍于封建的孝道，刘邦在家中对自己的父亲刘太公每隔五日就要拜见一次。太公的管家觉得不妥，对太公说："现在皇帝虽然是您的儿子，但却是天下万民之主，您怎么能让皇帝拜见臣子呢？"太公认为这话不错，等到刘邦再来看望他时，就恭敬地拿着扫帚站到门口，好像奴仆迎接主人。刘邦见状吃了一惊，急忙搀扶太公。太公于是把管家讲的道理说了一遍。刘邦听了自然高兴，便尊太公为"太上皇"。

后代的太上皇，倒不一定都是做皇帝的儿子尊奉的。有的是主动传位于太子，有的是在形势逼迫下，不得不给儿子让位。他们的境遇也很不一样，有的仍把持朝政，有的则被软禁起来，与囚徒无异。

格格

格格原为满语的译音，译成汉语就是小姐、姐姐、姑娘之意。是清朝贵胄之家女儿的称谓。清朝前身"后金"初年，大汗、贝勒的女儿均称"格格"，无定制。

顺治十七年(1660年)才开始始把"格格"分为五等，即：亲王之女，称为"和硕格格"，汉名为"郡主"；世子及郡王之女，称为"多罗格格"，汉名为"县主"；多罗贝勒之女，亦称为"多罗格格"，汉名为"郡君"；贝子之女，称为"固山格格"，汉名"县君"；镇国公、辅国公之女，称"格格"，汉名"乡君"。"格格"之称一直沿用到清末民初之际，才渐渐终止使用。

驸马

中国古代帝王女婿的称谓。又称帝婿、主婿、国婿等。

公元前221年，秦始皇统一了中国，自称始皇帝。他经常出巡，每次出巡都前呼后拥，声势浩大。在博浪沙，张良会同大力士阻击秦始皇，只击中副车。这一下使秦始皇吃惊不小。因此，在以后的巡游中，他乘坐的车辆常有变换，同时安排了许多副车。他还特地设了一个替身来掩人耳目。从此以后，历代皇帝出巡时，都仿效秦始皇的做法，亲自选定一个替身，而这个替身

又大都是自己的女婿。因为女婿是皇室的人，不会损害皇帝的威仪和尊严，而且女婿总比其他人可靠。若万一发生意外，女婿又是外姓，死了也不过是一个牺牲品，皇子是绝对不会去乘“副车”的。这样，由于皇帝的女婿常作为替身乘坐在副车上，跟随皇帝出巡各地，后来，人们就将皇帝的女婿称为“驸马”。

汉武帝时始置驸（副）马都尉，驸，即副。驸马都尉，掌副车之马。到三国时期，魏国的何晏，以帝婿的身份授官驸马都尉，以后又有晋代杜预娶晋宣帝之女安陆公主，王济娶司马昭（文帝）之女常山公主，都授驸马都尉。魏晋以后，帝婿照例都加驸马都尉称号，简称驸马，非实官。以后驸马即用以称帝婿。清代称额驸。

诰命夫人

诰命又称诰书，是皇帝封赠官员的专用文书。所谓诰是以上告下的意思。古代以大义谕众叫诰。诰作为王命文书开始于西周。元代封赠文书有宣命和敕牒之分，一至五品官用宣命，六至九品官用敕牒。明沿宋制，封赠一品至五品官员授以诰命。

清沿明制，有制度规定：封赠官员首先由吏部和兵部提准被封赠人的职务及姓名，而后翰林院依式撰拟文字。届封典时，中书科缮写，经内阁诰敕房核对无误后，加盖御宝颁发。

诰命发放的对象不同，叫法也不同。明清时期形成了非常完备的诰封制度，一至五品官员授以诰命，六至九品授以敕命，夫人从夫品级，所以有“诰命夫人”的说法。

泰斗

泰斗，“泰山北斗”的简称。泰山是我国五岳名山之一，主峰位于山东省泰安县。北斗，即大熊星座的北斗七星，因七颗恒星排列成斗形（斗，古人舀酒用的一种长柄的勺），且终年见于北天极，故称为北斗。

泰斗一般用来称颂德高望重的，因其卓越的成就、精深的修养而为众人敬仰的杰出人物。《新唐书》中，用“泰山北斗”称颂韩愈：“自愈没（死后），其言大行，学者仰之如泰山北斗云。”

三教九流

三教九流，泛指古代中国的宗教与各种学术流派，是古代中国对人的地位和职业名称划分的等级。

三教：在汉朝时，汉儒将“夏尚武，殷尚敬，周尚文”成为三教，也有将儒家的施教内容称为三教的。在佛教传入中国后，三教通常是指儒教、道教、佛教。后世的三教，意思基本固定，指儒、释、道。

九流：在《汉书·艺文志》分别指：儒家、道家、阴阳家、法家、名家、墨家、纵横家、杂家、农家。

三姑六婆

三姑六婆原本指的是古代中国民间女性的几种职业。现代汉语中的“三姑六婆”常指社会上各式的市井女性。

“三姑”即从事宗数活动的三种职业女人：尼姑、道姑、卦姑。尼姑是佛教，道姑是道教，卦姑是专门占卦的。

“六婆”即牙婆、媒婆、师婆、虔婆、药婆、稳婆。六婆中，牙婆是专门贩卖人口的人口贩子，媒婆是专为人介绍婚姻的女性，师婆是专门画符施咒、请神问命的巫婆，虔婆是妓院内的鸨母，药婆是专门卖药的女人，稳婆则是专门接生的接生婆。

名和字

古代人的名字和现代有很大的差别。名，一般指人的姓名或单指名。幼年时由父母命名，供长辈呼唤。字，是男子 20 岁举行加冠礼时所取，女子 15 岁举行笄礼时取字，以表示对本人尊重或供朋友称呼。

别号

除了名和字之外，古人还有别号。别号是名和字以外的称号。古时，人们为了尊重别人，一般不直呼其名，也不称其字，而称其别号。号和名不一定有意义上的联系。号可以有两个字的，也可以有三个以上字的。例如：陆游，号放翁；陶潜，号五柳先生；苏轼，号东坡居士。字数多的别号有时可以缩为两个字，如苏东坡。

此外，有人认为称别人的字、号还不够尊敬，于是就以其官职、籍贯来称呼，如杜甫被称为“杜工部”，称柳宗元为“柳河东”。

伯、仲、叔、季

兄弟行辈中长幼排行的次序。伯是老大，仲是老二，叔是老三，季是老四。古代贵族男子的字前常加伯、仲、叔、季表示排行，字的后面加“父”或“甫”字表示男性，构成男子字的全称，如伯禽父、仲尼父、叔兴父等。

垂髫

“髫”指古代儿童犹未束发时自然下垂的短发。因而古代就用“垂髫”称幼儿或指人的幼童阶段。也有说“垂发”的，意思相同，如《后汉书·吕强传》就有“垂发服戎，功成皓首”句。垂髫具体是指三四岁至八九岁的儿童。

总角

总角是指八九岁至十三四岁的少年。古代的儿童将头发分作左右两半，在头顶各扎成一个结，形如两个羊角，所以称作“总角”。以后借“总角”

指代童年时期。陶渊明《荣木》诗序："总角闻道，白首无成。"

各年龄的称谓

金钗之年：女子 12 岁称金钗之年。

豆蔻之年：女子 13～14 岁称豆蔻年华。"豆蔻年华"之"豆蔻"源自唐代杜牧的《赠别》诗中的两句："娉娉袅袅十三余，豆蔻梢头二月初。"大意说柔弱美丽的十三岁多的少女，像是二月初起刚发芽的豆蔻梢头的嫩芽。

舞勺之年：舞勺之年指的是男子 13～15 岁期间。根据《礼记》的记载："十有三年，学乐、诵诗、舞勺。"舞勺指古代儿童学习勺舞。

及笄之年：古时称女子年过 15 岁为"及笄"，也称"笄年"。

舞象之年：指男子 15～20 岁。"舞象"又是成童的代名词。《礼记·内则》："成童，舞象，学射御。"《疏》曰："成童，谓 15 以上；舞象，谓用干戈之小舞也。"

碧玉年华：女子 16 岁称为碧玉年华，又可称"瓜字初分"、"风信之年"。

桃李年华：古人指女子 20 岁的年龄。

花信年华：指女子的年龄到了 24 岁。也泛指女子的年龄正处在年轻貌美之时。

标梅之年：比喻女子已到了出嫁的年龄。

而立之年：人到 30 岁可以自立的年龄。后为 30 岁的代称。

不惑之年：40 岁的代称。

知命之年：知道自己命运的年龄。指 50 岁。

长寿的雅称

自古以来，人们把人的寿年大体上分为上、中、下"三寿"：上寿指 90 岁以上，中寿指 80 岁以上，下寿指 70 岁以上，也有指 60 岁以上的。较具体地说：

60 岁称为花甲之年、耳顺之年、还乡之年。

70 岁称为古稀之年、杖国之年、悬车之年。

80 岁称为杖朝之年。

80 至 90 岁称为鲐背之年、耄耋之年。

100 岁的称为期颐之年。元人陈浩说："人寿以百年为期，故曰期；饮食起居动人无不待于养，故曰颐。"意思是：人活到一百岁，饮食、居住等各方面都需要孝子照养，所以"百岁"称作"期颐"。

交友的称谓

总角之交：幼年时期就相认的朋友。

竹马之交：童年时代就要好的朋友。

布衣之交：指平民之间的交往、友谊，也指显贵与无官职的人相交往。

莫逆之交：指非常要好或情投意合的朋友。

杵臼之交：比喻交朋友不计较贫富和身份，亦称为“杵臼交”。

车笠之交：指不以贵贱而异的朋友。

刎颈之交：比喻可以同生死、共患难的朋友，又称为“生死之交”。

忘年之交：指年龄、辈分差别大的人所结成的深厚友谊。

阁下

“阁下”是旧时对具有显赫的地位、尊严或价值的男士的尊称。因为只有达官贵族才有“殿”、有“阁”，而且其所在位置总是高高在上使人仰视的，因此“阁下”可解释为“我在您的‘阁楼’之下”。作为引申意，“阁下”这个词后被广泛用作对有一定地位者的尊称。后来逐渐演变为至友亲朋间尊称的敬辞。

足下

足下，常用于对平辈或是朋友之间的敬称。在古代，下称谓上或同辈相称，都用“足下”，意为“您”。

“足下”这个词出于一个典故，见刘敬叔《异苑》卷十：相传春秋时期，晋公子重耳出奔在外19年，后来回到晋国当了国君，即位后为晋文公。晋文公欲封赏有功之人，当年跟随他逃亡在外，并且在无粮时割股肉让他食用的介之推不愿接受封赏，就带老母隐居到绵山中。晋文公去绵山找他，他避而不见，晋文公用烧山的办法迫使他出山，没想到介之推却抱着大树被烧死了。晋文公十分悲痛，于是命人厚葬介之推母子，并将这棵树砍下来，制成一双木屐，每当他穿着这双鞋，就想起那段患难与共的往事，不由得慨叹：“足下，悲乎！”

因此，“足下”一词，虽然和脚有关系，但词意并不是将朋友踩在脚底下，而是取其睹物思人、感怀昔日之情，而衍生出对朋友敬称之意。

巾帼

巾帼是古时候使用的一种首饰，宽大似冠，高耸显眼，内衬金属丝套或用削薄的竹木片扎成各种新颖式样，外紧裹一层彩色长巾而成。这种冠饰，既不是发式，也不同于裹巾，而且可以随时取下，也可随时戴上。先秦时期，男女都能戴帼，用作首饰。到了汉代，才成为妇女专用。

汉代的贵族妇女，常在举行祭祀大典时戴巾帼，其上还装缀着一些金珠玉翠制成的珍贵首饰。巾帼的种类及颜色也有多种，如用细长的马尾制作的叫“剪氂帼“，用黑中透红颜色制作的叫”绀缯帼”。在汉代，宫廷贵族夫人戴帼，还算做一种礼仪。因而，巾帼遂成了妇女的代称。因巾帼这类物品是

古代妇女的高贵装饰，人们便称女中豪杰为“巾帼英雄”。

小姐

我国一度喜欢称年轻女子为小姐，但是“小姐”这个称呼原本并不是美称。据清代文史记载，小姐最初是宋代王宫中对地位低下的宫婢、艺人、妓女等的称谓。

到了元代，“小姐”逐渐上升为大家贵族未婚女子的称谓，如《西厢记》中：“只生得个小姐，字莺莺。”至明、清两代，“小姐”一词终于发展成为贵族大家未婚女子的尊称，并逐渐传到了民间。今天小姐用于称呼未婚女性，成为人们的日常称谓词。

女士

旧谓有士人操行的女性。始见于《诗经·大雅·既醉》：“女士，谓女而有士行者。”这儿的“女士”指有德行的女子。古代妇女的地位不高，而“士”是有一定地位的阶层，有识之士就造出“女士”一词，显示对女子的尊敬。后来约定俗成，流传开来。

太太

太太的称呼起源于周朝。周室由古公亶父到季历、文王三代，都有贤妃良母助兴周室。之所以能形成姬周王室七八百年的宗室王朝，是由于有周室的三位“太”字辈贤妻良母的德育教化。因此，后世尊称别人的妻子叫“太太”，便是从此而来，并非是随随便便的口头语。

太太的称谓，汉代在贵族妇女中逐渐推广起来。明代时称太太要具备这样的条件：“凡士大夫妻，年来三十即呼太太。”即中丞以上的官职才配称太太。清朝的人，则喜欢叫家庭主妇为太太，不过都以婢仆呼女主人的居多。北洋政府和民国时期，太太的称呼开始泛滥，从大帅到芝麻绿豆官，其眷属都可相称太太。对外开放后，“太太”的称谓成为人们对朋友间已婚女子的敬称，而且从广泛性来说似乎已更少含有什么官职的味道，变得更平民化了。

妻子

妻在古代不是男子配偶的通称。《礼记·曲礼下》载：“天子之妃曰后，诸侯曰夫人，大夫曰孺人，庶人曰妻。”那时的“妻”只是平民百姓的配偶，是没有身份的。后来，“妻”才渐渐成为所有男人配偶的通称。

“妻”的别称很多。古代无论官职大小通称妻为“孺人”。卿大夫的嫡妻称为“内子”，泛指妻妾为“内人”。妻还被称为“内助”，意为帮助丈夫处理家庭内部事务的人。“贤内助”成为好妻子的美称。旧时对别人谦称自己妻子为“拙内”、“贱内”。而在官职较高的阶层中，对妻子的称呼却反映出等级

制度来。如诸侯之妻称“小君”，汉代以后王公大臣之妻称“夫人”，唐、宋、明、清各朝还对高官的母亲或妻子加封，称“诰命夫人”。

先生

“先生”这个称呼由来已久。不过历史上各个时期，对“先生”这个称呼是针对不同对象的。《论语·为政》：“有酒食‘先生’馔。”注解曰：“先生指父兄而言也。”到了战国，“先生”泛指有德行有学问的长辈。历史上第一次用“先生”称呼老师，始见于《曲礼》。

唐、宋以来，多称道士、医生、占卦者、卖草药的、测字的为先生。清朝以来，“先生”的称呼在人们的脑海里已开始淡薄，至辛亥革命之后，“先生”的称呼才又广为流传。

丈夫

“丈夫”，本是对成年男子的美称，但又用作夫妻之夫。古代人们通常谈到夫妇时，夫多被称为“丈夫”，这种叫法、习俗相沿至今。原来，在我国有些部落，有抢婚的习俗。女子选择夫婿，主要看这个男子是否够高度，一般以身高一丈为标准。当时的一丈约等于七尺，有了这个身高一丈的夫婿，才可以抵御强人的抢婚。根据这种情况，女子都称她所嫁的男人为“丈夫”。

“丈夫”有许多别称，常见的有“夫婿”、“夫君”、“郎”等。除此之外，还可以用“良人”、“老公”、“汉子”等称呼丈夫。

泰山

“泰山”这个称谓与泰山的“封禅”有关。据唐段成式《酉阳杂俎》前集卷十二记载，唐玄宗李隆基于开元四年（公元726年）到泰山封禅。丞相张说担任封禅使，顺便把他的女婿郑镒也带去了。按旧例，有幸随皇帝参加封禅的人，丞相以下的官吏都可以升一级。郑镒本来是九品官，张说利用职权，一下子把他连升了四级。唐玄宗在宴会上看到郑镒突然穿上五品官穿的浅绯色官服，觉得很奇怪，便去问他。郑镒支支吾吾，不好回答。这时，擅长讽刺的宫廷艺人黄旛绰替他回答说：“此泰山之力也！”妙语双关，唐玄宗心照不宣，事情就这样混过去了。后人因此称妻父为“泰山”。

因为泰山又称东岳，是五岳之长，所以又转而把妻父称做“岳翁”、“岳父”、“岳丈”等。据文献记载，这种称谓大致始自宋代。

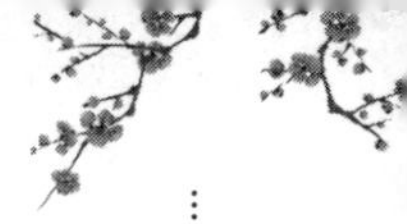

7 科举

察举

汉代选拔官吏制度的一种形式。察举有考察、推举的意思，又叫荐举。由侯国、州郡的地方长官在辖区内随时考察、选取人才，推荐给上级或中央，经过试用考核，再任命官职。察举的主要科目有孝廉、贤良文学、茂才等。

征辟

是汉代选拔官吏制度的一种形式。征，是皇帝征聘社会知名人士到朝廷充任要职。辟，是中央官署的高级官僚或地方政府的官吏任用属吏，再向朝廷推荐。

院试

院试是为了取得参加正式科举考试的资格先要参加的一种考试，也叫章试。各地考生在县或府里参加考试，由省里的提督学政主持，考取者称生员，俗称秀才或相公。因为学政称提督学院，故名院试，又沿袭旧名学道，亦称道试。报名等手续与府县试略同。

乡试

乡试是正式科考的第一关。按规定每三年一科。清朝时是在子、卯、午、酉年举行，遇上皇帝喜庆亦会下诏加开，称为“恩科”。乡试于八月在京城及各省省城的贡院内举行，亦称“秋闱”。考官是由翰林及进士出身的官员临时担任。乡试每次连考三场，每场三天。开考前，每名考生获分配贡院内一间独立考屋，称为“号舍”。开考时，考生提着考篮进入贡院，篮内放各种用品，经检查后对号入座。然后贡院大门关上，三天考期完结前不得离开，吃、喝、睡都得在号舍内。每次各省乡试取录的名额不一，按各地文风、人口而定。清朝时，以直隶、江浙取录最多，贵州最少。监生、贡生更可以离开本籍，到京师赴考。

乡试发的榜称为“乙榜”，又称“桂榜”。考中的称为“举人”，头名举人称“解元”。

会试

会试是中国古代科举制度中的中央考试。录取者称为“贡生”，第一名称为“会元”。明清两代每三年在京城举行的一次考试，乡试次年，即丑、辰、未、戌年春季，由礼部主持，皇帝任命正、副总裁，各省的举人及国子监监生

皆可应考。连考三场,每场三日。

殿试

科举考试中的最高一段。皇帝亲临殿廷,发策会试中试的贡士,称殿试。也叫"廷试"、"廷对"。源于西汉时皇帝亲策贤良文学之士,始于武则天天授二年于洛阳殿前亲策贡举人,但尚未成定制。宋开宝八年,太祖于讲武殿策试贡院合格举人,并颁定名次,自此始为常制。宋太平兴国八年,将殿试后的进士分为五甲。元无殿试。明清殿试后分为三甲:一甲三名赐进士及第,通称状元、榜眼、探花;二甲赐进士出身,第一名通称传胪;三甲赐同进士出身。

太学

太学是中国古代的大学。太学之名始于西周。汉代始设于京师。汉武帝时,董仲舒提出"兴太学,置明师"的建议。武帝建元六年(公元前 135 年)在长安设太学。太学之中由博士任教授,初设五经博士专门讲授儒家经典《诗》、《书》、《礼》、《易》、《春秋》。宣帝时博士增至十二人,王莽当政时又增至三十人。太学初建时为收 50 人,汉昭帝时增至 100 人,王莽时增至 10000 人。武帝还下令天下郡国设立学校官,初步建立起地方教育系统。太学和郡国学主要是培养统治人民的封建官僚,但是在传播文化方面,也起了重要作用。魏晋至明清或设太学,或设国子学,或两者同时设立,均为传授儒家经典的最高学府。

孝廉

孝廉是汉武帝时设立的察举考试的一种科目,孝廉是孝顺父母、办事廉正的意思。孝廉是察举制常科中最主要、最重要的科目。汉武帝时,采纳董仲舒的建议于元光元年(前 134 年)下诏郡国每年察举孝者、廉者各一人。不久,这种察举就通称为举孝廉,并成为汉代察举制中最为重要的岁举科目,是汉代政府官员的重要来源。

孝廉举至中央后,按制度并不立即授以实职,而是入郎署为郎官,承担宫廷宿卫,目的是使之熟悉朝廷行政事务。然后经选拔,根据品第结果被任命不同的职位,如地方的县令、长、相,或中央的有关官职。一般情况下,举孝廉者都能被授予大小不一的官职。汉顺帝阳嘉元年(132 年),根据尚书令左雄的建议,规定应孝廉举者必须年满四十岁;同时又制定中央对儒生出身的孝廉,要考试经术,文吏出身的则考试笺奏。从此以后,岁举这一途径就出现了正规的考试之法,孝廉科因而也由一种地方长官的推荐制度,开始向中央考试制度过渡。

国子监

国子监是中国古代隋朝以后的中央官学，为中国古代教育体系中的最高学府。明朝由于首都北迁，在北京、南京分别都设有国子监，于是设在南京的国子监被称为“南监”或“南雍”，而设在北京的国子监则被称为“北监”或“北雍”。

北京国子监始建于元朝大德十年（公元1306年），是我国元、明、清三代国家管理教育的最高行政机关和国家设立的最高学府。坐落在北京东城区安定门内国子监街（原名成贤街）15号，与孔庙、雍和宫相邻。国子监街两侧槐荫夹道，大街东西两端和国子监大门两侧牌楼彩绘，是北京仅存的建有四座牌坊的古建街。

举人

中国古代地方科举考试中试者之称。原意为举到之人，为应举者的通称。唐代以各地乡贡中试者，需入京应试，故有此称。宋为乡试（贡举考试）各科中试者的统称。俗称举子。宋时举人被解送礼部前，须经考试。举人在礼部应试落第者，仍须再应乡举，方可参加下科考试。举人登科即可授官，可免丁役。金、元亦如此。明清沿袭，为乡试中试者的专称，俗称孝廉。且作为一种出身资格，即初步具备入仕资格。清末又有法科举人、理科举人等。光绪三十一年（公元1905年）起，考试回国留学生，最优者给予进士出身，优等及中等者给予举人出身，并各加某学科字样。

解元

明清的科举制度分为乡试、会试和殿试，乡试为省一级考试，考试合格者为举人，第一名为解元。如世称明代唐寅为唐解元。解元亦称“解首”。清代李调元《制义科琐记·会元解元入翰林》记载：“伊翕庵举进士，引见南海子，上顾学士曰：此人山东解元也，遂改庶吉士。”

会元

科举制度中各省举人到京会考，称为会试，故通称会试第一名为会元。《明史·选举志》：“会试第一为会元。”《警世通言》：“伯虎性素坦率，酒中便向人夸说：‘今年我定做会元了。’”因会试是聚集各省举人到京会考，故有此称。会试后尚有殿试，殿试第一名称状元。

进士

中国古代科举殿试及第者之称。意为可以进授爵位之人。隋炀帝大业年间始置进士科目。唐亦设此科，凡应试者谓之举进士，中试者皆称进士。元、明、清时，贡士经殿试后，及第者皆赐出身，称进士。且分为三甲：一甲三人，赐进士及第；二甲、三甲，分赐进士出身、同进士出身。

状元

科举考试以名列第一者为元，乡试第一称解元，会试第一称会元。殿试第一称状元。科举制选状元肇基于隋，确立于唐，完备于宋。状元起初称为“状头”，原来在唐朝参加考试的士子，经由各州贡送到京城，在应试前需递送“投状”，即类似今日考试报名时填写资料的情形。考试结束之后，将最高的成绩放在最前面，就叫做“状头”。居首者因曰“状头”，亦曰“状元”。

从隋朝开始实行科举制以来，从中经历唐、宋、元、明、清各代，直到清光绪31年废除，历经1000多年。在“学而优则仕”的年代，中状元者号为“大魁天下”，为科名中最高荣誉。因其为殿试第一甲第一名，亦别称殿元。又因居三鼎甲之首，亦别称鼎元。

明清两代，状元的地位日益特殊，新进状元照例受六品的翰林院修撰。翰林素有“储相”之名，因为这个职位较接近皇帝，升迁的机会比同榜者快。

榜眼

榜眼是中国科举制度在殿试中，取得进士第二名的名称，与第一名状元、第三名探花合称“三鼎甲”。一鼎有三足，一甲共三名，故称三鼎甲。其名始于北宋初。榜眼这名称跟状元、探花一样，其实都是社会上习惯使用。在正式发放的金榜之上，只会称进士一甲第一名，一甲第二名，一甲第三名。

探花

探花是中国科举制度在殿试中取得进士第三名的名称。“探花”一名在唐代的科举已经出现。当时中进士者会园游庆祝，称“探花宴”。以进士中的年少貌美者为“探花使”，到各名园采摘鲜花，迎接状元。北宋开始，进士必须经过皇帝殿试，并且定立进士一甲只有三人。初时第一名称状元，第二、第三名俱称为榜眼，意思是第二、第三名分立状元左右，如其两眼。至北宋末年，只以第二名为榜眼，第三名则称探花。

学官

掌握学校教育的教官。宋以后用以泛称各级儒学的教授、教谕等。明清两代，学官规定有不同等级的名目，府学称教授，州学称学正，县学称教谕，各设训导的副职，负责在学生员的管理教育。亦称“教官”，别称“广文”。

童生

也叫“童试”。明、清两代取得生员（秀才）资格的考试。简称童试，亦称小考、小试。应考者称童生，亦作儒童、文童。童生试包括县试、府（或直隶厅、州）试与院试三个阶段。每三年举行两次。丑、未、辰、戌年为岁考，寅、申、巳、亥年为科考。院试录取者为生员，送入府、县学宫，称入学。岁考、科考则为考核已入学的生员的考试。

诸生

诸生为明清时期经考试录取而进入府、州、县各级学校学习的生员。生员有增生、附生、廪生、例生等，统称诸生。《送东阳马生序》中“今诸生学于太学”，则是指在国子监学习的各类诸生。

监生

明清两代称在国子监读书或取得进国子监读书资格的人称为监生。清代可以用捐纳的办法取得这种称号。明代监生分为四类：举监、贡监、荫监、例监。举监是指参加京师会试落选举人，复由翰林院择优送入国子监学习者。贡监是以人才贡献入监之意。荫监是指三品官以上子弟或勋戚子弟入监读书的学生。例监是指因监生缺额或因国家有事，财用不足，平民纳粟于官府后，特许其子弟入监学习者，故又称民生。

至清代，国子监的学生分称监生和贡生。监生有四类：恩监、荫监、优监、例监。乾隆以前对监生加以严格考试，后来仅存虚名，一般未入府、州、县学而欲应乡试，或未得科举而欲入仕做官者，都必须先行纳捐取得监生出身，但不一定就在监读书。

贡生

科举制度中，生员（秀才）一般隶属于本府、州、县学，若考选入京师国子监读书，则不再是本府、州、县学的生员，而称为贡生。意思是把人才贡献给皇帝。明、清两代贡生有不同名目。明有岁贡、选贡、恩贡和纳贡。清有恩贡、拔贡、副贡、岁贡、优贡和例贡。

8 官　职

爵位

爵位，又称封爵、世爵，是古代皇族、贵族的封号，用以表示身份等级与权利的高低。

周代，分为公、侯、伯、子、男五等爵，均世袭罔替，封地均称国，在封国内行使统治权。各诸侯国内，置卿、大夫、士等爵位。西汉，沿用秦二十等爵，另增设王爵。唐朝，分亲王、嗣王（承袭亲王的为嗣王）、郡王、国公、郡公、县公、县伯、县子、县男等爵位。明代封爵虽仍分为宗室和异姓两类，但具体爵称有较大变动。

宰相

宰相是国君之下辅助国君处理政务的最高官职。夏商是巫史，西周春秋是公卿，战国以后是宰相。宰相，是我国历史上一个泛指的职官称号。宰是主宰，相是辅助之。宰相的正式官名随着朝代的更替，先后出现过：丞相、相国、大司徒、中书令、尚书令、参知政事、内阁大学士、军机大臣等多达几十种官名。据记载，虽早在商周时代已有太宰、尹、太师之称，这些官职虽有辅佐天子管理国家之意，但在当时尚不具备国家机器中幕僚长的性质。

太傅

太傅为辅弼国君之官，作为重臣参与朝政，掌管全国的军政大权。周代设置，战国后废。西汉吕后元年（前187年）复置，金印紫绶，以王陵、审食其等任之。后废。哀帝元寿二年（前1年）又复置，以孔光出任此职，位在三公之上。东汉亦置此官，掌善导，无常职，刘秀命卓茂任之；卓死，省去此官。其后新帝初即位，又设"太傅，录尚书事"，如赵熹、陈蕃、胡广等均任过此官，赵等死，即废去此职。

历代多有延置，或常设或虚职，明史载："太师、太傅、太保为三公，正一品。"

太宰

太宰是中国古代官职，责任是总管王家事务。西周时开始设置太宰，也叫大冢宰，或大宰，即冢宰的首领。太宰的职责是"掌管国家的六种典籍，用来辅佐国王治理国家"。其中六种典籍是治典、教典、礼典、政典、刑典、事典，可见当时的太宰是百官之首，相当于后来的宰相或丞相。但后来由于王室的衰落，太宰这个官职的重要性在春秋时期下降了许多，以致被排除在三公（太师、太傅、太保）之外。周朝之后太宰一职被停止使用。一直到晋朝，因避讳司马师的名字，将太师改称太宰。

大夫

古代官名。西周以后先秦诸侯国中，在国君之下有卿、大夫、士三级。大夫世袭，有封地。后世遂以大夫为一般任官职之称。秦汉以后，中央要职有御史大夫，备顾问者有谏大夫、中大夫、光禄大夫等。至唐宋尚有御史大夫及谏议大夫之官。又隋唐以后以大夫为高级官阶之称号。清朝高级文职官阶称大夫，武职则称将军。宋徽宗政和年间重订官阶时，在医官中别置"大夫"以下官阶，故今仍沿称医生为大夫。明、清职事官不用大夫为官名。

司马

官名，与司徒、司空并称"三有司"。掌管军政与军赋，为朝廷大臣，常统率六师或八师出征。战国时为掌管军政、军赋的副官。在春秋时期，晋国三

军首先特设“司马”一职，比如魏绛、张老等都担任过中军司马，在主帅和佐帅之下，执掌军纪和执法。专门纠察队列秩序，这也是“司马”职责。隋以后废。明清时用为兵部尚书的别称。

太史

西周、春秋时为地位很高的朝廷大臣，掌管起草文书、策命诸侯卿大夫、记载史事，兼管典籍、历法、祭祀等事。秦汉以后设太史令，其职掌范围渐小，其地位渐低。

尚书

战国时亦作掌书，齐、秦均置，属低级官员，在殿中主发布文书。秦及汉初与尚冠、尚衣、尚食、尚浴、尚席，称“六尚”。汉武帝时，因系近臣，地位渐高，和御史、史书令史等都是由太史选拔。在汉宣帝时期权势就已经很高。汉成帝置尚书五人，秩六百石，分掌三公曹、常侍曹、二千石曹、户曹、主客曹，职权始重。东汉政悉归尚书台，各曹尚书地位更见重要，其主客尚书令至此成为总揽事权的贵官。时尚书分掌各曹，官名只称尚书，不冠以某曹名义。汉灵帝任梁鹄为选部尚书，始用曹名。魏有五曹，晋增为六曹。后尚书台改名尚书省，曹改称部，列曹（各部）尚书遂为贵官。隋以后尚书为六部长官，隋、唐正三品，明正二品，清末增设外务、邮传等部，主官亦称尚书。宣统三年，始改尚书为大臣。

太守

太守又称“郡守”，州郡最高行政长官。原为战国时代郡守的尊称。西汉景帝时，郡守改称为太守，为一郡最高行政长官。历代沿置不改。南北朝时期，新增州渐多。郡之辖境缩小，郡守权为州刺史所夺，州郡区别不大，至隋初遂存州废郡，以州刺史代郡守之任。此后太守不再是正式官名，仅用作刺史或知府的别称。明清则专称知府。秦时设郡守，汉景帝更名为太守，为一郡之最高长官，除治民、进贤、决讼、检奸外，还可以自行任免所属官史。

大将军

官名。古代领兵之最高统帅。始于战国，是将军的最高封号，汉代沿置，职掌统兵征战。事实上多由贵戚担任，掌握政权，职位甚高。汉武帝时以大司马为大将军所兼官号，其后霍光、王凤等均以大司马、大将军预闻政事，为众朝官领袖。亦有在大将军之上冠以称号者，如骠骑大将军之类。东汉时多由贵戚充任。具体名号有建威大将军、骠骑大将军、中军大将军、镇东大将军、抚军大将军等，除骠骑大将军之位稍低于三公之外，其余均在三公之上。

三国至南北朝时，大臣秉政，多加以“大将军”之号，是三军的最高统帅。

隋代左右武卫、左右武侯等各置大将军，为统率禁军之高级将领。唐至元，定大将军为武散官之首阶。明清两代于战争时由皇帝特派大将军统兵，或于大将军上再加称号，如清代，肃亲王豪格为靖远大将军，惠亲王绵愉为奉命大将军，皆统兵作战，战后即废。

丞相

官名。典领百官，辅佐皇帝治理国政，无所不统。丞相制度起源于战国。秦从武王开始，设左、右丞相，但有时也设相邦，魏冉、吕不韦等都曾居此职。秦统一后只设左、右丞相。丞相负责管理军事大计或其他要务，逢有机要事情皇帝召集公卿、二千石、博士共同在御前商议，避免专断。一般政务，则由丞相决定即可施行。皇帝有事，常向丞相咨询，丞相有时可封驳诏书，表示对皇帝命令持保留态度。

丞相具体职权是：任用官吏，或是向皇帝荐举人才；对于地方官有考课和黜陟、诛赏的权力；主管律、令及有关刑狱事务；地方上若有暴动等事，丞相派属官前往镇压；在军事或边防方面也承担一定的责任；全国的计籍和各种图籍等档案都归丞相府保存。西汉时御史大夫辅佐丞相，职掌大致相同，所以不少事务常由丞相、御史共同出面处置。

博士

博士最早是一种官名，始见于二千多年前的战国时代，负责保管文献档案，编撰著述，掌通古今，传授学问，培养人才。秦有七十人。汉初沿置。秩为比六百石，属奉常。汉武帝时，还设立了五经博士，博士成为专门传授儒家经学的学官。汉初，《易》《书》《诗》《礼》《春秋》每经置一博士，故称五经博士。司马迁在《史记·循吏列传》中有“公仪休者，鲁国博士也，以高等为鲁相”。

秦朝时，博士掌管全国古今史事以及书籍典章。到了唐朝，把对某一种职业有专门精通的人称之为“博士”，如“医学博士”、“算学博士”等。而宋朝，则对服务性行业的服务员也称为“博士”。据《封氏闻见记》记载：“命奴子取钱三十文，酬煎茶博士。”

侍中

官名。秦侍中为丞相之属员，以往来殿内东厢奏事，故名。汉为上起列侯、下至郎中的加官。加此官者可出入宫廷，担任皇帝侍从。侍中任务很杂，须分掌乘舆服物。但此官因身居君侧，常备顾问应对，地位渐趋贵重。武帝时始令侍中出居宫外。晋朝开始把侍中作为三公的加衔，并且参与执政。

御史大夫

御史大夫,官名。秦代始置,负责监察百官,代表皇帝接受百官奏事,管理国家重要图册、典籍,代朝廷起草诏命文书等。西汉沿置,御史大夫与丞相、太尉合称"三公"。晋以后多不置御史大夫。唐复置,专掌监察执法。明洪武中改御史台为都察院,御史大夫之官遂废。

太尉

秦汉时中央掌军事的最高官员。太尉之名最早见于《吕氏春秋》。西汉武帝建元二年(前139年)后不再设置。西汉早期,设太尉官职多半和军事有关,故带有虚位性质,不同于丞相、御史大夫等官职。武帝时以贵戚为太尉,一变过去由力战武功之臣充任太尉的惯例,而又和丞相同等,这也和西汉早期有所差别。光武帝建武二十七年(公元51年),将大司马改为太尉。东汉时期,以太尉、司徒、司空为三公,太尉管军事,司徒管民政,司空管监察,分别开府,置僚佐。后曹操撤销三公制,自任丞相。曹丕时期曾短暂恢复,后又撤销。元朝时不常置,明朝时废除。

中书令

官名。汉武帝时以宦官担任中书,称中书令。中书令是帮助汉武帝在宫廷处理政务的官员,中书令在西汉都是由皇帝最信任的人担任。司马迁曾兼任此职,是中国历史上第一位中书令,他以太史公的身份担任中书令,朝位在丞相之上。明代废。

都督

汉末军中执法和办理事务的武官。三国初年始为领兵将帅的官号。西魏、北周时,以大都督统团,帅都督统旅,都督为队官。明五军都督府分中、左、右、前、后五军佥事,统辖全国各卫所。辛亥革命时,各省多以都督为地方最高军政长官。后分行政、军政为二。行政长官先称民政使,改巡按使,又改省长。军事长官先改称督军,后又改为督理。

学士

魏晋时是掌管典礼、编撰诸事的官职。唐以后指翰林学士,成为皇帝的秘书、顾问,参与机要,因而有"内相"之称。明清时承旨、侍读、侍讲、编修、庶吉士等虽亦为翰林学士,但与唐宋时翰林学士的地位和职掌都不同。

元帅

在中国,"元帅"一词最早出现在公元前633年的春秋时期,当时只是表示对"将帅之长"的称呼,还不是官职名称。从南北朝起,元帅逐渐成为战时统军征战的官职名称。隋、唐、五代和宋朝,战时都设元帅职务,唐太宗李世民在继承皇位以前曾担任过"西讨元帅"。当时的元帅按其职权轻重和执掌

分工，大都冠以不同名号，如“兵马元帅”、“行军元帅”、“行营元帅”等，其中又有“都元帅”、“元帅”、“副元帅”的等级之分。元朝各道、州，凡有军旅之事的地方，都设都元帅府或元帅府、副元帅府，任命不同名号的元帅，掌管当地的行政及军事大权。明朝初年，在枢密院之下设诸翼元帅府，任命元帅、同知元帅等官职，统军征战。元、明两朝的元帅职权较前减轻，仅为二品或三品官职。

仆射

魏晋南北朝至宋尚书省的长官。仆射起源较早，秦律中有仆射称谓。汉代仆射是个广泛的官号，自侍中、尚书、博士、谒者、郎以至于军屯吏、驺、宰皆有仆射。仆是“主管”的意思，古代重武，主射者掌事，故诸官之长称仆射。后来只有尚书仆射相承不改，唐代仆射虽名为丞相，实际虚名无实。唐代后期常以仆射为节度、观察等使的加官，用以表示其品秩的高下。于是仆射成为虚职，不但不是宰相，连尚书省本省事务也不过问。至于宋代，其他仆射的名称大都废除。故魏晋南北朝至宋的仆射，专指尚书仆射而言。

监察御史

监察御史是官名。隋开皇二年（582 年）改检校御史为监察御史，始设。唐御史台分为三院，监察御史属察院，品秩不高而权限广。监察御史掌管监察百官、巡视郡县、纠正刑狱、肃整朝仪等事务。宋、元、明、清都曾采用，唐、宋两代为八品官，明代为正七品，清代为从五品。明清废御史台设都察院，通常弹劾与建言，设都御史、副都御史、监察御史。监察御史分道负责，因而分别冠以某某道地名。

知县

官名。唐称佐官代理县令为知县事。宋常派遣朝廷官员为县的长官，管理一县行政，称“知县事”，简称知县，如当地驻有戍兵，并兼兵马都监或监押，兼管军事。明、清以知县为一县长官的正式长官。

节度使

官名。唐代开始设立的地方军政长官。因受职之时，朝廷赐以旌节，故称。唐初沿北周及隋朝旧制，重要地区置总管统兵，旋改称都督，唯朔方仍称总管，边州别置经略使，有屯田州置营田使。唐睿宗景云二年，贺拔延嗣为凉州都督充河西节度使，节度使开始成为正式的官职。

枢密使

官名。唐代宗永泰中始置内枢密使，以宦官掌枢密，接受表奏及向中书门下传达帝命。其后握权之宦官多以枢密使名义干预朝政，以至操纵君主的废立。至唐末昭宗时，权力更大，至直接指挥公事，侵夺宰相权力，借朱温

之斩，尽诛宦官，始改用士人为枢密使。朱温（梁太祖）称帝，改名崇政使，以君主左右最亲信大臣任此职。

后唐复称枢密使。宋代沿其制而稍加变通，以枢密使为枢密院长官，与同门下平章事等共同负责军国要政。枢密使有时亦称知枢密院事，简称知院。其副职称枢密副使或同知枢密院事。任此职者一般为文官，且往往即由同平章事兼任。凡军事之措置，均由枢密使秉皇帝意旨决定执行。清常以枢密为军机大臣尊称。

知府

宋代至清代地方行政区域“府”的最高长官。唐以建都之地为府，以府尹为行政长官。宋升大郡为府，以朝臣充各府长官，称以某官知（主管）某府事，简称知府。明以知府为正式官名，为府的行政长官，管辖所属州县。清沿明制不改。知府又尊称太守、府尊，亦称黄堂。

道台

官名。明布政使有佐官左、右参政及左、右参议，分管各承宣布政司辖区内部分地区、钱谷等事，无定员，因事添设，各省不等，称“分守道”；按察使有佐官副使、佥事，无定员，分管各提刑按察使司辖区内部分地区、刑名等事，称“分巡道”。清乾隆十八年（1753 年）废参政、参议、副使、佥事等官衔，专置“分守道”主管一省内若干府县政务、“分巡道”主管全省提学、屯田等专门事务，守、巡诸道多加兵备衔，长官皆称道员，俗称道台，尊称观察。清末又在各省置巡警道与劝业道。民国初年曾分一省为数道，以道尹为长官。道员（道台、道尹）相当于现在的副省长级别，为从三品或正四品官员。

都御史

中国古代官职。明代设左、右都御史各一人，为都察院长官，正二品。负责监察、纠劾事务，兼管审理重大案件和考核官吏。清代改以左都御史、左副都御史为都察院主官，右都御史及右副都御史都专作总督、巡抚的加衔。左都御史满、汉各一人。开始时满员级别设为一品，汉员级别为二品，顺治十六年（1659 年），将满汉两员均设为二品。康熙六年（1667 年）升满员为一品，到康熙九年（1670 年）又改为二品。到雍正八年（1730 年）将满汉御史俱升从一品。

巡抚

官名。中国明清时地方军政大员之一，又称抚台。巡视各地的军政、民政大臣，清代指掌管一省军政、民政，以“巡行天下，抚军按民”而名。北周与唐初均有派官至各地巡抚之事，系临时差遣，“巡抚”亦未成为官名，明巡抚之名，始见于洪武二十四年（1391 年）命懿文太子巡抚陕西，亦系临时差遣。

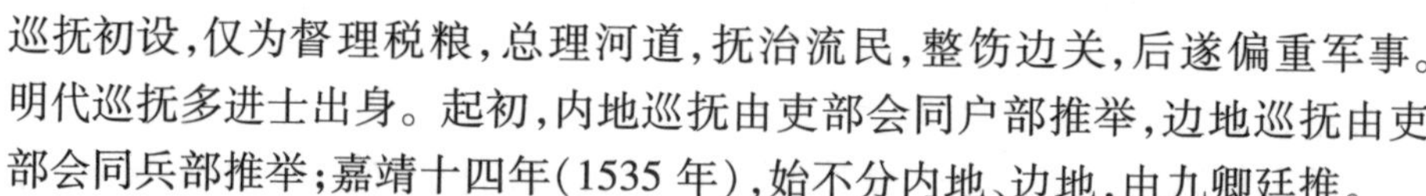

巡抚初设，仅为督理税粮，总理河道，抚治流民，整饬边关，后遂偏重军事。明代巡抚多进士出身。起初，内地巡抚由吏部会同户部推举，边地巡抚由吏部会同兵部推举；嘉靖十四年（1535 年），始不分内地、边地，由九卿廷推。

明代，巡抚虽非地方正式军政长官，但因出抚地方，节制三司（承宣布政使司、提刑按察使司、都指挥使司），实际掌握着地方军政大权。同时，巡抚每年要赴京师议事，也体现了朝廷对地方统辖权的加强。明后期巡抚的易置往往受朝廷门户左右，而最后点定之权又重归权阉。

清因明制，在各省设置巡抚。清代巡抚是一省最高军政长官，具有处理全省民政、司法、监察及指挥军事大权。

军机大臣

军机处是清代辅佐皇帝的政务机构。任职者无定员，一般由亲王、大学士、尚书、侍郎或京堂兼任，称为军机大臣。军机大臣少则三四人，多则六七人，被称为“枢臣”。清雍正七年（1729 年），清军在西北与准噶尔激战，为及时处理军报，始设军机房，清乾隆即位后，改称总理处，三年（1738 年）始名军机处。军机大臣由皇帝亲信的满汉大学士、尚书、侍郎等兼任。中经乾隆、嘉庆、道光、咸丰、同治、光绪，直至宣统三年（1911 年）皇族内阁成立后裁撤，历时 170 余年。军机处职能原为承命拟旨，参与军务，随着时间的推移和条件的改变，军机处已不再是单纯的军事机构，逐渐演变为清代全国政令的策源地和统治中心，其地位远高于国家行政中枢的内阁。

中堂

中堂之说起于北宋，因宰相在中书内办公而得名。明朝时为了进一步集权而不设宰相、中书省等机构，宰相的权力转移到内阁，由内阁来处理国家政务。清朝继承了这一做法，内阁的首辅大学士以及协办大学士都被称为中堂，即宰相的别称，清制六部，每部有尚书二个，一汉一满，在大堂上左右对坐，分庭抗礼，而如果大臣以大学士的身份管部，则坐大堂中间，称为“中堂”，这只是虚名，并不代表实际权力，实权由军机处掌握。

九门提督

“九门提督”是中国清朝时期的驻京武官，正式官衔为“提督九门步军巡捕五营统领”，主要负责北京内城九座城门（正阳门、崇文门、宣武门、安定门、德胜门、东直门、西直门、朝阳门、阜成门）内外的守卫和门禁，还负责巡夜、救火、编查保甲、禁令、缉捕、断狱等，实际为清朝皇室禁军的统领，品秩为“从一品”。步军统领衙门是京师卫戍部队。掌京城守卫、稽查、门禁、巡夜、禁令、保甲、缉捕、审理案件、监禁人犯、发信号炮等要职。

9 天　文

月亮的别称

月亮是古诗文提到的自然物中最突出的被描写的对象。它的别称可分为：

①因初月如钩，故称银钩、玉钩。

②因弦月如弓，故称玉弓、弓月。

③因满月如轮如盘如镜，故称金轮、玉轮、银盘、玉盘、金镜、玉镜。

④因传说月中有兔和蟾蜍，故称银兔、玉兔、金蟾、银蟾、蟾宫。

⑤因传说月中有桂树，故称桂月、桂轮、桂宫、桂魄。

⑥因传说月中有广寒、清虚两座宫殿，故称广寒、清虚。

⑦因传说为月亮驾车之神名望舒，故称月亮为望舒。

⑧因传说嫦娥住在月中，故称月亮为嫦娥。

⑨因人们常把美女比作月亮，故称月亮为婵娟。

分野

古代占星家为了用天象变化来占卜人间的吉凶祸福，将天上星空区域与地上的国州互相对应，称作分野。具体说就是把某星宿当作某封国的分野，某星宿当作某州的分野，或反过来把某国当作某星宿的分野，某州当作某星宿的分野。如王勃《滕王阁序》："豫章故郡，洪都新府。星分翼轸，地接衡庐。"是说江西南昌地处翼宿、轸宿分野之内。

二十八宿

二十八宿又叫二十八舍或二十八星，是古人为观测日、月、五星运行而划分的二十八个星区，用来说明日、月、五星运行所到的位置。每宿包含若干颗恒星。二十八宿的名称，自西向东排列为：东方苍龙七宿，北方玄武七宿，西方白虎七宿，南方朱雀七宿。

四象

四象（或作四相）在中国传统文化中指青龙、白虎、朱雀、玄武，分别代表东西南北四个方向。在二十八宿中，四象用来划分天上的星星，也称四神、四灵。天区黄道中的东方七宿为角、亢、氐、房、心、尾、箕，而这七宿的形状又极似龙形，所以称东宫为青龙或苍（青色）龙。白虎是"四象"之一，当然也是由星宿而来的，是二十八星宿之中，位于西方的七宿：奎、娄、胃、昂、毕、

觜、参,所以是西方的代表。朱雀一称也是出自星宿,是南方七宿的总称:井、鬼、柳、星、张、翼、轸。南方属火,红为主色,联想起来就是朱雀了。玄武是由龟和蛇组合成的一种灵物。它和其他三灵一样,也由天下二十八星宿变成的:斗、牛、女、虚、危、室、壁。

昴宿

西方白虎七宿的第四宿,由七颗星组成,又称旄头(旗头的意思)。古人用昴宿来定四时,《尚书·尧典》:"日短星昴,以正仲冬。"是指如果日落时看到昴宿出现在中天,就可以知道冬至到了。昴宿属于金牛座,由一团小星簇聚在一起的便是它了。

参商

参指西官白虎七宿中的参宿,商指东官苍龙七宿中的心宿,是心宿的别称。参宿在西,心宿在东,二者在星空中此出彼没,彼出此没,因此常用来喻人分离不得相见。如曹植"面有逸景之速,别有参商之阔"等。

壁宿

壁宿指北官玄武七宿中的第七宿,由两颗星组成,因其在室宿的东边,很像室宿的墙壁,又称东壁。唐代张说诗"东壁图书府,西园翰墨林",形容壁宿是天上的图书库。

流火

流,下行;火,指大火星,即东官苍龙七宿中的心宿。《诗经·七月》:"七月流火,九月授衣。"七月相当于公历的八月,流火是说大火星的位置已由中天逐渐西降,表明暑气已退,天气转凉。

北斗

北斗又称"北斗七星",指在北方天空排列成斗形或杓形的七颗亮星。七颗星的名称是:天枢、天璇、天玑、天权、玉衡、开阳、摇光。排列如斗杓,故称"北斗"。根据北斗星便能找到北极星,故又称"指极星"。

北极星

星座名,是北方天空的标志。古代天文学家对北极星非常尊崇,认为它固定不动,众星都绕着它转。其实,由于岁差的原因,北极星也在变更。三千年前周代以帝星为北极星,隋唐宋元明以天枢为北极星,一万二千年以后,织女星将会成为北极星。

彗星袭月

彗星俗称扫帚星,彗星袭月即彗星的光芒扫过月亮,按迷信的说法是重大灾难的征兆。如《唐雎不辱使命》:"夫专诸之刺王僚也,彗星袭月。"

白虹贯日

“虹”实际上是“晕”，大气中的光学现象。这种现象的出现，往往是天气将要变化的预兆，可是古人却把这种自然现象视作人间将要发生异常事情的预兆。如《唐雎不辱使命》：“聂政之刺韩傀也，白虹贯日。”

运交华盖

华盖，星座名，共十六星，在五帝座上，今属仙后座。旧时迷信，以为人的命运中犯了华盖星，运气就不好。

东曦

古代神话说太阳神的名字叫曦和，驾着六条无角的龙拉的车子在天空驰骋。东曦指初升的太阳。《促织》：“东曦既驾，僵卧长愁。”“东曦既驾”指东方的太阳已经出来了。

天狼星

天狼星为全天空最明亮的恒星。苏轼《江城子》词：“会挽雕弓如满月，西北望，射天狼。”其中用典皆出自星宿，雕弓指弧矢星，天狼即天狼星。屈原《九歌》中也有“举长矢兮射天狼”，长矢即弧矢星。

老人星

老人星为全天空第二颗最明亮的星，也是南极星座最亮的星。民间把它称作寿星。北方的人若能见到它，便是吉祥太平的事。杜甫诗云：“今宵南极外，甘作老人星。”

牵牛织女

“牵牛”即牵牛星，又叫牛郎星，是夏秋夜空中最亮的星，在银河东。“织女”即织女星，在银河西，与牵牛星相对。《古诗十九首》：“迢迢牵牛星，皎皎河汉女。”唐代诗人曹唐《织女怀牵牛》：“北斗佳人双泪流，眼穿肠断为牵牛。”

银河

银河又名银汉、天河、天汉、星汉、云汉，是横跨星空的一条乳白色亮带，由一千亿颗以上的恒星组成。曹操《观沧海》：“星汉灿烂，若出其里。”秦观《鹊桥仙》词：“纤云弄巧，飞星传恨，银汉迢迢暗渡。”

文曲星

星宿名之一。旧时迷信说法，文曲星是主管文运的星宿，文章写得好而被朝廷录用为大官的人是文曲星下凡。如吴敬梓《范进中举》：“这些中老爷的都是天上的文曲星。”

天罡星

古星名，指北斗七星的柄。道教认为北斗丛星中有三十六个天罡星、七

十二个地煞星。小说《水浒》受这种迷信说法的影响，将梁山泊一百零八名大小起义头领附会成天罡星、地煞星降生。

10 历法

阳历

太阳历又称为阳历，是以地球绕太阳公转的运动周期为基础而制定的历法。太阳历的历年近似等于回归年，一年12个月。阳历的月份、日期都与太阳在黄道上的位置较好地符合，根据阳历的日期，在一年中可以明显看出四季寒暖变化的情况；但在每个月份中，看不出月亮的朔、望、两弦。

如今世界通行的公历就是一种阳历，平年365天，闰年366天，每四年一闰，每满百年少闰一次，到第四百年再闰，即每四百年中有97个闰年。公历的历年平均长度与回归年只有26秒之差，要累积3300年才差一日。

农历

中国的一种历法，是阴阳历的一种，一般叫作阴历。平年十二个月，大月三十天，小月二十九天，全年354天或355天。由于每年的天数比太阳年约差十一天，所以在十九年里设置七个闰月，有闰月的年份全年383天或384天。又根据太阳的位置，把一个太阳年分成二十四个节气，以利于农业种植等活动。纪年用天干地支搭配，六十年周而复始。这种历法相传创始于夏代，所以又称为夏历，也叫旧历。

二十四节气

二十四节气是我国古代历法的重要组成部分。古人根据太阳一年内的位置变化以及所引起的地面气候的演变次序，把一年三百六十五又四分之一的天数分成二十四段，分列在十二个月中，以反映四季、气温、物候等情况，这就是二十四节气。每月分为两段，月首叫"节历"，月中叫"中气"。

纪时法

我国古代纪时法主要有两种：

①天色纪时法：古人最初是根据天色的变化将一昼夜划分为十二个时辰，它们的名称是：夜半、鸡鸣、平旦、日出、食时、隅中、日中、日昳、晡时、日入、黄昏、人定。

②地支纪时法：以十二地支来表示一昼夜十二时辰的变化。

古代计时单位

我国古代有自己独特的计时方法和计时仪器，由此遂产生了自己独特的计时单位——时、刻、更、点。

时：指时辰，古时一天分12个时辰，采用地支作为时辰名称，并有古代的习惯称法。时辰的起点是午夜。北宋时开始将每个时辰分为"初"、"正"两部分，分十二时辰为二十四部分，称"小时"。

刻：古代使用漏壶计时。最初，人们发现陶器中的水会从裂缝中一滴一滴地漏出来，于是专门制造出一种留有小孔的漏壶，把水注入漏壶内，水便从壶孔中流出来，另外再用一个容器收集漏下来的水，在这个容器内有一根刻有标记的箭杆，用一个竹片或木块托着箭杆浮在水面上，容器盖的中心开一个小孔，箭杆从盖孔中穿出，这个容器叫做"箭壶"。随着箭壶内收集的水逐渐增多，木块托着箭杆也慢慢地往上浮，古人从盖孔处看箭杆上的标记，就能知道具体的时刻。

大约西周之前，古人就把一昼夜均分为100刻，在漏壶箭杆上刻100格。折合成现代计时单位，则1刻等于14分24秒。"百刻制"是我国最古老、使用时间最长的计时制。

更：汉代皇宫中值班人员分五个班次，按时更换，叫"五更"，由此便把一夜分为五更，每更为一个时辰。戌时为一更，亥时为二更，子时为三更，丑时为四更，寅时为五更。

点：古代使用铜壶滴漏计时，以下漏击点为名。一更分为五点，所以，一点的长度合现在的24分钟。

十二时辰

子时：夜半十一时至翌晨一时。古时尚有午夜、子夜、夜半、夜分、宵分、未分、未旦、未央等别称。

丑时：晨一时至三时，又称鸡鸣。古时鸡鸣而起，未旦而朝。

寅时：三至五时，别称平旦，平明。

卯时：五时至七时，为古时官署开始办公的时间，故又称点卯。因是时正值朝暝冉冉东升，故又谓之日出。

辰时：七时至九时，别称食时。

巳时：九时至十一时。

午时：十一时至十三时，别称日中，而正午十二时又有平午、平昼、亭午等别称。

未时：十三时至十五时。此时太阳蹉跌而下，开始偏西，故又谓之日侧、日映。

申时：十五时至十七时，别称哺时、日哺。

酉时：十七时至十九时。

戌时：十九时至二十一时，别称黄昏。

亥时：二十一时至二十三时，此时正是夜阑人静之夕，故又称“人定”。

干支纪年

早在6000年前，我国古代劳动人民就通过对天象的观察，发现了太阳和月亮一年要会合十二次，而且每次会合的位置都不同的现象。于是，古人将太阳运行一圈的轨道分为十二等分，即十二宫，以子、丑、寅、卯、辰、巳、午、未、申、酉、戌、亥等为“地支”，代表一年的十二个月。为了纪年、纪日，人们又以甲、乙、丙、丁、戊、己、庚、辛、壬、癸为“天干”，与“地支”相互配合使用，经过六十年又回到甲子。周而复始，循环不已。我国农历现仍沿用干支纪年。

干支纪年萌芽于西汉，始行于王莽，通行于东汉后期。汉章帝元和二年（公元85年），朝廷下令在全国推行干支纪年。

帝号纪年

帝号又叫做庙号，是皇帝死后，后人根据皇帝的生平史迹，给他的一个名号，用以概括皇帝的一生，而像所谓的康熙、雍正、乾隆、景泰、正德等都是皇帝的年号，而之所以清朝的皇帝又以他们的年号相称，是因为清朝的皇帝一辈子就只用了一个年号，所以有此称呼。

纪年法

我国古代纪年法主要有四种：

（1）王公即位年次纪年法。以王公在位年数来纪年。如《左传·殽之战》：“三十三年春，秦师过周北门。”指鲁僖公三十三年。

（2）年号纪年法。汉武帝起开始有年号。此后每个皇帝即位都要改元，并以年号纪年。如《岳阳楼记》“庆历四年春”、《琵琶行》“元和十年”、《石钟山记》“元丰七年”等。

（3）干支纪年法。如《五人墓碑记》：“予犹记周公之被逮，在丁卯三月之望。”“丁卯”指公元1627年。

（4）年号干支兼用法。纪年时皇帝年号置前，干支列后。如《核舟记》“天启壬戌秋日”，“天启”是明熹宗朱由校年号，“壬戌”是干支纪年；《梅花岭记》“顺治二年乙酉四月”，“顺治”是清世祖年号，“乙酉”是干支纪年。

纪月法

我国古代纪月法主要有三种：

（1）序数纪月法。如《采草药》：“如平地三月花者，深山中则四月花。”

《谭嗣同》"今年四月,定国是之诏既下"等。

(2)地支纪月法。古人常以十二地支配称十二个月,每个地支前要加上特定的"建"字。如杜甫《草堂即事》诗:"荒村建子月,独树老夫家。""建子月"按周朝纪月法指农历十一月。

(3)时节纪月法。如《古诗十九首》:"孟冬寒气至,北风何惨栗。""孟冬"代农历十月。

纪日法

我国古代纪日法主要有四种:

(1)序数纪日法:如《梅花岭记》:"二十五日,城陷,忠烈拔刀自裁。"《〈黄花岗七十二烈士事略》:"死事之惨,以辛亥三月二十九日围攻两广督署之役为最。"

(2)干支纪日法:如《殽之战》:"夏四月辛巳,败秦军于殽。""四月辛巳"指农历四月十三日;《石钟山记》"元丰七年六月丁丑",即农历六月九日。古人还单用天干或地支来表示特定的日子。如《礼记·檀弓》"子卯不乐","子卯",代指恶日或忌日。

(3)月相纪日法:指用"朔、望、既望、晦"等表示月相的特称来纪日。每月第一天叫朔,每月初三叫朏,月中叫望(小月十五日,大月十六日),望后这一天叫既望,每月最后一天叫晦。

(4)干支月相兼用法:干支置前,月相列后。如《登泰山记》:"戊申晦,五鼓,与子颍坐日观亭。"

改元

指中国历史上皇帝即位时或在位期间改换年号。每个年号开始的一年称元年。新皇帝即位后,一般都要改变纪年的年号,称为"改元"。同一皇帝在位时也可以改元,如汉武帝改了十一次年号,唐高宗用过十四个年号。唐玄宗即位初年改元"先天",这年即称先天元年,后改元"开元",又改元"天宝"。到了明代以后,才规定一帝一元,才有可能用年号来称呼皇帝。如清高宗年号是乾隆,清高宗就称为乾隆皇帝。

黄历

黄历,是在中国农历基础上产生出来的,带有许多表示当天吉凶的一种历法。黄历相传是由轩辕黄帝创制,故称为黄历,民间又俗称为"通书"。但因通书的"书"字跟"输"字同音,因避忌故又名通胜。

黄历主要内容为二十四节气的日期表以及每天的吉凶宜忌、生肖运程等。后来的黄历,往往掺杂了许多宣扬吉凶忌讳的内容,迷信色彩很浓,黄历于是成了旧历书的代名。

皇历

历代皇帝都很重视历法。9 世纪初的唐皇朝曾下令,历书必须经皇帝亲自审定后才能颁布,并且规定了只许官方印,不准私人印,从此,历书就成了“皇历”。关于“皇历”一词,据说与宋太宗有关,宋太宗每年到了岁晚,都给文武百官各送历书一本。这本历书里刻有农历日期节令,以及在耕作种植方面的普通知识。因为历书是皇帝所送,故此叫它做“皇历”。

“皇历”中所记历法,一般是以一年为限,第二年变更,如果拿起去年的皇历来查看今年的历法,就一定是错误的,因此“老皇历”就有因循守旧、不思变革的意思。

北京时间

我国采用北京所在的东八时区的区时作为标准时间,称为北京时间。该时区中央经线的经度是东经 120°。依据国际标准时区划分的方法和我国所处的地理位置,虽然我国跨越了 5 个时区,但主要位于东六时区、东七时区、东八时区内,这三个时区的中央经线经度依次分别为东经 90°、东经 105°、东经 120°。如果对我国位于东经 82.5°以西东五时区的地区,采用与东六时区相同的标准时;东经 127.5°以东的东九时区的地区,采用与东八时区相同的标准时。这样用三个时区的区时就覆盖了全国,也就基本上满足了各地以中天时刻为时刻标准的地方时。

11 建筑

明堂

明堂是中国先秦时帝王会见诸侯、进行祭祀活动的场所,是帝王宣明政教的地方。明堂的式样为“明堂方百一十二尺,高四尺,阶广六尺三寸。室居中方百尺,室中方六十尺,户高八尺,广四尺”。古代文化的中心在宗教,而明堂则是以宗教为中心,集宗教、政事、教化为一体的所在。商周以后,明堂的职能渐渐发生分化,主要是天子祭天祀祖的所在,实际上就是皇家教堂。历代所建明堂,以唐朝武则天在东都洛阳所建最为壮观,高二百九十四尺,东西广三百尺,号称“万象神宫”,是中国古代最宏伟的木结构建筑之一。

殿堂

中国古代建筑群中的主体建筑,包括殿和堂两类建筑形式,其中殿为宫

室、礼制和宗教建筑所专用。堂的左右有序、有夹，室的两旁有房、有厢。这样的一组建筑又统称为堂，泛指天子、诸侯、大夫、士的居处建筑。殿和堂都可分为台阶、屋身、屋顶三个基本部分。因受封建等级制度的制约，殿和堂在形式、构造上都有区别。殿和堂在台阶做法上的区别出现较早。堂只有阶，殿不仅有阶，还有陛，即除了本身的台基之外，下面还有一个高大的台子作为底座，由长长的陛级联系上下。殿一般位于宫室、庙宇、皇家园林等建筑群的中心或主要轴线上，其平面多为矩形，也有方形、圆形、工字形等。殿的空间和构件的尺度往往较大，装修做法比较讲究。堂一般作为府邸、衙署、宅院、园林中的主体建筑，其平面形式多样，体量比较适中，结构做法和装饰材料等也比较简洁，且往往表现出更多的地方特征。

宫室

宫和室是同义词。区别开来说，宫是总名，指整所房子，外面有围墙包着，室只是其中的一个居住单位。古代宫室一般向南。主要建筑物的内部空间分为堂、室、房。前部分是堂，通常是行吉凶大礼的地方，不住人。堂的后面是室，住人。室的东西两侧是东房和西房。整幢房子是建筑在一个高出地面的台基上的，所以堂前有阶。要进入堂屋必须升阶，所以古人常说“升堂”。

上古堂前没有门，堂上东西有两根楹柱。堂东西两壁的墙叫序，堂内靠近序的地方也就称为东序、西序。堂后有墙和室房隔开，室和房各有户和堂相通。古书上所说的户通指室的户，东房后部有阶通往后庭。

室户偏东，户西相应的位置有一个窗口叫牖。冬天用泥把它堵住，以免寒风吹入。

斗拱

斗拱，是中国古代建筑上特有的构件，是由方形的斗、升、拱、翘、昂组成。斗拱是中华古代建筑中特有的形制，是较大建筑物的柱与屋顶间之过渡部分。其功用在于承受上部支出的屋檐，将其重量或直接集中到柱上，或间接地先纳至额枋上再转到柱上。一般只有非常重要或带纪念性的建筑物，才有斗拱的安置。斗拱中间伸出部叫做要头，雕着一个立双式的青色龙头。其两旁的垫拱板雕半立体火焰珠一粒，象征吉祥如意。斗从外观上使人产生一种神秘的感觉。在美学和结构上它也拥有一种独特的风格。无论从艺术或技术的角度来看，斗拱都足以象征和代表中华古典的建筑精神和气质。

四合院

四合院是以正房、倒座房、东西厢房围绕中间庭院形成平面布局的北方

传统住宅的统称。四合院，是华北地区民用住宅中的一种组合建筑形式。在中国民居中历史最悠久，分布最广泛，是汉族民居形式的典型。其历史已有三千多年，西周时，形式就已初具规模。山西、陕西、北京、河北的四合院最具代表性。中国第一四合院是陕西岐山凤雏村遗址，是西周建筑遗址。

碑碣

古人把长方形的刻石叫“碑”。把圆首形的或形在方圆之间、上小下大的刻石，叫“碣”。秦始皇刻石纪功，大开树立碑碣的风气。东汉以来，碑碣渐多，有碑颂、碑记，又有墓碑，用以纪事颂德，碑的形制也有了一定的格式。在唐代，“碑”和“碣”的用法是有区别的，五品以上的用碑，五品以下的用碣，到后世往往混用。

亭

中国传统建筑中周围开敞的小型点式建筑，供人停留、观览，也用于典仪，俗称亭子，出现于南北朝的中后期。亭的平面形式除方形、矩形、圆形、多边形外，还有十字、连环、梅花、扇形等多种形式。亭的屋顶有攒尖、歇山、锥形及其他形式复合体。大型的亭可筑重檐，或四面加抱厦。陵墓、宗庙中的碑亭、井亭可做得很庄重，如明长陵的碑亭。大型的亭可以做得雄伟壮观，如北京景山的万春亭。小型的亭可以做得轻巧雅致，如杭州三潭印月的三角亭。亭的不同形式，可以产生不同的艺术效果。亭的结构以木构为最多，也有用砖石砌造的。亭多做攒尖顶和圆锥形顶。四角攒尖顶在汉代已出现，八角攒尖顶和圆锥形顶在唐代明器中已有发现。

廊

中国古代建筑中有顶的通道，包括回廊和游廊，基本功能为遮阳、防雨和供人小憩。廊是形成中国古代建筑外形特点的重要组成部分。殿堂檐下的廊，作为室内外的过渡空间，是构成建筑物造型上虚实变化和韵律感的重要手段。围合庭院的回廊，对庭院空间的格局、体量的美化起重要作用，并能造成庄重、活泼、开敞、深沉、闭塞、连通等不同效果。园林中的游廊则主要起着划分景区、造成多种多样的空间变化、增加景深、引导最佳观赏路线等作用。

台榭

中国古代将地面上的夯土高墩称为台，台上的木构房屋称为榭，两者合称为台榭。最早的台榭只是在夯土台上建造的有柱无壁、规模不大的敞厅，供眺望、宴饮、行射之用。有时具有防潮和防御的功能。台榭的遗址颇多，著名的有春秋晋都新田遗址、战国燕下都遗址、邯郸赵国故城遗址、秦咸阳宫遗址等，都保留了巨大的阶梯状夯土台。

楼阁

中国古代建筑中的多层建筑物。早期楼与阁有所区别,楼指重屋,多狭而修曲,在建筑群中处于次要位置;阁指下部架空、底层高悬的建筑,平面呈方形,两层,有平坐,在建筑群中居主要位置。后来楼与阁互通,无严格区分。楼阁多为木结构,构架形式有井傒式、重屋式、平坐式、通柱式等。佛教传入中国后,大量修建的佛塔即为楼阁建筑。

庙

中国古代的祭祀建筑。形制要求严肃整齐,大致可分为三类:

①祭祀祖先的庙。中国古代帝王诸侯等奉祀祖先的建筑称宗庙。帝王的宗庙称太庙,庙制历代不同。太庙是等级最高的建筑。贵族、显宦、世家大族奉祀祖先的建筑称家庙或宗祠。仿照太庙方位,设于宅第东侧,规模不一。

②奉祀圣贤的庙。最著名的是奉祀孔丘的孔庙,又称文庙。孔丘被奉为儒家之祖,汉以后历代帝王多崇奉儒学。山东曲阜孔庙规模最大。奉祀三国时代名将关羽的庙称关帝庙,又称武庙。有的地方建三义庙,合祀刘备、关羽、张飞。许多地方还奉祀名臣、先贤、义士、节烈等。

③祭祀山川、神灵的庙。中国从古代起就崇拜天、地、山、川等自然物并设庙奉祀,如后土庙。最著名的是奉祀五岳——泰山、华山、衡山、恒山、嵩山的神庙,其中泰山的岱庙规模最大。还有大量源于各种宗教和民间习俗的祭祀建筑,如城隍庙、土地庙、龙王庙、财神庙等。

坛

中国古代主要用于祭祀天、地、社稷等活动的台型建筑。北京城内外的天坛、地坛、日坛、月坛、祈谷坛、社稷坛等。坛既是祭祀建筑的主体,也是整组建筑群的总称。坛的形式多以阴阳五行等学说为依据。例如天坛、地坛的主体建筑分别采用圆形和方形,来源于天圆地方之说。天坛所用石料的件数和尺寸都采用奇数,是采用古人以天为阳性和以奇数代表阳性的说法。祈年殿有三重檐分别覆以三种颜色的琉璃瓦:上檐青色象征青天,中檐黄色象征土地,下檐绿色象征万物。至乾隆十六年改为三层均蓝色,以合专以祭天之意。

塔

供奉或收藏佛舍利(佛骨)、佛像、佛经、僧人遗体等的高耸型点式建筑,又称“佛塔”、“宝塔”。塔是中国古代建筑中数量极大、形式最为多样的一种建筑类型。塔一般由地宫、塔基、塔身、塔顶和塔刹组成。塔的种类众多,中国现存塔 2000 多座。按性质分,有供膜拜的藏佛物的佛塔和高僧墓塔;按所

用材料可分为木塔、砖塔、石塔、金属塔、陶塔等；按结构和造型可分为楼阁式塔、密檐塔、单层塔、喇嘛塔和其他特殊形制的塔。

影壁

建在院落的大门内或大门外，与大门相对作屏障用的墙壁，又称照壁、照墙。影壁能在大门内或大门外形成一个与街巷既连通又有限隔的过渡空间。明清时代影壁从形式上分有一字形、八字形等。北京大型住宅大门外两侧多用八字墙，与街对面的八字形影壁相对，在门前形成一个略宽于街道的空间；门内用一字形影壁，与左右的墙和屏门组成一方形小院，成为从街巷进入住宅的两个过渡。南方住宅影壁多建在门外。著名的山西省大同九龙壁就是明太祖朱元璋之子朱桂的代王府前的琉璃影壁。北京北海和紫禁城中的九龙壁也很有名。

华表

古代宫殿、陵墓等大型建筑物前面做装饰用的巨大石柱，是中国一种传统的建筑形式。华表一般由底座，蟠龙柱，承露盘和其上的蹲兽组成。柱身多雕刻龙凤等图案，上部横插着雕花的石板。华表是一种标志性建筑，已经成为中国的象征之一。

元代以前，华表主要为木制，上插十字形木板，顶上立白鹤，多设于路口、桥头和衙署前。明以后华表多为石制，下有须弥座；石柱上端用一雕云纹石板，称云板；柱顶上原立鹤改用蹲兽，俗称“朝天犼”。华表四周围以石栏。华表和栏杆上遍施精美浮雕。明清时的华表主要立在宫殿、陵墓前，个别有立在桥头的，如北京卢沟桥头。明永乐年间所建北京天安门前和十三陵碑亭四周的华表是现存的典型。

故宫

故宫坐落于北京城的中心，占地1087亩，合72万多平方米。故宫始建于1406年，是明、清两代的皇宫，也是世界上现存最大、最完整的古代木结构建筑群。它集中体现了中华民族的建筑传统和独特风格。从总体布局上说，它可分为前后两部分，即所谓的外朝和内庭。外朝以太和、中和、保和三大殿为中心，文华殿、武英殿作为两翼，为行使朝政的主要场所。内庭由乾清宫、交泰殿、坤宁宫和东西六宫构成，为皇室的生活居住区。按四根柱为一间的传统进行计算，共有近万间之多，建筑面积约15万平方米。

颐和园

颐和园位于北京市西北近郊海淀区。颐和园是我国现存规模最大、保存最完整的皇家园林，为中国四大名园（另三座为承德的避暑山庄，苏州的拙政园、留园）之一，被誉为皇家园林博物馆。

颐和园原是清朝帝王的行宫和花园，前身清漪园，是三山五园中最后兴建的一座园林，始建于1750年，1764年建成，面积290公顷，水面约占四分之三。颐和园集传统造园艺术之大成，万寿山、昆明湖构成其基本框架，借景周围的山水环境，饱含中国皇家园林的恢弘富丽气势，又充满自然之趣。整个园林艺术构思巧妙，是集中国园林建筑艺术之大成的杰作，在中外园林艺术史上地位显著，有声有色。

苑囿

苑囿是以园林为主的皇帝离宫，除了布置园景游憩之外，还包括有举行朝贺和处理政务的宫殿以及皇帝、后妃和服务人员的居住建筑、生活供应建筑及庙宇等。历代帝王在京城周围设置若干苑囿供其进行各种活动，如起居、骑射、观奇、宴游、祭祀以及召见大臣、举行朝会等。

北海公园位于北京的中心地区，是世界现存建园最早的皇家苑囿。由辽代初创，历经金、元、明、清五个朝代的逐步完善，形成今天的格局，现今已有八百多年的历史。北海既有皇家园林的富丽堂皇，又有江南私家园林的古朴自然以及寺庙园林的庄严肃穆，称得上是我国古典园林的精品和人类最珍贵的文化遗产之一。

牌坊

牌坊，是封建社会为表彰功勋、科第、德政以及忠孝节义所立的建筑物，也有一些宫观寺庙以牌坊作为山门的，还有的是用来标明地名的。又名牌楼，为门洞式纪念性建筑物，宣扬封建礼教，标榜功德。牌坊也是祠堂的附属建筑物，昭示家族先人的高尚美德和丰功伟绩，兼有祭祖的功能。

牌坊是由棂星门衍变而来的，开始用于祭天、祀孔。棂星原作灵星，灵星即天田星，为祈求丰年，汉高祖规定祭天先祭灵星。宋代则用祭天的礼仪来尊重孔子，后来又改灵星为棂星。牌坊滥觞于汉阙，成熟于唐、宋，至明、清登峰造极，并从实用衍化为一种纪念碑式的建筑，被极广泛地用于旌表功德、标榜荣耀，不仅置于郊坛、孔庙，而且也用于宫殿、庙宇、陵墓、祠堂、衙署和园林前以及主要街道的起点、交叉口、桥梁等处，景观性也很强，起到点题、框景、借景等效果。

登封观星台

中国古代天文观测台，坐落在河南省登封县城东南15公里的告成镇北。观星台由古代天文学家郭守敬创建于元朝初年，距今约七百年。它不仅是中国现存最早的天文台建筑，也是世界上重要的天文古迹之一。观星台系砖石混合建筑结构，由盘旋踏道环绕的台体和自台北壁凹槽内向北平铺的石圭两个部分组成，台体呈方形覆斗状，四壁用水磨砖砌成。台高9.46米，

连台顶小室统高12.62米。顶边各长8米多，基边各长16米多，台四壁明显向中心内倾，其收分比例表现出中国早期建筑的特征。

石窟

石窟是一种就着山势开凿的寺庙建筑，里面有佛像或佛教故事的壁画。石窟原是印度的一种佛教建筑形式。佛教提倡遁世隐修，因此僧侣们选择崇山峻岭的幽僻之地开凿石窟，以便修行之用。印度石窟的格局大抵是以一间方厅为核心，周围是一圈柱子，三面凿几间方方的"修行"用的小禅室，窟外为柱廊。中国的石窟起初是仿印度石窟的制度开凿的，多建在中国北方的黄河流域。从北魏至隋、唐，是凿窟的鼎盛时期，尤其是在唐朝时期修筑了许多大石窟，唐代以后逐渐减少。甘肃敦煌莫高窟、甘肃天水麦积山石窟、山西大同云冈石窟和河南洛阳龙门石窟被称为中国的"四大石窟"。

四大回音建筑

北京天坛的回音壁、山西蒲州普救寺的莺莺塔、河南的蛤蟆塔、四川潼南县大佛寺的石琴是我国著名的四大回音建筑。

回音壁：北京天坛的回音壁，由于内侧墙面平整光洁，使外来音响沿内弧传递，久久回荡。如站在壁前轻轻哼唱，和声随之而起，深沉婉转，娓娓动听；如放声唤之，则回声四起，洪亮粗犷，萦绕耳畔，荡人心怀。

莺莺塔：在山西永济县普救寺内，又称舍利音塔。塔身呈方形，有十三层，高50米左右。登塔的人，用石投地，回声即起；投于前地，则声在塔底；投于后地，则声在塔顶。相传为工匠师筑塔时安放了金蛤蟆之故，实为塔身中空所致。又因古典名著《西厢记》源出于此，为了纪念崔莺莺，因而又名"莺莺宝塔"。

蛤蟆塔：是宝轮寺塔的俗称。宝轮寺塔位于河南省三门峡市的郏县境内，建于清康熙年间。塔身虽不高，却以"奇声夺人"而闻名于世。游人若以掌击塔，塔内会发出"咯咯咯"的鸣声，如同有万千只蛤蟆在鼓膜低唱，所以该塔又有"蛤蟆塔"之称。

石琴：四川潼南县的大佛寺位于涪江岸边，大佛寺有三十六级石梯，好似一把巨大的石琴，每个阶梯，犹如一根琴弦，只要把脚踏上石磴，拾级而上，脚下便会响起美妙悦耳的琴声，故又称"石磴琴声"。

四大书院

白鹿洞书院：为宋代四大书院之首。位于江西九江庐山五老峰南麓的后屏山之阳，江西省星子县内。书院傍山而建，一簇楼阁庭园尽在参天古木的掩映之中。南唐升元年间，白鹿洞正式辟为书馆，称"白鹿洞学馆"。全院山地面积为3000亩，建筑面积为3800平方米。山环水合，幽静清邃，为中国

重点文物保护单位。

岳麓书院：位于湖南长沙南岳七十二峰最末一峰的岳麓山脚，是我国目前保存最完好的一座古代书院。岳麓书院始建于北宋初期。北宋开宝六年(973 年)，朱洞以尚书出任潭州太守，鉴于长沙岳麓山抱黄洞下的寺庵林立和幽静环境，接受了刘鳌的建议，在原有僧人兴办的学校基础上创建了岳麓书院。

石鼓书院：位于湖南省衡阳市北石鼓山下。石鼓山峻峭耸拔，风景宜人，唐代元和年间，李宽在此筑庐读书。宋太宗至道三年(997 年)李士真重建书院。景佑二年(1035 年)，仁宗赐名"石鼓书院"，韩愈、周敦颐、朱熹、张栻、范成大、辛弃疾、文天祥、徐霞客、王夫之等接踵至此，或讲学授徒，或赋诗作记，或题壁刻碑，或寻幽访胜，蔚为壮观。

嵩阳书院：位于河南省登封市区北嵩山南麓，背靠峻极峰，面对双溪河，因坐落在嵩山之阳而得名嵩阳书院。创建于北魏孝文帝太和八年(484 年)时，时称嵩阳寺，至唐代改为嵩阳观，到五代时周代改建为太室书院。

四大名亭

安徽滁县的醉翁亭、北京先农坛的陶然亭、湖南长沙的爱晚亭、浙江杭州的湖心亭被称为中国四大名亭。

醉翁亭：坐落在安徽省滁州市西南琅琊山麓。北宋庆历六年，欧阳修被贬到滁州任太守，自称"醉翁"，此亭遂为"醉翁亭"。醉翁亭小巧独特，具有江南亭台特色。

陶然亭：位于北京右安门东北的先农坛，为清康熙三十四年工部郎中江藻所建。现代的陶然亭是一座融古代建筑与现代艺术为一体的新型城市园林。

爱晚亭：原名红叶亭，又名爱枫亭。位于湖南长沙岳麓山上，建于清代乾隆年间。后据湖广总督毕沅之意，取杜牧"停车坐爱枫林晚，霜叶红于二月花"诗意，将亭改名为爱晚亭。原为木结构，同治初改为砖砌。该亭古朴典雅，平面正方形，边长 6.23 米，通高 12 米。

湖心亭：位于浙江省杭州市西湖中心的小岛上，又叫振鹭亭，初建于明嘉靖三十一年，万历年间重建改称湖心亭。

十大名桥

卢沟桥：位于北京广安门西南 10 千米。建于 1189 年，是一座联拱石桥，长约 265 米，有 241 根望柱，每个柱子上都雕着狮子。

广济桥：位于广东潮州东门外，是我国古代一座交通、商用综合性桥梁，也是世界上第一座开关活动式大石桥，有"一里长桥一里市"之说。

五亭桥:位于扬州瘦西湖内。桥基为12条青石砌成大小不同的桥墩;桥身为拱卷形,由3种不同的卷洞联合,共15孔,孔孔相通,亭亭之间的廊相连。

安平桥:位于福建晋江安海镇。桥面由7条大石板铺成,桥头有六角五层砖构宋塔一座,为中国古代最长的梁式石桥,有"天下无桥长此桥"之誉。

赵州桥:位于河北赵县的河上,是一座单孔石拱桥,桥面宽10米,两侧42块桥栏板上刻有龙兽状浮雕。

十字桥:位于山西太原市晋祠内。桥梁为十字形。全桥由34根铁青八角石支撑,柱顶有柏木斗拱与纵、横梁连接,上铺十字桥面。

风雨桥:位于广西三江县程阳村边林溪河上。为石墩木面瓦顶结构。桥上建塔形楼亭5座,可避风雨。整座桥梁不用一根铁钉,精致牢固。

铁索桥:位于四川泸定县的大渡河上。全长136米,宽3米,由13根碗口粗的铁链系在两岸的悬崖峭壁上。

五音桥:位于河北东陵顺治帝孝陵神道上。桥面两侧装有方解石栏板126块,敲击能发出奇妙的声音。

玉带桥:位于北京颐和园。用白石建成,拱圈为蛋尖形,桥面呈双向反弯曲。桥身用汉白玉雕砌,两侧雕刻精美的白色栏板和望柱,有"海上仙岛"美称。

12 地理

中国

中国现为中华人民共和国简称。但在古代文献中它是一个多义性的词组。从春秋战国至宋元明清,多用来泛指中原地区。如司马光《赤壁之战》:"若能以吴、越之众与中国抗衡,不如早与之绝。"

中华

上古时期华夏族居四方之中的黄河流域一带,故称"中华",后常用来泛指中原地区。如《三国志》:"其地东接中华,西通西域。"今已成为中国的别称。

九州

传说中的我国上古时期划分的九个行政区域,州名分别为:冀、兖、青、

徐、扬、荆、豫、梁、雍。后成为中国的别称。如《过秦论》中“序八州而朝同列”，秦居雍州，加上八州即九州。

中原

中原又称中土、中州。狭义的中原指今河南省一带，广义的中原指黄河中下游地区或整个黄河流域。陆游《示儿》诗：“王师北定中原日，家祭无忘告乃翁。”此处中原即指整个黄河流域。

海内

古代传说我国疆土四面环海，故称国境之内为海内。王勃《杜少府之任蜀州》：“海内存知己，天涯若比邻。”司马光《赤壁之战》：“海内大乱，将军起兵江东。”

六合

上下和东西南北四方，即天地四方，泛指天下或宇宙。如李白《古风》诗：“秦王扫六合，虎视何雄哉！”

八荒

八荒是指四面八方遥远的地方，犹称“天下”。《过秦论》：“囊括四海之意，并吞八荒之心。”梁启超《少年中国说》：“纵有千古，横有八荒。”

郡

郡是古代的行政区域。秦统一天下设三十六郡，隋唐后州郡互称，明清称府。《过秦论》“北收要害之郡”，《赤壁之战》“已据有六郡，兵精粮多”。

道

汉代在少数民族聚居区设道，这是一种行政特区，与县相当。唐代的道，先为监察区，后演变为行政区，是州以上一级行政单位。明清在省内设道，其中守道是小行政区，而巡道只有监察区性质。

路

路为宋元时期行政区域，相当于现在的省。《指南录·后序》：“予除右丞相兼枢密使，都督诸路军马。”《永遇乐·京口北固亭怀古》：“望中犹记，烽火扬州路。”

百越

百越又称百粤、诸越。古代越族居住在江浙闽粤各地，统称为百越。古文中常泛指南方地区。《过秦论》“南取百越之地“，《采草药》“诸越则桃李冬实”。

京畿

称京畿国都及其附近的地区。《左忠毅公逸事》：“乡先辈左忠毅公视学京畿。”

三辅

三辅是指西汉时治理京畿地区的三位官员,后指这三位官员管辖的地区。《张衡传》:“衡少善属文,游于三辅。”隋唐以后简称“辅”。

三秦

三秦指潼关以西的关中地区。项羽灭秦后曾将此地封给秦军三位降将,故得名。《送杜少府之任蜀州》:“城阙辅三秦,风烟望五津。”

西河

西河又称河西,黄河以西的地区。如《廉颇蔺相如列传》:“会于西河外渑池。”《过秦论》:“于是秦人拱手而取西河之外。”

江东

因长江在安徽境内向东北方向斜流,而以此段江为标准确定东西和左右。所指区域有大小之分,可指南京一带,也可指安徽芜湖以下的长江下游南岸地区,即今苏南、浙江及皖南部分地区称作江东。

山东

顾名思义,在山的东面。但需注意的是,因“山东”之“山”,可指崤山、华山、太行山、泰山等数种不同的山,而所指地域不尽相同。下面是以崤山为标准的“山东”。如《汉书》曾提到“山东出相,山西出将”,《鸿门宴》:“沛公居山东时,贪于财货。”

关东

古代指函谷关或潼关以东地区,近代指山海关以东的东北地区。曹操《蒿里行》:“关东有义士,兴兵讨群凶。”指潼关以东地区。

关中

关中所指范围不一,古人习惯上将函谷关以西地区称为关中。《鸿门宴》:“沛公欲王关中,使子婴为相。”《过秦论》:“始皇之心,自以为关中之固。”

13 文 学

铭

铭是古代刻于碑或器物上用来警戒自己或者称颂功德的文字,后来成为一种文体。这种文体一般是用韵的,内容大多数都很短小精悍,特别是刻

于器物上引为鉴戒的铭文，常由生活中一些小事上升到对生活的哲理性认识，言简意赅，构思精巧。铭不仅是古文字研究的内容，而且有着十分重要的史料价值，很值得我们反复阅读、玩味。

记

记是古代的一种通过记事、记物、写景、记人来抒发作者的感情或见解的文体。主要是记载事物，托物言志。“记”的文字含义是识记，在这种含义基础上，“记”逐步获得了它的文体意义，成为经史中一种专事记录的文章体式。作为一种文体，“记”在六朝获得文体生命，唐代进入文苑，宋代其内容得到拓展，形式更加稳固。明清时主体性色彩更加浓厚，逐渐成熟稳固。

记的分类包括：

① 碑记：古代一种刻在石碑上记叙人物生平事迹的文体。

② 游记：是一种描写旅行见闻的散文体裁。

③ 杂记：是古代因事见义，杂写所见所闻不多加议论的散文体裁。

④ 记事：是古代记载人物生平事迹的文体。

跋

跋就是写在书后、文后的序。《史记》中的书、表、传的序，都是在议论中夹着感慨，借以总结历史教训，表达作者的政治见解和对所记叙的人与事的态度。后来的“史序”便都是继承了汉代这类序文的传统，例如欧阳修编写《新五代史》中的《一行传序》、《伶官传序》等即是。

以叙事为主、夹叙夹议的序不多见，典型的是韩愈的《张中丞传后序》。抒情成分较多的序，多半是为诗歌唱和的集子而作，如王羲之的《兰亭集序》、李白的《春夜宴桃李园序》等。

跋与序虽然是一回事，但在语言上却略有不同。因为跋或后序、题后之类实际是对序的补充，所以一般都更为简劲峭拔，不像序那样详细丰富。

编年体

编年体是以时间为中心，按年、月、日顺序编排有关历史事件。因为它以时间为经，以史事为纬，比较容易反映出同一时期各个历史事件的联系。以编年体纪录历史的方式最早起源于中国。《春秋》是我国现存最早的一部编年体史书，相传为孔子依据鲁国史官所编的《春秋》加以整理修订而成的；《左传》是我国第一部较为完备的编年体史书，原名《左氏春秋》，相传为春秋末年的左丘明为解释孔子的《春秋》而作；《资治通鉴》，是我国第一部编年体通史，也是我国编年体通史的杰作。

编年体的优点是便于考查历史事件发生的具体时间，了解历史事件之间的联系，并可避免叙事重复。缺点是记事按年、月分列杂陈，不能集中叙

述每一历史事件的全过程，难以记载不能按年月编排的事件，往往详于政治事件而忽略经济文化。

纪传体

纪传体是以本纪、列传人物为纲，以时间为纬，反映历史事件的一种史书编纂体例。纪传体史书的突出特点是以大量人物传记为中心内容，是记言、记事的进一步结合。从体裁的形式上看，纪传体是本纪、世家、列传、书志、史表和史论的综合。本纪基本上是编年体，兼述帝王本人事迹。世家，主要是记载诸侯和贵族的历史。列传，是各方面代表人物的传记。书志，是关于典章制度和有关自然、社会各方面的历史。表，是用来表示错综复杂的社会情况和无法一一写入列传的众多人物。优秀的纪传体史书把这些体裁配合起来，在一部史书里形成一个相辅相成的整体。它既有多种体裁的混合，又有自己特殊的规格。我国最早的纪传体史书是西汉司马迁编纂的《史记》。

纪传体也有其弊端，即“一事而复见数篇，宾主莫辨”，分头叙述人物，历史事件则被分记到人物传之中，易产生重复矛盾的缺陷。

纪事本末体

纪事本末体是以历史事件为主线，将有关专题材料集中在一起的史书体例。它与编年体、纪传体，合称为古代三大史体。纪事本末体裁，每事一题，为一专篇，把分散的材料，按时间先后加以集中叙述，兼有编年体和纪传体的优点，详于记事，方便阅读。

纪事本末体的首创者是南宋的袁枢，他的《通鉴纪事本末》就采用这种体例。其后有明陈邦瞻的《宋史纪事本末》、清谷应泰的《明史纪事本末》、李有棠的《辽史纪事本末》、《金史纪事本末》等。其优点是每一历史事件独立成篇，各篇按时间顺序编写，能够完整地反映历史事件的全过程，可补编年体与纪传体之不足。缺点在于不能表明同一时期各个历史事件的联系。

汗青

汗青是史册的意思，但是为什么史册同出汗、青色发生关系了呢？这要追溯到纸张发明之前了。那时古人记事要用竹简，即用上好的竹片记写镌刻事情和文章。竹简的制作并不简单，首先要选择上等的青竹将之削成长方形的竹片，然后再用火烘烤，一方面是为了便于书写，另一方面也为了干燥防虫。烘烤之时，本来新鲜湿润的青竹片，被烤得冒出了水珠，像出汗一样，所以这道烘烤青竹的工序就叫做汗青。汗青的原意是青竹出汗的工序，后来渐渐成了竹简的代名词。

从出土的古代竹简来看，长的竹简常用于书写儒家经典；短的竹简常用

其记载诸子事迹及史传。因此汗青代称竹简一再演变，人们便又将其代称竹简所记载的史册了。

史册与汗青是同义词，当然可以通用。不过，在正式谈论历史记载意思的时候，还是多用史册。在诗词中，因平仄或是押韵以及亮音的需要，常有人喜用汗青。

诗经六艺

风、雅、颂与赋、比、兴被统称为《诗经》的六义，成为《诗经》最具代表性的六个特点。

①风、雅、颂：《诗经》所收集的诗，都是可以配乐歌唱的。根据音乐及诗歌形式、内容、语言的不同，《诗经》可分为风、雅、颂三个部分。

“风”是带有地方色彩的音乐，包括十五国风，即十五个地方的民间歌谣。国风保存了大量劳动人民的口头创作，具有浓厚的民歌特色。国风的语言朴素、鲜明，富于形象性。形式上多是四言成句，隔句用韵，富有节奏感和音乐感。

“雅”是周王朝直辖地区的音乐，即所谓正声雅乐。按音乐的不同又分为《大雅》31 篇，《小雅》74 篇。除《小雅》中有少量民歌外，大部分是贵族文人的作品。雅诗的内容多描写统治阶级的日常生活，常用在宴会歌舞中。雅诗的篇幅较长，句法整齐，流畅通顺，有些还偏重于抒情，有较强的形象性和感染力

“颂”是宗庙祭祀用的舞曲。颂诗的内容多是歌颂周王朝祖先的功德，常在祭祀宗庙时演出。颂诗具有极为浓厚的宗教文学色彩，形式较为古板呆滞，诗歌语言也显得典雅沉重。

②赋、比、兴：关于赋、比、兴的解释，归纳起来不外乎两种。一种解释是将赋、比、兴与政治教化、美刺讽谏紧密相连，最早作出这种解释的是汉代的郑玄。另一种解释则是将赋、比、兴解释为单纯的艺术思维和表现手法，最早作出这种解释的是汉代的郑众，将“比”视为修辞中的比喻手法，将“兴”视为托“草木鸟兽以见意”的手法，这种解释为后代不少学者所继承。

说文解字

《说文解字》，简称《说文》，由东汉的经学家、文字学家许慎编著。本书是中国第一部系统地分析汉字字形和考究字源的字书，也是首部按部首编排的汉语字典。

许慎在《说文解字》中系统地阐述了汉字的造字规律，造字法上提出“象形”、“指事”、“会意”、“形声”、“转注”、“假借”的“六书”学说。并在《说文解字》里对“六书”做了全面的、权威性的解释。从此，“六书”成为专门之学。

许慎根据文字的形体，创立540个部首，将9353字分别归入540部。540部又根据联系并为14大类。字典正文就按这14大类分为14篇，卷末叙目别为一篇，全书共有15篇。《说文解字》中的部首排列是按照形体相似或者意义相近的原则排列的。《说文解字》开创了部首检字的先河，后世的字典大多采用这个方式。段玉裁称这部书“此前古未有之书，许君之所独创”。

《说文解字》保存了研究古代社会历史、文化等各方面的材料，是现代人整理中华民族的文化遗产的重要阶梯。

永乐大典

《永乐大典》初名《文献大成》。1403年朱元璋第四子朱棣夺取政权，年号“永乐”。为了炫耀文治，朱棣命翰林院学士解缙等人为监修，编纂一部大型类书，用以系统地收集天下古今书籍，以便于查考。解缙等奉谕，在次年十一月，将全书编纂完成，赐名《文献大成》。

永乐五年（1407年），朱棣阅此书后表示满意，亲自撰写了《序言》，正式定名为《永乐大典》，并聘请抄书者誊抄全书。

《永乐大典》是中国古代最大的百科全书。它汇集了上自先秦、下讫明初的八千余种古书典籍，这在当时真可以说是“包括宇宙之广大，统会古今之异同”。收录的内容包括：经、史、子、集、释庄、道经、戏剧、平话、工技、农艺、医卜、文学等，无所不包。所辑录书籍，一字不易，悉照原著整部、整篇、或整段分别编入，这就更加提高了保存资料的文献价值。

《永乐大典》的编排方式非常科学，依据的是明朝的《洪武正韵》。其体例是“用韵以统字，用字以系事”，也就是说，每个韵目下有很多单字，每个单字下分列与之相关的天文、地理、人事、名物以及诗文词曲等各方面的内容，检索非常方便。

《永乐大典》不仅篇幅巨大，收集广泛，而且缮写工整，书中的文字全部用毛笔以楷书写成；《永乐大典》中还有许多精致的插图，山川地形都以白描手法绘制图形，形态逼真，典雅庄重，被中外专家学者誉为有史以来世界上罕见的珍品。

康熙字典

《康熙字典》是由张玉书、陈廷敬等三十多人奉康熙圣旨编撰的一部具有深远影响的汉字辞书。该书的编撰工作始于康熙四十九年（1711年），成书于康熙五十五年（1716年），历时六年，因此叫作《康熙字典》。《康熙字典》依据明朝《字汇》、《正字通》两书加以增订。对两书错误之处，《康熙字典》还做过一番“辨疑订讹”。

《康熙字典》采用部首分类法，它以二百一十四个部首分类，并注有反切注音、出处及参考等，可以供使用者检阅。它按笔画排列单字，字典全书分为十二集，以十二地支标识，每集又分为上、中、下三卷，并按韵母、声调以及音节分类排列韵母表及其对应汉字，共收录汉字 47035 个，为汉字研究的主要参考文献之一。

康熙字典的缺点有二：一是全书反切和训释罗列现象，漫无标准，作者很少提出自己的见解，不利于初学者使用；二是其中有疏漏和错误很多。

四库全书

《四库全书》是我国现存最大的一部官修丛书，是清乾隆皇帝诏谕编修的我国乃至世界最大的文化工程。乾隆三十七年（1772 年）十一月，安徽学政朱筠提出《永乐大典》的辑佚问题，得到乾隆皇帝的认可，接着便诏令将所辑佚书与“各省所有官刻诸书”，汇编在一起，名曰《四库全书》。这样，由《永乐大典》的辑佚便引出了编纂《四库全书》的浩大工程，成为编纂《四库全书》的直接原因。

《四库全书》历经十年编成。全书分经、史、子、集四部，故名四库。《四库全书》可以称为中华传统文化最丰富最完备的集成之作。中国文、史、哲、理、工、医，几乎所有的学科都能够从中找到它的源头。《四库全书》共收书 3460 多种、79000 多卷、36000 多册，约 10 亿字。清乾隆以前的中国重要典籍，许多都收载其中。由于编纂人员都是当时的著名学者，因而代表了当时学术的最高水平。乾隆编修此书的初衷虽是“寓禁于征”，但客观上整理、保存了一大批重要典籍，开创了中国书目学，确立了汉学在社会文化中的主导地位，具有无与伦比的文献价值、史料价值与文物价值。

虽然《四库全书》在编纂过程中，有删削、挖改内容等过错，但就整体而言，应当是功大于过。它保存了大量古籍，对于传播古代文化做出了重要贡献。

三礼

“三礼”指的是《周礼》、《仪礼》、《礼记》。

①《周礼》：又名《周官》，是三礼之首。《周礼》是记载古代设官分职的政典，共记载了王室大小官 377 名，并详列各官的职权。书中保存了不少西周和春秋战国时期的重要史料，如井田制、分封制以及秦汉的五刑、田制、乐舞等。还记载了人民对国家的义务，包括纳税、负担力役、兵役等。此外，还有农业、工艺、礼俗等方面的史料。有关《周礼》的著述，主要有东汉郑玄的《周礼注》，唐贾公彦的《周礼正义》，清孙诒让的《周礼正义》等。

②《仪礼》：该书的内容主要是阐述春秋战国时期士大夫阶层的礼仪，提

倡一种有等差的人伦礼仪,其中今天我们所能见到的体现“亲亲尊尊”原则的礼仪,以《仪礼·丧服》最为详细明确,它不仅反映了当时的社会制度与血缘关系,而且对后世社会组织、文化观念有着重要影响。

③《礼记》:是战国至秦汉年间儒家学者解释说明经书《仪礼》的文章选集,是一部儒家思想的资料汇编。《礼记》这部九万字左右的著作内容广博,门类杂多,涉及政治、法律、道德、哲学、历史、祭祀、文艺、历法、地理等诸多方面,几乎包罗万象,集中体现了先秦儒家的政治、哲学和伦理思想,是研究先秦社会的重要资料。

三公奇案

“三公奇案”是中国古代特定文学称谓之一,是指明清时期的《包公案》、《施公案》、《鹿州公案》三本较有影响力的公案小说。

①《包公案》:又名《龙图公案》,是明代的公案小说。《包公案》实际上是一部有关包公故事的短篇小说集,每篇写一则包公断案的故事。其内容虽不连贯,但包公形象却贯穿全书。《包公案》的题材,部分来自民间流传的包公故事,也有部分采录自史书、杂记和笔记小说中的有关材料而加以编排敷演成篇的。

②《施公案》:晚清小说。亦称《施公案传》。其故事始于说书,后经文人加工整理敷演而成。它大约成书于乾隆、嘉庆年间。小说的中心人物施仕纶,实即康熙年间施世纶,曾任扬州、江宁知府、漕运总督等官,著有《南堂集》、《清史稿》等。但书中许多公案题材和情节,大都出于虚构。

③《鹿洲公案》:原名《蓝公案奇案》,是文言体短篇公案小说集,作者是清代的蓝鼎元。作者于雍正五年(1727 年)任广东普宁县知县,后兼理潮阳县,本书主要记录了作者亲身审理的一些实案。

三言二拍

三言二拍是指明代五本著名传奇小说集的合称。“三言”即明代冯梦龙编的《喻世明言》、《警世通言》、《醒世恒言》的合称。“二拍”则是中国拟话本小说集《初刻拍案惊奇》和《二刻拍案惊奇》的合称,作者是凌濛初。

①三言:“三言”每集 40 篇,共 120 篇。这些作品有的是辑录了宋元明以来的旧本,但一般都做了不同程度的修改;也有的是据文言笔记、传奇小说、戏曲、历史故事,乃至社会传闻再创作而成,所以“三言”包容了旧本的汇辑和新著的创作,是我国白话短篇小说进行独立创作的开始。它“极摹人情世态之歧,备写悲欢离合之致”,是宋元明三代最重要的一部白话短篇小说的总集。它的出现,标志着古代白话短篇小说整理和创作高潮的到来。

②二拍:在“三言”的影响下,凌濛初编著了《初刻拍案惊奇》和《二刻拍

案惊奇》。凌蒙初一生著述甚多，而以“二拍”最有名。“二拍”与“三言”不同，它是一部个人的白话小说创作专集。后三百年中，它成为一部流传最广的白话短篇小说的选本。

十通

“十通”是《通典》、《通志》、《文献通考》、《续通典》、《续通志》、《续文献通考》、《清朝通典》、《清朝通志》、《清朝文献通考》、《清朝续文献通考》这十部政书的总称。“十通”系统完整地记录了中国历代典章制度的沿革发展。

《十通》包括：

①通典系列：唐代杜佑撰《通典》一书，开创了史书的新体例。所记典制上起上古，下至唐代中期。《续通典》是清朝乾隆32年的官修书，记载了唐肃宗至明末的典制。《清朝通典》也是清朝乾隆32年的官修书，记载了清初至乾隆中期的典制。三书并称“三通典”。

②通志系列：《通志》是宋朝的郑樵所编，记载上起上古下至隋唐的典制。《续通志》是清朝乾隆32年的官修书，记载了唐初至明末的典制。《清朝通志》记载了清初至乾隆末年的典制。三书并称“三通志”。

③通考系列：《文献通考》由元代马端临编，记载了上古至南宋宁宗嘉定末年典制。《续文献通考》是清朝乾隆32年的官修书，记载了南宋宁宗嘉定年间至明神宗万历初年典制。《清朝文献通考》记载了清初至乾隆50年的典制。《清朝续文献通考》，由刘锦藻编，记载了乾隆51年至宣统三年的典制。合称“四通考”。

三曹

三曹指汉魏间曹操与其子曹丕、曹植。因他们政治上的地位和文学上的成就，对当时的文坛很有影响，所以后人合称之为“三曹”。

曹操：曹操是杰出的文学家和建安文学新局面的开创者，开创了建安文学的新风气，风格清俊通脱。著有《孙子略解》、《兵书接要》等军事著作和《蒿里行》、《观沧海》、《薤露》、《短歌行》、《苦寒行》、《碣石篇》、《龟虽寿》等不朽诗篇。

曹丕：曹丕多次随其父于金戈铁马间南征北战，目睹了战争给人民带来的惨状，所有这一切，为他以后的诗歌创作提供了真实的生活基础。曹丕擅长诗文及辞赋，其名作有《燕歌行》、《与吴质书》等，其中《燕歌行》全诗均用七言，句句押韵，在中国七言诗的发展史上占有重要地位。

曹植：是曹丕的弟弟。曹植是第一个大力创作五言诗的作家，他把文人五言诗的发展推到了一个前所未有的高峰。他的散文和辞赋也表现出了很高的思想性和艺术性，有《洛神赋》、《与吴季重书》、《与杨祖德书》等名篇。

建安七子

建安年间(196～220年)七位文学家的合称。包括:孔融、陈琳、王粲、徐干、阮瑀、应玚、刘桢。"七子"之称,始于曹丕所著《典论·论文》。这七人大体上代表了建安时期除曹氏父子而外的优秀作者,所以"七子"之说,得到了后世的普遍承认。因建安七子曾同居魏都邺中,又号"邺中七子"。

"七子"以写五言诗为主。五言诗是直到东汉后期才兴盛起来的新诗体,"七子"的优秀五言之作,写得情采飞扬,变化多致,使五言诗在艺术上更臻于精美。"七子"还写了大量的小赋,他们为小赋的进一步繁荣作出了贡献。

"七子"的创作各有独特的风貌。孔融长于奏议散文,作品体气高妙。陈琳、阮瑀,以章表书记闻名当时,在诗歌方面也都有一定成就,其风格的差异在于陈琳比较刚劲有力,阮瑀比较自然畅达。王粲长于诗、赋、散文,其作品抒情性强。刘桢擅长诗歌,所作气势高峻,格调苍凉。徐干诗、赋皆能,文笔细腻、体气舒缓。应玚亦能诗、赋,其作品和谐而多文采。

"七子"在中国文学史上具有相当重要的地位。他们与"三曹"一起,构成建安作家的主力军。他们对于诗、赋、散文的发展,都曾作出过贡献。

竹林七贤

竹林七贤是中国魏晋时期7位名士的合称,包括:嵇康、阮籍、山涛、向秀、刘伶、王戎及阮咸。因为7人常聚在当时的山阳县(今河南修武一带)竹林之下,肆意酣畅,所以被世人称为"竹林七贤"。

在文章创作上,以阮籍、嵇康为代表。阮籍的《咏怀》诗82首,多以比兴、寄托、象征等手法,讽刺虚伪的礼法之士,表现了诗人在政治恐怖下的苦闷情绪。嵇康的《与山巨源绝交书》,以老庄崇尚自然的论点,说明自己的本性不堪出仕,文章颇负盛名。其他如阮籍的《大人先生传》,刘伶的《酒德颂》,向秀的《思旧赋》等,也是可读的作品。透过七贤的文章创作,可窥略到他们各自的志向意趣。

七人是当时玄学的代表人物,虽然他们的思想倾向略有不同。嵇康、阮籍、刘伶、阮咸始终主张老庄之学,山涛、王戎则好老庄而杂以儒术,向秀则主张名教与自然合一。

七人在政治态度上的分歧也比较明显。嵇康、阮籍、刘伶等对执掌大权、欲取代魏的司马氏集团持不合作态度。他们的不合作态度为司马朝廷所不容,最后分崩离析:阮籍、刘伶、嵇康对司马朝廷不合作,嵇康被杀害,王戎、山涛则投靠了司马朝廷,竹林七贤最后各散西东。

诗坛六女杰

班婕妤:西汉女辞赋家。是汉成帝的妃子,班固的祖姑。善诗赋,有美德。有《自悼赋》等作品传世。

蔡琰:字文姬,东汉末年大文学家蔡邕的女儿,三国时期著名女诗人、琴家。汉末陈留固(今河南杞县)人。著有五言《悲愤石》和琴曲歌辞《胡笳十八拍》。

左芬:西晋女诗人。少好学,善作文。为武帝妃嫔。今存诗、赋、颂、赞、诔等20余篇,大都为应诏而作,《离思赋》最著名。今传有《啄木鸟》等诗。

谢道韫:魏晋时期才女,其父是晋安西将军谢奕。她自幼聪识,有才辩。我国古代名媛诗作,多以阴柔见长,而谢道韫的传世名篇《泰山吟》,却充满阳刚之气。《晋书》说她"风韵高迈,有林下风气"。

鲍令辉:南朝宋时女诗人。东海人,鲍照之妹。钟嵘《诗品》称其诗"往往崭绝清巧,拟古尤胜"作品多思妇别离之情,清婉朴实。著有《十离诗》等作品。现留有《拟轻轻河畔草》、《拟客从远方来》等七首。

薛涛:唐朝著名女诗人。后人将她的诗辑为一册,名《薛涛集》。薛涛的诗,如世所传诵的《送友人》、《题竹郎庙》等篇,均以清词丽句见长,还有一些具有思想深度的关怀现实的作品。

初唐四杰

初唐四杰是初唐文学家王勃、杨炯、卢照邻、骆宾王的合称。初唐四杰是初唐文坛上新旧过渡时期的人物。

王勃:王勃是初唐四杰之首。他的诗风格清新,他的赋更使他成为初唐一大名家。他在27岁时所写的《滕王阁序》是词赋中的名篇,序末所附的《滕王阁诗》则是唐诗中的精品,且诗中手法对后世诗人颇有影响。

杨炯:杨炯以边塞征战诗著名,所作如《从军行》、《出塞》、《战城南》、《紫骝马》等,表现了为国立功的战斗精神,气势轩昂,风格豪放。

卢照邻:卢照邻工诗,尤其擅长七言歌行,对推动七古的发展有贡献。代表作《长安古意》纵横奔放,富丽而不浮艳,为初唐脍炙人口的名篇,但仍未摆脱六朝诗风影响。

骆宾王:在四杰中他的诗作最多。尤擅七言歌行,名作《帝京篇》为初唐罕有的长篇,当时以为绝唱。骆宾王的绝句小诗也有不少佳作。如《于易水送人》、《在军登城楼》,寥寥20字中,充满着壮志豪情,激荡着风云之气,颇能见出诗人的个性风格,在初唐绝句中也是不多见的。

江南四大才子

江南四大才子又称"吴门四才子",是指明代时生活在江苏苏州的四位

才华横溢且性情洒脱的文人。一般认为是指唐伯虎、祝枝山、文征明、徐祯卿。

唐寅：1470～1523年，字伯虎，又字子畏，别号六如居士、桃花庵主，有“江南第一风流才子”之美称，苏州人。明代著名书画家、文学家。

祝允明：1460～1526年，是明代书法家，字希哲，号枝山，因右手多生一指，又自号枝指生。祝枝山集各书家之长，书法擅长行草，深得怀素、米芾笔意，写得舒展纵逸，气韵生动，是值得后人研习的一位书法家。

文征明：1470～1559年，初名壁，字征明，别号衡山居士。长洲（今苏州）人。“吴门画派”创始人之一。文征明的绘画兼善山水、人物、花卉诸科，尤精山水。文征明书法初师李应祯，后广泛学习前代名迹，篆、隶、楷、行、草各有造诣，尤擅长行书和小楷。

徐祯卿：1479～1511年，字昌谷。常熟梅李镇人。明代文学家。徐祯卿在诗坛占有特殊地位，诗作极多，号称“文雄”。早期诗作近白居易、刘禹锡风格，及第后受李梦阳、何景明等人影响，倡言“文必秦汉、诗必盛唐”。

元曲四大家

元曲四大家指关汉卿、郑光祖、马致远和白朴。

关汉卿：是元代杂剧作家。约生于金末或元太宗时，贾仲明《录鬼簿》吊词称他为“驱梨园领袖，总编修师首，捻杂剧班头”，可见他在元代剧坛上的地位。关汉卿生活的时代，政治黑暗腐败，社会动荡不安，人民群众生活在水深火热之中。他的剧作深刻地再现了社会现实，充满着浓郁的时代气息。

马致远：字东篱，中国元代初期杂剧作家，大都（今北京）人。作品以反映退隐山林的田园题材为多，风格兼有豪放、清逸的特点。有描述王昭君传说的《汉宫秋》以及《任风子》等。《汉宫秋》被后人称做元曲的最佳杰作。作品收入《东篱乐府》。

郑光祖：字德辉，平阳襄陵（今山西襄汾县）人。元代著名的杂剧家和散曲家。他一生写过18部杂剧，把他的全部才华贡献给了这一民间艺术，在当时的艺术界享有很高的声誉。伶人都尊称他为郑老先生，他的作品通过众多伶人的传播，在民间产生了广泛的影响。

白朴：原名恒，字仁甫，号兰谷。他是元代著名的文学家、杂剧家。白朴除了用词曲表达自己的意志情怀外，还写下了不少杂剧，为元代杂剧的繁荣贡献了自己的才华。

14 乐 律

雅乐

顾名思义,“雅乐”的意思即“优雅的音乐”。雅乐是中国古代的宫廷音乐。雅乐的体系在西周初年制定,与法律和礼仪共同构成了贵族统治的内外支柱,以后一直是东亚乐舞文化的重要组成部分。宫廷雅乐乐谱在中国已失传,只有韩国、日本及越南尚有保存。

周武王建立周朝不久,就命周公姬旦制礼作乐,建立各种贵族生活中的礼仪和典礼音乐,使音乐为其王权统治服务。这一部分乐舞就是所谓的“雅乐”。它包含了远古图腾及巫术等宗教活动中的乐舞及祭祀音乐,也包含西周初期的民俗音乐。

乐府

乐府是古代管理音乐的一个宫廷官署,其任务是收集编纂各地的民间音乐、整理改编与创作音乐、进行演唱及演奏等。乐府最初始于秦代,到汉时沿用了秦时的名称。

根据《汉书 · 礼乐志》记载,汉武帝时,设有采集各地歌谣和整理、制订乐谱的机构,名叫“乐府”。后来,人们就把这一机构收集并制谱的诗歌,称为乐府诗,或者简称乐府。到了唐代,这些诗歌的乐谱虽然早已失传,但这种形式却相沿下来,成为一种没有严格格律、近于五七言古体诗的诗歌体裁。

宫调

宫调是中国传统乐学中的术语。“宫、商、角、徵、羽”是我国五声音阶中五个不同音的名称,其中以任何一声为音阶的起点,均可构成一种调式。凡以宫声为音阶的起点的调式称“宫”,即宫调式,而以其他各声为主者则称“调”,如商调、角调等,统称为“宫调”。

五声

五声也可称“五音”,即我国古代五声音阶中的宫、商、角、徵、羽五个音级。五声与古代的所谓阴阳五行、五味、五色、五官、五谷等朴素的理论形式一样,是我国早期整体化的美学观,被西方人看作是整个东方音乐的基本形态。《战国策 · 荆轲刺秦王》:“高渐离击筑,荆轲和而歌,为变徵之声,士皆垂泪涕泣。”文中的“变徵”是角、徵二音之间接近徵音的声音,声调悲凉。

八音

八音是中国传统器乐吹打乐的一种。原为中国历史上最早的乐器科学分类法，西周时已将当时的乐器按制作材料，分为金（钟、镈）、石（磬）、丝（琴、瑟）、竹（箫、篪）、匏（笙、竽）、土（埙、缶）、革（鼗、雷鼓）、木（柷、敔）8 类。

八音也指民间器乐乐种。如山西五台山一带的八音会，所用乐器有管子、唢呐、海笛、笙、箫、堂鼓、镲、锣；广西壮族的八音乐队，使用的乐器共有 8 件，它们是：横箫一对，高胡、二胡各一把，小三弦一把，锣、鼓、钹各一副；海南地区流行的海南八音源于潮州音乐，因使用 8 类乐器而得名，即：二胡、琴、笛、管、箫、锣、鼓、钹；彝族八音所用乐器有二胡、环箫各一对，以及牛角胡、小锣、鼓、钹。

十二律

十二律是古乐的十二调。十二律是古代乐律学名词，是古代的定音方法。就是用三分损益法将一个八度分为十二个不完全相同的半音的一种律制。意思是取一根用来定音的竹管，长为 81 单位，定为“宫音”的音高。然后，我们将其长去掉三分之一，也就是将 81 乘上 2/3，就得到 54 单位，定为“徵音”。将徵音的竹管长度增加原来的三分之一，即将 54 乘上 4/3，得到 72 单位，定为“商音”。再去掉三分之一（三分损），72 乘上 2/3，得 48 单位，为“羽音”。再增加三分之一（三分益），48 乘上 4/3，得 64 单位，为“角音”。而这宫、商、角、徵、羽五种音高，就称为中国的五音。

各律从低到高依次为：黄钟、大吕、太簇、夹种、姑洗、仲吕、蕤宾、林钟、夷则、南吕、无射、应钟。十二律又分为阴阳两类，以上凡属奇数的六种律称阳律，属偶数的六种律称阴律。另外，奇数各律称“律”，偶数各律称“吕”，故十二律又简称“律吕”。

律管

古人用管、钟、弦定音，所以有管律、钟律、弦律之说。律管是用来定音的竹管，用十二个长度不同的律管吹出十二个高度不同的标准音，来确定乐音的高低。律管的长度是固定的，长管发音低，短管发音高。

磬

磬是中国最古老的打击乐器，属八音之一石类。悬挂在架子上，以物击之而鸣。甲骨文中磬字左半像悬石，右半像手执槌敲击。磬起源于某种片状石制劳动工具，其形在后来有多种变化，质地也从原始的石制进一步有了玉制、铜制的磬。

磬的历史悠久，商代时磬已广泛流传，制作精美，主要用在先民的乐舞

活动中，后来它和编钟一样，用于历代上层统治者配合征战和祭祀等各种活动的雅乐中。按照使用场所和演奏方式，磬可以分为特磬和编磬两种：特磬是皇帝祭祀天地和祖先时演奏的乐器；编磬是若干个磬编成一组，挂在木架上演奏，主要用于宫廷音乐。2000多年前的战国时期，楚地的编磬制造工艺达到了较高水平。

20世纪70年代在山西夏县东下冯遗址出土了一件大石磬，长60厘米，上部有一穿孔，击之声音悦耳。经测定，此磬距今约4000年，属于夏代的遗存，这是迄今发现最早的磬的实物。

埙篪

埙和篪都是古代乐器名。埙，吹奏乐器，属八音之一土类。埙大都是陶制的，故又名"陶埙"，也有用石、骨或象牙制成的。殷以前有球形和椭圆形的数种，音孔一至三五个不等。篪，管乐器，属八音之一竹类。用竹制成，单管横吹，专用于雅乐。埙、篪这两种乐器合奏时，声音和谐，所以《诗经·大牙·板》说"如埙如篪"。

鼓

鼓是我国传统的打击乐器，属八音之一革类。由于鼓有良好的共鸣作用，声音激越雄壮而传声很远，所以早在远古时期，鼓就被尊奉为通天的神器，主要是作为祭祀的器具。在狩猎征战活动中，鼓都被广泛地应用。鼓作为乐器是从周代开始。周代有八音，鼓是群音的首领。

中国传统的鼓多源于中原，秦汉前已有20余种。虽大小高矮不同，但几乎都是粗腰筒状，当时已用于诗、乐、舞以及劳动、祭祀、战争和庆典之中。从秦、汉到清代，中原地区原有的各种传统鼓几乎都得以保留并有所发展。现在鼓的种类主要有腰鼓、狼鼓、渔鼓、同鼓、花盆鼓、大堂鼓等十几种。

羯鼓

羯鼓是一种出自于外夷的乐器。羯鼓两面蒙皮，腰部细，用公羊皮做鼓皮，因此叫羯鼓。南北朝时羯鼓经西域传入内地，盛行于唐开元、天宝年间。

羯鼓是用山桑木围成漆桶形状，下面用支架承放，用两只鼓槌敲击。羯鼓的鼓槌一般是用黄檀、狗骨、花椒等木材制做而成的。木料必须干燥，杜绝潮湿之气，使其柔韧而滑腻。圈鼓身漆桶时要用坚硬的铁，铁要经过精炼，圈卷时应该均匀。铁如果不坚硬，则鼓边上下不齐，松紧不一。

羯鼓的声音急促、激烈、响亮，尤其适用于演奏急快节奏的曲目，鼓声凌空可以传得很远，特性与其他乐器差异很大。

琴瑟

琴瑟是两种拨弦乐器，属八音之一的丝类。

琴，又称瑶琴、玉琴，俗称古琴，是一种七弦的拨弦乐器。琴最早见之于典籍的是《诗经》中的“我有嘉宾，鼓瑟鼓琴”，可见，3000 多年前，琴已经开始流行。后来，由于孔子的提倡，文人中弹琴的风气很盛，并逐渐形成古代文人必备“琴、棋、书、画”修养的传统。

瑟是中国原始的丝弦乐器之一，共有二十五根弦。最早的瑟有五十弦，故又称“五十弦”。瑟的历史久远。据《仪礼》记载，古代乡饮酒礼、乡射礼、燕礼中，都用瑟伴奏唱歌。战国至秦汉之际盛行“竽瑟之乐”。魏晋南北朝时期，瑟是伴奏相和歌的常用乐器。隋唐时期用于清乐。以后则只用于宫廷雅乐和丁祭音乐。

编钟

编钟是我国古代的一种打击乐器，用青铜铸成，它由大小不同的扁圆钟按照音调高低的次序排列起来，悬挂在一个巨大的钟架上，用丁字形的木锤和长形的棒分别敲打铜钟，能发出不同的乐音，因为每个钟的音调不同，按音谱敲打，可以演奏出美妙的乐曲。

根据文献记载和出土文物，发现我国在西周时期就有了编钟，那时候的编钟一般是由大小 3 枚组合起来的。春秋末期到战国时期的编钟数目就逐渐增多了，有 9 枚一组的和 13 枚一组的等。

1978 年，湖北省随州市曾侯乙墓出土的编钟，是我国古代最庞大的乐器，它共六十四件，计钮钟十九件，角钟四十五件，分三层悬挂在满饰彩绘花纹的铜木结构的钟架上，每层的立柱是一个青铜佩剑武士。它的出土引起了国内外的重视，被认为是世界音乐史上的重大发现。

缶

缶原本是古代一种陶器，类似瓦罐，形状很像一个小缸或钵，是古代盛水或酒的器皿。圆腹，有盖，肩上有环耳；也有方形的。盛行于春秋战国。器身铭文称为“缶”的，有春秋时期的“栾书缶”和安徽寿县出土的“蔡侯缶”。这种酒器能够成为乐器是由于人们在盛大的宴会中，喝到兴致处便一边敲打着盛满酒的酒器，一边大声吟唱，所以缶就演化成为土类乐器中的一种。

琵琶

琵琶本作“批把”，是一种拨弦乐器，被称为“民乐之王”。最早见于史载的是汉代刘熙《释名·释乐器》：“批把本出于胡中，马上所鼓也。推手前曰批，引手却曰把，象其鼓时，因以为名也。”意即琵琶是骑在马上弹奏的乐器，向前弹出称做批，向后挑进称做把，根据它演奏的特点而命名为“批把”。在古代，敲、击、弹、奏都称为鼓。当时的游牧人骑在马上好弹琵琶，因此为“马

上所鼓也”。大约在魏晋时期,正式称其为“琵琶”。

琵琶在唐宋后逐渐形成现今形状,木制,体长圆形,上有长柄,一般有四根弦。演奏方法由横抱改为竖抱,由拨子改为五手指弹奏。经历代演奏者的改进,至今形制已经趋于统一,成为六相二十四品的四弦琵琶。琵琶音域广阔,演奏技巧为民族器乐之首,表现力更是民乐中最为丰富的乐器。

笙

古老的中国乐器,属于簧片乐器族内的吹孔簧鸣乐器类,是世界上现存大多数簧片乐器的鼻祖。发音清越、高雅,音质柔和,歌唱性强,具有中国民间色彩。

笙的起源可以追溯到3000多年前。起初,笙和排箫有点相似,既没有簧片,也没有笙斗,只是用绳子或木框把一些发音不同的竹管编排在一起。后来人们逐渐给笙增加了竹质簧片和匏质笙斗,和排箫区别开来。笙斗用葫芦制作,吹嘴由木头制成,十几根长短不等的竹管呈马蹄形状,排列在笙斗上面。唐代以后,演奏家们把笙斗改为木制,后来经过流传,又用铜斗取代了木斗,同时簧片也从竹制改为铜制。

笙的音色明亮甜美,高音清脆透明,中音柔和丰满,低音浑厚低沉,音量较大。在中国传统吹管乐器中,它是唯一能够吹出和声的乐器。在和其他乐器合奏的时候,能起到调和乐队音色、丰富乐队音响的作用。在大型的民族管弦乐队里,有时还要用到高音、中音和低音三种笙。

筝

筝是一种多弦多柱的弹拨乐器。它的外形近似于长箱形,中间稍微突起,底板呈平面或近似于平面。筝的头部有缓缓而落的筝脚。在木制箱体的面板上张设筝弦。在每条弦下面安置码子,码子可以左右移动,用来调整音高和音质。关于筝的命名,有多种说法,有说乃是由瑟分劈而来,《集韵》就持“分瑟为筝”之说:“秦俗薄恶,父子有争瑟者,人各其半,当时名为筝。”另一种说法是因为其发音铮铮而得名,刘熙《释名》中有“筝,施弦高,筝筝然”,就持此说。

筝的优劣取决于各部分材料质地及制作工艺的高低。筝的共鸣体由面板、底板和两个筝边组成。在共鸣体内有音桥,呈拱形,它除了共鸣效果的需要外,还起着支撑的作用。共鸣体的质量和结构对筝的音响影响很大。

箜篌

箜篌是一种十分古老的弹弦乐器,最初称“坎侯”或“空侯”,文献中有“卧箜篌、竖箜篌、凤首箜篌”三种形制。据考证,箜篌流传至今已有两千多年的历史了。箜篌在古代除宫廷乐队使用外,在民间也广泛流传。

箜篌音域宽广,音色柔美清澈,表现力极强。在中国盛唐(618~907年)时期,随着经济文化的飞速发展,箜篌演奏艺术也达到了相当高的水平,也就是在这个时期,中国古代的箜篌先后传入日本、朝鲜等邻国。到了20世纪80年代初,一种新型箜篌——雁柱箜篌被研制出来。它的结构比较完善、科学,音响具有民族特点,因而被推广用于音乐实践。

胡琴

胡琴,蒙古族弓拉弦鸣乐器。胡琴的历史悠久,形制独特,音色柔和浑厚,富有草原风味。可用于独奏、合奏或伴奏。流行于内蒙古自治区各地,尤以东部科尔沁、昭乌达盟一带最为盛行。

早在宋代之初,我国北方蒙古族人民就在火不思、忽雷等弹弦乐器的基础上,制成了弓拉弦鸣乐器胡琴,蒙古族人民称其为“胡尔”。唐宋时,凡来自北方和西方各族的拨弦乐器,统称胡琴。成吉思汗时代,胡琴已在宫廷和民间流行。元代之时,胡琴不仅在宴乐中用于独奏或合奏,还广泛用于军队的演奏活动中。这种胡琴直到清末民初,仍在喀喇沁王府等蒙古族乐队中使用。今天蒙古族的朝尔和马头琴等梯形弓拉弦鸣乐器都是由这种胡琴发展而成的。

拍板

拍板,中国碰奏体鸣乐器。又称檀板、绰板,简称板。用于戏曲、曲艺和器乐合奏。古时由西北传入中原。

古代拍板由西北少数民族地区传入中原,唐代已广为流传。但只在民间流行的“散乐”中使用。宋代,拍板在民间说唱中普遍应用,是民间器乐“鼓板”中的主要乐器,并在宫廷的教坊大乐、小乐器合奏和马后乐中使用。到了元代,拍板用于宫廷宴乐,也是杂剧的伴奏乐器。明、清的中和韶乐、清乐和番部合奏等宫廷音乐都使用拍板。历代拍板因使用目的不同,板的数量也不一致,从3块、4块、6块直至10余块的都有。

现代拍板多以3块长方形紫檀、红木或黄杨木板组成。板长18~20厘米,宽4~6厘米。前两块板用丝弦缠绕,然后用布带与后面的单块木板连结。以左手执后板,撞击前两块木板发声。广泛用于民间器乐合奏和地方戏剧伴奏。

霓裳羽衣舞

《霓裳羽衣曲》简称《霓裳》,是唐代著名的宫廷乐舞。传说是唐玄宗李隆基所作,由他宠爱的贵妃杨玉环作舞表演。原舞已失传到五代十国时期,南唐后主李煜凭着自己的音乐天赋,复原了失传200年的《霓裳羽衣曲》,堪称音乐史上的一大奇迹。现在的表演是根据文字记载和诗歌描写再创作

的。音乐采用古老的《长安鼓乐》作素材，舞蹈吸收了陕西和敦煌壁画的某些舞姿造型，采取唐大曲的结构形式。

《霓裳羽衣曲》是唐代歌舞的集大成之作。直到现在，它仍不愧是音乐舞蹈史上的一颗璀璨的明珠。

十面埋伏

《十面埋伏》是传统琵琶曲之一，又名《淮阴平楚》。琵琶大曲。乐曲描写公元前202年楚汉战争在垓下最后决战之情景，运用了琵琶特有的表现技巧，表现古代战争中千军万马冲锋陷阵之势，十分生动。

关于乐曲的创作年代迄今无一定论。资料可追溯可至唐代，在白居易写过的著名长诗《琵琶行》中，可探知作者曾听过有关表现激烈战斗场景的琵琶音乐。明代后期已在民间流传。

明末清初，《四照堂集》中，曾记载了琵琶演奏家汤应曾演奏《楚汉》一曲时的情景："当其两军决战时，声动天地，屋瓦若飞坠。徐而察之，有金鼓声、剑弩声、人马声……使闻者始而奋，继而恐，涕泣无从也。其感人如此。"

丝竹音乐

弦乐器与竹管乐器之总称。亦泛指音乐。丝竹音乐是流行于江苏南部、浙江西部、上海地区的丝竹音乐的统称。因乐队主要由二胡、扬琴、琵琶、三弦、秦琴、笛、箫等丝竹类乐器组成，故名。

丝竹音乐真正形成是在清朝末年，一代代丝竹高手、名家将民间乐曲、古曲进行改编加工，逐渐形成其特色。它的兴起繁荣是在民国时期。丝竹音乐的特点是：小、轻、细、雅，充分体现代表了江南文化。它所用乐器简便易得，演奏形式灵活多变，为人民群众所喜爱，文人雅士所钟情，可谓雅俗共赏。

【第二章】国学典籍及名句

『经史子集』是我国古代对国学典籍的分类法。『经』是指古代社会中的政教、纲常伦理、道德规范等典籍。史部，主要是各种体式的史书。子部，主要是收集先秦以来诸子百家的著作。『集』是历代作家一人或多人的散文、骈文、诗、词、散曲等的集子和文学评论、戏曲等著作。中华国学精髓在『经史子集』的一些名言佳句中得到了充分反映，这些语句，熔知识、文化、趣味于一炉，有着过目难忘的艺术效果，堪称古代思想和艺术的结晶。

1 经 部

《诗经》——中国第一部诗歌总集

《诗经》是我国第一部诗歌总集，共收入自西周初期至春秋中叶约五百年间的诗歌三百零五篇，所以又称《诗三百》，据传为孔子编定。最初称《诗》，被汉代儒者奉为经典。《诗经》开创了我国古代诗歌创作的现实主义的优秀传统。《诗经》也是一部反映当时社会的百科全书，是我国现实主义诗歌传统的源头及代表作。

【妻子好合，如鼓瑟琴；兄弟既翕，和乐且湛。】

妻子儿女情感深厚，好比是鼓瑟和弹琴。一家兄弟团结和睦，融洽无间快乐无比。出自《诗经·小雅小·棠棣》。

【螓首蛾眉，巧笑倩兮，美目盼兮。】

前额方正眉毛弯细，轻巧的笑流动在嘴角，那眼儿黑白分明多么美好。出自《诗经·卫风·硕人》。

【死生契阔，与子成说。执子之手，与子偕老。】

不论生死离别，都跟你说定了，我要牵着你的手，和你一起白头到老。出自《诗经·邶风·击鼓》。

【关关雎鸠，在河之洲。窈窕淑女，君子好逑。】

雎鸠相对鸣叫，栖居在河中的小洲上。内心、外貌都美好的姑娘是男儿的好配偶。雎鸠：一种小鸟，相传雌雄之间情意专一。关关：水鸟鸣叫的声音。出自《诗经·周南·关雎》。

【求之不得，寤寐思服。优哉游哉，辗转反侧。】

思念梦想不能成真，醒来做梦长相思。悠悠思念情意切，翻来覆去到天明。出自《诗经·周南·关雎》。

【一日不见，如三秋兮。】

（那个采蒿的姑娘啊，）一日不见她，好像三个秋季那么长啊。“一日不见，如隔三秋”源出于本诗。出自《诗经·王风·采葛》。

【心中藏之，何日忘之。】

内心里藏着他，哪天能够忘记他呢！表现出女子对男子的深情厚爱。出自《诗经·小雅·隰桑》。

【夏之日，冬之夜，百岁之后，归于其居】

床上的角枕与锦衾仍然灿烂艳丽，而你已长眠于地下，谁能与你相伴？只有一人苦待天明。夏日与冬夜如此漫长难挨，且等着我百年之后与你相聚。这就是古人所谓的“生死相许”。出自《诗经·唐风·葛生》。

【蒹葭苍苍，白露为霜，所谓伊人，在水一方】

河畔芦苇白茫茫，夜夜清露凝成霜，我所思念的那个人，正在河的那一边。出自《诗经·秦风·蒹葭》。

【巧言如簧，厚之颜矣】

甜言蜜语、出言虚伪的人，脸皮实在太厚了。出自《诗经·小雅·巧言》。

【青青子衿，悠悠我心。纵我不往，子宁不嗣音】

你那青青的衣领啊，深深萦绕在我的心中。纵使我不能去找你，但你为什么不主动给我音讯？讲述的是对恋人的思念心情。出自《诗经·郑风·子衿》。

【昔我往矣，杨柳依依。今我来思，雨雪霏霏】

回想当初出征时，杨柳依依随风吹；如今回来路途中，大雪纷纷满天飞。出自《诗经·小雅·采薇》。

【静女其姝，俟我于城隅。爱而不见，搔首踟蹰】

娴静姑娘真漂亮，约我等在城角旁。心仪的人儿怎不出现，急得我搔头又心慌。出自《诗经·邶风·静女》。

【桃之夭夭，灼灼其华。之子于归，宜其室家】

翠绿繁茂的桃树啊，花儿开得红灿灿。这个姑娘嫁过门啊，定能使家庭和顺又美满。出自《诗经·国风·桃夭》。

【投我以木桃，报之以琼瑶，匪报也，永以为是好也】

他送我的是红桃，我报他的是佩玉，佩玉哪能算报答，是求彼此永相好。出自《诗经·卫风·木瓜》。

【知我者谓我心忧，不知我者谓我何求】

了解我心情的人，会知道我心中惆怅；不了解我心情的，还以为我待在这儿有什么要求呢！《诗经·王风·黍离》。

【白圭之玷，尚可磨也；斯言之玷，不可为也】

白圭上的污点是可以被磨掉的，可是言语中的错误却是无法收回的。出自《诗经·大雅·抑》。

【人之多言，亦可畏也】

别人在背后的议论或诬蔑的话是很可怕的。人言：别人的评论，指流言

蜚语;畏:怕。出自《诗经·郑风·将仲子》。

【靡不有初,鲜克有终】

事情都有个开头,但很少能到终了。多用以告诫人们为人做事要善始善终。出自《诗经·大雅·荡》。

【维鹊有巢,维鸠居之】

喜鹊筑好的窝,布谷鸟飞来居住。后用“鸠占鹊巢”比喻占据别人的居处。出自《诗经·召南·鹊巢》。

【兄弟阋于墙,外御其侮】

兄弟们虽然在家里争吵不休,但能一致抵御外人的欺侮。比喻内部虽有分歧,但能团结起来对抗外敌。出自《诗经·小雅·常棣》。

【鸢飞戾天,鱼跃于渊】

老鹰飞到了天上,鱼跳出了深潭。是为功名利禄而极力高攀的意思。出自《诗经·大雅·旱麓》。

【战战兢兢,如临深渊,如履薄冰】

小心谨慎,如同处于深渊边缘一般,就像踏在薄冰之上一样。比喻行事极为谨慎,存有戒心。出自《诗经·小雅·小旻》。

【它山之石,可以攻玉】

借助别的山上的石头,可以将玉器打磨好。原比喻别国的贤才可为本国效力,后引申指别人的好经验可以借鉴利用。出自《诗经·小雅·鹤鸣》。

【日就朋将,学有缉熙于光明】

长期不懈地坚持学习,就能到达光明无比的境界。缉熙:积渐广大。出自《诗经·周颂·敬之》。

【岂曰无衣,与子同袍】

怎能说没有衣裳?我愿和你同披一件战袍。出自《诗经·秦风·无衣》。

【匪面命之,言提其耳】

不但当面指教,而且提着耳朵叮嘱,希望他永远不要忘记。形容教诲殷切。出自《诗经·大雅·抑》。

【既明且哲,以保其身】

既深明事理又睿智的人,能够保全自己。后引申为“明哲保身”,指回避斗争保全个人利益。出自《诗经·大雅·烝民》。

【高山仰止,景行行止】

有崇高道德的人,令人敬仰;行为光明正大的人,值得仿效。这话是用来赞美孔子的。出自《诗经·小雅·车辖》。

《大学》——儒家基本经典之一

《大学》是儒家基本经典之一。原本是《礼记》中的一篇，在南宋前从未单独刊印。传为孔子弟子曾参（前505～前434年）作。全面总结了先秦儒家关于道德修养、道德作用及其与治国平天下的关系。按朱熹和宋代另一位著名学者程颐的看法，《大学》是孔子及其门徒留下来的遗书，是儒学的入门读物。所以，朱熹把它列为“四书”之首。

【是故君子无所不用其极】

所以君子不管做什么事情，都一定要达到最高境界。

【一家仁，一国兴仁；一家让，一国兴让】

每个家庭都实行仁爱，一个国家就会兴起仁德的社会风气；每个家庭都施行礼让，一个国家就会形成礼让的风气。

【诚于中，形于外。故君子必慎其独】

一个人内心真诚，一定会流露于言表。所以品德高尚的人在独自一人时，也会小心谨慎，不敢随便。

【好而知其恶，恶而知其美】

喜欢一个人，应当了解他的缺点，不可偏袒；讨厌一个人，还应当知道他的优点，不可视而不见。

【物有本末，事有始终。知所先后，则近道矣】

天地万物皆有本有末，凡事都有开始和终了。明白了这本末始终的先后次序，就接近《大学》所讲的修己治人的道理了。

【富润屋，德润身，心广体胖，故君子必诚其意】

钱财可以修饰房屋，品德可以修饰自身，心胸宽广可以使自身舒泰，所以君子必须使内心诚实。

【仁者以财发身，不仁者以身发财】

有仁德的人，会利用财物帮助他人，自然能得到众人的拥戴；不仁的人，则利用身份地位来搜刮财富，最终必将招来亡身之祸。

【大学之道，在明明德，在亲民，在止于至善】

大学的宗旨在于弘扬光明正大的品德，在于使人人都能去除污染而自新，更在于精益求精，做到最完善的地步并且保持不变。

【知止而后有定，定而后能静，静而后能安，安而后能虑，虑而后能得】

知道应达到的境界，然后意志才有定力；意志有了定力，然后心才能静下来，不会妄动；能做到心不妄动，然后才能安于处境随遇而安；能够随遇而安，然后才能思虑周详；能够思虑周详才能够有所收获。

【见贤而不能举，举而不能先，命也；见不善而不能退，退而不能远，过

也】

看见贤能的人不能推荐，推荐举用之后又不肯亲近，这是怠慢轻忽的行为；看见坏人不能拒绝，拒绝之后又不能疏远他，这是错误的行为。

【自天子以至于庶人，壹是皆以修身为本。其本乱而末治者否矣；其所厚者薄，而其所薄者厚，未之有也】

上自国家元首，下至平民百姓，人人都要以修养品性为根本。若这个根本被扰乱了，家庭、家族、国家、天下要治理好是不可能的；把贴近的修身看得不重要，却去高谈治国平天下，从来没有这样的道理。

【心不在焉，视而不见，听而不闻，食而不知其味】

如果心思不端正，受到情绪的支配，就会变成：眼睛虽然看着东西，却像没有看到一样，耳朵听着声音，却像没有听到一样，嘴里吃着东西却不知道是什么味道。

【君子有诸己，而后求诸人；无诸己，而后非诸人】

品德高尚的人，总是自己先做到，然后才要求别人做到；一定是先要求自己没有恶行，然后再禁止别人作恶。

《论语》——记载孔子言行的语录体散文

《论语》是儒家学派的经典著作之一，由孔子的弟子及其再传弟子编纂而成。它以语录体和对话文体为主，记录了孔子及其弟子的言行，集中体现了孔子的政治主张、伦理思想、道德观念及教育原则等。《论语》涉及哲学、政治、经济，教育、文艺等诸多方面，内容非常丰富。在表达上，《论语》语言精炼而形象生动，是语录体散文的典范。

【四海之内，皆兄弟也】

四海之内的人，都可以看作是我的兄弟啊！出自《论语·颜渊》。

【言必信，行必果】

说了就一定要守信用，行为一定要坚决。出自《论语·子路》。

【曾子曰：吾日三省吾身：为人谋而不忠乎？与朋友交而不信？传不习乎】

曾子曰："我每天从三个方面检查我自己：为别人办事忠诚不忠诚？同朋友交往诚实不诚实？老师传授的知识复习了没有？"出自《论语·学而》。

【君子周而不比，小从比而不周】

一个有道德的君子讲的是团结协调，而不是拉帮结派。而那种没有道德的小人，却是拉帮结派而不团结群众。周：道义上的结合。比：勾结。出自《论语·为政》。

【见义不为，无勇也】

遇到应该挺身而出的事情却不敢出面,这就是懦弱的表现。出自《论语·为政》。

【见贤思齐焉,见不贤而内省也】

见到有德行的人就向他看齐,如果见到有人做人不好,也要反省一下自己有没有类似的情况,有则改之,无则加勉。出自《论语·里仁》。

【君子欲讷于言而敏于行】

君子说话要谨慎,而行动要敏捷。出自《论语·里仁》。

【子曰:"智者乐水,仁者乐山;智者动,仁者静;智者乐,仁者寿"】

孔子说:"明智的人喜欢水,仁慈的人喜欢山;明智的人好动,仁慈的人好静;明智的人快乐,仁慈的人长寿。"出自《论语·雍也》。

【夫仁者,己欲立而立人,己欲达而达人】

仁德的人,自己想站得住首先得使别人也能站得住,自己想事事行得通也应使他人事事行得通。出自《论语·雍也》。

【子曰:吾十有五而志于学,三十而立,四十而不惑,五十而知天命,六十而耳顺,七十而从心所欲,不逾矩】

孔子说:"我自己在十五岁时,开始立志于治学;在三十岁时,初有成就,能够自立了;到了四十岁时,对所研究的问题都没有任何疑惑了;到了五十岁时,真正知道了人和事物的本质规律了;到了六十岁时,无论听到什么都无需思索就能自然懂得其中的原委;到了七十岁时,便能随心所欲地去想,无拘无束地去做,一切行为都不会逾越规矩准则了。出自《论语·为政》。

【后生可畏,焉知来者之不如今也】

年轻人是值得敬畏的,怎么就知道后一代不如前一代呢?出自《论语·子罕》。

【知者不惑,仁者不忧,勇者不惧】

聪明人不会迷惑,有仁义的人不会忧愁,勇敢的人不会畏惧。出自《论语·子罕》。

【非礼勿视,非礼勿听,非礼勿言,非礼勿动】

违反礼法的事不要看、不要听;违反礼法的事不要说、不要做。出自《论语·颜渊》。

【己所不欲,勿施于人】

自己不希望他人以某种言行对待自己,自己也不要以那种言行对待他人。出自《论语·颜渊》。

【君子成人之美,不成人之恶。小人反是】

君子要想方设法地去帮助他人实现其美好的愿望,不促成别人的坏事。

那些道德低下的小人，则与此正相反。出自《论语·颜渊》。

【君子之过也，如日月之蚀焉。过也，人皆见之；更也，人皆仰之】

君子的过错就像日月的圆缺。有了过错，人人都能发现；更改后，人人都仰慕他。出自《论语·子张》。

【一箪食，一瓢饮，在陋巷，人不堪其忧，回也不改其乐】

吃着一碗粗茶淡饭，喝着一瓢水，住在破陋的巷子里，人们都不能忍受（这种环境）而感到忧虑，可是颜回却不会改变志向，并且乐在其中。出自《论语·雍也》。

【君子坦荡荡，小人长戚戚】

君子心胸开朗，外貌动作也显得十分舒畅安定。小人心里欲念太多，就显得忐忑不安，站立不稳。语见《论语·述而》。

【士不可以不弘毅，任重而道远】

有远大理想抱负的人不可以不刚强勇毅，因为责任很重，路途又很遥远。出自《论语·泰伯》。

【仰之弥高，钻之弥坚】

老师的学问越仰望越觉得高深，越钻研越觉得深厚。原形容颜渊对于孔子之道的赞叹，后指努力攻读，深入研究，力求达到极高水平。出自《论语·子罕》。

【三军可夺帅，匹夫不可夺志也】

一个大国的军队，可以让它改换一个主帅，但一个普通人，却不能老是让他改变自己的志向。出自《论语·子罕》。

【弟子入则孝，出则弟，谨而信，泛爱众而亲仁】

弟子们应该随时随地注意孝顺父母、友爱兄长，对言词要注重谨慎，行为则要有信用。广施爱心，亲近那些有仁德的人。出自《论语·学而》。

【子曰："当仁，不让于师。"】

孔子说："面对仁道，在老师面前也不要谦让。"出自《论语·卫灵公》。

【躬自厚而薄责于人，则远怨矣】

遇到任何事情，都要多检讨自己有什么不妥，少指责对方有什么不对，那么不但我们可以远离别人的怨恨，也能增加人与人的和谐。出自《论语·卫灵公》。

【君子不以言举人，不以人废言】

君子不因为别人的话说得好就提拔他，也不因为别人的品德不好就废弃他的正确意见。出自《论语·卫灵公》。

【道不同，不相为谋】

志向不同的人,不能在一起谋划共事。出自《论语·卫灵公》。

【有教无类】

不管什么人都可以接受教育,没有贫富、贵贱、年龄等的区别。出自《论语·卫灵公》。

【道听而途说,德之弃也】

一个人从道上刚听见传言,转身在路上就开始跟别人说,蜚短流长,这不是一种真正的道德所需要的作风。出自《论语·阳货》。

【往者不可谏,来者犹可追】

已经过去的已无法挽回,正在到来的还可以赶上。出自《论语·微子》。

【君子和而不同,小人同而不和】

君子对人不盲目附和,会提出不同意见,使决策更完善。小人只盲从附和,却不肯表示自己的不同意见。出自《论语·子路》。

【不怨天,不尤人,下学而上达】

不要埋怨命运的不公,不要遇到挫折就怨恨别人,要通过学习平常的知识,理解其中的哲理,获得人生的真谛。出自《论语·宪问》。

【巧言乱德。小不忍,则乱大谋】

花言巧语最会搅乱正规的道德。如果一点小事不能容忍,就会坏了大事。出自《论语·卫灵公》。

【博学而笃志,切问而近思,仁在其中矣】

既要广博地学习,又要有一个追求的中心。既要多问问题,又不要好高骛远,不切实际地空想,而要多考虑当前的问题,仁德就在这里面了。出自《论语·子张》。

《中庸》——古代讨论教育理论的重要论著

《中庸》是中国古代讨论教育理论的重要论著。原来也是《礼记》中的一篇,一般认为它出于孔子的孙子子思(前483~前402年)之手。南宋时,朱熹继承二程思想,便把《中庸》从《礼记》中抽出来,与《论语》、《孟子》、《大学》并列,成了《四书》之一。宋、元以后,《中庸》成为学校官定的教科书和科举考试的必读书,对古代教育产生了极大的影响。

【博学之,审问之,慎思之,明辨之,笃行之】

做事要广泛地学习,有所不明就要追问到底,要对所学谨慎地思考,明确地辨别,最后要切实地去实行。

【子曰:“好学近乎知,力行近乎仁,知耻近乎勇。知斯三者,则知所以修身;知所以修身,则知所以治人;知所以治人,则知所以治天下国家矣。”】

孔子说:“好学习的人接近于智,努力实践的人接近于仁,知廉耻的人接

近于勇。明白了这三条,就知道了修身的方法;知道了修身的方法,就知道了管理人的方法;知道了管理人的方法,就知道了治理天下国家的方法了。”

【诚者天之道也,诚之者人之道也】

自然界的一切,宇宙万物都是真实的,真实是万物存在的基础。诚实守信,则是做人的道理或法则。

【致中和,天地位焉,万物育焉】

使万物处在一个合理的、原本应当在的位置上,各在其位,各安其位,这样,才能最终求得万物的和谐共生,同步发展。

【舜好问而好察迩言,隐恶而扬善,执其两端,用其中于民】

舜喜欢征询别人的意见,就算是浅近的话,也喜欢省察它的含意。把别人的错误和不好的意见隐藏起来,同时又表扬别人正确的好意见,最后再将众人的意见,所有过与不及之处都加以折中,取其中道,施行于人民。

【自成明,谓之性;自明诚,谓之教。诚则明矣,明则诚矣】

由于诚恳而明白事理,这是人的天性导致的;由于明白事理而做到诚恳,这是教育的结果。真诚就会明白事理,明白事理后自然也就能够做到真诚了。

【人一能之,己百之;人十能之,己千之。果能此道矣,虽愚必明,虽柔必强】

人家一次就学会的,我如果花上百次的功夫,一定能学通。人家学十次能掌握的,我要是学一千次,也肯定会掌握。如果真能照这样子去做,即使再笨,也会变得聪明,即使再柔弱,也会变得坚强。

【万物并育而不相害,道并行而不相悖。小德川流,大德敦化。此天地之所以为大也】

万物同时生长而不互相妨害,日月运行四时更替彼此不相违背。小的德行好比河川的分流,川流不息,大的德行如同敦厚化育,无穷无尽。这就是天地之所以伟大的原因。

【君子之道,淡而不厌,简而文,温而理;知远之近,知风之自,知微之显,可与入德矣】

君子做人,看来平淡却并不会使人厌恶,看来简素却又有文采,看来温和却能明辨是非。知远事之近因,知风之来处,见微而知著。能明白这样的道理,就可以进入道德之门了。

【在上位,不陵下;在下位,不援上;正己而不求于人。上不怨天,下不尤人,故君子居易以俟命,小人行险以侥幸】

居于上位不会骄傲,处在下位不会背叛上级。不借助别人而端正自己

的言行。君子对上不怨恨天，对下不归罪他人，所以君子安心地处在平易的地位，等候天命的到来，小人却是冒险去妄求非分的利益。

【射，有似乎君子，失诸正鹄，反求诸其身】

射箭的道理和君子行道有相似之处：箭没有射中靶心，就应该反过来检查自己，看看自己有没有做好，功夫够不够。

【君子之道，譬如行远，必自迩，譬如登高，必自卑】

君子实行中庸之道，就如同走远路一样，一定要从近处开始，就好比登高处一样，一定要从低处开始。

【道不远人，人之为道而远人，不可以为道】

中庸之道是离人不远的，假使有人遵行中庸之道所教授的知识、道理超出了人的理解范围，让人听不懂，便不可以称之为道。

《孟子》——记载孟子及其学生言行的名篇

《孟子》是记载孟子及其学生言行的一部书。和孔子一样，孟子也曾带领学生游历各国，并一度担任过齐宣王的客卿。由于他的政治主张不被重用，所以便回到家乡聚徒讲学，与学生万章等人著书立说，作《孟子》七篇。到南宋孝宗时，朱熹编《四书》列入了《孟子》，正式把《孟子》提到了非常高的地位。

【鱼，我所欲也，熊掌亦我所欲也；二者不可得兼，舍鱼而取熊掌者也。生亦我所欲也，义亦我所欲也；二者不可得兼，舍生而取义者也】

鱼是我所喜欢吃的，熊掌也是我所喜欢吃的；如果两者不能同时拥有的话，我便丢掉鱼而取熊掌。生命是我所喜爱的，义也是我所喜爱的；如果两者不能兼得，我便舍弃生命而取义。出自《孟子·告子上》。

【无恻隐之心，非人也】

一个人如果没有同情心，就不能称之为人。出自《孟子·公孙丑上》。

【有为者辟若掘井，掘井九轫而不及泉，犹为弃井也】

做一件事情犹如挖井，如果挖井到六七丈深还不见泉水的话，仍然是一个废井。出自《孟子·尽心上》。

【不耻不若人，何若人有】

一旦对“不如人”不再感到耻辱，那将永远不如人家了。出自《孟子·尽心上》。

【博学而详说之，将以反约之】

广博地学习，详尽地解说，目的在于融会贯通后返归到简约去。出自《孟子·离娄下》。

【仁者无敌】

有仁德的人是天下无敌的。出自《孟子·梁惠王上》。

【爱人者,人恒爱之,敬人者,人恒敬之】

爱别人的人,别人就会喜爱他;尊敬别人的人,别人也经常尊敬他。出自《孟子·离娄下》。

【为富不仁矣,为仁不富矣】

要想富起来就没有仁爱可言,要讲仁爱便富不起来。出自《孟子·滕文公上》。

【穷则独善其身,达则兼济天下】

不得志时就洁身自好修养个人品德,得志时就为天下人多做好事。出自《孟子·尽心上》。

【人皆可以为尧舜】

人的本性是善良的,如果人们都能把天生的善心扩充发挥,那么人人都可以成为像尧舜一样的圣人。出自《孟子·告子下》。

【王顾左右而言他】

齐王回顾他的左右,避开正题说其他的事情。后指离开话题,回避难以答复的问题。出自《孟子·梁惠王下》。

【不以规矩,不成方圆】

不用圆规和曲尺,就不能画出矩形和圆形。比喻标准,法度。出自《孟子·离娄上》。

【夫人必自侮,然后人侮之;家必自毁,而后人毁之;国必自伐,而后人伐之】

人必定是先有自取侮辱的行为,别人才侮辱他;家必定是先有自取毁坏的因素,别人才毁坏它,国必定是先有自取讨伐的原因,别人才讨伐它。出自《孟子·离娄上》。

【祸福无不自己求之者】

祸害或者幸福没有不是自己找来的。出自《孟子·公孙丑上》。

【自暴者,不可与有言也;自弃者,不可与有为也】

自己损害自己的人,不能和他说出有价值的话语;自己抛弃自己的人,不能和他共同做出有意义的事情。出自《孟子·离娄上》。

【人病舍其田而芸人之田,所求于人者重,而所以自任者轻】

有些人的毛病就在于放弃自己的田地,却要去替别人耕田,要求别人的很重,自己负担的却很轻。出自《孟子·尽心下》。

【爱人不亲,反其仁;治人不治,反其智;礼人不答,反其敬】

我爱人家,可是人家却不亲近我,那就得反问自己的仁爱够不够;我管

理人家,人家却不受我的管理,那得反问自己的智慧和知识够不够;我有礼貌地对待别人,可是得不到相应的回答,那得反问自己的敬意够不够。出自《孟子·离娄上》。

【人有不为也,而后可以有为】

人只有对某些事舍弃不干,然后才可以做成事业。出自《孟子·离娄下》。

【虽有天下易生之物,一日暴之,十日寒之,未有能生者也】

纵使有一种最容易生长的植物,晒它一天,又冻它十天,没有能够再生长的。比喻做事一日勤,十日怠,没有恒心,是不会成功的。出自《孟子·告子上》。

【老吾老,以及人之老;幼吾幼,以及人之幼】

赡养孝敬自己的长辈,并把这种尊敬推及别人的老人;抚养教育自己的孩子,并把这种爱护推及别人的孩子。出自《孟子·梁惠王上》。

【大人者,不失其赤子之心也】

有德才的人便是能保持那种婴儿般天真纯朴之心的人。出自《孟子·离娄下》。

【民为贵,社稷次之,君为轻】

人民最为重要,国家其次,君主在最后。出自《孟子·尽心下》。

【观于海者难为水,游于圣人之门者难为言】

到过大海见过海水,觉得其他的水就难说是水了;在圣人家门前游玩的,都不会开口说话了。意思是对方太强大了,相比之下太缈小了。出自《孟子·尽心上》。

【存乎人者,莫良于眸子】

观察一个人,没有比观察他(她)的眼睛更好的了。出自《孟子·离娄上》。

【尽信书,则不如无书】

完全相信书,那还不如没有书。意思是鼓励人们不要迷信书本,要敢于怀疑,勇于创新。出自《孟子·尽心下》。

【声闻过情,君子耻之】

名声超过实际才德,君子认为这是可耻的。出自《孟子·离娄下》。

【引而不发,跃如也】

善于教射箭的人,只作出跃跃欲射的姿态,以便学的人观摩领会。出自《孟子·尽心上》。

【养心莫善于寡欲】

修养心性没有比尽量减少物质欲望更好的了。说明清心寡欲可以陶冶人的精神和情操。出自《孟子·尽心下》。

【人不可以无耻,无耻之耻,无耻矣】

人不能没有羞耻心。把没有羞耻心当作羞耻,那就不会有耻辱了。出自《孟子·尽心上》。

【恭者不侮人,俭者不夺人】

对别人恭敬的人不会侮辱别人,自己节俭的人不会抢夺别人。出自《孟子·离娄上》。

【以力服人者,非心服也。力不赡也。以德服人者,忠悦诚服也】

拿武力去降服别人,别人不是真心服气,只是力量不足罢了。拿德行去降服人,人是心中喜悦而诚心信服的。出自《孟子·公孙丑上》。

《春秋》——语言精练的编年体断代史书

《春秋》是鲁国的编年史,传统上认为《春秋》是孔子的作品,也有人认为是鲁国史官的集体作品。记载了从鲁隐公元年(前722年)到鲁哀公十四年(前481年)的历史,是中国现存最早的一部编年体断代史书。《春秋》在语言上极为精练,遣词井然有序。就因文字过于简质,后人不易理解,所以诠释之作相继出现,称之为"传"。以左丘明所作《左传》最为著名。

【人谁无过?过而能改,善莫大焉】

谁能不犯错误呢?犯了错误而能改正,没有比这更好的事情了。出自《左传·僖公十四年》。

【不以一眚掩大德】

决不能因为一个人有个别的错误而抹杀他的大功绩。出自《左传·襄公十年》。

【华而不实,怨之所聚也;犯而聚怨,不可以定身】

外表华美而肚子里却没有真才实学,这就会引起人们的怨恨;冒犯别人而积聚起对自己的怨恨,就不能使自己在社会上立足。成语"华而不实"从此而来,意思是花开得好但不结果实,比喻外表华美,内容空虚。出自《左传·文公五年》。

【祸福无门,唯人所召】

指灾祸和幸福不是注定的,都是人们自己造成的。出自《左传·襄公二十三年》。

【一国三公,吾谁适从】

一个国家有三个主人,我不知道听谁的好。三公,指春秋时晋献公和公子重耳、夷吾。比喻事权不统一,令人无所适从。出自《左传·襄公二十三

年》。

【末大必折，尾大不掉】

树梢过大，树一定会折断；尾巴过大，就摇动不起来。掉：摇动。尾巴太大，掉转不灵。旧时比喻下属权重，危及上级。现比喻机构庞大，指挥不灵。出自《左传·襄公十年》。

【多行不义，必自毙】

恶事做多了，必定会加速自己的灭亡。出自《左传·隐公元年》。

【皮之不存，毛将焉附】

皮都不存在了，毛还附在哪里呢？比喻事物失去了借以生存的基础，就不能存在。出自《左传·僖公十四年》。

【居安思危，思则有备，有备无患】

处在安全时期也要考虑危险可能存在，考虑到这点就会去准备，有了准备就免去了危险的祸患。出自《左传·襄公二十三年》。

【言之无文，行而不远】

文章没有文采，就不能久远地流传。出自《左传·襄公二十五年》。

【举棋不定，不胜其耦】

犹豫不决、优柔寡断就不能战胜对手。强调的是及时决断的重要。耦：对手。出自《左传·襄公二十三年》。

【筚路蓝缕，以启山林】

驾着简陋的车，穿着破烂的衣服去开辟山林。形容创业时的艰辛。出自《左传·宣公十二年》。

【欲加之罪，其无辞乎】

要想给别人加上罪名，还怕找不到借口吗？指以莫须有的罪名故意陷害好人。出自《左传·僖公十年》。

【本必先颠，而后枝叶从之】

只有摇动树根，枝叶才会跟着摇动。比喻基础不牢，其上层建筑就不会稳定。出自《左传·闵公元年》

【非知实难，将在行之】

掌握知识并不难，难的是把知识运用到实践中去。出自《左传·昭公十年》。

【树德莫如滋，去疾莫如尽】

树立德行，最好是不断培养；去掉毛病，最好是彻底清除。出自《左传·哀公元年》。

【一薰一莸，十年尚犹有臭】

薰草和莸草放在一起,十年后还会有臭味。比喻善常被恶所掩盖。出自《左传・僖公四年》。

【虽鞭之长,不及马腹】

鞭子虽然很长,但是也打不到马肚子上去。比喻相隔太远,力量达不到。出自《左传・宣公十五年》。

【诗书,义之府也;礼乐,德之则也】

诗书是义理的宝库,礼乐是道德的准则。出自《左传・僖公二十七年》。

【爱子,教之以义方,弗纳于邪】

若喜欢子女,就应该用道义去教导他,不要让他走上邪路。这是春秋时期卫国大夫石碏劝谏卫庄公的话,卫庄公不听劝谏,他的宠子公子州吁终于招致杀身之祸。出自《左传・僖公四年》。

【虽楚有才,晋实用之】

即便楚国有很多的人才,但是事实上都在晋国发挥了作用。成语"楚才晋用"源出于此。比喻本国的人才外流到别的国家工作。出自《左传・襄公二十六年》。

【数典而忘其祖】

列举古代的典制而忘了祖先的职掌。后来就用数典忘祖比喻忘掉自己本来的情况或事物的本源。出自《左传・昭公十五年》。

【犹燕之巢筑于幕上】

燕子在厅堂之上设巢筑窝,比喻身处危险境地。出自《左传・襄公二十九年》。

【众怒难犯,专欲难成】

群众的愤怒不可触犯;单凭个人意愿事情难以办成。出自《左传・襄公十年》。

【辅车相依,唇亡齿寒】

颊骨和齿床互相依靠,嘴唇没有了,牙齿就会感到寒冷。比喻两者关系密切,互相依存。出自《左传・僖公五年》。

【君处北海,寡人处南海,唯是风马牛不相及也】

你们居住在很远的北方,我们楚国在遥远的南方,相距很远,即使是像马和牛与同类发生互相追逐的事,也跑不到对方的境内去。后来人们就将楚国使臣说的"风马牛不相及"这句话引申为成语,用来比喻彼此毫不相干。出自《左传・僖公四年》。

【匹夫无罪,怀璧其罪】

百姓本没有罪,因身藏璧玉而获罪。原指财宝能致祸。后比喻人有才

能、有理想往往遭受嫉害。出自《左传·僖公四年》。

【三折肱为良医】

几次断臂，就能懂得医治断臂的方法。后多喻对某事阅历多，富有经验，自能造诣精深。《左传·定公十三年》。

《孝经》——以孝为中心的儒家伦理学著作

《孝经》是中国古代儒家的伦理学著作。清代纪昀在《四库全书总目》中指出，该书是孔子“七十子之徒之遗言”，成书于秦汉之际。自西汉至魏晋南北朝，注解者及百家。该书以孝为中心，比较集中地阐发了儒家的伦理思想。《孝经》在中国伦理思想中，首次将孝亲与忠君联系起来，认为“忠”是“孝”的发展和扩大，并把“孝”的社会作用绝对化、神秘化，认为“孝悌之至”就能够“通于神明，光于四海，无所不通”。

【身体发肤，受之父母，不敢毁伤，孝之始】

一个人的身体，或者细小的头发和皮肤，都是父母给予的。这些既然是从父母那里遗传得来，就应当保全自己的身体，不敢稍有毁伤，这就是孝道的开始。

【夫孝，始于事亲，中于事君，终于立身】

所谓的孝道，可以分成三个阶段，幼年时期，一开始，便是承欢膝下，侍奉双亲。到了中年，便要充当公仆，借以为国家尽忠。到了老年，就要检查自己的品格道德有没有缺欠，这才是孝道的真正完成。

【立身行道，扬名于后世，以显父母，孝之终也】

人活在世上，就要遵循仁义道德，有所建树，显扬名声于后世，从而使父母显赫荣耀，这是孝的终极目标。

【故以孝事君，则忠。以敬事长，则顺】

读书的子弟。初离学校和家庭，踏进社会为国家服务，此时如果能以事亲之道，服从长官，竭尽心力地把公事办得好，这便是忠。对于地位较高、年龄较大的长者，以恭敬服从的态度处之，这就是顺。

【资于事父以事母而爱同，资于事父以事君而敬同】

士人的孝道，就是要把爱敬父亲的心移来以爱母亲，那种爱的心思是一样的。再把爱敬父亲的敬心，移来以尊敬长官，那恭敬的态度是一样的。

【要君者，无上；非圣人者，无法；非孝者，无亲，此大乱之道也】

一个部下，如果找到长官的弱点，逼迫威胁，以达到他所希望的目的，那就是目无尊长；如果对于立法垂世的圣人，讥笑鄙视，那就是无法无天；如果对于立身行道的孝行，讥笑鄙视，那就是无父无母。像这样的种种行为，正是天下大乱的原因。

【教民亲爱，莫善于孝；教民礼顺，莫善于悌；移风易俗，莫善于乐；安上治民，莫善于礼】

教导民众相亲相爱，没有比孝道更好的了；教导民众恭敬和顺，没有比悌道更好的了；要想转移社会风俗，没有比音乐更好的了；要想安定长官的身心，治理一国的人民，没有比礼法更好的了。

【欲报之德，昊天无极】

父母的养育之恩比天还大，做子女的是无论如何也报答不了的。

《尚书》——追述古代历史的经典文献

《尚书》是我国最早的一部历史文献，大体是春秋以前历代史官所收藏的政府重要文件和政治论文的选编。汉代以后，《尚书》成为儒家的重要经典之一，所以又叫做《书经》。《尚书》所载多为政府文告，主上誓言，君王命令和贵族诫词。《尚书》文字古奥，文风质直古朴，文体自成一家，分为“典、谟、训、诰、誓、命”几个部分，是古代散文体式的早期形态。它的一大思想特点是重视总结和借鉴历史经验教训，对后代深有影响。

【克勤于邦，克俭于家】

对于国家能够勤勤恳恳，对于家庭，能够勤俭节约。出自《尚书·大禹谟》。

【为山九仞，功亏一篑】

要堆积九仞高的山，只缺一筐土而不能完成。比喻做事情只差最后一点没能完成。出自《尚书·旅獒》。

【兢兢业业，一日二日万几】

勤恳谨慎，天天处理上万件政务。形容每天处理政事极为繁忙。出自《尚书·皋陶谟》。

【任官惟贤才，左右惟其人】

任用官吏时一定要找贤能的才，辅佐在自己左右的大臣更须德才兼备。出自《尚书·咸有一德》。

【树德务滋，除恶务本】

向百姓施行德惠，务须力求普遍；铲除恶势力，必须杜绝根本。出自《尚书·泰誓下》。

【貌曰恭，言曰从，视曰明，听曰聪，思曰睿】

态度要恭敬，说话要合乎逻辑，观察要清楚，听取意见要聪慧，思考问题要睿智。出自《尚书·洪范》。

【无稽之言勿听，弗询之谋勿庸】

没有经过考证的话不要听，不与众人商讨的谋划不能采用。稽：核查、

考证。庸:用。出自《尚书·大禹谟》。

【不役耳目,百度惟贞。玩人丧德,玩物丧志】

不要被耳目感官所役使,做任何事都要有正当的理由。戏弄他人,就会失去做人的道德;沉迷于好玩之物,也会丧失意志。出自《尚书·旅獒》。

【偃武修文,归马于华山之阳,放牛于桃林之野】

停止战争演练,施行文教,把战马放归到华山之阳,把牛放还到桃林之野。比喻战争结束,不再用兵。出自《尚书·武成》。

【汝惟不矜,天下莫与汝争能;汝惟不伐,天下莫与汝争功】

如果你不自夸,天下就没有人与你争高下;如果你不自大,天下就没有人与你争功劳。出自《尚书·仲虺之诰》。

【火炎昆冈,玉石俱焚】

大火焚烧昆山之冈,玉和石全被烧毁。后用“玉石俱焚”比喻好的与坏的同归于尽。出自《尚书·胤征》。

【尔无忿疾于顽。无求备于一夫。必有忍,其乃有济;有容,德乃大】

你不要对一个顽劣的人生气,不要对别人求全责备。一定要忍耐才能成功。能容人道德修养才能提高。出自《尚书·君陈》。

【与人不求备,检身若不及】

对别人不要求全责备,检点自己总能发现不足。出自《尚书·伊训》。

【好问则裕,自用则小】

喜欢提出问题向别人请教,知识就丰富;自以为是,知识就浅薄。出自《尚书·伊训》。

【改过不吝】

改正错误态度要坚决,不能犹豫。出自《尚书·仲虺之诰》。

【非知之艰,行之惟艰】

懂得道理是并不困难的,而要付诸行动是困难的。这是商朝名相傅说对商高宗说的话,意思是知易行难。出自《尚书·旅獒》。

【任贤勿贰,去邪勿疑】

任用贤能的人就不要对他存有二心,去除邪恶就要果断不犹豫。出自《尚书·大禹谟》。

【无偏无党,王道荡荡】

作为臣子的应不偏不倚,不结党营私,不拉帮结袢,不以自己的好恶来处理事务,这才是遵王礼王的道义途径。出自《尚书·洪范》。

【人唯求旧,器非求旧,唯新】

用人要选用熟悉的臣子,不要像选用器具那样只要新的,不要旧的。出

自《尚书·盘庚上》。

【惟事事,乃其有备,有备无患】

每件事都要做好准备,有准备才没有祸患。出自《尚书·说命中》。

【不矜细行,终累大德】

在细节上不小心谨慎,最终会败坏大的品行。也就是当前所说的“细节决定成败”。出自《尚书·旅獒》。

《礼记》——研究先秦社会的重要史料

《礼记》是中国古代一部重要的典章制度书籍。其编定者是西汉礼学家戴德和他的侄子戴圣。《礼记》的内容主要是记载和论述先秦的礼制、礼仪,解释仪礼,记录孔子和弟子等的问答,记述修身做人的准则。实际上,这部九万字左右的著作内容广博,门类杂多,涉及政治、法律、道德、哲学、历史等诸多方面,几乎包罗万象,集中体现了先秦儒家的政治、哲学和伦理思想,是研究先秦社会的重要资料。

【大道之行也,天下为公】

在大道施行的时候,天下是人们所共有的。出自《礼记·礼运》。

【学,然后知不足;教,然后知困】

通过学习,才发现自己不懂的事情很多;经过教学,才感到自己知识的贫乏。出自《礼记·学记》。

【师严然后道尊,道尊然后民知敬学】

老师受到尊敬,然后真理学问才会受到敬重。真理学问受到尊敬,然后人民才会敬重学问,认真学习。出自《礼记·学礼》。

【差若毫厘,谬以千里】

事情开始时虽然相差很微小,结果却可能会造成很大的错误。出自《礼记·经解》。

【礼尚往来。往而不来,非礼也;来而不往,亦非礼也】

礼所崇尚的是有来有往。只给予而不接受,这不合乎礼的要求;相反,只接受而不回报,也不合乎礼的要求。出自《礼记·曲礼》。

【修身践言,谓之善行,行修言道,礼之质】

修养身心,实践诺言,这就堪称好的品行。行为端正,语言合理,这就是礼的实质。出自《礼记·曲礼》。

【玉不琢,不成器;人不学,不知道】

玉石不经过雕琢,就成不了器物。人不接受教育、不学习,就不能有成就。出自《礼记·学记》。

【恶言不出于口,忿言不返于身】

无礼的话不从你嘴里说出来,愤怒的话就不会回到你身上。出自《礼记·祭义》。

【善问者,如攻坚木,先其易者,后其节目】

会提问的人,就像砍伐坚硬的木头,先从容易的地方着手,再砍坚硬的节疤,这样,问题就会容易解决。出自《礼记·学记》。

【良冶之子,必学为裘;良弓之子,必学为箕】

好的冶匠的儿子,要把冶炼金属制造的本领学到手,就要先学缝制皮衣的技术;好的工匠的儿子,要把制造良弓的本领学到手,就要先学习用木条做簸箕的技术。比喻做事情必须循序渐进,先练好基本功,一步一个脚印地向前进,直至达到目的。出自《礼记·学记》。

【鹦鹉能言,不离飞鸟;猩猩能言,不离禽兽。今人而无礼,虽能言,不亦禽兽之心乎】

鹦鹉虽然能说话,终归还是飞鸟;猩猩能发声,还是禽兽。如今作为人而无礼,虽然能说话,不也还是禽兽一样的心态吗?出自《礼记·曲礼》。

【君子不失足于人,不失色于人,不失言于人】

君子对别人不要做不慎重的事,态度不能粗暴傲慢,更不能出言不逊。出自《礼记·表记》。

【不学操缦,不能按弦】

初学弹琴,如果不先学会调协弦音,就不能按弦成曲。比喻凡学习要从最基础的方面入手,先浅而后深。出自《礼记·学记》。

【言必虑其所终,而行必稽其所敝】

讲话一定要考虑讲话的影响,行动之先要考虑清楚有没有弊端。出自《礼记·缁衣》。

【一张一弛,文武之道】

这里以弓弦的张弛,比喻对老百姓应该有劳有逸。文武:指周朝的两位国君周文王和周武王。出自《礼记·杂记下》。

【敖不可长,欲不可从,志不可满,乐不可极】

骄傲的情绪不能助长,欲望不能放纵,意志不能动摇,欢乐不能过分。出自《礼记·曲礼》。

【用人之知去其诈,用人之勇去其怒,用人之仁去其贪】

利用自己的知识去对付别人对你的欺骗,用自己的勇气去面对别人对你的责难,用自己的仁德去消灭别人的贪欲。出自《礼记·礼运》。

《周易》——深奥难解的上古典籍

《周易》又称《易经》，在我国及世界的影响都极为深远，但却是秦汉后直至今日无人真正通晓的上古典籍。《周易》分为经部和传部，经部之原名就为《周易》，是对四百五十卦易卦典型象义的揭示和相应吉凶的判断，而传部含《文言》、《彖传》上下、《象传》上下、《系辞传》上下、《说卦传》、《序卦传》、《杂卦传》，共七种十篇，称之为“十翼”，是孔门弟子对《周易》经文的注解和对筮占原理、功用等方面的论述。《周易》历经数千年之沧桑，已成为中华文化之根。

【尺蠖之屈，以求信也；龙蛇之蛰，以存身也】

尺蠖用弯曲来求得伸展；龙蛇暂时的屈身，也是为了将来要跃升。比喻以退为进的策略。出自《周易·系辞下》。

【劳而不伐，有功而不德，厚之至也】

有劳苦却不自我夸耀，有功劳却不自傲，为人敦厚到了极点。出自《周易·系辞上》。

【见善则迁，有过则改】

见到美好的人和事就努力学习，有了错误就马上改正。出自《周易·益》。

【穷则变，变则通，通则久】

道行不通时就改变，一改变就会豁然开通，行得通就可以长久。出自《周易·系辞下》。

【天下同归而殊途，一致而百虑】

天下人要归向同一个地方，只是道路不同。即使有许多不同的打算与心思，但都可以达到一样的结果。出自《周易·系辞下》。

【善不积，不足以成名，恶不积，不足以灭身】

不做大量有益的事情就不能成为一个声誉卓著的人；坏的行为不是积累多了，也不至于丧失生命。出自《周易·系辞下》。

【书不尽言，言不尽意】

著述难以充分表达其意，言辞也不用把意思都讲完。指语言、文字不容易完全确切地表达思想内容。出自《周易·系辞上》。

【二人同心，其利断金。同心之言，其臭如兰】

齐心协力的人，他们的力量足以把坚硬的金属弄断；同心同德的人发表一致的意见，人们就像嗅到芬芳的兰花香味，很容易接受。出自《周易·系辞上》。

【同声相应,同气相求】

同样的声音能产生共鸣,同样的气味会相互融合。后指志趣、意见相同的人能互相响应,自然地结合在一起。出自《周易·乾·文言》。

【君子藏器于身,待时而动】

君子有才能但不随便使用,而是等待有利时机而行动。器:指才能、才智。出自《周易·系辞上》。

【日中则昃,月盈则食】

太阳到了正午就要偏西,月亮圆后就会亏缺。比喻事物盛到极点就会向相反的方向转化。出自《周易·丰卦》。

【昏久则昭明】

黑暗的时间太久了,接下来便会出现光明。出自《周易·参同契》。

【居上位而不骄,在下位而不忧】

身处高位不能骄傲,地位低下也不要愁苦。出自《周易·乾卦》。

【君子上交不谄,下交不渎】

与高于自己的人交往,不要低声下气;与低于自己的人交往,不要高傲怠慢。出自《周易·系辞下》。

【父父、子子、兄兄、弟弟、夫夫、妇妇,而家道正】

父亲要像个父亲,儿子要像个儿子,兄长要像个兄长,弟弟要像个弟弟,丈夫要像个丈夫,妻子要像个妻子,那么为家之道自然也就端正了。出自《周易·下经》。

【仰以观于天文,俯以察于地理,是故知幽明之故】

通过观察天文、地理现象,可以推知隐晦或明显的事。出自《周易·系辞上》。

【天行健,君子以自强不息】

天道的运行刚劲雄健,君子也要这样奋发向上,永不松懈。出自《周易·乾卦》。

【地势坤,君子以厚德载物】

大地的气势宽厚和顺,君子应增厚美德,把一切可以接纳、包容的东西都吸收进来。出自《周易·乾卦》。

2 史　部

《国语》——记录周朝及其诸侯国历史的著作

《国语》是中国最早的一部国别史著作。记录了周朝王室和鲁国、齐国、晋国、郑国、楚国、吴国、越国等诸侯国的历史。上起周穆王十二年(公元前990)西征犬戎(约前947年),下至智伯被灭(前453年)。关于国语的作者是谁,普遍看法是,国语是战国初期一些熟悉各国历史的人,根据当时周朝王室和各诸侯国的史料,经过整理加工汇编而成。国语记录了春秋时期的经济、财政、军事、兵法、外交、教育、法律、婚姻等各种内容,对研究先秦时期的历史非常重要。

【声一无听,物一无文,味一无果,物一不讲】

单一的声调弹奏不出动听的乐曲,单调的颜色不能织就人们所爱的花纹,用一种味道调不出美味的食物,只有一种物质就无法合成各种新的物质。出自《国语·郑语》。

【伐木不自其本,必复生;塞水不自其源,必复流;灭祸不自其基,必复乱】

砍伐树木如果不从根处下手,必然又会萌生起来;堵塞水流如果不从源头上入手,必然又会流淌出来;消灭祸乱如果不从开始下手,必然会再次发生动乱。比喻不从根本上解决问题是无法彻底解决的。出自《国语·晋语》。

【觥饭不及壶飧】

丰盛的酒肴没有准备好,不如一壶水泡饭可以解除饥饿。比喻事情急迫,不能等待。出自《国语·越语下》。

【得时无怠,时不再来,天予不取,反为之灾】

遇到机会的时候不能懈怠,机会一旦失去就不会再来;上天给你的机会你都不要的话,就会有灾难性的后果。出自《国语·越语下》。

【从善如登,从恶如崩】

顺随善良像登山一样,顺随恶行像山崩一样。比喻学好很难,学坏很容易。出自《国语·周语下》。

【众心成城,众口铄金】

万众一心,就能像坚固的城墙一样不可摧毁;众口一词,就能熔化坚硬

的金属。比喻大家团结一致，力量无比强大。出自《国语・周语下》。

【上医医国，其次疾人】

高明的医生先能为国家除患祛弊，然后才是为人治病。出自《国语・晋语八》。

【狐埋之而狐搰之，是以无成功】

狐生性多疑，刚把东西埋下，又把它挖出来看看，所以总也埋不好。比喻疑虑过多，不能成事。出自《国语・吴语》。

【见乱而不惕，所残必多，其饰弥章】

看到乱子出现，却引不起警惕，遭受到的损失就会更多；如果想掩饰自己的过错，只会使过错更加明显地表露出来。出自《国语・周语》。

【谋必素见成事焉，而后履之，不可以授命】

谋划一件事，必须事先预见到事情的结果，然后才可以去实施，而不能白白丢掉性命。出自《国语・吴语》。

【欲人之爱己也，必先爱人；欲人之从己也，必先从人】

如果想要别人喜爱自己，必须先要喜爱别人；要想别人服从自己，必须首先服从于他们。出自《国语・晋语四》。

【君以为易，其难也将至矣；君以为难，其易也将至焉】

如果把事情想得很容易，困难就要来了；如果把事情想得很难，那容易就要来了。说明难和易在一定条件下可以互相转化，这是辩证法思想。出自《国语・晋语四》。

【德，福之基地；无德而福隆，犹无基而厚墉也，其坏也无日矣】

具备高尚品德是获得福禄的基础；没有好的品德而福禄却很多，就好像不打墙基而垒起厚墙一样，用不了多久就会倒塌。出自《国语・晋语六》。

《战国策》——纵横家游说之辞的精彩汇编

《战国策》是一部国别体史书。它是我国古代记载战国时期政治斗争的一部最完整的史学名著。它实际上是当时纵横家游说之辞的汇编，而当时七国的风云变幻，合纵连横，战争绵延，政权更迭，都与谋士献策、智士论辩有关，因而具有重要的史料价值。该书文辞优美，语言生动，富于雄辩与运筹的机智，描写人物绘声绘色，在我国古典文学史上亦占有重要地位。

【父母之爱子，则为之计深远】

父母如果真爱自己的孩子，就要为他做长远的打算。出自《战国策・赵策》。

【同欲者相憎，同忧者相亲】

欲望相同的人，想独自占有全部利益，因而互相仇视、憎恨；有相同痛苦

遭遇的人,反倒容易团结起来共同对敌,因而会互相亲近。出自《战国策·中山策》。

【与不期众少,其于当厄;怨不期深浅,其于伤心】

给予不在于多少,在于合适的时候给予合适的帮助;怨恨不在于深浅,在于是否伤害了别人的心。出自《战国策·中山策》。

【察能而授官者,成功之君也】

先考察其能力,然后才授予其官职,这就是成功国君的做法。出自《战国策·燕策》。

【委肉当饿虎之蹊,祸必不振矣】

把肉投放在饿虎要经过的小路上,祸患必然制止不了。比喻处境危险,灾祸即将来临。出自《战国策·燕策》。

【君不闻海大鱼乎?网不能止,钩不能牵,荡而失水,则蝼蚁得意焉】

你没听说过海里的大鱼吗?用渔网捉不到它,用鱼钩钓不上它,可是,当海里干得连一滴水都没有时,再小的蚂蚁也能制服它。出自《战国策·齐策》。

【古之君子,交绝不出恶声】

古代的君子,即便是断了交情也绝对不互相辱骂,彼此侮辱对方。出自《战国策·燕策》。

【义之所在,身虽死,无憾悔】

只要大义仍存在,自己即便牺牲了生命,也不会感到遗憾和后悔。出自《战国策·秦策》。

【善作者不必善成;善始者不必善终】

善于开创的不一定善于完成,开端好的不一定结局也好。不必:不一定。出自《战国策·燕策》。

【宁为鸡口,无为牛后】

宁愿做小而洁的鸡嘴,而不愿做大而臭的牛肛门。比喻宁可在小范围内自主,也不在大范围内听命于人。出自《战国策·韩策》。

【前事之不忘,后事之师】

记取从前的经验教训,就可以作为以后做事的借鉴。师:借鉴。出自《战国策·赵策》。

【胜而不骄,故能服世;约而人不忿,故能从邻】

胜利了而不骄傲,所以能令人信服;约束自己不轻易发怒,才能与周围和睦共处。出自《战国策·秦策》。

【怀重宝者,不以夜行;任大功者,不以轻敌】

身上带着贵重宝物的人,不要走夜路;能立下赫赫战功的人,不要轻视敌人。出自《战国策·赵策》。

【人之有德于我也,不可忘也;吾有德于人也,不可不忘也】

如果别人对我有恩德,千万不能忘记;而如果我对别人有恩德,千万不能老记着。出自《战国策·魏策》。

【为己者不待人,制今者不法古】

有主见的人不会盲目地跟随别人,治理当今政务的不必效法古人。出自《战国策·赵策》。

【智者之举事也,转祸而为福,因败而成功】

聪明的人做事,能把灾祸转化为福分,能从失败中取得成功。出自《战国策·燕策》。

【厚者不毁人以自益也,仁者不危人以要名】

心地厚道的人不会借毁谤别人抬高自己,心地仁慈的人不会危害他人来博取功名。出自《战国策·燕策》。

【骐骥之衰也,驽马先之;孟贲之倦也,女子胜之】

千里马的力量用尽了,劣马也能胜过它;能干的孟贲疲惫了,妇女也能把他打败。孟贲:古时的一位大力士。说明人一旦超过了能力的极限,再强大的人也会感到无可奈何。出自《战国策·齐策五》。

【积羽沉舟,群轻折轴】

羽毛虽轻,积多了也能把船压沉;东西虽轻,积攒多了也能把车轴压断。比喻小小的坏事积累起来就会造成严重的后果。出自《战国策·魏策》。

【以财交者,财尽而交绝;以色交者,华落而爱渝】

依靠金钱与别人结交,一旦你的钱财用尽,交情也就断绝了;依靠美色和人交往,一旦美貌衰老,宠爱就会失掉。出自《战国策·楚策》。

【物至而反,冬夏是也;致至而危,累棋是也】

事物发展到顶点就必定会向反面转化,冬季与夏季的变化就是这样;事物积累到极高处就会发生危险,堆叠棋子就是这样。出自《战国策·秦策》。

【将欲败之,必姑辅之;将欲取之,必姑与之】

如果想要打败他,一定要暂且帮助他;如果要想得到东西,不妨先给他点东西。出自《战国策·魏策》。

【先趋而后息,先问而后嘿,则什己者至】

做事情要赶在别人前面,休息要在别人后面;先请教别人,然后默默思考;这样自己就能比原先强上十倍。出自《战国策·燕策》。

《史记》——记载中国三千年历史的千古绝作

《史记》是中国历史上第一部纪传体通史，记载了自黄帝至汉武帝三千多年的历史，作者是西汉时期的司马迁。《史记》全书共一百三十篇，共五十二万六千五百字，分为本纪、书、表、世家、列传五大部分。司马迁完成这部巨著后曾给东方朔看，东方朔非常钦佩，就在书上加了“太史公”三字。“太史”是司马迁的官职，“公”是美称。从三国开始，《史记》由通称逐渐成为《太史公书》的专名。

【桃李不言，下自成蹊】

桃李等树虽不能说话，但因为能结甜美的果实，所以到桃李树下的人很多，树下自然就会踏出小路来。比喻人只要真诚、忠实，就能感动别人。后比喻务实际，不尚虚名，实至名归。出自《史记·李将军列传》。

【当断不断，反受其乱】

应该决断的时候如果不决断，反而会招来祸患。出自《史记·齐悼惠王世家》。

【天下熙熙，皆为利来；天下攘攘，皆为利往】

天下人为了利益而蜂拥而至，为了利益各奔东西。意为普天之下芸芸众生都是为了各自的利益，而劳累奔波、乐此不疲。出自《史记·货殖列传》。

【得黄金百斤，不如得季布一诺】

季布的一句话，比金子还要贵重。季布是汉初名将，性情耿直，为人侠义好助。只要是他答应过的事情，无论有多大困难，都设法办到，因此受到大家的赞扬。比喻说话算数，讲信用。出自《史记·季布列传》。

【良贾深藏若虚，君子盛德，容貌若愚】

一个了不起的商人，深藏财货，而表面看起来好像空无所有；一个有修养的君子，内藏道德，而外表看起来好像是愚蠢迟钝。这便是俗语所谓的“大智若愚”。出自《史记·老子韩非列传》。

【欲而不知止，失其所以欲；有而不知足，失其所以有】

有欲望而不知道遏止，就连原来的欲望也会失去；有所得而不知道满足，连原来有的也会失去。出自《史记·范睢蔡泽列传》。

【一死一生，乃知交情；一贫一富，乃知交态；一贵一贱，交情乃见】

处在生死的关键时刻，才能知道交情的深浅；处在贫富两极之间，才能知道交情的变化；处在贵贱变化之间，才能显现出交情的真假。出自《史记·汲郑列传》。

【反听之谓聪，内视之谓明，自胜之谓强】

能够虚心听取他人的意见才是聪明人；能反省自己的言行才能够明白事理；能查找自己的错误，战胜自己才能不断强大。内视：向内看；反听：听外面的。出自《史记·商君列传》。

【夫贤士之处世也。譬若锥之处囊中，其末立现】

贤能的士人处在世界上，就仿佛锥子处在囊中，它的尖梢立刻就会显现出来。出自《史记·商君列传》。

【毛羽未成，不可以高飞】

羽毛未长成的鸟，不能够飞得高远。喻指国家的实力不强大就不可以征服四方。也常用来比喻人的学识修养不够，不能够担当重任。出自《史记·苏秦列传》。

【善用兵者不可以短击长，而以长击短】

善于用兵的人，不会用自己的短处去攻击敌人的长处，而是用自己的长处去攻击敌人的短处。出自《史记·淮阴侯列传》。

【富贵不归故乡，如衣绣夜行】

功成名就了如果不回故乡（炫耀一番），就像穿着漂亮衣服却在走夜路一样，谁也看不见（你的风光）。出自《史记·项羽本纪》。

【千羊之皮，不如一狐之腋；千人之诺诺，不如一士之谔谔】

有一千个人说恭维话，不如一个人说真话实话。这好比是一千张羊皮不如一只狐狸腋下的皮毛。谔谔之言，就是谏言、纳言、真言。出自《史记·商君列传》。

【大行不顾细谨，大礼不辞小让】

干大事不用顾及小的礼节，讲大礼节不用顾及小的责备。大行：大的作为。小让：小的指责。出自《史记·汲郑列传》。

【相马失之瘦，相士失之贫】

挑选马匹的时候，往往因为它表面瘦弱，从而把真正的千里马给漏过去了。挑选人才的时候，往往因为他贫穷而错误地认为不可取。说明取人不能只看外表、贫富。出自《史记·廉颇蔺相如列传》。

【一饭之德必偿，睚眦之怨必报】

一碗饭的恩德一定要偿还，一丁点的恩怨也一定要报复。睚眦：睚是眼角的意思，眦是指上下眼睑的结合处。睚眦就是指发怒时瞪眼睛，借指很小的仇恨。成语“睚眦必报”源出于此。出自《史记·范睢蔡泽列传》。

【陛下用群臣，如积薪耳，后来者居上】

陛下任用群臣就像堆放柴草一样，后放的堆在上面。堆放柴草时，总是先放的搁在底下，后放的堆在上面，所以用“积薪”来比喻“后来者居上”。后

用“后来居上”指后来的人或事物超过先前的。出自《史记·汲郑列传》。

【泰山不让土壤,故能成其大;河海不择细流,故能就其深】

泰山正是因为不拒绝渺小的土壤,堆砌而成才能有这样的高度。江河正是因为不拒绝细微的溪流,汇流而成才能形成如今的规模。言外之意,是奉劝秦王不能把六国的人才驱逐出秦国。出自《史记·李斯列传》。

【两虎相斗,其势不俱生】

两只老虎互相争斗,其结果只能是两败俱伤。俗语作“两虎相争,必有一伤”。比喻强者之间互相争斗,必有一方受害。出自《史记·廉颇蔺相如列传》。

【运筹帷幄之中,决胜于千里之外】

在军帐内对军略做出全面计划,就能决定千里之外战斗的胜利。常指在后方决定作战方案。也泛指主持大计,考虑决策等。出自《史记·高祖本纪》。

《汉书》——继《史记》之后的又一部重要史书

汉书又称前汉书,我国第一部纪传体断代史,东汉班固撰,主要记述汉高祖元年(前206年)至王莽地皇四年(23年)共二百三十年的史事,是继《史记》之后我国古代又一部重要史书。由于《史记》只写到汉武帝的太初年间,班固的父亲班彪遂为《史记》“作《后传》六十五篇”。班彪死后,年仅二十几岁的班固(32~92年),子承父业,完成了这部接续《史记》的巨作。

【水至清则无鱼,人至察则无徒】

水太清了,鱼就无法生存,要求别人太严格了,就没有伙伴。现在有时用来表示对人或物不可要求太高。也说“水清无鱼”。出自《汉书·东方朔传》。

【先发制人,后发制于人】

在作战时,先动手就能牵制敌人,后动手就会被敌人控制。后来泛指先下手争取主动。出自《汉书·项籍传》。

【前车之覆,后车诫】

前面的车翻了,后面的车就要引起警戒。指后人要从前人的失败中吸取经验教训。覆:翻车。诫:警戒。出自《汉书·贾谊传》。

【千人所指,无病而死】

被众人指责的人,没有病也会死去。比喻品行恶劣,触犯众怒,受到众人的指责。“千人所指”又称“千夫所指”。出自《汉书·王嘉传》。

【聪者听于无声,明者见于无形】

真正聪颖的人,在别人未说之前已经有所明白了;真正智慧的人,在事

物未有征兆之前,就已经觉察到了。出自《汉书·伍被传》。

【临渊羡鱼,不如退而结网】

你站在河塘边,与其急切地期盼着、幻想着鱼儿到手,还不如回去下工夫结好渔网,这样就不愁得不到鱼。比喻只有愿望,于事无补,不如想办法去实现它。出自《汉书·董仲舒传》。

【无以先入之语为主】

不要把先听到的话作为标准,否则,以后不同的意见就听不进去了。后引申为"先入为主",指先听进去的话或先获得的印象,往往在头脑中占有主导地位。出自《汉书·息夫躬传》。

【兵出无名,事故不成】

指出兵没有正当理由,所以不能成功。亦泛指行事无正当理由难以做成,同"师出无名"。出自《汉书·高帝纪上》。

【乐太盛则阳溢,哀太甚则阴损】

过度喜乐会损伤肺腑阳气,过度发怒会损伤肝脏阴气。说明人的喜怒要有节制,否则就会伤害身体。出自《汉书·东方朔传》。

【论大功者不录小过,举大美者不疵细瑕】

嘉奖有大功功勋的人,不要计较他微小的过失;举荐具有崇高美德的人,不要挑剔其细小的缺点。就是"瑕不掩瑜"的意思。出自《汉书·陈汤传》。

《三国志》——记载三国鼎立时期的史学巨著

《三国志》是晋代陈寿编写的一部主要记载魏、蜀、吴三国鼎立时期的纪传体国别史。详细记载了从魏文帝黄初元年(220年)到晋武帝太康元年(280年)六十年的历史。《三国志》全书六十五卷,《魏书》三十卷,《蜀书》十五卷,《吴书》二十卷,共六十五卷。陈寿是晋朝朝臣,晋承魏而得天下,所以《三国志》尊魏为正统。

【贪而弃义,必为祸阶】

贪求物质利益而背弃了道义,这一定是招致灾祸的阶梯。说明人如果见利忘义,必定会贻害自身。出自《三国志·吴书·鲁肃传》。

【枳棘之林,无梁柱之质;涓流之水,无洪波之势】

在荆棘丛中找不到做栋梁的木材,细小的水流不可能兴起巨浪。枳:有刺的灌木或小乔木。棘:酸枣树。比喻力量薄弱的人做不成大事。出自《三国志·魏书·王修传》。

【才所以为善也,故大才成大善,小才成小善】

才能是用来做好事、干实事。因此大才能做成大事情,小才能做成小事

情。出自《三国志·魏书·卢毓传》。

【为将当有怯弱时,不可但恃勇也。但知任勇,一匹夫敌耳】

作为将领,也应该有害怕、示弱的时候,不能一味地恃勇好胜。将领如果单单只知道勇猛,只不过是一个匹夫罢了。出自《三国志·魏书·夏侯渊传》。

【有白头如新,倾盖如故】

有的人从刚结识直到头发白了,还同新认识的一样互相不了解;有的人虽然偶然认识,但却一见如故,像友谊深厚的故交一样。出自《汉书·邹阳传》。

【人苦不知足,既平陇,复望蜀】

人苦于不知道满足,已经取得陇右,还想攻取西蜀。陇:今甘肃省一带。蜀:即今四川省。比喻贪得无厌。出自《汉书·岑彭传》。

【蛟龙得云雨,终非池中物也】

蛟龙一旦得到云雾雨露就会腾空而去,终究不会长久屈服于池塘之中。比喻有才能的人一旦遇到机会,就会充分施展才华。出自《三国志·吴书·周瑜传》。

【良药苦口,惟疾者能甘之;忠言逆耳,惟达者能受之】

良药很苦,只有病人才能心甘情愿地服下;忠言不好听,只有通情达理的人才能接受。比喻劝诫、批评的话,虽然听起来不舒服,但很有益处。出自《三国志·吴书·孙奋传》。

【小巫见大巫】

原意是小巫见到大巫,法术就无可施展。后指相形之下,一个远远比不上另一个。比喻能力高下相差很大,不能相比。出自《三国志·吴书·张纮传》。

【人心不同,各如其面;面从后言,古人之所诫也】

人心各不相同,就像人的面貌不同一样;那些当面听从,而背后又持反对意见的人正是古人所警惕的。出自《三国志·蜀书·蒋琬传》。

【圣人常顺时而动,智者必因机而发】

有道德的人常常顺应时势而进行活动,有才智的人必定会根据当时的局势而兴起。出自《三国志·魏书·贾诩传》。

【言过其实,不可大用】

对于言语浮夸,超过了实际情况的人不可太过重用。这是刘备临终前对诸葛亮说的话,是对马谡的评价。出自《三国志·蜀书·马谡传》。

【蝮蛇螫手,壮士解腕】

手腕一旦被腹蛇咬伤，就应该立即截断，以免毒液延及全身，危及生命。比喻事情到了紧要关头，必须下决心当机立断。也比喻牺牲局部，照顾全局。出自《三国志·魏书·陈泰传》。

【善为国者必先治其身，治其身者慎其所为】

善于治理国家的人一定要先修养好自身的品行，而修养好自身的品行就要在行为上慎重小心。出自《三国志·魏书·沙帝纪》。

《后汉书》——借史言志的断代史书

《后汉书》由南朝的范晔撰写。范晔生性孤傲，不拘小节，元嘉九年(432年)，他因行为失检得罪了司徒刘义康，被贬为宣城太守。此时的范晔郁郁不得志，就借助修史来寄托他的志向，开始写作《后汉书》。元嘉二十二年(445年)，当他完成了本纪、列传的写作，同时又和谢俨共同完成《礼乐志》、《舆服志》、《五行志》、《天文志》、《州郡志》等五志的时候，有人告发他参与了刘义康的篡位阴谋，因此下狱而死。谢俨怕受牵连，毁掉了手中的志稿，使《后汉书》只有纪传部分流传了下来。

【今不虑前事之失，复循覆车之轨】

不注意过去失败的教训，就会又走上翻车的老路。比喻不吸取以往的教训，重犯过去的错误。出自《后汉书·窦武列传》。

【物微尚不可欺以得志，况国之大事，其可诈之乎】

一个人尚且不可以在得志时随便欺侮弱者，何况国家大政，又怎么能随意欺诈呢？物：这里特指人。出自《后汉书·何进传》。

【危如累卵，难于上天】

处境危险得像垒起来的蛋一样，很容易倒塌打碎，论起困难的程度，也比登天还要难。出自《汉书·枚乘传》。

【常胜之家，难以虑敌】

经常打胜仗的人，很难对敌人有所防备。出自《后汉书·臧宫传》。

【君子不患位之不尊，而患德之不崇；不耻禄之不夥，而耻智之不博】

君子不忧虑地位不尊荣，忧虑的是德行不够高尚；不以待遇低为羞耻，羞耻的是学识不渊博。出自《后汉书·张衡列传》。

【患生于所忽，祸发于细微】

灾患产生于被忽略的小事上，祸害开始于一些微不足道的地方。出自《后汉书·冯衍传》。

【髫发厉志，白首不衰】

从小就磨炼意志，到了老年也分毫不减。出自《后汉书·伏湛传》。

【丈夫为志，穷当益坚，老当益壮】

男子汉大丈夫，就应当有志气，穷困的时候，意志要更加坚定；年纪越大，越要有干劲。出自《后汉书·马援列传》。

【失之东隅，收之桑榆】

在早晨失去了，但在晚上又得到了。原指在某处先有所失，在另一处终有所得。后比喻在某一面有所失败，但在另一面有所成就。出自《后汉书·冯异列传》。

【大丈夫处世，当扫除天下，安事一室乎】

大丈夫活在世上，应当以清扫天下的污垢为己任。怎么能只做打扫一庭一室的事呢。比喻男人应当立志报国，以治理天下为己任。出自《后汉书·陈蕃传》。

【荷甑堕地，不顾而去】

扛着甑的人把甑掉在地上摔破了，他不回头看就扬长而去。成语“堕甑不顾”比喻既成事实，不再追悔。出自《后汉书·郭泰传》。

【男儿要当死于边野，以马革裹尸还葬耳】

男子汉应当为国家战死在边疆的战场上，用战马的皮包着尸体回来安葬啊！这句话充分表现出宁愿为国捐躯的雄心壮志。出自《后汉书·马援列传》。

【抱玉乘龙骥，不逢乐与和】

抱着美玉乘着骏马，却遇不到伯乐与卞和那样识才的人。比喻怀才不遇。出自《后汉书·郦炎传》。

【若鱼游釜中，喘息须臾间耳】

好像鱼在锅里游动一样，苟延残喘不过就在片刻之间而已。成语“釜中游鱼”比喻处境危险，马上就要灭亡。出自《后汉书·张纲传》。

【得失一朝，而荣辱千载】

得失只是一时的，但却关系到身后的长久荣辱。出自《后汉书·荀悦列传》。

【传闻不如亲见，视景不如察形】

凭借传闻了解事情，不如亲眼观看，只看看影子，不如直接观察事物的真实状况。出自《后汉书·马援列传》。

《晋书》——兼述十六国政权兴亡的史书

《晋书》是在唐太宗的主持下编撰的。《晋书》共一百三十卷，记载了从司马懿开始到晋恭帝元熙二年(420 年)为止，包括西晋和东晋的历史，并用“载记”的形式兼述了十六国割据政权的兴亡。《晋书》中有记事前后矛盾和疏漏遗脱的地方。这是它的缺点之一。另外，《晋书》在取材方面，不十分注

意史料的甄别取舍，喜欢采用小说笔记里的奇闻轶事，这也有损于它的史料价值。

【悠悠之谈，宜绝智者之口】

那些漫无边际的空谈，绝对不会从聪明人的口中说出。出自《晋书·王导传》

【荆山之玉，不琢不成其宝】

荆山所出产的璞玉，若不经过雕琢就不能成为宝物。出自《晋书·景帝纪》。

【吾枕戈待旦，志枭逆虏，常恐祖生先吾著鞭】

我枕着兵器躺着等待天亮，立志消灭敌人，常常恐怕祖逖比我先起来练兵。枭：悬头示众。逆虏：敌人。志枭逆虏，指立志消灭敌人。出自《晋书·刘琨传》。

【咳唾成珠玉，挥袂出风云】

吐一口唾沫可以化成珠玉，挥一挥袖子可以生出风云。出自《晋书·夏侯湛传》。

【人才异能，备体者寡】

人的才能是各不相同的，各种才干都具备的人是很少的。出自《晋书·刘毅传》。

【贫贱常思富贵，富贵必履危机】

在贫困卑贱时常希望得到荣华富贵，在荣华富贵到来后必会踩上危险的路途。出自《晋书·诸葛长民传》。

【天下大器，一安难倾，一倾难正】

国家政权，一旦安定下来就很难被推翻，但一旦被推翻就难以恢复了。器：容器，机构。出自《晋书·刘颂传》。

【吾不能为五斗米折腰，拳拳事乡里小人邪】

我不能为那微薄的官俸就屈身辱志，侍奉乡里的小人。后用“不能”句表示秉性高洁、刚正不阿的志向。出自《晋书·陶潜传》。

【上品无寒门，下品无势族】

上品人才中没有出身贫寒的人，下品人才中没有世家大族出身的人。这句话是历代对魏晋士族政治的定论。出自《晋书·刘毅传》。

【飞龙御天，故资云雨之势；帝王兴运，必俟股肱之力】

飞龙遨游天空是借助了云雨的气势；帝王要振兴国运，必须要凭借助手的力量。出自《晋书·王导传》。

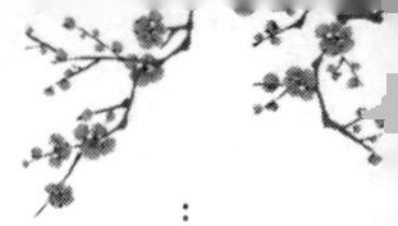

《贞观政要》——发人深省的政论性历史著作

《贞观政要》是一部对人富有启发的政论性史书。作者是唐代史学家吴兢。这部书以记言为主，所记基本上是李世民与魏征等人关于施政问题的对话。此外也记载了一些政治、经济上的重大措施。《贞观政要》虽记载史实，但不按时间顺序组织全书，而是从总结唐太宗治国施政经验，告诫当政者的意图出发，使这部著作既有史实，又有很强的政论色彩。

【若安天下，必先正其身，未有身正而影曲，上治而下乱者】

如果要想安定天下，必须先使自身品行端正，绝不会有身子端正了而影子弯曲，上头治理好了而下边发生动乱的事。出自《贞观政要·君道》。

【祸福无门，吉凶由己】

灾祸和福运来去不定，是吉祥还是不幸都取决于自己。出自《贞观政要·教戒太子诸王》。

【不以求备取人，不以己长格物】

不用完美的标准去衡量人，不用自己的长处去要求事物。格物：要求事物。出自《贞观政要·任贤》。

【激浊扬清，嫉恶好善】

清理污泥浊水，让清水上来；铲除丑恶腐败，让正气得到弘扬。出自《贞观政要·任贤》。

【见善思齐，足以扬名不朽；闻恶能改，庶得免乎大过】

看到别人有长处就学习，这样就足以使自己的美名传扬下去；听到别人给自己指出过失就改正，这样就会避免犯更大的错误。出自《贞观政要·教戒太子诸王》。

【乐不可极，极乐成哀；欲不可纵，纵欲成灾】

快乐不能达到极点，快乐到了极点就会变成悲哀；对欲望不能放纵，如果放纵欲望就会酿成灾难。出自《贞观政要·刑法》。

【以欲从人者昌，以人乐己者亡】

体察百姓的愿望，想人民之所想，必然兴旺发达；把自己的幸福建筑在别人的痛苦之上，就必然会灭亡。出自《贞观政要·俭约》。

【人欲自照，必须明镜；主欲知过，必藉忠臣】

人要想反观自己，一定要有明亮的镜子；国君要想知道自己的过失，一定要借助于忠臣。出自《贞观政要·求谏》。

【惟有才行是任，岂以新旧为差】

只要有才能与德行就要委以重任，怎么能以资历深浅来区别呢？新旧：指资历深浅。出自《贞观政要·公平》。

《旧唐书》——揭秘唐朝兴衰的第一手史料

《旧唐书》是在离唐朝灭亡仅三十多年时编撰的,许多史料直接从唐人得来,其史实比起别的同类正史来要可靠得多。在《旧唐书》里记录了大量的我国少数民族的史料,以及他们和中原的唐王朝相互交往的亲密关系。比如,文成公主和松赞干布婚姻的纪实,以及突厥、回纥、吐蕃、契丹等民族的历史,在《旧唐书》里都有较多的记载。在唐朝和邻国日本、朝鲜、印度的关系史方面,《旧唐书》记载也较为详细。

【人之立身,不可以无学】

人要想在事业上有所成就,不可以没有学问。出自《旧唐书·褚遂良传》。

【力寡而敌坚,则先其所易】

自己兵力少而敌人难攻,首先就应当攻击其容易击破之处。出自《旧唐书·陆贽传》。

【兵在主将善用,不在众也】

军队想克敌制胜,不在于人数的众多,而在于主将善于运用自己的将士。出自《旧唐书·薛仁贵传》。

【事有便宜而不拘常制,谋有奇诡而不循众情】

办事要机动灵活而不能拘泥于老办法,计谋要奇异诡谲而不必迎合一般人的见解。出自《旧唐书·陆贽传》。

【罄南山之竹,书罪未穷;决东海之波,流恶难尽】

用尽南山的竹子,来写你的罪恶也写不完;放了东海的海水,也不能把你的毒害洗尽。这是李密发布的讨伐隋炀帝檄文中的话。出自《旧唐书·李密传》。

【以铜为镜,可以正衣冠;以古为镜,可以知兴替;以人为镜,可以明得失】

用铜做镜子,可以用来端正自己的着装,用历史作为镜子,可以知道国家兴盛与衰落的原因;用别人来做自己的镜子,可以知道自己的正确与错误所在。出自《旧唐书·魏征传》。

【人不可求备,自当舍其短而用其长】

对一个人不应该苛求完美,应当舍弃他的短处而借用他的长处。出自《旧唐书·肃瑀传》。

【居家者必修德业,从政者皆知廉耻】

主持家务的人必须认真进行道德修养,从事政务的人必须知晓廉洁耻辱。出自《旧唐书·杨绾传》。

【贵不与骄期而骄自至,富不与侈期侈自来】

显贵的人尽管不希望自己染上骄恣专横的习气,但它仍然在不知不觉中滋长起来了。出自《旧唐书·魏征传》。

【国之兴亡,不由积蓄多少,唯在百姓苦乐】

自古以来,国家的兴亡,不在于积蓄的多少,而在于是否知道百姓的苦乐。出自《旧唐书·马周传》。

【当局称迷,旁观必审】

下棋的人往往迷糊,观棋的人却很清楚局势。比喻当事者往往因考虑得失而认识不清,不如局外人看得全面、客观。出自《旧唐书·元行冲传》。

【地广非常安之术,人劳乃易乱之源】

领土广阔并不是国家永久安定的办法,使人民过于劳苦才是发生祸乱的根源。出自《旧唐书·后妃传上》。

【古之善政者,贵于足食;欲求富国者,必先利人】

古代善于治理国家的人,重要的是使百姓免除饥饿;想要使国家富足的人,首先必须要让人民得到实惠。出自《旧唐书·韦坚传》。

《新唐书》——记载唐代历史的纪传体史书

《新唐书》是记载唐代历史的纪传体史书。由北宋宋祁、欧阳修等编撰。《新唐书》所增列传多取材于本人的章奏或后人的追述、碑志石刻和各种杂史、笔记、小说等。《新唐书》比起《旧唐书》来,确有自己的一些特点和优点。为了总结唐代的典章制度供宋王朝参考,《新唐书》对志特别重视,新增了《旧唐书》所没有的《仪卫志》、《选举志》和《兵志》。其中《兵志》是《新唐书》的首创。

【本根一摇,忧患非浅】

民心一动摇,就会带来很大的祸患。本根:这里指民心。忧患:祸害。出自《新唐书·狄仁杰传》。

【君子小人以类聚,未有无徒者。君子之徒同德,小人之徒同恶,外甚类,中实远】

不论君子还是小人,都是同类相聚,这没有什么例外,但君子聚起来是干好事,小人聚起来是干坏事。看起来二者都是结党,但其实质却相距甚远。出自《新唐书·裴度传》。

【不信之言,不诚之令,君子弗为也。臣言自古皆有死,人无信不立】

对于那些不算数的话,不诚实的命令,君子是不会去做的。我认为自古以来人人都会死去,但是人如果不讲信用,就不能在社会上立足。出自《新唐书·魏征传》。

【事危则志锐，情苦则虑深】

在危急关头就会有坚毅的志气，处于苦难的境地就会有深沉的忧虑。出自《新唐书·张廷珪传》。

【春不夺农时，即有食；夏不夺蚕工，即有衣】

春天不侵占农民耕种的时间，就会有饭吃；夏天不耽误养蚕的工作，就会有衣穿。出自《新唐书·来济传》。

【金在矿，何足贵耶？善冶锻而为器，人乃宝之】

金在矿藏里，有什么宝贵呢？要把它发掘冶炼成为器具，人们才会把它看作宝贝。出自《新唐书·魏征传》。

【劲兵重地，控制万里】

用精兵把守重要的地方，就可以控制广大的地区。出自《新唐书·王忠嗣传》。

【不以规矩，无以顺人；不切刑罚，无以息暴】

如果不设立法令就没法使百姓顺从，如果不按刑罚办事，就无法平息暴乱。出自《新唐书·朱敬则传》。

【吾虽瘠，天下肥矣】

我虽然因为励精图治身体瘦了，但却使天下百姓富裕了。出自《新唐书·韩休传》。

《资治通鉴》——规模空前的通史巨著

《资治通鉴》是一部规模空前的编年体通史巨著。由北宋著名历史学家、政治家司马光和他的助手刘攽等人历时十九年编纂而成。《资治通鉴》所记历史断限，上起周威烈王，下迄后周显德六年(959 年)，前后共 1362 年。《资治通鉴》的内容以政治、军事和民族关系为主，兼及经济、文化和历史人物评价，目的是通过对事关国家盛衰、民族兴亡的统治阶级政策的描述，以警示后人。

【欲知其人，观其所使】

想要真正了解一个人，就必须观察他的所作所为。出自《资治通鉴·唐纪》。

【币厚言甘，古人所畏也】

送来的礼物极多，说的话又极中听，这是古人最警惕的事。出自《资治通鉴·晋纪》。

【聪明流通者戒于太察，寡闻少见者戒于壅蔽】

聪明通达的人要警惕过于明察，听得少、见得少的人要避免蔽塞无知。出自《资治通鉴·汉纪》。

【忧公忘私者必不然，但先公后私而自办也】

要求一个人完全公而忘私是不可能做到的；但先以公事为重，然后考虑私事，这是应当努力去做的。出自《资治通鉴·魏纪》。

【王者必先自绝，然后天绝之】

君王通常都是首先自己毁灭自己，然后上天才毁灭他。说明政权的丧失都是统治者自己造成的。《资治通鉴·汉纪》

【尽小者大，慎微者著】

在许多小的事情上努力，才能干出大事业；能够在小事上谨慎，他的德行才能显耀。出自《资治通鉴·汉纪》。

【不察事之是非而悦人赞己，暗莫甚焉】

不辨别事情的是非，而一味喜欢别人称赞自己，世上的确没有比这更糊涂的了。出自《资治通鉴·周纪》。

【当官力争，不为面从】

面对上司要敢于坚持正确的意见，而不要只是当着他的面唯唯诺诺。这是唐太宗赞赏裴矩仗义执言，而夸奖他的话。出自《资治通鉴·唐纪》。

【口说不如身逢，耳闻不如目见】

听人家说的不如亲身经历，亲耳听到的不如看到的真实可靠。比喻实际经验的重要。出自《资治通鉴·唐纪》。

【不遇盘根错节，无以别利器】

不遇到树根盘绕、木节交错的情况，就挑选不出利刃。比喻事情繁难复杂不易解决。别：挑出。出自《资治通鉴·唐纪》。

【爱之不以道，适所以害之也】

爱他如果不能采用正确的方式，恰恰是害了他。出自《资治通鉴·晋纪》。

【胜负兵家之常，善有兵者能因败为成】

胜败是打仗作战中的常事，善于用兵的人能从失败中得到胜利。出自《资治通鉴·唐纪》。

【凡论人，必先称其所长，则所短不言自见】

凡是评价任何人，都要首先举出他的长处，这样，他的短处不必说出自己也就知道了。出自《资治通鉴·晋纪》。

【丈夫其事，终始当日，岂可中道改易，人谁容我乎】

男子汉与人共事，应当始终如一，怎么能够中途变卦，谁能容许我这样做呢？出自《资治通鉴·晋纪》

【表曲者景必邪,源清者流必洁】

标杆是弯曲的,它的影子也必定是歪斜的;水源是清洁的,流水也必定是洁净的。喻指上级清廉明正了,下级自然端正无邪。出自《资治通鉴·汉纪》。

【兼听则明,偏信则暗】

要同时听取各方面的意见,才能正确地认识事物;只相信单方面的话,必然会犯片面性的错误。出自《资治通鉴·唐纪》。

《宋史》——研究两宋三百年历史的基本史料

《宋史》撰修于元朝末年,元顺帝至正三年(1343年),下令修辽、金、宋三史,历时仅两年半,即修成《宋史》。全书共计四百九十六卷,约五百万字,是二十五史中篇幅最庞大的一部官修史书。《宋史》的特点是史料丰富,叙事详尽,对于宋代的政治、经济、军事、文化、民族关系、典章制度等都做了较为详尽的记载,是研究两宋三百多年历史的基本史料。

【大事不糊涂】

指在大是大非问题上能坚持原则,态度鲜明。出自《宋史·吕端传》。

【所不朽者,垂万世名,孰谓公死,凛凛如生】

永远不会磨灭的,是久远流传的名声,谁说您已经死了,您气势威严,好像还健在一样。这是辛弃疾为朱熹写的挽联。出自《宋史·辛弃疾传》。

【学者厌卑近而骛高远,卒无成焉】

学习的人不愿学习身边浅显易懂的事理,而却一意追求高深的学问,最终也不会有什么成就。比喻不切实际地追求过高过远的目标。出自《宋史·程颢传》。

【大奸似忠,大诈似信】

极其奸邪的人装扮得像忠诚人一样,极其狡诈的人装扮得像守信用的人一样。出自《宋史·吕诲传》。

【发号施令,在乎必行;赏德罚罪,在乎不滥】

发布命令,关键在于一定要施行;奖赏善行,惩罚犯罪,关键在于不要过度。出自《宋史·包拯传》。

【得人之道,在于知人;知人之法,在于责实】

得人的关键,在于全面地了解人,全面了解人的方法,在于朝廷要务实。出自《宋史·苏轼传》。

【战而后阵,兵法之常;运用之妙,存乎一心】

在战争时,先布阵然后出兵作战,这是兵法常用的战术;只不过运用得好与坏,在于能否灵活运用,谙熟于心。出自《宋史·岳飞传》。

【祖宗疆土,当以死守,不可以尺寸与人】

祖先们留下来的土地,应当誓死捍卫,哪怕是给别人一寸,都不可以。出自《宋史·李纲传》。

【惟俭可以助廉,惟恕可以成德】

只有节俭可以使人廉洁奉公,只有宽容可以使人养成美好的品德。出自《宋史·范纯仁传》。

【积累之要,在专与精】

学习须日积月累,要点在于专心与勤奋。出自《宋史·王岩叟传》。

【开诚心以布公道】

诚心诚意地提出公正的见解。开诚:敞开胸怀,显示诚意。引申为成语"开诚布公",指以诚心待人,坦白无私。出自《宋史·洪咨夔传》。

【外有敌国,则其计先自强,自强者人畏我,我不畏人】

当外部还存在敌对国家的时候,必须计划先使自己富强起来,这样人家才怕我们,而不是我们怕人家。出自《宋史·董槐传》。

【天变不足畏,祖宗不足法,人言不足恤】

天象的变化不必畏惧,先辈的做法不值得效仿,人们的议论也不需要顾虑。出自《宋史·王安石传》。

【文臣不爱钱,武臣不惜死,天下太平矣】

文官清正廉洁,武将拼死报国,这样国家就可以太平了。出自《宋史·岳飞传》。

【解围之法,当攻其所必救】

解除敌人对我之围困的方法,就是攻击敌人紧要的地方。出自《宋史·姚兕传》。

【贤路当广而不当狭,言路当开而不当塞】

选用贤才的途径应当广阔而不应当狭窄,向上进言的途径应当开放而不应当堵塞。出自《宋史·乔行简传》。

《明史》——行文雅洁的纪传体明代史

《明史》是二十四史的最后一部。它是一部纪传体明代史,记载了自朱元璋洪武元年(公元1368年)至朱由检崇祯十七年(公元1644年)二百多年的历史。其修成之后,得到后代史家的好评,认为它超越了宋、辽、金、元诸史。清史学家赵翼在《廿二史札记》中说:"《辽史》简略,《宋史》繁芜,《元史》草率,惟《金史》行文雅洁,叙事简括,然未有如《明史》之完善者。"

【好学穷理，老而弥笃】

好学而追究万物因循的道理，到老了反而更加坚定了。出自《明史·杨慎传》。

【不尤人，何人不可处；不累事，何事不可为】

不随意怨恨别人，那么什么人都可以与之相处；不被俗事所羁绊，那么没有什么事不可以做。出自《明史·儒林列传》。

【富贵一时，名节千古】

荣华富贵转眼间就会过去，好的名誉与节操才会流传千古。出自《明史·赵光抃传》。

【初飞之鸟，勿拔其羽；新植之木，勿撼其根】

刚刚学会飞翔的鸟，千万不要拔掉它们的羽毛；新种植的树木，千万不要撼动它们的根茎。出自《明史·祖纪》。

【成远算者不恤近怨，任大事者不顾细谨】

对未来有长远谋划的人不应对眼前的一点怨言有所顾虑；做大事的人不必顾及一些细微的琐事。出自《明史·汤和传》。

【以礼义治心，则邪说不入；以学校治民，则祸乱不兴，刑罚非所先也】

用礼义修养身心，邪恶学说就不会乘机侵入；用教育教化百姓，祸乱就不会兴起。刑罚并不是重要的事。出自《明史·宋濂传》。

【天生才甚难，不忍以微瑕弃也】

人才非常的难得，不忍心因为一点小缺失就放弃不用。出自《明史·徐薄传》。

【罪己不如正己，格事不如格心】

怪罪自己不如纠正自己的错误，纠正错误的行为不如纠正自己错误的思想。出自《明史·张养蒙传》。

【一衣虽微，不可不慎，此污行辱身之渐也】

接受别人一件衣服虽然是小事，但不能不慎重对待，玷污品行、玷辱身体，往往是从这些小事上逐渐发展起来的。出自《明史·王溥传》。

【居高位者易骄，处佚乐者易侈】

身居高位的人容易骄傲，过着悠闲安乐生活的人容易奢侈。出自《明史·陶安传》。

3 子　部

《晏子春秋》——记叙名相晏婴言行的一部书

《晏子春秋》是记叙春秋时代著名政治家、思想家晏婴言行的一部书。晏婴为春秋时期齐国正卿，历仕灵、庄、景三朝，执政五十余年，以节俭力行、谦恭下士著称于世。这部书多侧面地记叙了晏婴的言行和政治活动，突出反映了他的政治主张和思想品格。《晏子春秋》全部由短篇故事组成。全书通过一个个生动活泼的故事，塑造了主人公晏婴和众多陪衬者的形象。

【为者常成，行者常至】

坚持做事的人总会取得成功，不断前行的人总会到达目的地。出自《晏子春秋·内篇·杂下》。

【橘生淮南则为橘，生于淮北则为枳】

橘子树生长在淮水的南面，就是橘子树，但把它移植到淮水的北面，就会变为枳。比喻环境对人的影响。枳：也叫"枸枳"，一种灌木或小乔木，果实酸苦。出自《晏子春秋·内篇·杂下》。

【利于国者爱之，害于国者恶之】

对于国家有利的事就要热心地去做，对国家有害的事就要憎恶它、远离它。出自《晏子春秋·内篇》。

【言发于迩，不可亡于远也；行存于身，不可掩于众也】

言论从近处发出，但是很远地方的人也能听得见；行动体现于自身，但是周围的人也能看得很清楚。出自《晏子春秋·外篇》。

【不因喜以加赏，不因怒以加罚】

不因为（自己）高兴就多加奖赏，也不因为（自己）愤怒就加以惩罚。说明奖惩不能因为个人的喜怒而随意变化。出自《晏子春秋·内篇·问上》。

【君好之，则臣服之；君嗜之，则臣食之】

国君喜欢穿什么衣服，臣子也跟着穿什么；国君爱吃的食物，臣子也会跟着吃。比喻上面喜好什么，下面会跟着效仿。出自《晏子春秋·外篇》。

【饱而知人之饥，温而知人之寒，逸而知人之劳】

自己吃饱了，应该想到还有人饿着肚子；自己穿暖了应当想到别人的寒冷；自己安逸享乐时应当想到别人的劳累。出自《晏子春秋·内篇·谏上》。

【圣人千虑，必有一失；愚人千虑，必有一得】

圣明的人思虑得多了，也难免会有失误；而愚笨的人如果不断地思考，总会有所收获。出自《晏子春秋·杂下》。

【不出尊俎之间，而折冲于千里之外】

没有离开酒席之间，却把千里之外的敌人制服了。原指在诸侯国会盟的宴席上制胜对方，后泛指进行外交谈判。出自《晏子春秋·内篇》。

【谋度于义者必得，事因于民者必成】

为正义事业而谋求的人必定会有所收获，为大众利益做事的人必定会有所成就。出自《晏子春秋·内篇·问上》。

《孔子家语》——根据孔子的遗文逸事编撰的重要文献

《孔子家语》由孔子门人著名的经学大师王肃所撰。王肃杂取秦汉诸书所载孔子遗文逸事，综合成篇，借孔子之名加以阐发。《孔子家语》详细记录了孔子与其弟子门生的问对诰答和言谈行事，生动塑造了孔子的人格形象，对研究儒家学派的哲学思想、政治思想、伦理思想和教育思想，有巨大的理论价值。同时，该书对考证上古遗文、校勘先秦典籍，有着巨大的文献价值。

【受人者常畏人，与人者常骄人】

接受别人赐予的人，总是会畏惧人家；给予别人好处的人，总是显得趾高气扬。出自《孔子家语·在厄》。

【上者，民之表也。表正，则何物不正】

领导者是民众的表率，表率作用好，什么事情会不端正呢？出自《孔子家语·王言解》。

【处身而常逸者，则志不广】

只追求自身安逸舒服的人，是不会有什么大的志向的。出自《孔子家语·在厄》。

【多闻以为富】

广博的见闻可以使自己的学识丰富。出自《孔子家语·儒行》。

【以言取人，失之宰予；以貌取人，失之子羽】

我只凭言辞判断人品质能力的好坏，结果对宰予的判断就错了；我只凭相貌判断人品质能力的好坏，结果对子羽的判断也错了。出自《孔子家语·颜回》。

【树欲静而风不止，子欲养而亲不待】

树想要静下来，风却不停地刮着；子女想要赡养父母，但父母却已等不到这一天。比喻事情不能如人的心愿。出自《孔子家语·致思》。

【狎甚则相简，庄甚则不亲，是故君子之狎足以交欢，其庄足以成礼】

过分亲昵就容易相互轻视，过分庄重就没有亲切感，因此君子亲昵到足

以快乐交往的程度就行，君子庄重到足以成礼的程度即可。出自《孔子家语·好生》。

【君不困不成王，烈士不困行不彰】

君主不遭受困厄就不能成就王业；怀有雄心壮志的勇士不遭受危难就不能扬名。出自《孔子家语·困誓》。

【丹漆不文，白玉不雕】

红色的漆不需要修饰，白色的玉不需要雕琢。这句话表明了崇尚自然美的观点。出自《孔子家语·好生》。

【芝兰生于深林，不以无人而不芳；君子修道立德，不为穷困而改节】

芝兰虽然生长在深林里，却不会因为没人观赏就不美丽；君子修身养德，不会因为困窘就改变气节。出自《孔子家语·在厄》。

《孙子兵法》——中国古代最著名的军事著作

《孙子兵法》又称《孙武兵法》、《吴孙子兵法》、《孙武兵书》等。作者为春秋末年的齐国人孙武。一般认为，《孙子兵法》成书于春秋末期，是我国古代流传下来的最早、最完整、最著名的军事著作，享有"兵学圣典"的美誉。其内容博大精深，逻辑缜密严谨，对中国历代军事家、政治家、思想家产生了非常深远的影响。现已被译成日、英、法、德、俄等十几种文字，在世界各地广为流传。

【攻其无备，出其不意，此兵家之胜】

在敌人毫无防备的地方发动进攻，在敌人意想不到之时采取运动，这是军事家取胜的秘诀。出自《孙子兵法·虚实篇》。

【胜者之战民也，若决积水于千仞之溪者，形也】

实力强大的胜利者指挥部队作战，就像在万丈悬崖决开积水一样，一泻千里，所向披靡，这就是军事实力的"形"。出自《孙子兵法·军形篇》。

【善用兵者，屈人之兵而非战也，拔人之城非攻也，毁人之国而非久也。必以全争于天下，敌兵不顿而利可全，此谋攻之法也】

善于用兵打仗的人，能使敌人屈服而不依靠对垒交兵，拔取敌人的城邑而不依靠强攻，毁灭敌人的国家而不必旷日持久。一定要用全胜之策去争胜于天下。只有这样，才能即使兵力不受挫，又取得全部利益。这就是以谋略攻敌的法则。出自《孙子兵法·谋攻篇》。

【故为兵之事，在于顺详敌之意，并敌一向，千里杀将，此谓巧能成事者也】

指导战争的原则，在于表面顺从敌意，暗中集结兵力，攻其一点，长驱千里杀敌将，这就是所谓的巧谋成大事。出自《孙子兵法·九地篇》。

【善攻者,敌不知其所守。善守者,敌不其所攻】

善于进攻的人,能使敌人不知道怎样防守。善于防御的人,能使敌人不知道从什么地方进攻好。出自《孙子兵法·虚实篇》。

【百战百胜,非善之善者也;不战而屈人之兵,善之善者也】

每次战斗都能胜利,并不是最高明的策略;不通过暴力流血就能战胜敌人,这才是最高明的战略。出自《孙子兵法·谋攻篇》。

【兵闻拙速,未睹巧之久也】

用兵打仗要善于利用信息,以达到速战速决的目的,而不能凭感觉依靠投机取巧,使战争旷日持久。出自《孙子兵法·作战篇》。

【料敌制胜,计险隘远近,上将之道也】

正确地判断敌情,考察地形的险易,计算道路的远近,这是高明的将领必须掌握的方法。出自《孙子兵法·地形篇》。

【兵者,诡道也。故能而示之不能,用而示之不用,近而示之远,远而示之近】

用兵是一种诡诈的行为。所以,能打也要装作不能打,实际上要攻打却要装作不攻打,想攻打近处却装做攻打远处,攻打远处却装做攻打近处。出自《孙子兵法·始计篇》。

【兵无常势,水无常形。能因敌变化而取胜者,谓之神】

用兵没有一成不变的形势,正如流水没有固定的去向。能够根据敌情的变化而取胜的,就叫做用兵如神。出自《孙子兵法·虚实篇》。

【利而诱之,乱而取之,实而备之,强而避之】

用利益诱惑敌人,在敌方混乱的情况下,就去攻打他。敌人力量充实,就要防备它;敌人兵力强大,就要避免决战。出自《孙子兵法·始计篇》。

【以治待乱,以静待哗,此治心者也】

以严整应对敌军的混乱,以镇静应对敌军的浮躁,这就是掌握军心的方法。出自《孙子兵法·军争篇》。

【知彼知己,胜乃不殆;知天知地,胜乃不穷】

既了解对方,又了解自己,就可以必胜无疑;既懂得天时,又懂得地利,那么胜利就会无穷无尽。出自《孙子兵法·地形篇》。

【凡战者,以正合,以奇胜】

带兵打仗,一方面要正面进攻,大兵团地推进,同时又要有出奇制胜的绝招。其战法的变化如天地运行那样无穷,像江河奔流那样不息。奇和正之间的转化,是没有穷尽的。出自《孙子兵法·兵势篇》。

【无邀正正之旗,勿击堂堂之阵,此治变者也】

善于用兵打仗的人，总是不去迎击旗帜整齐的敌人，不去攻击阵容严整的敌人，这是掌握因敌而变的方法。出自《孙子·军争篇》。

【兵之情主速，乘人之不及，由不虞之道，攻其所不戒也】

就用兵的情势来说，最主要的是行动要迅速，要善于突然打击敌人，使对方措手不及。要从敌人预料不到的道路，攻击他没有戒备的地方。出自《孙子兵法·九地篇》。

【投之亡地然后存，陷之死地然后生。夫众陷于害，然后能为胜败】

把士卒投入危险境地，才能转危为安；将士卒陷于死地，才能转死为生。使军队陷入困境，然后才能夺取胜利。出自《孙子兵法·九地篇》。

【上兵伐谋，其次伐交，其次伐兵，其下攻城】

高明的军事行动是用谋略挫败敌方的战略行为，其次就是用外交战胜敌人，再次是用武力击败敌军，而下策则是攻打敌人的城池。出自《孙子兵法·谋攻篇》。

【智者之虑，必杂于利害，杂于利而务可信也，杂于害而患可解也】

有智慧的人考虑问题，会把有利的和有害的方面都想到。在考虑不利条件时，同时考虑有利条件，大事就能顺利进行；在看到有利因素时也考虑到不利因素，祸患就可以排除。出自《孙子兵法·九变篇》。

【三军可夺气，将军可夺心】

用兵作战首先要设法削弱敌人的士气，扰乱和动摇将帅的意志和决心。出自《孙子兵法·军争篇》。

【令之以文，齐之以武，是谓必取】

要用“文”的手段即用政治道义教育士卒，用“武”的方法即用军纪来统一步调，这样的军队打起仗来必定会胜利。出自《孙子兵法·行军篇》。

【胜兵先胜而后求战，败兵先战而后求胜】

胜利的军队总是先有了胜利的把握才寻求同敌人交战，失败的军队则是先同敌人交战而后乞求取胜。出自《孙子·军形篇》。

【善出奇者，无穷如天地，不竭如江河。奇正之变，不可胜穷也】

用兵善于出奇的人，其战法的变化如天地运行那样无穷，像江河奔流那样不息。奇和正之间的转化，是没有穷尽的。出自《孙子兵法·兵势篇》。

【苟不知以迂为直，以患为利者，即不能安敌争也】

如果不懂得把迂回的路变成直路，把困难转化为有利，就不能同敌人争抢先机的便利。出自《孙子兵法·军争篇》。

【其疾如风，其徐如林，侵掠如火，不动如山】

军队行动迅速时要像风一样快，行动减慢时要像树林一样齐整，进攻时

要如烈火一样凶猛，不动时要如山岳一样稳定。出自《孙子兵法·军争篇》。

《吴子兵法》——与《孙子兵法》相媲美的著名兵书

《吴子兵法》简称《吴子》，是中国古代著名的兵书之一。相传由战国初期的吴起所著，战国末年即已流传。《吴子兵法》继承和发展了《孙子兵法》的有关思想，在历史上曾与《孙子兵法》齐名，并称为“孙吴兵法”，因而为历代兵家所重视。它主要论述了战争观问题，既反对持众好战，也反对重修德，而废弛武备。它认为只有内修文德，外治武备才能使国家强盛。现有日、英、法、俄等译本流传。

【凡战之要，必先占其将而察其才。因形用权，则不劳而功举】

作战的要诀，一定要先观察敌方将领的才能，通过由表及里地分析判断确定相应的对策，就会轻松不费力地大功告成。出自《吴子兵法·论将》。

【勇者必轻合，轻合而不知利】

有勇而无谋的鲁莽将领，一定会轻率地与敌人交战，轻率出战是对自己不利的。出自《吴子兵法·论将》。

【鼙鼓金铎，所以威耳；旌旗麾帜，所以威目】

作战中用的小鼓和大铃，是用来指挥军队的听觉号令；作战的旗帜和将帅的旗帜，是用来指挥军队的视觉号令。出自《吴子兵法·论将》。

【有四不和：不和于国，不可以出军；不和于军，不可以出阵；不和于阵，不可以进战；不和于战，不可以决胜】

在四种不协调的情况下，不宜作战：国内意志不统一，不可以出兵；军队内部不团结，不可以上阵；临战阵势不整齐，不可以进军；战士行动不协调，不可能取得胜利。出自《吴子兵法·图国》。

【凡制国治军，必教之以礼，励之以大义】

想管理好国家整治好军队，必须用礼制教育民众，用正义鼓励民众。出自《吴子兵法·图国》。

【用众者务易，用少者务隘】

军队人数众多时，一定要选择地形宽广的战场；军队人数稀少时，一定要选择地形狭隘的战场。出自《吴子兵法·应变》。

【进退多疑，其众无依，可震而走】

敌军将领进退犹豫不决时，士兵就不知该遵从什么，此时可以用震撼的方法将其吓跑。出自《吴子兵法·论将》。

【贪而忽名，可货而赂】

敌军将领如果贪图私利不顾名誉，可以利用财物收买他。出自《吴子兵法·论将》。

【若法令不明，赏罚不信，金之不止，鼓之不进，虽有百万，何益于用】

如果法令不严明，奖赏和惩罚不讲信用，鸣金时不停止，击鼓时不前进，像这样的军队即使有百万之众，又有什么用处呢？出自《吴子兵法·治兵》。

【用兵之害，犹豫为大；三军之灾，生于狐疑】

用兵的害处，最大的是迟疑不决；军队遭受覆灭溃败的灾害，是由于作战中疑虑太多。出自《吴子兵法·治兵》。

《孙膑兵法》——中国古典兵学的杰出代表

《孙膑兵法》由战国时期齐国的孙膑所著。又称《齐孙子》，是继《孙子兵法》后又一部较为完整的军事著作。《孙膑兵法》总体上继承了孙武和吴起的军事思想，总结了战国中期以前的战争经验，主张以奇制胜，要灵活运用战术。在军事理论和军事实践上，孙膑都有自己的独到之处。《孙膑兵法》的思想和内容都十分丰富，某些方面较孙武的《孙子兵法》又有发展。

【上知天之道，下知地之理，内得其民之心，外知敌之情】

上知日月星辰等天体运行的现象和规则，下知大地上山川、气候、物产等情况，对内能赢得民心，对外能知晓敌情，这样就能打胜仗。出自《孙膑兵法·八阵》。

【易则多用车，险则多用骑，厄则多用弩】

在平坦的地形就多用战车，在险峻的地形就多派出骑兵，在狭窄的地形就多用弓箭。出自《孙膑兵法·八阵》。

【刚至之兵，则诱而取之】

对刚愎自用的敌人，要用引诱他然后消灭他的方法。出自《孙膑兵法·五名五恭》。

【避而骄之，引而劳之，攻其无备，出其不意】

回避敌人使他骄傲，引诱敌人使他疲惫，趁敌人还没有防备时对他发动进攻。出自《孙膑兵法·威王论》。

【奇发而不报，则胜矣】

出人意料地行动却不让对方知道，使敌人还没来得及应对，便已取得胜利。出自《孙膑兵法·奇正》。

【进，路也；退，路也；左，路也；右，路也】

打仗时，要前进有路，后退有路；向左有路，向右有路。出自《孙膑兵法·善者》。

【形以应形，正也。无形而制形，奇也】

用正规的作战方式对付敌人，叫做正兵；用机动灵活的特殊方式对付敌人，叫做奇兵。出自《孙膑兵法·奇正》。

【兵不能胜大患,不能合民心者也】

军队不能战胜大祸患,原因是不能赢得百姓的支持与拥护。出自《孙膑兵法·兵失》。

【用兵得其性,则令行如流】

在治理军队的过程中如果能够掌握士兵心理,那么军令就会像流水一样顺利贯彻。出自《孙膑兵法·客主人分》。

【以决胜败安危者,道也】

决定战争胜败和国家安危的是真理和正义。出自《孙膑兵法·客主人分》。

【所谓善战者,便势利地者也】

所谓善于打仗的人,就是指善于随机应变和善于利用地形的人。出自《孙膑兵法·客主人分》。

《荀子》——影响后世的儒家名篇

《荀子》为战国时期赵国人荀况所作。荀况是著名的思想家、文学家、政治家,儒家学派的代表人物,时人尊称"荀卿"。他曾三次出任齐国稷下学宫的祭酒,后为楚兰陵令。他的文章论题鲜明,结构严谨,说理透彻,有很强的逻辑性。语言丰富多彩,善于比喻,有独特的风格,对后世说理文章有一定影响。

【相形不如论心,论心不如择术】

观察一个人的外表不如了解其内心思想,了解人的内心思想又不如看其处世所采用的方式、方法。出自《荀子·非相篇》。

【不诱于誉,不恐于诽】

不被赞誉所诱惑,也不被毁谤所吓倒。出自《荀子·非十二子》。

【求之而后得,为之而后成,积之而后高,尽之而后圣】

不断地追求才会有所收获;不断地实践才能有所成就;把善行积聚起来以后品德会越来越高尚,让善德越来越完善后才能成为圣人。出自《荀子·儒效》。

【无冥冥之志者,无昭昭之明;无惛惛之事者,无赫赫之功】

没有明确志向的人,在学习上就不会有明显的进步;不能埋头苦干的人,在事业上就不能取得巨大的成就。冥冥:形容专心致志。惛惛:形容埋头苦干。出自《荀子·劝学》。

【崇人之德,扬人之美,非谄谀也】

尊崇别人的美德,赞扬别人的优点,并不算是阿谀奉承。出自《荀子·不苟》。

【故君子博学而日参省乎己，则知明而行无过矣】

君子广博地学习并且每天检查反省自己，那就会变得聪明而且行为没有任何过失了。出自《荀子·劝学》。

【善学者尽其理，善行者究其难】

善于学习的人能透彻地认识事物的道理；善于实践的人能把事物中的疑难探究清楚。出自《荀子·大略》。

【得众动天，美意延年】

心情舒畅，积极乐观能使人延年益寿。出自《荀子·致士》。

【口言善，身行恶，国妖也】

嘴上说得很漂亮，而行动上却为非作歹，这种人是国家的妖孽。出自《荀子·大略》。

【是为是，非为非，能为能，不能为不能】

是就是是，非就是非，能就是能，不能就是不能，都要实事求是。出自《荀子·强国》。

【是是，非非，谓之智】

肯定正确的，否定错误的，这才可称作聪明有才智。出自《荀子·修身》。

【天下有二，非察是，是察非】

天下的道理只有两个，就是要从错误中分辨出正确来，从正确中分辨出错误来。出自《荀子·解蔽》。

【士有妒友，则贤交不亲；君有妒臣，则贤人不至】

一个人如果有好嫉妒他人的朋友，那么有贤德的朋友就不会亲近他；如果国君有爱嫉妒他人的臣子，那么贤良的人就不会来辅佐他。出自《荀子·大略》。

【以修身自强，则名配尧禹】

通过品德修养达到自强，那么名声可与古代圣贤尧、禹相匹配。出自《荀子·修身》。

【君子养心莫善于诚，至诚则无他事矣】

君子修身养性最重要的是诚信，达到最诚信的时候就不会有别的麻烦事了。出自《荀子·不苟》。

【见善，修然必以自存也；见不善，愀然必以自省也】

见到善良的行为，必定端端正正地反问自己；见到不善良的行为，必定引起忧愁，从而认真地检讨自己。愀然：忧愁的样子。出自《荀子·修身》。

【劳苦之事则争先，饶乐之事则能让，端悫诚信，拘守而详】

吃苦抢在别人前面，享乐在别人之后，为人正直、谨慎、诚实，善于约束自己，坚守高洁的品行，肯定就能得到好的结果。出自《荀子·修身》。

【肉腐出虫，木枯生蠹。怠慢忘身，祸灾乃作】

肉腐烂了就会长虫子，木头干枯了就会生出蛀虫。一个人松懈懒散到了忘乎所以的时候，祸害就会发生。出自《荀子·劝学》。

【不是师法而好自用，譬之是犹以盲辨色，以聋辨声也】

不去跟从老师学习而刚愎自用，就好比瞎子去辨色、聋子去辨声一样。出自《荀子·修身》。

【人有师法而知，则速通】

人通过老师的教授与指点，可以大大缩短学习的过程。出自《荀子·儒效》。

【志忍私然后能公，行忍情然后能修，知而好问然后能才】

在意志上能够抑制私欲然后才能做到公正，在行为上能抑制感情然后才能有好的品性，聪明并善于请教别人然后才能成为有用的人。出自《荀子·儒效》。

【危足无所履者，凡在言也】

在社会上寸步难行的人，全是由于说话不当导致的。出自《荀子·荣辱》。

【善择者制人，不善择者人制之】

善于选择的人就不会受制于人，不善选择的人就容易被人所制。出自《荀子·荣辱》。

【吾尝终日而思矣，不如须臾之所学也】

与其整天坐在那儿苦思冥想，不如花一点时间去学习收益更多。出自《荀子·劝学》。

【公生明，偏生暗】

公正就耳聪目明，偏私就昏暗愚昧。公正廉明是儒家提倡的一种政治理想，它建立在仁爱诚信的基础上。出自《荀子·不苟》。

【蓬生麻中，不扶而直；白沙在涅，与之俱黑】

蓬蒿长在麻田中，不用扶助，自然会挺直；白沙混在污泥之中，就会与污泥一样成为黑色。比喻好的人或物处在污秽环境里，也会随着环境而变坏。出自《荀子·劝学》。

【声无小而不闻，行无阴而不形】

声音再小也会被人听到，行为再隐秘也总会被人看见。出自《荀子·劝学》。

【生而同声,长而异俗,教使之然也】

人刚出生时哭声都一样,但长大后习性却有了很大的不同,这是接受了不同教育的缘故。出自《荀子·劝学》。

【君子居必择乡,游必就士】

君子在家居住必然会选择好的邻居,出外远游必定要接近品行学问都好的人。出自《荀子·劝学》。

【流丸止于瓯臾,流言止于知者】

流动的弹丸在瓦器中自会停止,谣言传到明白人那里就会平息。出自《荀子·大略》。

【与人善言,暖于布帛;伤人以言,深于矛戟】

和别人友好地相处,比布帛更使人感到温暖;用恶语伤害别人,比用矛戟刺伤人还深。出自《荀子·荣辱》。

【君子之于子,爱之而勿面,使之而勿貌,导之以道而勿强】

君子对于自己的子女,喜爱他们而不能表现在脸上,使唤他们而不疾言厉色,用道理诱导他们而不强制压服。出自《荀子·大略》。

【长短不饰,以情自竭,若是则可谓直士矣】

对优缺点不隐瞒,对实际情况不伪饰,这样便可称为坦直的人了。出自《荀子·修身》。

【非我而当者,吾师也;是我而当者,吾友也;谄谀我者,吾贼也】

批评我并且批评得恰当的,是我的老师;肯定我并且肯定得恰当的,是我的朋友;阿谀奉承我的,是害我的人。出自《荀子·修身》。

【无德不贵,无能不官】

没有品德的人不能成为尊贵的人,没有才能的人不能做官。出自《荀子·劝学》。

【庸言必信之,庸行必慎之】

在平时说话时一定要守信用,在平时做事时一定要谨慎。出自《荀子·不苟》。

【道虽迩,不行不至;事虽小,不为不成。其为人也多暇日者,其出人不远矣】

道路虽近,不走就达不到目的地;事情虽小,但不做就成功不了。那种天天空闲无事的人,是不可能出人头地的。出自《荀子·修身》。

《老子》——对中国人影响深远的哲学巨著

《老子》又名《道德经》。《道德经》被认为是对中国人影响最深远的思想巨著之一。《老子》书中包括大量朴素的辩证法观点,如以为一切事物均

具有正反两面,“祸兮福之所倚,福兮祸之所伏”等。其学说对中国哲学发展具有深刻影响。《道德经》之成书年代过去多有争论,至今仍无法确定,不过根据1993年出土的郭店楚简“老子”年代推算,成书年代至少在战国中前期。

【我有三宝,持而宝之:一曰慈;二曰俭;三曰不敢为天下先】

我把三样东西当作最宝贵的东西,第一是宽容待人,第二是勤俭节约,第三就是不敢在天下争先。

【慈,故能勇;俭,故能广】

富有慈善心肠的人,就有勇气;生活俭朴的人,就能常常宽裕。

【善为士者不武,善战者不怒。善胜敌者不与,善用人者为之下】

真正的勇士,不会杀气腾腾;善于作战的人,不会气势汹汹;真正有神机妙算的人,不必与敌人交锋;真正会用人的人,不处在别人的上风。

【天下万物生于有,有生于无】

天下万物都是生于看得见的具体事物,而看得见的具体事物却生于看不见的无形物质。“无”就是“道”的本质和核心,“有”就是“道”的外在作用。

【知人者智,自知者明;胜人者有力,自胜者强】

能了解他人的是智者,能认识自我的是高明之人;能战胜他人的人有力量,而能战胜自己的人称得上是真正意义上的强者。意思是勉励人们要有自知之明、自制之力,能熟知自己的缺点并勇于克服它。

【上德不德,是以有德;下德不失德,是以无德】

真正有德之士是不会整天把“德”挂在嘴边的,却有真正的德;而一些貌似有德的人总想着要去维护道德,结果反而失去了道德。

【飘风不终朝,骤雨不终日】

狂风刮不到一早上,急雨不会下一天。比喻坏人坏事不会长久。

【人法地,地法天,天法道,道法自然】

人要效法大地,大地则依法于天,天要以道为其运行的依归,道则要效法自然。老子所说的“自然”,是指自然便是道,它根本不需要效法谁。这四句话,不仅是做人做事的法则,而且是老子思想精华之所。

【道可道,非常道。名可名,非常名】

人生的规律是可以认识的,是可以掌握的,但并不是我们平常所认识的那样;真正的名与利是可以求到的,但不是平常所认为的那种“虚名”。这两句话是告诉我们一个道理,我们要正确认识人生的规律,只有从人生的规律中才能求得实实在在的名与利。

【生而不有，为而不恃，功成而弗居；夫唯弗居，是以不去】

生养了万物而不据为己有，为万物尽了心力而不自恃己能，助万物成长而不宰割它们，功成名就而不自我夸耀。正是因为如此，所以功绩才不会泯没。

【多言数穷，不如守中】

人说的话过多，往往会使自己陷入困境，还不如保持沉默安静，把话留在自己心里。

【静胜躁，寒胜热。清静为天下正】

安静能克服急躁，清寒能克服炎热，清净无为可以做天下的首领。

【善建者不拔，善抱者不脱】

搞建筑的人，其建筑不容易损坏；善于秉持自身道德的人，别人无法拉拢他。

【天下难事，必作于易；天下大事，必作于细】

天下的难事都是从容易的小事发展起来的，天下的大事都是从细小的地方一步步形成的。

【自知不自见，自爱不自贵】

有自知之明就不要到处表现自己，懂得自尊自爱就不要自以为了不起。

【后其身而身先，外其身而身存】

他把自己的利益放在民众之后，民众却把他的利益捧在前头；他把自己的利益掷于身心之外，其身心却得以完美地存活。

【大方无隅，大器晚成，大音希声，大象无形。道隐无名，夫唯道，善贷且成】

宏大的方形一般看不出棱角，宏大的器物一般成熟较晚，宏大的音律听上去往往声响稀薄，宏大的气势景象似乎没有一定之形。道虽然无形无声，不可名状，然而它却善于帮助万物并成就万物。

【天下之至柔，驰骋天下之至坚，无有入无间】

水虽然柔弱，但它可以在最为坚硬的东西中奔流，能够水滴石穿，能够冲刷平原，没有人能阻止它的前进。

【曲则全，枉则直，洼则盈，敝则新，少则得，多则惑】

委屈自己反而能够保全，弯曲反而可以伸直，低洼反而可以盈满，破旧反而可以更新，少了反而可以得到，多了反而变得迷惑。

【不自见，故明；不自是，故彰；不自伐，故有功，不自矜，故长。夫唯不争，故天下莫能与之争】

不自我表现，反而更凸显；不自以为是，反而名声彰显；不自夸邀功，反

而有功劳；不自大自满，反而能够长久。正因为不与人争，因此谁也不能与他相争。自伐，自矜：都是自夸、自我炫耀的意思。

【善行，无辙迹；善言，无瑕谪】

善于行走的人，不会留下足迹或车辙；善于言谈的人，不会留下破绽。形容具有高尚行为的人，不愿意人们对他有所觉察。

【大成若缺，其用不弊；大盈若冲，其用不穷】

天下最美好的东西似乎也有缺欠，但它的作用不会穷竭，天下最充实的东西好像也有空虚，但它永远也用不完。

【反者道之动，弱者道之用】

向自身的反向转化，是自然规律运动的方式；示弱是自然之道的应用方式。

【大直若屈，大巧若拙，大辩若讷】

最正直的人外表反倒好似委曲随和；真正灵巧的人表面上却好像很笨拙的样子，有好口才的人表面上好像说话迟钝。

【兵强则灭，木强则折。强大处下，柔弱处上】

用兵逞强就会遭到灭亡，树木强大了就会遭到砍伐。强大的总是在下边，而柔弱的却总在上面。

【上善若水。水善利万物而不争，处众人之所恶，故几于道】

道德高尚的人好像水一样。水善于滋润万物但从不与万物争高下，它总停留在众人所厌恶的低洼之地，这样的品格才最接近道。

【持而盈之，不如其已，揣而锐之，不可长保】

已经贮满的器皿，不如停止不注；捶打而出的尖锐，不能长期保持。

【金玉满堂，莫之能守，富贵而骄，自遗其咎，功遂身退，天之道也】

黄金美玉堆积满屋，没有人能守得住传给子孙后代。富贵后变得骄横，就会给自己留下祸根。成功后谦让退避，才是符合自然规律的道理。

【处其厚，不居其薄；处其实，不居其华】

为人要保持厚道，不要刻薄；要保持朴实，不要浮华。

《庄子》——传颂千古的道家经典

《庄子》是道家经典之一。由庄周和他的门人所著。庄子的文章，想象力很强，文笔变化多端，具有浓厚的浪漫主义色彩，并采用寓言故事形式，富有幽默讽刺的意味，对后世文学语言有很大影响。《庄子》共三十三篇，分“内篇”、“外篇”、“杂篇”三个部分。其中的名篇有《逍遥游》、《齐物论》、《养生主》等。《庄子》在哲学、文学上都有较高的研究价值。

【以贤临人，未有得人者也；以贤下人，未有不得人者也】

依仗自己的才华企图驾驭别人，不可能得到人心；自己有才华而甘愿处在较低的位置，没有不得到人心的。出自《庄子·徐无鬼》。

【白刃交于前，视死若生者】

面对刀剑，把死去看作如同活着一样。形容不怕死。出自《庄子·秋水》。

【人皆知有用之用，而莫知无用之用】

世间根本没有无用的东西，所谓“无用”，只不过是人们错认为无用罢了。出自《庄子·人间世》。

【吾生也有涯，而知也无涯，以有涯随无涯，殆已】

人生是有限的，而知识是无限的，以有限的人生去追求无限的知识，必然要陷入困境了。在这里，庄子看到了认识主体的局限性。出自《庄子·养生主》。

【得鱼而忘荃，得意而忘言】

捕到鱼就忘记了捕鱼的器具，明白了某种事理就不再读书了。荃：通筌，用竹子编的捕鱼器具。比喻一达目的就忘了曾经凭借的东西。出自《庄子·外物》。

【凫胫虽短，续之则忧；鹤胫虽长，断之则悲】

野鸭的腿虽然很短，给它接上一截它就要发愁；仙鹤的腿虽然很长，给它截去一段它就要悲伤。后因以“截鹤续凫”比喻事物勉强替代，会失其本性。出自《庄子·骈拇》。

【不以人之坏自成也，不以人之卑自高也，不以遭时自利也】

不因别人的失败而炫耀成功，不因别人的卑微而自视高大，不因遇上机会而谋私利。出自《庄子·让王》。

【哀莫大于心死，而人死亦次之】

人最大的悲哀莫过于心情沮丧、意志消沉到不能自拔，而相比之下，生命的结束倒显得次要了。出自《庄子·田子方》。

【穷则反，终则始，此物之所有】

事物发展到尽头，就会向反方向运行；运行到终点，又会重新回到始点去，这是客观事物固有的规律。出自《庄子·则阳》。

【鹪鹩巢于深林，不过一枝；鼹鼠饮河，不过满腹】

鹪鹩鸟在深林中筑巢，不过只占用一根树枝；鼹鼠在河边饮水，不过以喝饱肚子为限，何必要占有整个河流？出自《庄子·逍遥游》。

【天与地卑，山与泽平】

天高地低，但二者可以连接相近；山凸湖凹，但也可以一样平。比喻高

和低是相对的。出自《庄子·天下》。

【君子远使之而观其忠，近使之而观其敬，烦使之而观其能】

对于明智的人来说，将所要识别的对象指派到远方去工作，，可以从中观察他的忠诚；让他留在身边办事，可以从中观察他的恭敬程度；多次频繁地指派他办事，可以从中观察他的能力。出自《庄子·列御寇》。

【吹响呼吸，吐故纳新】

人在呼吸时，会吐出浊气，吸进新鲜空气。现多用来比喻扬弃旧的，吸收新的，不断更新。响：张口吐气。出自《庄子·刻意》。

【窃钩者诛，窃国者为诸侯】

偷钩子的小贼，要被处死；而偷去整个国家的大盗反倒成为了诸侯。出自《庄子·胠箧》。

【井蛙不可以语于海者，拘于虚也。夏虫不可以语于冰者，笃于时也】

井中的蛙，因受空间的局限，不能知道海有多大。只在夏天生长的昆虫，因受时间的限制，不能知道冰是什么东西。比喻个人因受时间、空间的限制，不能认识他无法接触的事物。出自《庄子·秋水》。

【人生天地间，如白驹之过隙，忽然而已】

人生一世，就像小白马在细小的缝隙前跑过一样，一眨眼的时间而已。形容时间过得极快。出自《庄子·知北游》。

《列子》——意味深长的道家典籍

《列子》又名《冲虚经》，是道家的重要典籍。由战国前期的思想家列子所著。列子是继老子和庄子之后的又一位道家思想的代表人物。他终生致力于道德学问，主张循名责实，无为而治。先后著书二十篇，十万多字，共成《列子》一书。《列子》里面的先秦寓言故事和神话传说中不乏有教益的作品。其中寓言故事百余篇，读来妙趣横生，意味隽永。

【得时者昌，失时者亡】

能够抓住并利用时机就能昌盛；失去时机就会衰亡。出自《列子·说符》。

【生无一日之欢，死有万世之名】

在世时没过上一天欢乐的日子，死后却世代传扬其美名。出自《列子·杨朱》。

【将治大事者不治细，成大功者不成小】

要做大事业的人就不会去顾及琐屑的生活小事，要成就大功业的人不会去求取那些小的功绩。说明胸怀大志的人不会在小事上耽误工夫。出自《列子·杨朱》。

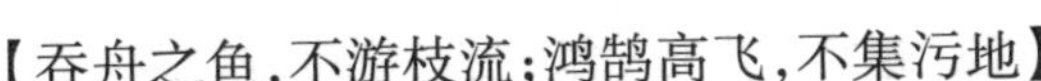

【吞舟之鱼,不游枝流;鸿鹄高飞,不集污地】

能吞下船的大鱼,不在狭窄的支流游动;鸿鹄一样的大鸟,在高远的天空飞翔,不在污秽的池塘聚集。比喻志向高远的人不会与世俗同流合污。出自《列子·杨朱》。

【大道以来多歧亡羊,学者以多方丧生】

大路因为岔道多而走失了羊,学习的人因为目标太多而荒废了年华。出自《列子·说符》。

【圣人不察存亡而察其所以然】

圣人不注重国家兴亡成败的表面现象而是考察存亡的原因。出自《列子·说符》。

【见出以知入,观往以知来】

观察外表就可以知道内里,回味过去就可以知道未来.。出自《列子·说符》。

【天下理无常是,事无常非。先日所用,今或弃之;今之所弃,后或用之】

天下的道理没有一直正确的,事情也没有一直错误的。以前所用的事物,现在可能会抛弃它;现在所抛弃的事物,以后可能还会用上它。出自《列子·说符》。

【察见渊鱼者不祥,智料隐匿者有殃】

能探测到深水里有鱼的人会引来灾祸,能看透事物隐情的人会有灾殃。出自《列子·说符》。

【善持胜者,以强为弱】

善于保持胜利的人,总是将强大表现为弱小。出自《列子·说符》。

《韩非子》——先秦法家理论的经典之作

《韩非子》是战国末期韩国法家集大成者韩非的著作。《韩非子》一书,重点宣扬了韩非法、术、势相结合的法治理论,达到了先秦法家理论的最高峰,为秦统一六国提供了理论武器,同时也为以后的封建专制制度提供了理论根据。值得一提的是,《韩非子》书中记载了大量脍炙人口的寓言故事,这些生动的寓言故事,蕴含着深隽的哲理,给人们以智慧的启迪,具有较高的文学价值。

【圣人不期修古,不法常可,论世之事,因为之备】

圣人不希望一切都学习古代,也不必墨守一成不变的旧规,而是要研讨当代的情况,从而做出相应的准备。出自《韩非子·五蠹》。

【悬衡而知平,设规而知圆】

有了衡器,称东西就可以知道平不平,有了圆规,画图就可以知道圆不

圆。比喻有了准则办事才能有所遵循。出自《韩非子·饰邪》。

【左手画圆,右手画方,则两不成】

左手画圆圈,右手画方形,结果两个都画不成。比喻做事必须专心致志,方有成就。出自《韩非子·功名》。

【法不阿贵,绳不挠曲】

法律不会偏袒有权有势的人,墨线也不会向弯曲的地方倾斜。指法律应公平公正,一视同仁。出自《韩非子·有度》。

【焚林而田,偷取多兽,后必无兽;以诈遇民,偷取一时,后必无复】

烧毁树林以猎取野兽,只能一时猎得很多野兽,以后就再不会猎得野兽了;用欺诈的办法对待人民,只能一时蒙蔽人民,以后就再也不会得逞了。出自《韩非子·难一》。

【目短于自见,故以镜观面;知短于自知,故以道正己】

眼睛的短处在于自己看不见自己,所以要用镜子来观看它;有智慧的短处在于往往缺少自知之明,所以要用法则来端正自己。出自《韩非子·观行》。

【家有常业,虽饥不饿;国有常法,虽危不亡】

家里如果有固定的职业,就是吃不饱也不至于饿死;国家制定了固定的法律,就是有了危难也不会灭亡。出自《韩非子·饰邪》。

【一手独拍,虽疾无声】

只用一只手拍,速度再快,也没有声响。比喻凭借一个人或单方面的力量难以办事。【出自《韩非子·功名》。

【虽有尧之智而无众人之助,大功不立】

即使具有和尧一样的智慧,如果得不到众人的帮助,也不能够取得大的功绩。出自《韩非子·观行》。

【过而不悛,亡之本也】

有了错误但不知道悔改,这是败亡的根本原因。悛:悔改,改过。出自《韩非子·难四》。

【时移而治不易者乱,能众而禁不变者削】

时代变化了,但治理国家的方法不改变,国家就会发生混乱;聪明的人多了,那么禁令不改变的国家就会削弱。出自《韩非子·心度》。

【长袖善舞,多钱善贾】

长衣袖适合于舞蹈,本钱多做生意才更顺手。比喻有所凭借,事业容易成功。也比喻有财势会要手腕的人,善于钻营,会走门路。出自《韩非子·五蠹》。

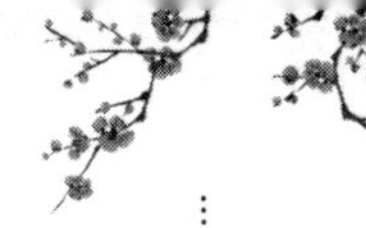
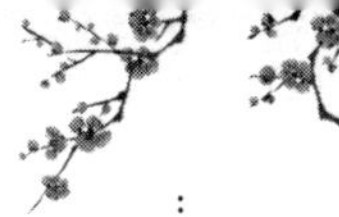

【凡说之难，在知所说之心。可以吾说当之】

大凡游说的困难，在于如何了解游说对象的心理，然后我用恰当的说辞去说服他。出自《韩非子·说难》。

【志之难也，不在胜人，在自胜】

立志的最大困难，不在于超越别人，而在于超越自己。出自《韩非子·观行》。

【万物必有盛衰，万事必有弛张】

万物都会有兴盛和衰败，万事都会有松弛和紧张。说明盛衰、张弛是一切事物的发展规律。出自《韩非子·解老》。

【安危在是非，不在强弱】

国家的安全与否在于君主是否能明辨是非，而不在于力量的强弱。出自《韩非子·虚实》。

【冰炭不同器而久，寒暑不兼时而至】

冰和炭火不能放在同一个器具里，冬天和夏天也不可能同时到来。比喻性质不同的事物彼此排斥，不能相容。出自《韩非子·显学》。

【摇镜则不得为明，摇衡则不得为正】

镜子保持明亮不受干扰才能照出美；衡器保持平正才能量出轻重。比喻要定出人们共同遵守的准则，就应当客观公正，不受外来的干扰。出自《韩非子·饰邪》。

【力多则人朝，力寡则朝于人】

国家的实力强，别人就会来朝见，国家的实力弱，就要去朝见别人。朝：古时指臣见君，此指臣服、归附。出自《韩非子·显学》。

【圣人见微以知萌，见端以知末】

圣人看到微小的现象就能预见事物的发生，见到事情的开端就可以推知它发展的结果。出自《韩非子·说林》。

【不踬于山，而踬于垤】

没有因登高山而绊倒，反而被小土堆绊倒了。比喻小问题常易被忽略，因而造成错误。也指在小事上出了大差错。

【法与时转则治，治与世宜则有功】

法制与时俱进，就会使国家安定团结；治理的方法与社会实际相适应，就会有突出的业绩。出自《韩非子·心度》。

【和氏之璧，不饰以五采】

和氏之璧本身就有着自然之美，不必再用各种颜色来加以装饰。出自《韩非子·解老》。

《墨子》——研究墨家学说的基本材料

战国末期，墨家后学将该派的著作汇编成《墨子》一书，《墨子》一书是墨子言行的忠实写照，又称《墨经》或《墨辩》。《墨子》内容广博，包括了政治、军事、哲学、伦理、逻辑、科技等方面，是研究墨子及其后学的重要史料。现存《墨子》五十三篇，由墨子和各代门徒逐渐增补而成，是研究墨子和墨家学说的基本材料。

【兼相爱，交相利】

社会每一个成员都要爱所有的人，全社会成员要互爱互助，与人交往要对彼此双方都有利。出自《墨子·兼爱下》。

【士虽有学，而行为本焉】

读书人虽然有学问，但是亲身实践才是根本。出自《墨子·修身》。

【志不强者智不达，言不信者行不果】

意志不坚强的人才智就得不到充分的发挥；说话不守信用的人，做事就不会决断。出自《墨子·修身》。

【务言而缓行，虽辩必不听】

只注重说话而迟迟不加以实践的人，即使他说得再有理，也不要听他的。出自《墨子·修身》。

【贫则见廉，富则见义】

贫困的时候就能看出廉洁的修养，富裕的时候就能看出义的修养。出自《墨子·修身》。

【无言而不应，无德而不报，投我以桃，报之以李，即此言爱人者必见爱也，而恶人者必见恶也】

没有什么话不能答应，没有什么恩德不必回答，你把桃子投给我，我用李子回报你。这就是说，爱人的人必定被人爱，而憎恶别人的人必定会被人憎恶。出自《墨子·兼爱下》。

【战虽有阵；而勇为本】

作战之中虽然阵列需有讲究，但还是要以勇敢为本。出自《墨子·修身》。

【繁为攻伐，此实天下之巨害也】

频繁地进攻和讨伐，实在是天下最大的祸害呀。表现了墨子反对战争，想使百姓安居乐业的思想。出自《墨子·非攻下》。

【深其深，浅其浅，益其益，尊其尊】

用深入的知识去教育程度较深的人，用浅显的知识去教育程度较浅的人，用使其增长的办法对待人的长处，用尊重的态度去对待别人的自尊之

处。意思是要因材施教,因人而异。出自《墨子·大取》。

【君子不镜于水而镜于人;镜于水,见面之容,镜于人则知吉凶】

君子不把水面当作镜子来照自己,而把贤人作为镜子来照自己。把水面当作镜子,能照见自己的面容,而把别人作为镜子,就能知道未来的好运和坏运。出自《墨子·非攻》。

【名不可简而成也,誉不可巧而立也,君子以身戴行者也】

好名声不可能轻而易举地得到,荣誉不可能用巧诈树立,君子就要身体力行地得到名副其实的荣誉。出自《墨子·修身》。

【染于苍则苍,染于黄则黄;所入者变,其色亦变】

(丝)染了青颜料就变成青色,染了黄颜料就变成黄色。用不同的染料,丝的颜色也会跟着变化。说明人的思想性格会受环境的影响而改变。出自《墨子·所染》。

【天下之人皆不相爱,强必执弱、富必侮贫、贵必敖贱、诈必欺愚。凡天下祸篡怨恨其所以起者以不相爱生也】

如果天下的人都不相爱,那么强大的一定会欺压弱小的,富有的一定会侮辱贫穷的,显贵的一定会轻视低贱的,诡诈的一定会欺骗愚笨的。天下一切祸乱、仇恨等之所以会发生,都是由于互不相爱引起的。出自《墨子·兼爱中》。

【爱众世与爱寡世相若,兼爱之有相若。爱尚世与爱后世,一若今之世人也】

爱世间多数人和爱世间少数人相同,兼爱就是这样。爱上世之人和爱后世之人的程度,都像爱今世之人一样深。出自《墨子·大取》。

《吕氏春秋》——内容驳杂的先秦学说

《吕氏春秋》又名《吕览》,是战国末年秦国丞相吕不韦组织属下门客集体编撰的杂家著作。此书内容驳杂,有儒、道、墨、法、兵、农、纵横、阴阳家等各家思想。《吕氏春秋》继承了老庄的无为思想,保存着先秦各家各派的不同学说,还记载了不少古史旧闻、古人遗语、古籍佚文及一些古代科学知识。客观地说,《吕氏春秋》不是一部系统的哲学著作,它有一定的思想价值,但更主要的是资料价值。

【不知而自以为知,百祸之宗也】

处在无知的阶段,却不懂得自我反省,这是各种祸患的根源。出自《吕氏春秋·谨听》。

【高而不危,所以长守贵也;满而不溢,所以长守富也】

地位很高却不做危惧的事,这自然能长久保持他的爵位;财物充裕却运

用恰当，虽满而不至于浪费，这自然能长久保持他的富有。出自《吕氏春秋·察微》。

【尺之木必有节目；寸之玉必有瑕疵】

一尺高的树的交叉处一定有纹理不顺的地方，一寸大的玉一定会有斑点。出自《吕氏春秋·举难》。

【得时之禾，长稠长穗】

庄稼如果播种耕耘得及时，就会大有收获。比喻做事得其时，就会事半功倍。出自《吕氏春秋·审时》。

【天下无粹白之狐，而有粹白之裘，取之众白也】

世上没有纯白的狐狸，却有纯白的狐皮大衣，（纯白色的皮毛）是从众多狐皮中的白色中取得的。比喻集思广益，博采众长，就能达到精善的地步。出自《吕氏春秋·用众》。

【有道之士，贵以近知远，以今知古，以所见知所不见】

有学问的人，可贵的地方就在于他能够根据近的推知远的，根据现在的推知古代的，根据看到的推知所看不到的。出自《吕氏春秋·察今》。

【厚于味者薄于德，沈于乐者反于忧。壮而怠则失时，老而解则无名】

贪图美味的人就会品德低下，沉溺于享乐的人反倒会招来忧患。年轻的时候懒惰就会失去时机，年老的时候松懈就不会有好的名声。出自《吕氏春秋·达郁》。

【得言不可以不察，数传而白为黑、黑为白】

听到别人说的话之后，不能不仔细地思索分辨。因为同样的话经过多次传递之后，往往白能变成黑，黑也能变成白。出自《吕氏春秋·察传》。

【君虽尊，以白为黑，臣不能听；父虽亲，以黑为白，子不能从】

国君虽然尊贵，但如果他把白当作黑，臣子就不能听从；父亲虽然亲近，如果他把黑当作白，儿子就不能顺从。出自《吕氏春秋·应同》。

【利虽倍于今，而不便于后，弗为也；安虽长久，而以私其子孙，弗行也】

即使眼前的利益能增加一倍，但对以后是不利的，这样的事情坚决不能去做；虽然能得到长久的安乐，但因为只是有利于自己的子孙，这样的事情也不能去做。说明做事情不能只顾眼前或只顾个人的私利。出自《吕氏春秋·长利》。

【诈伪之道，虽今偷可，后将无复，非长术也】

欺骗人的方法，可偶尔用，但不可一用再用，这不是长远的战术。出自《吕氏春秋·义赏》。

【其知弥精，其所取弥精，其知弥粗，其所取弥粗】

一个人的知识越精深,他所选择的越精妙;一个人懂得的知识越粗浅,他所选择的也会很粗浅。说明一个人对事物的取舍标准是与他的知识水平分不开的。出自《吕氏春秋·异宝》。

《淮南子》——吸收诸子百家学说的文化巨著

《淮南子》又名《淮南鸿烈》,是西汉宗室淮南王刘安招致宾客编写的。淮南王刘安是当时皇室贵族中学术修养较为深厚的人,他招致宾客方术之士数千人著书立说,作《淮南子》一书。它包括内篇二十一篇,外篇三十三篇,内篇论道,外篇杂说。一般列《淮南子》为杂家。实际上,该书是以道家思想为指导,吸收诸子百家学说,融会贯通而成,是战国至汉初黄老之学理论体系的代表作。

【公正无私,一言而万民齐】

当官者如果能做到公正无私,每说出一句话百姓就都会听从,大家齐心合力就能把事情办好。出自《淮南子·修务训》。

【得万人之兵,不如闻一言之当】

得到千军万马,不如听到一句正确的话。出自《淮南子·说山训》。

【圣人之于善也,无小而不举;其于过也,无微而不改】

圣人对于别人的才能,尽管再小也不会不用;对于个人的过失,即使再小也不会不改。出自《淮南子·主术训》。

【见一叶落而知岁之将暮,睹瓶中之冰而知天下之寒】

看见树上的叶子落了,就知道这一年快过完了;看见瓶中的水结冰了,就知道天气变冷了。出自《淮南子·说山训》。指可以通过个别的细微迹象,看到整个形势的发展趋向。

【弦有缓急大小然后能成曲,车有劳逸动静而后能致远】

拨动琴弦有缓有急、声音有大有小,然后才能形成曲调;车马有劳有逸、有动有静,然后才能到达很远的目标。出自《淮南子·泰族训》。

【太刚则折,太柔则卷,圣人正在刚柔之间】

做人太刚直了就容易折断,太柔软了就容易卷曲,圣人恰好之处在于刚柔之间。意思是刚强的和柔和的要互相调剂。出自《淮南子·氾论训》。

【百言百当,不如择趋而审行也】

一百句话都说对了,也不如选择一句可行的话比较慎重地去实践。出自《淮南子·人间训》。

【释正而追曲,倍是而从众,是与俗俪走,而内行无绳】

放弃公正而去追求弯转,背离正确而跟随众人,这是对世俗随波逐流,而自身行为没有任何准则。出自《淮南子·缪称训》。

【言不苟出，行不苟为；择善而后从事】

语言不能不经思考就随便地说出来，做事情不能不考虑后果就轻率地去做；要思考选择最好的方式、方法，在此之后才可以行动。出自《淮南子·主术训》。

【食其食者，不毁其器；食其实者，不折其枝】

吃食物的人不要损毁盛食物的器具，吃了树上果实的人不要折断树枝。比喻不忘恩德。出自《淮南子·说林训》。

【五指之更弹，不若拳手之一挃；万人之更替，不如百人之俱至也】

用五个手指轮番弹击，不如握紧拳头击打一次。一万个人轮流作战，不如一百个人一起攻击。出自《淮南子·兵略训》。

【君人之道，处静以修身，俭约以率下。静则下不扰矣，俭则民不怨矣】

君主的正确原则，应该是在宁静中修养自身，生活节俭为下属作出表率。宁静就不会侵扰下面，做到节俭自持老百姓就不会有怨恨了。出自《淮南子·主术训》。

【百星之明，不如一月之光；十牖之开，不如一户之明】

一百颗星星发出的亮光，还不如一个月亮发出的光明亮；打开十扇窗户，还不如打开一扇门显得敞亮。比喻量多不如质优。《出自《淮南子·说林训》。

【舟覆乃见善游，马奔乃见良御】

翻船的时候，才能看出谁是真正会游泳的人；马狂奔的时候，才能看出谁是真正的好把式。出自《淮南子·说林训》。

【百川异源，而皆归于海】

很多河流都是来自不同地方的，但它们最后同样流入了大海。出自《淮南子·汜论训》。

【不耻身之贱，而愧道之不行；不忧命之短，而忧百姓之穷】

不因为自己的身份低贱感到羞耻，却为道义的不能推广而惭愧不已；不因为自己的生命短暂感到担忧，却为百姓的穷苦而感到忧愁。出自《淮南子·修身》。

【非淡薄无以明德，非宁静无以致远】

不清心寡欲就不能昭显自己的道德，不能平静安详地学习，就不能实现远大的理想。出自《淮南子·主术训》。

【天下有三危：少德而多宠，一危也；才下而位高，二危也；身无大功而受厚禄，三危也】

天下有三种危险：缺少德行而尊宠却多，这是第一种危险；才能低下而

地位尊贵，这是第二种危险；自己没有立过大功而得到的俸禄丰厚，这是第三种危险。出自《淮南子·人间训》。

【圣人不求誉，不辟诽，正身直行，众邪自息】

圣人不追求美名，不逃避诽谤，立身正派行为端正，各种邪恶自然就会平息。出自《淮南子·缪称训》。

【知无务，不若愚而好学】

人虽然很聪明但在事业上没有追求，还不如愚笨却勤奋好学。出自《淮南子·修务训》。

【心哀而歌不乐，心乐而哭不哀】

如果心里哀伤，即使弹奏喜悦的音乐，也听不出快乐的感觉；如果心中快乐，就是哭泣也没有悲哀的样子。出自《淮南子·缪称训》。

【计定而发，分决而动，将无疑谋，卒无二心】

作战的计划已经决定就要坚决去执行，一旦决定发兵就要立即行动；将帅不怀疑计划的可行，士兵就不会胡思乱想。出自《淮南子·兵略训》。

《说苑》——富有文学意味的哲理著作

《说苑》是西汉刘向所撰，是一部富有文学意味的重要文献。本书夹有作者的议论，借题发挥儒家的政治思想和道德观念，带有一定的哲理性。《说苑》一书中有很多哲理深刻的格言警句，叙事意蕴讽喻，又以对话体为主，各卷的多数篇目都是独立成篇的小故事。文字简洁生动，清新隽永，有较高的文学欣赏价值，对魏晋乃至明清的笔记小说也有一定的影响。

【言人之善，泽于膏沐；言人之恶，痛于矛戟】

说别人的好话，别人就会像润发的油脂一样充满光泽；说别人的坏话，别人就会像受到矛戟的击刺一样痛楚。出自《说苑·谈丛》。

【以财为草，以身为宝】

应该把钱财看得像野草一样轻，而把身体看得像宝物一般重。出自《说苑·谈丛》。

【十步之泽，必有香草；十室之邑，必有忠士】

在十步范围的沼泽地里，一定会有香草；在只有十户人家居住的地方。一定会有忠贞之士。说明到处都有人才，要善于发现人才。出自《说苑·谈丛》。

【将治乱者不治小，成大功者不小苛】

将要治理国家祸乱的人不会把注意力放在小事上，要成就大事业的人不会在小处苛求别人。出自《说苑·政理》。

【节欲而听谏，敬贤而勿慢，使能而勿贱】

节制私欲而听从下属的规劝,尊敬贤能的人而从不怠慢他,任用有才能的人别看不起他。出自《说苑·说丛》。

【麋鹿成群,虎豹避之;飞鸟成列,鹰鹫不击;众人成聚,圣人不犯】

麋鹿集合成了群,勇猛的老虎和豹子都要躲避;飞鸟集合在一起,老鹰也不敢攻击;众多的人只要聚集在一起,帝王也不敢冒犯。意思是说集体的力量是无穷大的.出自《说苑·杂言》。

【天将与之,必先苦之;天将毁之,必先累之】

老天要想赐予谁好处,一定要先让他受尽苦楚;老天要想毁灭谁,一定会先让他建功立业。出自《说苑·说丛》。

【盛于彼者必衰于此,长于左者必短于右】

对立的双方,一方兴旺时另一方必定会衰落,一方长时另一方必定会短。说明统一体中矛盾的两个方面不是均衡的,而是有主有次。出自《说苑·谈丛》。

【怒则思理,危不忘义】

愤怒的时候要想到道理上去,危险关头不要忘掉道义。出自《说苑·立节》。

【骐骥虽疾,不遇伯乐不致千里;人才虽高,不务学问不能致圣】

骏马虽然跑得很快,但如果遇不到伯乐就不能成为千里马;人的才能虽然很高,但如果不专心研究学问就不会成为圣人。出自《说苑·建本》。

【善为吏者树德,不善为吏者树怨】

善于做官的人会不断树立威望,不善于做官的人会四处设置怨恨。树:培植,设置。出自《说苑·至公》。

《论衡》——不朽的唯物主义哲学文献

《论衡》一书为东汉的王充所作。《论衡》一书,是针对儒术和神秘主义的谶纬说进行批判。《论衡》细说微论,解释世俗之疑,辨照是非之理,即以“实”为根据,疾虚妄之言。《论衡》不仅对汉儒思想进行了尖锐而猛烈的抨击,而且它还批判地吸取了先秦以来各家各派的思想,特别是道家黄老学派的思想。因此,后人称《论衡》书是“博通众流百家之言”的古代小百科全书。

【人才有高下,知物由学,学之乃知,不问不识】

人的认识能力有高低的差别,但要获得对客观事物的深刻认识,都要不断地学,还要不断地问。出自《论衡·实知》。

【不清不见尘,不高不见危】

不清洁的东西看不出被灰尘污染,不超出别人就不会被人危害。出自《论衡·自纪》。

【人有知学，则有力矣】

人有了知识和学问，就拥有了无穷无尽的力量。出自《论衡·效力》。

【是非不徒耳目，必开心意】

判断是非不能只靠耳目的见闻，一定要通过内心的反复思考。出自《论衡·薄葬》。

【德不优者，不能怀远；才不大者，不能博见】

品德不出众的人不会树立远大的志向；才能不大的人不会有广博的见识。出自《论衡·别论》。

【苟信见闻，则虽效验章明，犹为失实】

如果只相信从外界得来的见闻，即使效果十分明显，也往往会被表面现象所蒙蔽而失去真实。出自《论衡·薄葬》。

【世能知善，虽贱犹显；不能别白，虽尊犹辱】

社会能认同你的善行，即使地位低贱，也仍然是显贵的；如果不能使自己的名誉保持清白，即使地位尊贵，也是耻辱的。出自《论衡·自纪》。

【凡天下之事，不可增损，考察前后，效验自列】

对任何的事情，都既不要夸大也不要缩小，考察它的历史及发展趋势，真相就会自然地表现出来。出自《论衡·语增》。

【人之学问知能成就，犹骨象玉石切磋琢磨也】

人的学问、知识能力及成就，就如象骨玉石这些材质的加工方法一样，需要精心的切磋琢磨。出自《论衡·量知》。

《潜夫论》——讨论治国安民策略的政论书籍

《潜夫论》的作者是东汉人王符。王符，字节信，安定临泾（今甘肃镇原县）人。当时东汉社会动荡不安、民不聊生。王符性情耿介，不苟同于世俗，于是终身不仕，隐居著书三十余篇，以抨击时政之得失，取名为《潜夫论》。其所著《潜夫论》共三十六篇，多数是讨论治国安民之术的政论文章，少数也涉及哲学问题。他强调“国以民为基，贵以贱为本”，这是对先秦时期“民本”思想的继承和发扬。

【大鹏之功，非一羽之轻；骐骥之速，非一足之力】

大鹏之所以有那么大的飞翔本领，不是靠一根羽毛就行；千里马之所以跑得那么快，不是靠一只脚的力量。出自《潜夫论·释难》。

【一犬吠形，百犬吠声】

一只狗看到影子叫起来，百十只狗也跟着乱叫。比喻不了解事情的真相，随声附和。出自《潜夫论·贤难》。

【治世不得其贤，譬犹治疾不得真药也】

治理天下却得不到真正的贤才，就好像治疗疾病却得不到真药一样。出自《潜夫论·思贤》。

【父母常失，在不能已于媚子】

父母最常见的过失，在于总是情不自禁地溺爱迁就子女。出自《潜夫论·忠贵》。

【贤愚在心，不在贵贱；信欺在性，不在亲疏】

是贤良是愚蠢取决于人的思想，不在于人的富贵或贫贱；是诚实还是伪诈，取决于人的本质，而不在于亲近还是疏远。出自《潜夫论·本政》。

【君之所以明者，兼听也；其所以暗者，偏信也】

国君之所以贤明，是因为他能广泛听取别人的意见；国君之所以糊涂，是由于听信了别人的一面之词。出自《潜夫论·明暗》。

【贤人智士之于子孙也，厉之以志，弗厉以诈；劝之以正，弗劝以诈；示之以俭，弗示以奢；贻之以言，弗贻以财】

贤明的人和有识之士教育子孙，总是勉励他们立志，而不是教他们花言巧语；总是劝导他们要正直，而不是学会奸诈；示范他们要节俭，而不是示范以奢侈；赠送给他们训诫，而不是赠送他们财产。出自《潜夫论·遏利》。

【苟有大美可尚于世，则虽细行小瑕，曷足以为累乎】

一个人如果有大的美德可以流传于后世，那么他在言行方面有点小毛病，难道就足以成为他的牵累吗？出自《潜夫论·论荣》。

【上圣也，犹待学问，其智能乃博】

即使是最有道德学问的人，仍需要继续学习，这样他自己的知识才能更渊博。出自《潜夫论·赞学》。

【不随俗而雷同，不逐声而寄论】

不应该附和世俗而没有自己的见解，不应该人云亦云地发表议论。出自《潜夫论·交际》。

【与狐议裘，无时焉可】

同狐狸商量，用它的皮做狐皮袍子行不行，这是不可能商量成的。出自《潜夫论·述赦》。

【积山不止，必致嵩山之高；积下不已，必极黄泉之深】

不停地向上累积，一定会达到嵩山的高度；向下不停地挖掘，一定会达到黄泉一样的深度。出自《潜夫论·慎微》。

《颜氏家训》——一部文化内蕴丰富的作品

《颜氏家训》是南北朝时期著名的思想家、诗人、文学家颜之推对自己一生有关立身、处世、为学经验的总结，被后人誉为家教典范，影响很大。从总

体上看,《颜氏家训》是一部有着丰富文化内蕴的作品,不失为我国古代优秀文化的一种,它不仅在家庭伦理、道德修养方面有着重要的借鉴作用,而且对研究古文献学和南北朝历史、文化有着很高的学术价值。

【观天下书未遍,不得妄下雌黄】

天下的书没有读遍,就不能无根据地乱批改文章。雌黄:黄色颜料。古时写字用黄纸,写错后用雌黄涂抹再写。这里指批改文章。出自《颜氏家训·勉学》。

【人生在世,会当有业:农民则计量耕稼,商贾则讨论货贿,工巧则致精器用,伎艺则沈思法术】

人活在世上,都应当从事一项职业:是农民就盘算筹划农事,是商人就琢磨发财之道,是工匠就致力于制造精巧器物,是艺人就潜心钻研技艺。出自《颜氏家训·勉学》。

【巧伪不如拙诚】

奸巧伪诈不如笨拙而诚实。出自《颜氏家训·名实》。

【为善则预,为恶则去】

遇到好事就积极参与,遇到坏事就立即离开。出自《颜氏家训·有事》。

【有偏宠者,虽欲以厚之,更所以祸之】

如果对子女偏袒宠爱,这看起来好像是优待他们,实际上却是害了他们。出自《颜氏家训·教子》。

【世人不问愚智,皆欲识人之多,见事之广,而不肯读书,是犹求饱而懒营馔,欲暖而惰裁衣也】

世上的人不论是聪明还是愚蠢,都希望自己能广泛交际,增长见识,但却不肯用功读书,这就好像想吃得饱,却又懒得做饭,想穿得暖,却又懒得做衣服。出自《颜氏家训·勉学》。

【多为少善,不如执一;鼫鼠五能,不成伎术】

做得很多但做得好的却很少,还不如专心做好一件事;鼫鼠虽然有五种本领,可却都成不了技术。出自《颜氏家训·省事》。

【上士忘名,中士立名,下士窃名】

上等品行的人忘记了身外之名,中等品行的人努力树立名声,下等品行的人只会盗取名声。出自《颜氏家训·名实》。

【幼而学者,如日出之光;老而学者,如秉烛夜行,犹贤乎瞑目而无见者也】

从幼年时就开始学习,就像初升的太阳一样光芒四射;到了老年再开始学习,好像手拿蜡烛在夜里行走,这也比闭着眼什么也看不见的人要好得

多。出自《颜氏家训·勉学》。

【学者犹种树也，春玩其华，秋登其实】

学习就像种树一样，春天赏玩它们的花叶，秋天收获它们的果实。出自《颜氏家训·勉学》。

【积财千万，不如薄伎在身】

积累千万财富，比不上有一门小小的技艺在身。出自《颜氏家训·勉学》。

【木受绳则直，人受谏则圣】

木材按照墨线加工，就会变直；人接受别人的规劝，就会变成道德高尚的人。出自《孔子家语·子路初见》。

【生不可不惜，不可苟惜】

人不能不珍惜生命，也不能苟且偷生。出自《颜氏家训·养生》。

《省心录》——阐述修身养性的哲理和诀窍的名作

《省心录》是北宋诗人、文学家林逋的重要著作，是中国古代"箴规劝戒文"中的代表作，也是古代人生哲理方面的传世名篇。书中讲的是有关为人处世、修身养性的哲理和诀窍，如庶民士子如何出人头地，如何读书做学问，为官从政的人如何对待上司下属，如何应对各种复杂棘手的事务，如何建功立业和全身避祸等。

【知足者贫贱亦乐，不知足者富贵亦忧】

知道满足的人即使是家境贫寒、地位低贱也会觉得很快乐；贪得无厌的人即使钱财丰足、地位高贵也免不了忧愁。

【好胜者必争，好勇者必辱】

喜欢争强好胜的人一定会与人发生争斗，期望勇武无敌的人一定会受到别人的欺辱。

【正人之言，明知其为我也，感而未必悦；邪人之言，明知其佞我也，笑而未必怒。于此知从善之难】

正派人的话，明明知道是为了自己好，内心感激却未必会高兴；奸邪人的话，明明知道是在奉承自己，但听着很舒心，所以未必生气。由此可知听取忠言是多么艰难。

【自信者人亦信之，胡越犹弟兄；自疑者人亦疑之，身外皆敌国】

相信自己的人，别人也会相信他，外族的人也会像亲兄弟一样亲密无间；怀疑自己的人，别人也怀疑他，这样，你就像身处敌国一样。

【骄富贵者戚戚，安贫贱者休休】

以钱财地位为骄傲的人，常常忧心忡忡；安于清贫的人，常常安闲自得。

【制水者必以堤防，制性者必以礼法】

要想控制住水流，就一定要建立堤坝；要改造好自己的性情，就一定要遵守社会上通行的礼制和法度。

【轻财足以聚人，律己足以服人，量宽足以得人，身先足以率人】

不看重钱财，便可以将众人聚集在自己身边；严格要求自己就能使人信服；气量宏大便可得到他人的帮助；凡事自己带头，足可以领导别人。

【处内以睦，处外以义；检身以正，交际以诚】

与家人相处需要和睦，与外人相处需要义气；约束自己需要正直，与人交往需要真心实意。

【不自满者受益，不自是者博闻】

不满足于已有成绩的人，会得到更大的益处；不自以为是的人，会增长见闻。

【内睦者家道昌，外睦者人事济】

家庭内部和睦，家业就会昌盛；能与外面的人和睦相处，各种事情都会办成功。

【盖棺始能定士之贤愚，临事始能见人之操守】

一个人的是非功过，要等到他生命结束时才能定论；一个人的品德如何，要在患难到来时才能看得清楚。

【古人临大节而不夺，今人见小利而易守】

古时候的人在面临生死存亡的紧急关头，也决不会动摇屈服；现在的人一见到哪怕是极小的好处，就会改变自己的操守。

【为子孙作富贵计者，十败其九；为人作善方便者，其后受惠】

替自己的子孙后代筹划富贵的人，十个有九个要失败；为周围的人做好事的人，他的后代一定会得到好处。

【不自重者取辱；不自畏者招祸】

不自重的人会自取其辱，不知道害怕的人会招来祸端。

【如今休去便休去，若觅了时了无时】

现在如果能够停下来休息，那么就立刻停下来休息；如果非要等到一切事情都做好时再停下来，那么这样的时刻根本不可能有。

【人胜我无害，彼无蓄怨之心；我胜人非福，恐有不测之祸】

别人胜过我，并没有什么害处，因为这样别人就不会内心深处积下对我的怨恨；我胜过别人，不一定是什么好事，因为这样一来，那些心胸狭窄的人恐怕会给我制造难以预测的麻烦。

【以言伤人者，利于刀斧；以术害人者，毒于虎狼】

用语言伤害人，比刀斧伤人还厉害；用心术坑害人，比虎狼害人还要狠毒。

【心不清则无以见道，志不确则无以立功】

心里不清静就没法明白事理，志向不坚定就没法取得成就。

【以责人之心责已，则寡过；以恕己之心恕人，则全交】

用责备他人之心责备自己，就很少有过失；用宽恕自己之心宽恕别人，就会保全友谊。这是告诉我们对己要严，对人要宽。宽恕别人其实就是善待自己。

【必出世者，方能入世，不则世缘易堕；必入世者，方能出世，不则空趣难持】

一定要有出世的胸怀，才能入世，否则，在尘世中便容易受到种种世俗的影响而堕落；必须有入世者的深刻体验，才能出世，否则，很容易变得空虚无聊而使自己难以把持人生。

【士君子贫不能济物者，遇人痴迷处，出一言提醒之；遇人急难处，出一言解救之，亦是无量功德】

有品德的人因贫穷而没有能力接济别人，这时如果遇到别人有迷糊犯傻的地方，能用一句好话来提醒他们；遇到别人有作难的地方，能用一句好话来解救他们，那么他的功业与德行同样是无法计算的。

《朱子语类》——朱熹思想精华的分类汇编

《朱子语类》是南宋著名理学家和教育家朱熹长期讲学的记录稿。记录稿采用了语录体的分类汇编形式，综合了记载的朱熹40岁至去世前一年的语录，其中大多为朱氏62岁以后的语录，有一部分还经朱熹本人阅改过。内容从四书五经、治学方法到人物评价，从哲学、历史、政治到文学，十分广泛，是一部研究朱熹思想的重要著作。

【天下未有无理之气，亦未有无气之理】

天下不存在没有规律的物质，也不存在没有物质的规律，即物质与规律两者紧密相连，不能分离。

【极是道理之极至，总天地万物之理，便是太极】

“极”是道理的最高标准，最后的本源，它总括天地万物的根本道理，这便是所谓太极。

【天下治，则人上行；天下乱，则人上文】

天下安定，人们就会注重品行，天下混乱，人们就会注重文辞。

【身劳而心安者为之，利少而义多者为之】

身体劳累，但却使内心安定的事情要去做，得利很少却极合道义的要情

也要做。

【官无大小,凡事只是一个公。若公时,做得来也精彩。便若小官,人也望风畏服】

做官没有大小之分,凡事就只讲究一个公字。如果一切为公,做起事来就精彩。即使是个小官,人家听说后也会敬畏、折服。

【凡人所以立身行正,应事接物,莫大乎诚敬。诚者何?不自欺、不妄之谓也。敬者何?不怠慢、不放荡之谓也】

凡是一个人在社会上立身做事,待人接物,没有比诚和敬更重要的事了。什么叫诚呢?就是不自己欺骗自己,不做不该做的事情。什么是敬呢?就是不对人怠慢,不尽情放纵自己。

【将天下正大底道理去处置事,便公;以自家私意去处之,便私】

用人间光明正大的道理去处理事情,就是为公;用利于自己的心意去处理事情,就是自私。

【接四方之贤士,察四方之事情,览山川之形势,观古今兴亡灭乱之道,这道理方见得周密】

接待四方的贤能之人,观察四方的各项事物,浏览各地山川的形势,考察古今兴亡灭乱的道理,这样做就可以把你的学说和道理说得周密无漏洞。

【须是表里皆实,无毫虚伪,然后有以为进德之地,德方日新矣】

一个人必须心中和表面都实实在在,没有丝毫的虚伪,然后才能有培养自己良好道德的基础,自己的道德水平才能不断提高。

【知之愈明,则行之愈笃,则知之益明】

理解得越清楚,实践就越扎实;实践越扎实,认识就会更加清晰。这句话说明了认识与实践的关系。只有将两方面结合起来,才会使自己的认识更加接近真理,进步更快。

【欲知真不真,意之诚不诚,只看做不做】

要知道对方的为人是否可靠,意念是否真诚,从他的行动上可以看出来。

【凡事好中有不好,不好中又有好,河中有金,玉中有石,要自家辨得始得】

任何东西,都是有好有坏,就像河中有金沙,玉中有石一样,要靠自己善于分辨,才能去其糟粕,取其精华。

【方其知之而行未及之,则知尚浅。既亲历其域,则知之益明】

仅仅只是认识还远远不够,这种认识是肤浅的。只有亲自去实行,才会加深已经达到的认识。亲历其域:亲自去实行。

【学之之博，未若知之之要；知之之要，未若行之之实】

学得很广博，不如掌握其中紧要的地方；掌握其中紧要的地方，不如切实地去做。

《菜根谭》——旷古稀世的奇珍宝训

《菜根谭》是明代还初道人洪应明所著的一部论述修养、人生、处世、出世的语录世集。具有万古不易的教人传世之道，堪称旷古稀世的奇珍宝训。对于人的正心修身，养性育德，有不可思议的潜移默化的力量。《菜根谭》的文字简练明隽，更是叫人含咀无穷，它亦骈亦散，融经铸史，兼采雅俗。《菜根谭》如一溪清泉，能涤去我们焦躁的尘灰，化解我们心中的积烦。

【交友须带三分侠气，为人要存一点素心】

跟朋友相处时，必须要有拔刀相助的侠义精神，而为人处世也要存着一颗天真无邪的赤诚之心。

【苦心中常得悦心之趣，得意时须防失意之悲】

在艰苦的环境中能把握方向不断地奋斗，常常可以感受到内心的喜悦，只有这种喜悦才是人生的真正乐趣；反之，如果在得意时有过分狂妄的言行，往往会因此种下祸患的根苗，导致日后的痛苦、悲哀。

【自老视小，可以消奔驰逐之心；自瘁视荣，可以绝纷华靡丽之念】

从老年回过头来看少年时代的往事，就可以消除很多争强斗胜的心理；能从没落后再回头去看以前的荣华富贵，就可以打消奢侈豪华的念头。

【拨开世上尘氛，胸中自无火炎冰竞。消却心中鄙吝，眼前时有月到风来】

拨开世俗的平庸习气，心头就不会有火烧冰冻一样的痛苦；消除心中各种卑劣的念头，眼前就会出现明月春风。

【事稍拂逆，便思不如我的人，则怨尤自消；心稍怠荒，便思胜似我的人，则精神自奋】

处事不顺心的时候，就去想想那些境遇不如自己的人，那么心中的怨恨就会自然消失；心中一出现懒怠松懈的念头，就想想那些比自己强的人，那么精神就自然会振奋起来。

【口乃心之门，守口不密，泄尽真机；意乃心之足，防意不严，走尽邪路】

嘴是心的门户，如果门户防守不严，家中机密就会全部泄露；意志是心的腿脚，如果意志不坚定，就会摇摆不定走上邪恶的道路。

【君子之心事，天青日白，不可使人不知；君子之才华，玉韫珠藏，不可使人易知】

一个有高深修养的君子，他的心地像青天白日一般光明，没有一点不可

告人之事；一个有高深修养的君子，他的才学像珍珠美玉一般珍藏，绝对不轻易让人知道。

【宠利毋居人前，德业毋落人后】

恩宠和利益不要抢在别人的前面，修养、道德、干事业不要落在别人后面。

【忙处事为，常向闲中先检点，过举自稀。动时念想，预从静里密操持，非心自息】

忙碌时所做的事情，要常常在空闲中先检查整点，过失自然就会减少；行动时候的念头想法，预先在安静里周密操作把持，非妄之心自然会止息。

【完名美节不宜独任，分些与人可以远害全身；辱行污名，不宜全推，引些归己可以韬光养德】

不论如何完美的名气和节操，都不要一个人自己独占，而要分一些给旁人，只有如此，才不会惹起他人的怨恨，从而保全生命的安全；不论如何耻辱的行为和名声，也不可完全推到他人身上，自己一定要承担几分，只有如此，才能掩藏自己的智能而多一些修养。

【居逆境中，周身皆针砭药石，砥节砺行而不觉；处顺境内，眼前尽兵刃戈矛，销膏靡骨而不知】

一个人如果生活在逆境中，身边所接触到的全是有如针灸医药般的事物，在不知不觉中会使你敦品砺行，磨练自己的意志。反之，一个人如果生活在无忧无虑的顺境中，那就等于在你面前摆满了刀枪利器，会在不知不觉中使你身心受到腐蚀而走向失败的路途。

【石火光中争长竞短，几何光阴？蜗牛角上较雌论雄，许大世界】

人生就像用铁器击石所发出的火光一样一闪即逝，在这种短暂的生命时光中何必去争夺名利呢？人类在宇宙中所占的空间就像蜗牛角那么小，在这狭小的地方去争强斗胜究竟有多大世界呢？

【欲其中者，波沸寒潭，山林不见其寂；虚其中者，凉生酷暑，朝市不知其喧】

一个内心充满欲望的人，能使平静的内心掀起汹涌的波涛，即使住进深山老林也无法平息；一个内心毫无欲望的人，即使在盛夏酷暑也会感到凉爽，甚至住在闹市也不会觉得喧嚣。

【肥辛甘非真味，真味只是淡；神奇卓异非至人，至人只是常】

美酒佳肴和大鱼大肉都不是真正的美味，其实真正的美味只是那些粗茶淡饭；标奇立异，超凡脱俗的人，都算不得人间真正的伟人，其实真正的伟人只是那些平凡无奇的人。

【把握未定，宜绝迹尘嚣，使此心不见可欲而不乱，以澄悟吾静体。操持既坚，又当混迹风尘，使此心见可欲而亦不乱，以养吾圆机】

当意志还没有坚定，没把握控制时，就应远离物欲环境的诱惑，让自己看不见物欲诱惑就不会心神迷乱，只有这样才能领悟到清明纯净的本色；等到意志坚定可以自我控制时，就要让自己多跟各种环境接触，即使看到物质的诱惑也不会心神迷乱，借以培养磨练自己圆熟质朴的灵性。

【攻人之恶勿太严，要思其堪受；教人之善勿过高，当使其可从】

责备别人的过错时，不可过于严厉，要顾及对方是否能承受；教诲别人行善时，不可期望太高，要顾及对方是否能做到。

《小窗幽记》——含蓄隽永的格言警句小品文

《小窗幽记》，又名《醉古堂剑扫》，是格言警句类的小品文。一说是明人陈继儒撰。陈继儒（1558～1639年），字仲醇，隐居昆山之阳，后筑室东佘山，杜门著述。另一说是明代陆绍珩所著（约1624年前后在世），生平不详。书中的格言短小精美，促人警醒，益人心智。在对世风的批判中，透露出哲人式的冷峻。

【先淡后浓，先疏后亲，先达后近，交友道也】

先淡薄而后浓厚，先疏远而后亲近，先接触而后相知，这是交朋友的方法。

【花繁柳密处拨得开，才是手段；风狂雨急时立得定，方见脚跟】

在繁花似锦、柳密如织的美好境遇中，如果能不受束缚地来去自如，才称得上是有办法的人；在狂风急雨、穷困潦倒的时候，如果能够站得住脚跟，才算得上是有骨气的人。

【待人而留有余不尽之恩，可以维系无厌之人心；御事而留有余不尽之智，可以提防不测之事变】

对待人要保留永不竭尽的恩惠，才可以维系永不知足的人心；做事情要保留永不竭尽的智慧，才可以预防无法预测的变故。

【不作风波于世上，自无冰炭到胸中】

不对人世间的欲望作无止尽的追求，在受挫时，就不会有寒冷如冰的感觉，在追求时，也不会总是有热烈如炭的心情。

【人生莫如闲，太闲反生恶业；人生莫如清，太清反类俗情】

人生没有比闲适更好的了，但是，太闲适反而会做出罪恶的事情；人生也没有比清高更好的了，但是太清高反而会落一个故意违俗立异的名声。

【谈山林之乐者，未必真得山林之趣；厌名利之谈者，未必尽忘名利之情】

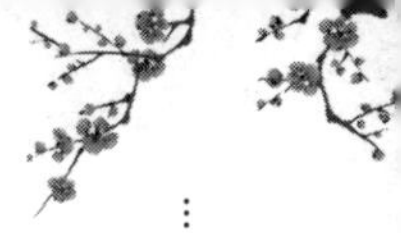

好谈论山居生活乐趣的人,未必真能从山林原野中得到乐趣;好在口头上说厌恶名利的人,不一定真的能将名利完全忘却。

【剖去胸中荆棘以便人我往来,是天下第一快活世界】

去除胸中容易伤己伤人的荆棘,以开放平易的心胸与人交往,这是天下最快意的事了。

【人不通古今,襟裾马牛;士不晓廉耻,衣冠狗彘】

人如果不通晓古今变化的道理,就好比穿着衣服的牛马一样;读书人如果不明白礼义廉耻,那就好比穿衣戴帽的猪狗一样。

【成名每在穷苦日,败事多因得志时】

一个人处于穷苦贫困的境地时,大都会化悲痛为力量地奋发图强;然而一旦功成名就,却容易在得意忘形中抵挡不住外界的干扰和诱惑,以致精力被过分地分散和耗费,最终自然会导致失败。

【耳目宽则天地窄,争务短则日月长】

耳目用得太多,便会觉得天地间很狭隘;将争名逐利的事务减少,日子就会过得清闲而悠长。

【淡泊之守,须从浓艳场中试来;镇定之操,还向纷纭境上勘过】

是否有淡泊清静的操守,必须通过富贵奢华的场合才能检验出来;是否具有镇静安定的志节,必须通过纷扰的环境才能验证出来。意思是说,你经历得越多就会越老练,饱经沧桑,才能淡泊名利,历尽千辛,才能镇定自若。

【天薄我福,吾厚吾德以迓之;天劳我形,吾逸吾心以补之;天厄我遇,吾亨吾道以通之】

命运使我的福分淡薄,我便增加品德来面对它;命运使我的形体劳苦,我便以安乐之心来弥补它;命运使我的际遇困窘,我便提高道德修养来使它通达。

【透得名利关,方是小休歇;透得生死关,方是大休歇】

能看得透名利这一关,只是心灵上的小放松;能看得透生死这一关,才是身心上的大休息。

【烦恼场空,身住清凉世界;营求念绝,心归自在乾坤】

看破了尘世间的烦恼,便是生活在清凉无比的世界中;断绝了钻营求取的念头,就是生活在自由自在的天地间。

【议事者身在事外,宜悉利害之情;任事者身居事中,当绝利害之虑】

当负责办理某事时,能以超然的身份置身事外,就能了解并掌握事情的利害所在;反之,如果以当事人的身份置身整个事情之中,这时就要暂时忘怀个人的毁誉,专心进行所担负的任务。

《呻吟语》——探讨人生话题的哲学著作

《呻吟语》是明朝晚期著名思想家、哲学家吕坤积三十年心血写成的著述，他在原序中写道："呻吟，病声也，呻吟语，病时疾痛语也。""三十年来，所志《呻吟语》凡若干卷，携以自药。"全书于明万历癸巳（公元1593年）才完成。作者针对明朝后期由盛转衰出现的各种社会弊病，提出了兴利除弊、励精图治的种种主张，并阐述了自己对修身养性、人情世故等方面的心得体会和见解，对当今世人颇有借鉴意义。

【处人，处己，处事，都要有余，无余便无救性，这里甚难言】

无论是对别人，还是对自己，对任何事情，都要留有余地，没有余地就无法补救，这其中的道理很难用语言来表达。

【饭休不嚼就咽，路休不看就走，人休不择就交，话休不想就说，事休不思就做】

饭不要不嚼就咽下去，路不要不看就去走，人不要不加选择就交往，话不要不想就说，事不要不考虑就做。

【实言实行实心，无不孚人之理】

说话实在，办事实在，为人实在，没有不被人信服的道理。

【作本色人，说根心话，干近情事】

与自己的本色保持一致，说真心的话，做合乎情理的事。

【人生天地间，要做有益于世底人，纵没这心肠、这本事，也休作有损于世底人】

人生在世，就要做个对社会有贡献的人；纵然没有这种志向和本事，也不要做有损于社会的人。

【养定者，上交则恭而不追，下交则泰而不忽，处亲则爱而不狎，处疏则真而不厌】

有良好的修养的人，与上司交往时恭敬而不窘迫，与下属交往时从容而不疏忽，与亲友相处时关爱而不狎亵，与常人相处时真切而不厌烦。

【久视则熟字不识，注视则静物若动。乃知蓄疑者乱真知，过思者迷正应】

长时间地盯着，即使是那些非常熟悉的字也会不认识了；目不转睛地看，就会感觉静物好像会动一样。由此可见，一旦心中疑虑过多，就会扰乱正确的见解；思考过度，该做的事情也会犹豫不决。

【责人要含蓄，忌太尽；要委婉，忌太直；要疑似，忌太真】

指责他人应该要含蓄，千万别把人说得一无是处；应该委婉，不应过于直截了当；应该含糊，不应过于认真。

【疾言厉色,是己非人,是激也】

对人说话急躁,脸色严厉,总认为自己对,别人不对,这是偏激的表现。

【君子之贵才学,以成身也,非以矜己也;以济世也,非以夸人也】

君子重视才学,是用来成就自身的品性,不是拿来炫耀自己;是用来帮助他人,不是拿来向别人夸耀。

【唯得道之深者,然后能浅言;凡深言者,得道之浅者也】

人只有得道深了,然后才可以运用浅显的语言讲述深刻的道理;凡是那些运用深奥的语言来谈论道的人,都是一些得道不深的人。

【目不容一尘,齿不容一芥,非我固有也。如何灵台内许多荆榛,却自容得】

眼睛里容不得一粒尘土,齿缝中容不得一点儿杂屑,原因是由于这些东西都不是我自己固有的。然而心灵中有那么多的杂念,却怎么能够容纳得下呢?

【一念收敛则万善来同,一念放恣则百邪乘衅】

收敛一个欲念,就会带来众多善行;放纵一个欲念,各种邪恶就会乘虚而入。

【奋始怠终,修业之贼也;缓前急后,应事之贼也;躁心浮气,畜德之贼也;疾言厉色,处众之贼也】

有始无终,是建业的大敌;前缓后急,是做事的大敌;心浮气躁,是养性的大敌;疾言厉色,是处世的大敌。

【吾常望人甚厚,自治甚疏,只在口吻上做工夫,如何要得长进】

我们常常很高地要求别人,而对自己的要求却很低,只在口头上说来说去,这样怎么会有所长进呢?

【乐要知内外,圣贤之乐在心,故顺逆穷通随处皆泰。众人之乐在物,故山溪花鸟遇境才生】

快乐也要懂得区分内外。圣贤的快乐是在他的内心,因此,无论是顺境还是逆境,无论是穷困还是显达,他们都会泰然自若。而普通人的快乐则来源于外物,所有这些人只有在遇到了山溪花鸟这样的美景时才会感到愉悦。

《幼学琼林》——内容广博的古代百科全书

《幼学琼林》又称《成语考》、《故事寻源》。一般认为,最初的编著者是明末的程登吉,也有的意见认为是明景泰年间的邱睿。在清朝的康熙年间由邹圣脉作了一些补充,并且更名为《幼学故事琼林》。后来民国时人费有容、叶浦荪和蔡东藩等又对其进行了增补。《幼学琼林》全部用对偶句写成,容易诵读,便于记忆。全书内容广博、包罗万象,被称为中国古代的百科

全书。

【藏世界于一粟，佛法何其大；贮乾坤于一壶，道法何其玄】

整个世界可以藏在一粒米中，佛法的威力多么强大；整个乾坤可以贮在一把壶里，道家的仙术多么玄妙。

【与善人交，如入芝兰之室，久而不闻其香；与恶人交，如入鲍鱼之肆，久而不闻其臭】

与善良的人交往，如同进入放着香草的屋子，时间长了就闻不到它的芳香气味；与恶毒的人交往，如同进入卖咸鱼的店铺，时间长了，闻不到它的臭味。

【一息尚存，此志不容小懈；十手所指，此心安可自欺】

即使只剩下一口气，也不能松懈为理想而斗争的意志；人的一举一动都会被周围的人看在眼里，因此决不能做任何亏心事。

【问舍求田，原无大志；掀天揭地，方是奇才】

只知买地建房，贪图个人享乐，这种人心里没有远大志向；能够翻天覆地，有所作为的人，那才是出类拔萃的人才。

【文章全美，谓文不加点；文章奇异，曰机杼一家】

文章十全十美，可以说文章结构紧凑，文气连贯；文章与众不同，可以说文章有独到的见解，能自成体系。

【鱼目岂可混珠；碔砆焉能乱玉】

鱼眼睛怎么能冒充珍珠，似玉的美石怎能混作真玉呢？

【爆竹一声除旧，桃符万户更新】

在爆竹声中人们送别了旧的一年，千家万户都换上了新桃符。

【韶华不再，吾辈须当惜阴；日月其除，志士正宜待旦】

美好的时光一去不复返，我们要怜惜光阴；日月不停地流逝，有志向的人应抓紧时间有所作为。

《围炉夜话》——见解独到的处世奇书

《围炉夜话》是明清时期著名的文学品评著作。作者是王永彬。《围炉夜话》以“安身立业“为总话题，分别从道德、修身、读书、安贫乐道、教子、忠孝、勤俭等十个方面，揭示了“立德、立功、立言”皆以“立业”为本的深刻含义。这本书对于当时以及以前的文坛掌故，人、事、文章等分段作评价议论。其独到的见解使它在文学史上占有重要地位，与《菜根谭》、《小窗幽记》并称处世三大奇书。

【把自己看太高了，便不能长进；把自己看太低了，便不能振兴】

如果把自己估计得过高，就不会再去追求进步；如果把自己估计得过

低，就会失去进取的信心。

【凡事勿徒委于人，必身体力行，方能有济；凡事不可执于己，必集思广益，乃罔后艰】

不能事事完全依赖别人，很多事情都得自己亲自去做，才能成功；不能事事固执己见，要集中他人的智慧，广泛吸收有益的意见，才能少走弯路。

【处事有何定凭，但求此心过得去；立业无论大小，总要此身做得来】

做事情的时候，有时并没有一定的好坏标准和依据，只求问心无愧就可以了。创立事业的时候，无论从事哪一种行业，最重要的是自己要有能力应付。

【事当难处之时，只退让一步，便容易处矣；功到将成之候，若放松一着，便不能成矣】

事情到了难以处理的时候，只要能够做出小小的让步，就很容易解决；事情即将成功的时候，如果稍有懈怠疏忽，就会导致失败。

【人生境遇无常，须自谋一吃饭本领；人生光阴易逝，要早定一成器日期】

人生的遭遇是不定的，一定要谋求足以养活自己的一技之长，才不致受困于境遇；人生稍纵即逝，一定要及早确立远大志向和目标，使自己成为有用的人。

【图功未晚，亡羊尚可补牢；浮慕无成，羡鱼何如结网】

想要有所作为，任何时候都不算晚，羊丢失后修补圈栏还是可以挽救的。与其只是希望得到水中之鱼，不如尽快回家编织渔网。

【一信字是立身之本，所以人不可无也；一恕字是接物之要，所以终身可行也】

一个“信”字，是人建立人格、处理世事的根本品质，所以做人不能没有它；一个“恕”字，是人进行社交、对待生活的重要品德，所以这一辈子都要去实践它。

【但责己，不责人，此远怨之道也；但信己，不信人，此取败之由也】

只责备自己，不责备别人，是远离怨恨的最好方法；只相信自己，不相信别人，是失败的主要原因。

【误用聪明，何苦一生守拙；滥交朋友，不如终日读书】

人如果将聪明用错了地方，还不如一辈子谨守愚拙；随便结交不三不四的朋友，还不如整天闭门读书。

【愁烦中具潇洒襟怀，满抱皆春风和气；暗昧处见光明世界，此心即白日青天】

在愁闷烦恼中，要有豁达的胸怀，心情才能像徐徐春风般一团和气；在昏暗不明的环境里，要保持有光明的心境，内心才能像青天白日般明亮无染。

【为善之端无尽，只讲一让字，便人人可行；立身之道何穷，只得一敬字，便事事皆整】

做善事是没有止境的，只要能做到一个“让”字，那么人人都能行善；立身处世的方法也很多，只要能做到一个“敬”字，那么就能事事理顺。

【有才必韬藏，如浑金璞玉，暗然而日章也；为学无间断，如流水行云，日进而不已也】

有才华的人必定会含而不露，就像没有加工过的金玉一般不露锋芒，时日久了自然能显露出来；做学问一定不能有所间断，要像不息的流水和飘浮的行云一样，日复一日不断取得进步。

《增广贤文》——耐人寻味的集体智慧结晶

《增广贤文》又名《昔时贤文》、《古今贤文》。作者一直未见任何书载，只知道清代同治年间儒生周希陶曾进行过重订，很可能是民间创作的结晶。《增广贤文》绝大多数句子都来自经史子集、诗词曲赋、戏剧小说以及文人杂记，其思想观念都直接或间接地来自儒释道各家经典，从广义上来说，它是雅俗共赏的“经”的普及本。

【来说是非者，便是是非人】

四处传播别人是非的人，便是挑拨是非的人。

【人情似纸张张薄，世事如棋局局新】

人的情意像纸一样非常脆薄，世界上的事如棋局一样变化万千。

【酒中不语真君子，财上分明大丈夫】

喝酒时不胡说八道才是真正有修养的人，钱财上算得一清二楚才是真正的男子汉。

【是非只为多开口，烦恼皆因强出头】

惹是生非都是因为说了过多的话，烦恼苦闷都是因为太爱争强好胜。

【忍得一时之气，免得百日之忧】

如果能够忍受一时的怒气，就可以避免长久的忧愁。旨在教人要懂得忍让，而不要感情用事。

【读书须用意，一字值千金】

要对前人作品的内涵有确切的理解，必须高度重视每一个遣词用语的心境、用意，不能只局限于文字的表层意思。

【流水下滩非有意，白云出岫本无心】

水从山上流下滩头不是有意的，白云从山峰飘出也是无心的。

【饶人不是痴汉，痴汉不会饶人】

能宽恕别人的人肯定不是傻瓜，因为傻瓜从来不懂得宽恕别人。

【贫居闹市无人问，富在深山有远亲】

人如果贫穷，即使住在闹市也不会有人理睬；人如果富裕，住在偏远的深山也会招来远房亲戚。

【渴时一滴如甘露，醉后添杯不如无】

在别人急需帮助时给予支援，就是数量再少也很有意义；如果人家已经什么也不缺了，再给予帮助，就没有什么意思了。

【近水楼台先得月，向阳花木早逢春】

接近水的楼台最先映出月亮的倒影；向着阳光的花树最早接受春天的滋润。

【别人骑马我骑驴，仔细思量我不如，等我回头看，还有挑脚汉】

人家骑马我却骑驴，仔细比较我不如别人，可是等我回头一看，后面还有挑担的人远远不如我呢。意思是劝人要知足。

【用心计较般般错，退步思量事事难】

只要用心想一下，就会发现世上的任何事情都错综复杂，艰难无比，这就需要我们小心应付，谨慎思考。

【酒逢知己饮，诗向会人吟】

酒要与知心朋友一起喝才畅快，诗要向懂得的人去吟诵才过瘾。

【运去金成铁，时来铁似金】

运气不好的时候，就算得到的是金子也可能会变成“烂铁”；运气好的时候，就算是捡到的是铁也可能会变成黄金。

【羊有跪乳之恩，鸦有反哺之义】

羊羔有跪下接受母乳的感恩举动，小乌鸦有衔食喂母鸦的情义，做子女的更要懂得孝顺父母。

《弟子规》——启蒙心智的蒙学读物

《弟子规》原名《训蒙文》，由清朝贾存仁修订改编后改名为《弟子规》。在所有的中国蒙学读物中，属于面世较晚而影响深远的一种。《弟子规》内容大都录自儒家经典，传授了如何孝顺父母、尊敬长辈的方法；传授了如何与人交往，行善事、走正路的思想。是启蒙养正，教育子弟防邪存诚，养成忠厚家风的最佳读本。

【泛爱众，而亲仁，有余力，则学文】

要广泛地去爱众人，亲近那些有仁德的人。如果做了以上这些事还有

余暇,就应努力地学习各种有益的学问。

【出必告,反必面,居有常,业无变】

外出离家时,必须告诉父母要到那里去,回家后还要当面禀报父母回来了,让父母安心。平时的起居作息,要保持正常有规律,不要任意改变,以免父母忧虑。

【谏不入,悦复谏,号泣随,挞无怨】

假如父母亲不接受我们的劝谏,那要等到父母高兴的时候再劝谏。若父母亲仍固执不听,有孝心的人不忍陷父母亲于不义,甚至会放声哭泣,来恳求父母纳言,即使招来父母亲的责打也毫无怨恨。

【丧尽礼,祭尽诚,事死者,如事生】

办理父母的丧事要尽到礼节,祭拜时应真心诚意,对待已经去世的父母亲,要像他们活着的时候一样恭敬。

【兄道友,弟道恭,兄弟睦,孝在中】

做哥哥的要爱护弟弟,做弟弟的要尊重哥哥,兄弟能和睦相处,一家人其乐融融,父母亲自然欢喜,孝道就在其中了。

【财物轻,怨何生,言语忍,忿自泯】

与人相处不斤斤计较财物,怨恨就无从生起;言语能够包容忍让,多说好话,不说坏话,那么不必要的冲突怨恨就会消失无踪。

【冠必正,纽必结,袜与履,俱紧切】

帽子要戴正,纽扣要系好,袜子和鞋子也都要穿得服帖,一切穿着以稳重端庄为宜。

【步从容,立端正,揖深圆,拜恭敬】

走路时步伐应当从容稳重,不慌不忙,站立的姿势要端正,作揖时要弯腰,让身体成一弯形,尽可能表示出你的恭敬。

【见未真,勿轻言,知未的,勿轻传】

在没有看到事情的真相之前,不要轻易发表意见,对事情了解得不够清楚明白时,不可以任意传播,以免造成不良后果。

【见人善,即思齐,纵去远,以渐跻】

看见他人的优点或善行义举,要立刻想到学习效仿,纵然目前能力相差很多,只要肯努力就能渐渐赶上。

【唯德学,唯才艺,不如人,当自砺】

我们应该重视自己的品德修养,知识学问和才艺技能的培养,感到自己不如别人时,就应该自我督促奋发图强。

【路遇长,疾趋揖,长无言,退恭立】

路上遇见长辈，应快速向前问好，在长辈没和我们说话时，应先退在一旁恭恭敬敬地站着，让长辈先走过去。

【尊长前，声要低，低不闻，却非宜】

在长辈前说话时，声音要放低一些，但低得让人听不见，却是不合适的。

【近必趋，退必迟，问起对，视勿移】

有事去见长辈的时候，要快步上前，告退时要放慢步子；长辈问你话时，要站起来回答，眼睛要看着长辈，不要东张西望。

【闻誉恐，闻过欣，直谅士，渐相亲】

如果听到好话就心里不安，唯恐自己做得不够好，听到别人指出缺点时就非常高兴，那么正直诚实的人就会逐渐和我们亲近。

【行高者，名自高，人所重，非貌高】

品行高尚的人，名声自然就高；人们敬重一个人，主要是看他的品行，而不是看他的外貌是否出众。

【才大者，望自大，人所服，非言大】

一个真正有才华的人，他的声望也会自然而然传扬开来；人们所信服的是他的真才，而不是因为他很会说大话。

【果仁者，人多畏，言不讳，色不媚】

真正品行高尚的人，大家都会敬重他；这样的人说话没有忌讳，也不会故意向人谄媚求好。

【宽为限，紧用功，工夫到，滞塞通】

学习的时间要安排得多一点，但是还要抓紧用功；只要功夫到了，困顿疑惑之处自然都会迎刃而解。

【心有疑，随札记，就人问，求确义】

学习时心里有疑问，就应随时记下来，有机会就找人请教，一定要得到正确的答案才可放过。

【非圣书，屏勿视，敝聪明，坏心志】

如果不是传输圣贤道理的书籍，一概摒除一旁不要理它，因为书里面不正当的事理会蒙蔽我们的聪明智慧，会败坏我们纯正的志向。

【勿自暴，勿自弃，圣与贤，可驯致】

遇到困难或挫折的时候，不要说话不讲道理，也不要胡作非为，应该发愤向上努力学习。圣贤的境界虽然很高，但只要循序渐进，人人都可到达。

【己有能，勿自私，人所能，勿轻訾】

自己有才能，就要做些对公众有益的事，不可自私自利，只考虑到自己；看到别人有才华，应该多加赞美肯定，不要因为嫉妒而贬低别人。

【善相劝，德皆建，过不规，道两亏】

朋友间互相勉励行善，双方的道德就会更加完善；朋友有过错不去相劝，两个人的品德都会有缺陷。

【恩欲报，怨欲忘，报怨短，报恩长】

得了人家的好处应该想法去报答，和别人结下的怨恨要想法去忘掉；报怨之心停留的时间越短越好，别人对我们的恩德却要常记不忘。

【势服人，心不然，理服人，方无言】

通过自己强大的势力去逼迫别人服从，即使别人表面上服从了，他心里其实并没有服从。用道理去说服别人，让别人信服，才能让人心悦诚服而没有怨言。

【身有伤，贻亲忧，德有伤，贻亲羞】

要保护自己的身体不受到伤害，因为万一我们的身体受到伤害，一定会给父母亲带来忧愁。要注重自己的品德修养，不可以做出伤风败德的事，使父母亲蒙受耻辱。

【亲有过，谏使更，怡吾色，柔吾声】

父母亲有过错的时候，要耐心劝说他们改正；规劝时要和颜悦色，说话要轻声细语，绝对不可板着面孔，声色俱厉。

《格言联璧》——广博精微的至理格言

《格言联璧》一书为清代学者金缨所编。按儒家大学，中庸之道，以“诚意”、“正心”、“格物”、“致知”、“修身”、“齐家”、“治国”、“平天下”等主要内容为框架，收集有关这些内容的至理格言。该书的每一条事理内涵丰富，广博精微，言有尽而意无穷，先哲的聪明智慧和无限期望尽在这连珠妙语之中。

【人好刚，我以柔胜之。人用术，我以诚感之。人使气，我以理屈之】

别人争强好胜，我就以柔克刚；别人使用计谋，我就用诚恳感动他；别人动了怒气，我就用道理说服他。

【人之谤我也，与其能辩，不如能容。人之侮我也，与其能防，不如能化】

别人毁谤我的时候，与其同他争辩解释，不如容忍他；别人欺侮我的时候，与其抵挡，不如将之化解。

【律身惟廉为宜，处世以退为尚】

各种自律的行为中只有廉洁最适宜，各种处事的方法中以不争先为最高明。

【施在我有余之惠，则可以广德。留在人间不尽之情，则可以全交】

尽我的力量帮助需要帮助的人，就可以提高修养；把人情留给对方，那

么朋友之间的交情就可以长久。

【自处超然,处人蔼然;无事澄然,有事斩然;得意淡然,失意泰然】

一人独处,要有宁静的心境,与人相处,要诚恳和蔼;无事可干时,要有闲雅心情,有了事情要果断;得意时不可骄傲侮慢,要心境平和,失意时切忌自暴自弃,而要泰然自若。

【盖世功劳,当不得一个矜字,弥天罪恶,最难得一个悔字】

即使有盖世的功劳,也不能因此居功自傲;纵然有滔天的罪恶,最难得的是有悔过之心。

【眼界要阔,遍历名山大川;度量要宏,熟读五经诸史】

人的眼界要开阔,游遍名山大川增长见识;人的度量要宏大,熟读经史典籍增加修养。

【自家有好处,要掩藏几分,这是涵育以养深;别人不好处,要掩藏几分,这是浑厚以养大】

对自己的优点,要掩藏几分,这是用涵养化育来培养自己的深度;对别人的缺点,要掩藏几分,这是用朴实厚重来造就自己的博大。

【名誉自屈辱中彰,德量自隐忍中大】

崇高的名誉声望,在屈辱中彰显;宏大的道德雅量,在忍耐中弘扬。

【对失意人,莫谈得意事;处得意日,莫忘失意时】

在失意人的面前不要谈论得意的事,当你志得意满的时候,千万不要忘了失意的日子。

【拂意处要遣得过,清苦日要守得过,非理来要受得过,忿怒时要耐得过,嗜欲生要忍得过】

不如意的时候要学会排遣,日子清苦的时候要能守得住,遇到无道理的事要承受得住,愤怒产生时要能克制,欲望产生时要能忍耐。

【天下无不可化之人,但恐诚心未至。天下无不可为之事,只怕立志不坚】

天下根本没有不能教化的人,只怕你的诚心不够;天下根本没有干不成的事,只怕你的志向不够坚定。

【事到手,且莫急,便要缓缓想。想得时,切莫缓,便要急急行】

当事情发生时,千万不能急躁,解决的方法要考虑周全;想到解决的方法后,千万不要延缓,一定要尽快果决执行。

【谦退,是保身第一法。安详,是处事第一法。涵容,是待人第一法。洒脱,是养心第一法】

谦虚退让是保全自身的第一方法;安静祥和是为人处事的第一方法;包

涵容忍是对待他人的第一方法;潇洒脱俗是修养身心的第一方法。

【处众以和,贵有强毅不可夺之力。持己以正,贵有圆通不可拘之权】

与人相处时态度要平和,但贵在有坚定不移的原则。对待自己时要果断刚正,但贵在处事圆融通达而不拘泥。

【万里澄澈,则一心愈精而愈谨;一心凝聚,则万里愈通而愈流】

越明白事理那么思想越能清楚而专一,思想能专一那么事理就能更加通达流畅。

【盛者衰之始,福者祸之基。福莫大于无祸,祸莫大于邀福】

兴盛往往是衰败的开始,幸福常常是灾祸的根源。最大的幸福是一生远离灾祸,最大的灾祸就是刻意地追求幸福。

【不自反者,看不出一身病痛。不耐烦者,做不成一件事业】

不懂得自我反省的人,就看不出自己的毛病;不能耐心忍受麻烦的人,做不成任何的事情。

【过去事丢得一节是一节。现在事了得一节是一节。未来事省得一节是一节】

已经过去的事就不要再提起,现在的事情做一件有一件的收获,未来的事情不必自寻烦恼。

【以真实肝胆待人,事虽未必成功,日后人必见我之肝胆。以诈伪心肠处事,人即一时受惑,日后人必见我之心肠】

真心实意地对待他人,事情虽然不一定能成功,但日后人们必定会知道我的赤诚;用欺诈之心与人处事,别人或许一时会受到迷惑,但时间长了人们必然会看到我的虚伪狡诈。

【天地间真滋味,惟静者能尝得出。天地间真机括,惟静者能看得透】

天地间的真谛,只有内心宁静的人才能体会得出。天地间的玄妙,也只有心静的人才能看明白。

【人以品为重,若有一点卑污之心,便非顶天立地汉子。品以行为主,若有一件愧怍之事,即非泰山北斗品格】

人的品格最重要,有一丝污秽的心便不是气概豪迈的男子汉。品格在做事中得以体现,若做了一件愧对良心的事,从品格上便算不得卓有成就的人。

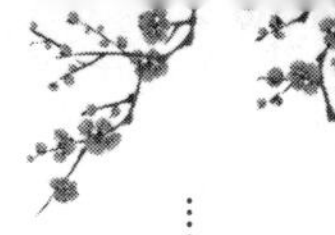

4 集 部

《楚辞》——影响深远的诗歌总集

"楚辞"又称"楚词",是战国时代的伟大诗人屈原创造的一种诗体。作品运用楚地的文学样式、方言声韵,叙写楚地的山川人物、历史风情,具有浓厚的地方特色。汉代时,刘向把屈原的作品及宋玉等人的作品编辑成集,名为《楚辞》,并成为继《诗经》以后,对我国文学具有深远影响的一部诗歌总集。

【吾不能变心而从俗兮,固将愁苦而终穷】

我不能改变志向,去顺从世俗啊,当然难免忧愁痛苦而穷困终身。出自屈原《九章·涉江》。

【苟余心之端直兮,虽僻远其何伤】

只要我的心正直啊,就是被放逐到偏僻遥远的地方,又有什么妨害?表现了诗人刚直不阿,守志不移的思想品质。出自屈原《九章·涉江》。

【悲莫悲兮生别离,乐莫乐兮新相知】

没有比活生生的别离更悲伤的事情了,也没有比结交新相识更高兴的事情了。出自屈原《九歌·少司命》。

【长太息以掩涕兮,哀民生之多艰】

我长叹一声啊,止不住让眼泪流了下来,我是在哀叹人民的生活是多么的艰难!出自屈原《离骚》。

【沧浪之水清兮,可以濯吾缨;沧浪之水浊兮,可以濯吾足】

沧浪的水如此清澈,可以洗我的冠带;沧浪的水如此污浊,可以洗我的双脚。出自屈原《楚辞·渔父》。

【世溷浊而莫余知兮,吾方高驰而不顾】

世俗是多么浑浊多么龌龊,无人了解我,我却只顾加快步伐走我的路。出自屈原《九章·涉江》。

【尺有所短,寸有所长;物有所不足,智有所不明】

尺虽然比寸长,但和更长的东西相比,就显得短,再高明的人也都有他的短处,再有智慧的人也有他所不明白的地方。出自屈原《楚辞·卜居》。

【青云衣兮白霓裳,举长矢兮射天狼】

穿着云彩一般美丽的衣服,举起长箭去射那贪婪成性的天狼星,以防灾

祸降到人间。出自《楚辞·九歌·东君》。

【鸟飞反故乡兮，狐死必自丘】

鸟飞千里最终会回到自己的老窝，狐狸死的时候，头总是朝向出生的小山头。比喻不忘本。也比喻暮年思念故乡。出自屈原《九章·涉江》。

【举世皆浊我独清，众人皆醉我独醒】

整个世上的人都是污浊的，唯独我一个人干净、清白；众人都已醉倒，只有我一个人是清醒的。出自屈原《楚辞·渔父》。

【带长剑兮挟秦弓，首身离兮心不惩】

勇士们身佩长剑手持强弓，即使被杀头心志也不会改变。歌颂为国牺牲的战士们誓死不屈的斗争精神。出自屈原《九歌·国殇》。

【路漫漫其修远兮，吾将上下而求索】

前方的道路还很漫长，但我将百折不挠，不畏艰苦地去追求和探索。出自屈原《离骚》。

《乐府诗集》——先秦至唐末的歌谣总集

《乐府诗集》是宋代郭茂倩编。乐府，本是掌管音乐的机关名称，后来，人们将乐府机关采集的诗篇称为乐府，或称乐府诗、乐府歌辞，于是乐府便由官府名称变成了诗体名称。《乐府诗集》是现存收集乐府歌辞最完备的一部。主要辑录汉魏到唐、五代的乐府歌辞兼及先秦至唐末的歌谣，共5000多首。它是继《诗经》之后，一部总括我国古代乐府歌辞的著名诗歌总集。

【江南可采莲，莲叶何田田】

江南可以采摘莲子，荷叶片片相撞，长得多么茂盛啊！出自《乐府诗集·相和歌辞》。

【盛时不作乐，春花不重生】

青壮年时期不要贪图安逸享乐，因为青春年华稍纵即逝，就像春天的花儿一样。出自《乐府诗集·横吹曲辞》。

【君当作磐石，妾当作蒲苇。蒲苇韧如丝，磐石无转移】

希望你如磐石，我要像蒲苇一样。蒲苇柔软结实，如丝一样不容易断裂；磐石坚固沉稳，不管是什么都不会使它动摇。出自《乐府诗集·杂曲歌辞》。

【仰头看明月，寄情千里光】

抬头仰望明月，让照耀千里的月光把我的情思带给想念的人。出自《乐府诗集·清商曲辞》。

【山无陵，江水为竭，冬雷阵阵，夏雨雪，天地合，乃敢与君绝】

我愿与你相爱，让我们的爱情永不衰绝。除非高山变成平地，除非江河

干得不见一滴水，除非冬天打雷，夏天下雪，天和地重合到一起，到那时才敢和你断绝爱情。出自《乐府诗集·汉铙歌十八曲》。

【瓜田不纳履，李下不整冠】

经过瓜田，不可弯腰提鞋；经过李树下，不要举起手来整理帽子。比喻人应避免招惹无端的怀疑。出自《乐府诗集·相和歌辞》。

【饥不从猛虎食，暮不从野雀栖】

饥饿时不能和猛虎抢食吃，休息时不能同山雀争地盘。比喻人不能依靠暴力来求温饱，不能寄人篱下以求生存。出自《乐府诗集·相和歌辞》。

【举秀才，不知书，察孝廉，父别居】

推举上来的才学出众的秀才，却没有学问；选拔上来的孝悌廉洁的孝廉，却和父母分居。出自《乐府诗集·杂歌谣辞》。

《陶渊明集》——恬淡悠然的田园诗篇

东晋诗人陶渊明少怀济世之志，但他生活的年代使他的理想与现实发生了极大的冲突，最终他选择了在盛年辞官归隐。隐居期间，他写得最多最好的是歌咏归隐生活、描绘农村景色的诗篇，陶渊明被称为“古今隐逸诗人之宗”。陶渊明的作品继承了汉、魏正始之传统，并形成了独特的风格，内容充实，情感真挚，韵致悠然，极善用写意的手法点染出浑朴深远的意境。

【众鸟欣有托，吾亦爱吾庐】

那些鸟儿都因为有了可以栖息的树枝而欣喜，我也特别喜欢我的这间茅屋。出自《读山海经》。

【刑天舞干戚，猛志固常在】

刑天因和天帝争权，失败后被砍去了头，埋在常羊山，但他不甘屈服，以两乳为目，以肚脐当嘴，仍然挥舞着盾牌和板斧猛劈狠砍，战斗不止。后以“刑天舞干戚”代表一种勇猛、刚毅的精神。出自《读山海经》。

【及时当勉励，岁月不待人】

年轻时应抓紧时间多做有意义的事情，要知道岁月一去不复返，是不会停下来等待人们的啊！出自《杂诗》。

【羁鸟恋旧林，池鱼思故渊。久在樊笼里，复得返自然】

关在笼中的鸟儿留恋自己原来的树林，原来的家；养在池中的鱼儿思念自己原来生活的河流。长久被困在世俗的牢笼里，得不到自由，现在总算又能够返回到大自然了。表明了作者希望回归自然，重获自由的思想。出自《归园田居》。

【采菊东篱下，悠然见南山】

在种菊花的地方我忙着采集，不知不觉间，那远处的南山映入我的眼

帘。出自《饮酒》。

【此中有真意，欲辩已忘言】

在这种平静、淡泊的田园里，蕴含着无穷的真意和妙趣，我想要加以解说，却又忘了想要说的话。出自《饮酒》。

【奇文共欣赏，疑义相与析】

有奇妙的好文章就拿出来我们一起欣赏，遇到不明白的我们一起分析，研究。写出了诗人与朋友在一起读书时的快乐。出自《移居》。

【人生无根蒂，飘如陌上尘】

人生在世，原本就是无根无蒂，四处漂泊的，就好像路上的灰尘一样。出自《杂诗》。

【其人虽已殁，千载有余情】

荆轲这个人虽然已经死了，但人们对他的怀念追思之情却会千载流传。出自《咏荆轲》。

《李太白集》——气势磅礴的浪漫主义诗篇

《李太白集》是唐代伟大的浪漫主义诗人李白的作品集。此集中除少量文赋碑铭之外，存诗约一千首。这些诗深刻地反映了社会现实，抒发了对人民的热爱和同情，热情歌颂了祖国的大好河山，表现了对自由的强烈追求。李白的诗想象丰富，气势磅礴，语言工丽，意境波澜壮阔。且注意从《诗经》、赋、汉魏六朝乐府和文人诗中广泛地汲取营养，对我国古典诗歌的发展作出了重要的贡献。

【一夫当关，万夫莫开】

山势又高又险，一个人把守着关口，一万个人也打不进来。后世用“一夫当关，万夫莫开”作为成语，来形容地势的险要。出自《蜀道难》。

【物苦不知足，得陇又望蜀】

世间的事情，最可怕的是从来不知道满足，平定陇地后，紧接着又南下平定蜀。后用“得陇望蜀”形容得寸进尺，贪心不足。出自《古风》。

【安能摧眉折腰事权贵，使我不得开心颜】

我怎么能卑躬屈膝、低声下气地侍奉权贵，使自己心里不愉快呢？表现了诗人的傲气和不屈，也流露出对权贵的蔑视。出自《梦游天姥吟留别》。

【仰天大笑出门去，我辈岂是蓬蒿人】

我抬起头来，从容自得地走出门去，像我这样的人，难道是埋没乡野、毫无用处的平凡人吗？出自《南陵别儿童入京》。

【大鹏一日同风起，扶摇直上九万里】

有朝一日，大鹏借助风的力量起飞，一下子就上到了九万里的高空。出

自《上李邕》。

【中夜四五叹，常为大国忧】

半夜里失眠时我多次长叹，禁不住常常为国家的命运担忧。出自《经乱离后天恩流夜郎忆旧游》。

【山随平野尽，江入大荒流】

蜀地的高山峻岭，随着平原郊野的伸展而消失了；一洋奔腾的江水，出峡后在辽阔的原野上静静地流着。出自《渡荆门送别》。

【齐心戴朝恩，不惜微躯捐】

我要和你们一起感戴朝廷的恩典，为报效国家不惜牺牲自己的生命。两句诗表现了作者炽烈的爱国思想。出自《在水军宴赠幕府诸诗御》。

【此夜曲中闻折柳，何人不起故园情】

在这样一个春天的夜晚，听着这样一支饱含离愁的曲子，什么人能不思念自己的故乡呢？出自《春夜洛城闻笛》诗。

【峨眉山月半轮秋，影入平羌江水流】

在一个云淡风轻的秋夜，人从平羌江乘舟而下，峨眉山上的半轮秋月悬挂在幽静的夜空，皎洁的月影倒映在静静的江水中，伴随着远去的行舟，和江水一起流向远方。出自《峨眉山月歌》。

【我寄愁心与明月，随君直到夜郎西】

我将自己对你的一片情思寄与明月，希望它带着我的思念，伴随你直到那被放逐的偏远之地。出自《闻王昌龄左迁龙标遥有此寄》。

【红颜弃轩冕，白首卧松云】

年轻时就辞官不做，直到晚年依旧隐卧于松风白云之间。此句描绘了作者极欲摆脱世俗羁绊的高风亮节。出自《赠孟浩然》。

【请君试问东流水，别意与之谁短长】

请你试着问问那向东奔流的长江水，我们离别的情谊与它相比谁短谁长呢？此句以含蓄的语言，道出了绵绵不尽的情意。出自《金陵酒肆留别》。

【长风破浪会有时，直挂云帆济沧海】

总会有一天，我能乘长风破巨浪，高高鼓起风帆，在浩瀚海洋中勇往直前！意思是终究会克服艰难险阻，自己的远大理想一定能实现。出自《行路难》。

【君不见高堂明镜悲白发，朝如青丝暮成雪】

你难道没有看见，在高堂上面对明镜，深沉悲叹那一头白发？早晨还是青丝满头，傍晚竟变得如雪一般白了。出自《将进酒》。

【人生得意须尽欢，莫使金樽空对月】

人活在世上就要尽情地享受欢乐,不要使自己的酒杯空对着皎洁的明月。出自《将进酒》。

《杜工部集》——风格雄浑的杜甫诗文集

《杜工部集》是我国唐代最伟大的现实主义诗人杜甫的诗文集。杜甫曾任检校工部员外郎,故又称杜工部。杜甫在20岁时,走向社会,开始到各地漫游。江南的山光水色,名胜古迹,给他留下了深刻印象,扩大了他的视野,为他的诗歌创作打下了基础。他的诗歌立足于忠厚,其风格雄浑高古,自成一家,被尊称为"诗圣"。他的诗作标志着中国古典诗歌现实主义的最高峰。

【向来忧国泪,寂寞洒衣巾】

自古以来诗人为国家担忧的泪水,都只能落寞地洒落在自己的衣襟之上。出自《谒先主庙》。

【一片花飞却减春,风飘万点正愁人】

一片花朵的飞落,仿佛令春色一丝丝地减退,眼看着万点花絮被风吹落,禁不住让人为之忧愁万分。出自《曲江》二首之一。

【尔曹身与名俱灭,不废江河万古流】

这些讥笑诬蔑王杨卢骆文章的人,早已销声匿迹了,而这四位诗人的文章,却仍像江河那样万古常流。出自《戏为六绝句》。

【癫狂柳絮随风去,轻薄桃花逐水流】

狂风卷着柳絮发狂似的在天空中飞来飞去,桃花轻飘飘地落在江河里随着水波荡漾漂流。出自《绝句漫兴九首》。

【人生交契无老少,论交何必先同调】

人与人之间的交往,不必在乎年龄的大小,只要彼此心灵契合,何必一定要说同年同月同日死呢?出自《徒步归行》。

【翻手作云覆手雨,纷纷轻薄何须数】

翻手覆手之间,或像云之聚合,或像雨之纷散,如今如此对待友情的人,还用得着一个个列举吗?出自《贫交行》。

【天上浮云似白衣,斯须改变如苍狗】

天上飘动的浮云原本像件白净的衣服,转眼间却又变成了黑狗的样子。比喻事物变化不定。出自《可叹》。

【飘飘何所似,天地一沙鸥】

这般的东漂西泊,无依无靠,就好像天地间的一只沙鸥。出自《旅夜书怀》。

【丈夫誓许国,愤惋复何有】

男子汉既然发誓要不怕牺牲地报效许国,还有什么值得怨愤和惋惜呢!

出自《前出塞》。

【庾信文章老更成，凌云健笔意纵横】

北周文学家庾信的文章到老年就更加成熟，刚健奔放，意气纵横。庾信：北周文学家。出自《戏为六绝句》。

【丹青不知老将至，富贵于我如浮云】

曹霸一生专心致志于绘画，把荣华富贵看得如天上浮云一般轻淡。出自《丹青引行赠曹将军霸》。

【文章千古事，得失寸心知】

写文章是传之千古的事业，而其中的甘苦得失只有作者自己心里知道。出自《偶题》。

【安得壮士挽天河，净洗甲兵长不用】

怎能才能找到一位壮士，能引来天河的水，将所有的兵器都洗干净，永远都不再用了呢？出自《洗兵马》。

【为人性僻耽佳句，语不惊人死不休】

我的性格是特别喜欢写诗琢句，如果写不出能打动读者的佳文妙语，就算死了也不肯罢休。出自《江上值水如海势聊短述》。

【会当凌绝顶，一览众山小】

泰山是如此雄伟，我一定要登上泰山的顶峰俯瞰众山，那时众山就会显得极为渺小。出自《望岳》。

【出门搔白首，若负平生志。冠盖满京华，斯人独憔悴】

出门时你总是搔着满头的白发，好像是因为辜负了平生壮志而悔恨。官员的冠服和车乘布满了京城，只有你身心困顿、面容憔悴。出自《梦李白》。

【千秋万岁名，寂寞身后事】

千秋万代一定有你的声名，那是寂寞身亡后对你的安慰补偿。出自《梦李白》。

《白氏长庆集》——脍炙人口的名篇佳作

《白氏长庆集》是唐代诗人白居易的作品集。书中存有白居易的诗近三千首，分为讽喻、闲适、感伤、杂律四大类。其中价值最高的是第一类讽喻诗，共计有一百七十余首，对当时的政治弊端和社会问题，作了披露和鞭挞。被诗人归为感伤诗的《长恨歌》和《琵琶行》，是被后代广泛传诵的长篇叙事诗。其他如《钱塘湖春行》、《大林寺桃花》等，虽然篇幅短小，但言浅意永，情趣盎然，都是脍炙人口的佳作。

【但是诗人多薄命，就中沦落不过君】

诗人一向坎坷多艰,虽然你曾写过惊天动地的文章,但在这些薄命诗人当中,却没有人比你更为沦落窘迫。出自《李白墓》。

【渚苹溪草犹堪荐,大雅遗风不可闻】

虽然现在还有一些有才华的诗人,一些很好的诗歌存在,但真正的如李白那样的风雅遗风却再也见不到了。出自《李白墓》。

【晚来天欲雪,能饮一杯无】

看来晚上要下雪了,你能不能来喝一杯新酿的米酒呢?出自《问刘十九》。

【来如春梦几多时,去似朝云无觅处】

来的时候,仿佛如一场春梦,停留没有多长时间,去了以后,却像那早晨飘飞的云雾,完全没法寻找它的去处。出自《花非花》。

【水能性澹为吾友,竹解心虚即我师】

水有那种澹泊的本性,能够做我的朋友;竹有那种虚心的态度,可以当我的老师。出自《池上竹》。

【沉沉海底生珊瑚,历历天上种白榆】

珊瑚生长在深不见底的海底,白榆星在天上却清楚可见。出自《涧底松》。

【商人重利轻别离,前月浮梁买茶去】

商人把利益看得很重,却把离别看得很轻淡,上月到浮梁买茶办货去了。出自《琵琶行》。

《全唐诗》——卷帙浩繁的唐代诗歌精华

《全唐诗》是清朝初年由曹寅、彭定求等奉敕编纂的唐代诗歌总集。康熙四十四年(1705年),康熙将主持修编《全唐诗》的任务交给了江宁织造曹寅,并将内府所藏季振宜《唐诗》一部发下,作为校刊底本。曹寅充分利用了季振宜所编《唐诗》和胡震亨所编《唐音统签》的成果,使这部卷帙浩繁的大书,得以在短短一年多时间内编成。

【春风得意马蹄疾,一日看尽长安花】

今天我高中了进士,我愉快地骑着马儿奔驰在春风里,一天的时间就把长安城内的美景全看完了。出自孟郊《登科后》。

【宁为百夫长,胜作一书生】

宁愿做一个带领战士驰骋沙场的下级军官,也胜过做一个困守书斋的白面书生。出自杨炯《从军行》。

【感时思报国,拔剑起蒿莱】

感慨时势而总想着要报效国家,即使身在民间,也要拔剑而起,建功立

业。出自陈子昂《感遇》。

【侯门一入深如海，从此萧郎是路人】

进了权贵之家以后，萧郎便成了陌生的路人。萧郎：原指梁武帝萧衍，此处是作者自称。出自崔郊《赠去婢》。

【一身能擘两雕弧，虏骑千重只似无】

一个人左右开弓，能拉开两张雕弧，敌阵上的骑兵一层层地围过来，他却只当没有这回事一样。出自王维《少年行》。

【一身转战三千里，一剑曾当百万师】

一个人可以驰骋战场三千里，一把剑可以抵抗百万雄兵。出自王维《老将行》。

【人事有代谢，往来成古今】

人情事态总在不停地变化发展着，冬去春来，年复一年，构成了从古到今的历史。出自孟浩然《与诸子登岘山》。

【丈夫非无泪，不洒离别间】

男子汉大夫不是没有眼泪，只是不愿在离别的时候流出来而已。出自陆龟蒙《别离》。

【十年磨一剑，霜刃未曾试】

耗费十年功夫磨成的宝剑，剑刃锋利无比，但却还没有试过它的锋芒。出自贾岛《剑客》。

【宁为宇宙闲吟客，莫作乾坤窃禄人】

宁可做一个在世上闲着吟诗的人，也不要做窃取功名利禄的人。出自杜荀鹤《自叙》。

【人人代代无穷已，江月年年只相似】

人生在世，总是一代代地传承延续，永无休止；那江上的明月却是年复一年，恒久不变。出自张若虚《春江花月夜》。

【胜败兵家事不期，包羞忍耻是男儿】

战争的胜负是兵家难以料知的事情，能够忍辱负重的人才算是真正的男子汉。出自杜牧《题乌江亭》。

【黄沙百战穿金甲，不破楼兰誓不还】

在茫茫沙漠中打了上百场仗，连身上的盔甲都磨破了，但只要不打败楼兰，就坚决不能回归。出自王昌龄《从军行》。

【野夫怒见不平处，磨损胸中万古刀】

我这个山野村夫一见到不公平的事情便怒火中烧，胸中那把世代留传的除奸斩邪的宝刀也为之销蚀。反映了作者正直侠义的品格。出自刘叉

《偶书》。

【欲识凌冬性,惟有岁寒知】

要想知道竹子的品格有多么坚贞不屈,只须等到天寒地冻以后便可。比喻困境当中方能显出英雄本色。出自虞世南《赋得临池竹应制》。

【沉舟侧畔千帆过,病树前头万木春】

在沉没的船只旁边有千万只船驶过,在病枯的树木前面又有千万棵绿树在茁壮成长。出自刘禹锡《酬乐天扬州初逢席上见赠》。

【不须浪饮丁都护,世上英雄本无主】

不要在乐曲伴奏下借喝得烂醉麻木自己;世上的英雄并不是固定的人,只要奋发向上,每个人都可以成为英雄。出自李贺《浩歌》。

【力蛟破璧非无意,平生自许非匆匆】

并非没有澹台子羽那种斩蛟破璧的志愿,也从来都不相信自己是一个庸碌的人。出自李商隐《偶成转韵七十二句赠四同舍》。

【孰知不向边庭苦,纵死犹闻侠骨香】

谁不知道赴边驻守是很苦的事?但即使是死,也要让英武豪迈的美名流芳百世。出自王维《少年行》。

《唐诗三百首》——脍炙人口的唐代诗歌瑰宝

《唐诗三百首》的编选者是孙洙。乾隆二十八年春,孙洙与他的继室夫人徐兰英开始编选《唐诗三百首》。编选这本书是有感于《千家诗》选诗标准不严,体裁不备,体例不一,希望以新的选本取而代之。他们的选诗标准是"因专就唐诗中脍炙人口之作"。《唐诗三百首》于清乾隆二十九年(1765年)编辑完成。其特点是,以体裁为经,以时间为纬,既好记又易诵。

【春心莫共花争发,一寸相思一寸灰】

爱情的种子,不要和春天的花朵竞相开放,寸寸的相思,末了会化为寸寸的尘灰。出自李商隐《无题》。

【苦恨年年压金线,为他人作嫁衣裳】

最恨年复一年,拈针引线辛勤刺绣,在赶制出最漂亮的嫁衣裳以后,自己却无缘身披嫁衣,只是把它披在别人的身上。出自秦韬玉《贫女》。

【东风不与周郎便,铜雀春深锁二乔】

假使当年东风不给周瑜以方便,恐怕东吴已是一片废墟,美丽的大乔、小乔就会被永远锁在铜雀台中。出自唐代杜牧《赤壁》。

【二十四桥明月夜,玉人何处教吹箫】

在那扬州二十四桥的明月夜下,当此深秋之际,你在何处教玉人吹箫取乐呢?出自杜牧《寄扬州韩绰判官》。

【天生我材必有用，千金散尽还复来】

老天既然生下我，我就必然是有用处的，千金花完了也可以再赚回来。这是一种乐观豪迈的说法。出自李白《将进酒》。

【海上生明月，天涯共此时】

辽阔无边的大海上升起一轮明月，远在天涯海角的友人，此时此刻也和我望着同一轮明月。出自张九龄《望月怀远》。

【浮云游子意，落日故人情】

天上飘浮的云影好似游子此时的心绪，落日的余晖恰如故人的留恋之情。出自李白《送友人》。

【银烛秋光冷画屏，轻罗小扇扑流萤】

秋夜，白色的烛光映着冷清的画屏；一个孤单的宫女，拿着轻巧的小扇，扑打着飞来飞去的萤火虫。出自杜牧《秋夕》。

【但使龙城飞将在，不教胡马度阴山】

如果有像飞将军李广那样的名将在，他就会率领广大战士打败敌人，使敌人从此不敢再来侵犯。出自王昌龄《出塞》。

【花开堪折直须折，莫待无花空折枝】

鲜花盛开的时节，要抓紧采摘，不要等到百花凋谢的时候，只能徒然攀折那些无花的空枝。出自杜秋娘《金缕衣》。

【感时花溅泪，恨别鸟惊心】

感伤时局看见花开反而让人涕泪四溅落泪，怅恨别离听到鸟鸣也会让人感到心惊。出自杜甫《春望》。

【星垂平野阔，月涌大江流】

天际的星星低垂衬托出原野的无比辽阔，山中的明月映着汹涌的波涛涌向广袤的原野。出自杜甫《旅夜书怀》。

【行到水穷处，坐看云起时】

走着走着，竟走到流水的尽头，几乎无路可走了，于是索性坐下来，看见山岭上云朵涌起。原来水上天变成了云，云又可以变成雨，到时山涧又会有水了。出自王维《终南别业》。

【溪花与禅意，相对亦忘言】

面对着溪边的野花和寂然的禅境，在这种情景下，我是什么也说不出的呀！出自刘长卿《寻南溪常道士》。

【花径不曾缘客扫，蓬门今始为君开】

长满花草的庭院小路，还没有因为迎客打扫过。一向紧闭的家门，今天才第一次为你打开。出自杜甫《客至》。

【身无彩凤双飞翼,心有灵犀一点通】

虽然没有凤凰的翅膀,不能在天空中自由飞翔,但两人在思想感情上却早已契合、沟通。灵犀:据说犀牛角中有一条细线似的白纹,贯通两端,感应非常灵敏。出自李商隐《无题》。

《全宋词》——中华诗国的璀璨明珠

宋词,中华诗国之璀璨明珠。著名学者唐圭璋广搜博辑,订补不辍,始成煌煌巨编《全宋词》。《全宋词》是中国近百年来最重要的古籍整理成果之一。宋词和唐诗均为中国古典诗词的艺术高峰。《全唐诗》《全宋词》,堪称中国文学的双璧。全书共四册,荟萃宋代三百年间的词作。《全宋词》是图书馆最基本的藏书,也是了解宋代文学史、文化史的重要典籍。

【天涯地角有穷时,只有相思无尽处】

天涯海角再远也都是有尽头的,只有我对你的思念之情,萦绕在心头,绝对没有停止的时候。出自晏殊《玉楼春》。

【只愿君心似我心,定不负,相思意】

但愿心上人的情感像我一样专一,要是这样的话,我希望你不要辜负我这一份深深的相思情意。出自李之仪《卜算子》。

【二十四桥仍在,波心荡、冷月无声。念桥边红药,年年知为谁生】

扬州二十四桥依然存在,明月静照着桥下清冷的水波。桥边的红芍药还是一年一度地盛开,可它们是为谁生长为谁开放呢?出自姜夔《扬州慢》。

【众里寻他千百度,蓦然回首,那人却在灯火阑珊处】

我在人群中一遍又一遍地寻找那个人,却总也找不到;偶然一回头,发现原来她正在昏黑的幽暗深处。出自辛弃疾《青玉案》。

【此情无计可消除,才下眉头,却上心头】

这种相思之情是没法排遣的,皱着的眉头刚刚舒展开,心里却又开始牵肠挂肚。出自李清照《一剪梅》。

【夜月一帘幽梦,春风十里柔情】

如此这般的月光如水的夜里,独对绣帘所作的清幽的美梦,又好似是十里春风扬州路上的一片柔情。出自秦观《八六子》。

【流光容易把人抛,红了樱桃,绿了芭蕉】

年华流逝,岁月无情,转眼之间时光已催红了樱桃,染绿了芭蕉。出自蒋捷《一剪梅·舟过吴江》。

【衣带渐宽终不悔,为伊消得人憔悴】

我衣带渐渐宽松,人也逐渐消瘦,但我心里并不后悔;为了她,形容憔悴也心甘情愿,无怨无悔。出自柳永《凤栖梧》。

【昨夜西风凋碧树，独上高楼，望尽天涯路】

昨天夜里，凉爽的西风吹得树叶纷纷凋落；我独自登上高楼，久久凝视着天边的道路，仿佛世间的一切都如浮云过世。出自晏殊《鹊踏枝》。

【忍把浮名，换了浅斟低唱】

青春短暂，一去不复返，我宁可用虚名浮誉，来换取那慢慢地喝酒、低低地歌唱的欢乐时光。出自柳永《鹤冲天》。

【一寸狂心未说，已向横波觉】

一颗难以抑制的热切之心虽然没有用言语诉说，却通过流盼的目光让他（情郎、情人）察觉了。这是歌女在用目光向情郎表达爱意。这首词是以歌女的角度写的。出自晏几道《大玄令》。

【柔情似水，佳期如梦，忍顾鹊桥归路】

那两情相会的情意啊，就像悠悠无声的流水，是那样的温柔缠绵。欢会是短暂的，转眼又要分离，刚刚借以相会的鹊桥，转瞬间成了和爱人分别的归路。婉转语意中，含有无限惜别之情，含有无限辛酸眼泪。出自秦观《鹊桥仙》。

【了却君王天下事，赢得生前身后名】

我要替君王完成统一天下的大业博得生前和死后的英名。这表现了作者奋发有为的积极思想。出自辛弃疾《破阵子》。

《欧阳修集》——精炼流畅的应用文集

《欧阳修集》有应用文两千篇，可见北宋文学家欧阳修的文章写作主要是应用文写作。他不仅应用文写作颇有建树，而且对应用文理论贡献也很大。欧阳修在文学创作上的成就，以散文为最高。欧阳修一生写了500余篇散文，各体兼备，有政论文、史论文、记事文等。他的散文大都气势旺盛，深入浅出，精炼流畅，引人入胜。苏轼评其文时说："论大道似韩愈，论本似陆贽，纪事似司马迁，诗赋似白。"

【今年花胜去年红，可惜明年花更好，知与谁同】

今年的花开得比去年还要红艳，不过，即使明年的花开得更好，我又怎知到时是与谁共同欣赏呢？出自《浪淘沙》。

【我亦无他，惟手熟尔】

我这点技艺其实也没有什么别的奥秘，只不过是手熟罢了。出自《卖油翁》。

【泪语问花花不语，乱红飞过秋千去】

我伤心地含泪向花儿询问，但花儿却不会说话，只是很纷乱地飞掠过秋千架上而去。出自《蝶恋花》。

【渐行渐远渐无书，水阔鱼沉何处问】

你渐渐走远没有丝毫音信，宽阔的水面下鱼儿下沉，让我到哪里去找送信的人呢？出自《木兰花》。

【平芜尽处是春山，行人更在春山外】

绵绵无绝的原野的尽处是隐隐青山，而那位心上人却还在遥远的青山之外，渺不可寻！出自《踏莎行》。

【大凡君子与君子以同道为朋，小人与小人以同利为朋】

有修养的人因为共同的道义而结交为朋友，小人与小人交往的基础却是共同的利益。出自《朋党论》。

【醉翁之意不在酒，在乎山水之间也】

醉翁的意趣不在于饮酒，而在于欣赏山水景色。后常用来比喻本意不在此，而在别的方面或另有他图。出自《醉翁亭记》。

【草木无情，有时飘零，人为动物，惟物之灵】

小草和树木是没有感情的，到了一定的季节就会凋谢飘零，人虽是动物，却是万物之中最有灵性的。出自《秋声赋》。

《苏东坡集》——风格多样的浪漫主义诗篇

《苏东坡集》是苏轼的诗文集。苏轼是北宋著名的文学家、书画家、散文家、诗人、豪放派词人代表。苏轼的文学观点和欧阳修一脉相承，但更强调文学的独创性、表现力和艺术价值。苏诗现存约四千首，其诗内容广阔，风格多样，而以豪放为主，笔力纵横，穷极变幻，具有浪漫主义色彩，为宋诗发展开辟了新的道路。

【人有悲欢离合，月有阴晴圆缺，此事古难全】

人间总是有悲愁也有欢乐，有分别也有团聚；月亮也是有阴有晴，有圆有缺，这种事情自古以来就很难完美无憾。出自《水调歌头》。

【明月如霜，好风如水，清景无限】

月色明亮皎洁得好像霜一样，秋风和畅清凉得好像水一样，这样清明的夜晚是多么美好动人。出自《永遇乐》。

【人生如梦，一尊还酹江月】

世上万事虚幻无常，恍如梦幻一般，还是用手中的浊酒来祭奠这江水和明月吧。出自《念奴娇》。

【因病得闲殊不恶，安心是药更无方】

因为生病而闲下来其实也不是什么坏事；静下心来歇息是最好的药方，除此之外再也没有其他更好的方法。出自《病中游祖塔院》。

【春宵一刻值千金，花有清香月有阴】

春天的夜晚，温馨舒爽，像黄金一样珍贵无比；这个时刻，花儿散发着沁人的香气，月亮在云彩中飘移。出自《春夜》。

【万里到头都是梦，休！休！明日黄花蝶也愁】

人间万般世事，不论你如何谋求钻营，到头来都是一场梦幻而已。罢了！罢了！那重阳节后逐渐萎谢的菊花也会为它发愁的。出自《南乡子》。

【安得夫差水犀手，三千强弩射潮低】

怎样才能设法得到夫差手下的水犀手呢，用齐发的万箭将江潮射退！出自《八月十五日看潮》。

【笑渐不闻声渐消，多情却被无情恼】

慢慢地笑声听不见了，声音也渐渐消失。行人怅然若失，好像自己的多情被无情所伤害一样。出自《蝶恋花》。

【一点浩然气，千里快哉风】

做人应该有一种浩然正气，迎着吹拂千里的雄风，心情自会无比豪迈舒畅。出自《水调歌头》。

【古之立大事者，不惟有超世之才，亦必有坚忍不拔之志】

古代那些能建立伟大事业的人，不但有超过世人的才干，还有在任何情况下都坚定而毫不动摇的志向。出自《晁错论》。

【会挽雕弓如满月，西北望，射天狼】

我也能将雕弓拉得圆如满月，随时警惕地注视着西北方，勇敢地将利箭射向入侵的西夏敌人。表明了作者要为保卫国家杀敌立功的决心。出自《江城子》。

【枝上柳绵吹又少，天涯何处无芳草】

虽然枝上柳絮已被风吹得越来越少，但你不必失落叹息，天涯哪里没有芳草呢？出自《蝶恋花》。

【人生到处知何似，恰似飞鸿踏雪泥】

人生如浮萍，漂泊天地间，就好像小鸟一样，飞过来飞过去只留下淡淡的痕迹。这像什么呢？恰似那随处乱飞的鸿鹄，偶然在某处的雪地上留下些指爪痕迹一样。出自《和子由渑池怀旧》。

【腹有诗书气自华】

一个人只要才学渊博、知识丰富，便自然会表现出文人的优雅举止和翩翩风度。出自《和董传留别》。

【一年好景君须记，正是橙黄橘绿时】

别以为一年的好景将尽，你必须记住，最美好的景致是在初冬橙黄橘绿的时节啊！出自《赠刘景文》。

【小楼一夜听春雨,深巷明朝卖杏花】

在小楼上躺着听了一夜的春雨,到了天明,达官贵人居住的深巷中传来叫卖杏花的声音。出自《临安春雨初霁》。

【只恐夜深花睡去,故烧高烛照红妆】

只恐怕海棠花会在夜深里沉沉睡去,所以我燃起高高的蜡烛,一直照着她的花容。出自《海棠》。

《稼轩长短句》——笔势纵横的豪放派词篇

《稼轩长短句》是南宋大词家辛弃疾的作品集。《稼轩长短句》共收入辛词六百二十余首。其词笔势纵横,雄健豪放,不为格律所拘,继承了苏东坡豪放派的词风,并在内容和艺术上进一步开拓了词的境界。另外,作者还善于陶铸经史诗文,运用典故及比兴手法,委婉曲折地表达内心的情思。词风虽以豪放为主,却不拘一格,沉郁,明快,流丽,妩媚,兼而有之。

【爱上层楼,为赋新词强说愁】

年轻的时候无法体会人生的艰难,不知什么叫做愁,所以总喜欢跑上高楼,是为了能刻意找点悲秋愁绪写进诗词中,勉强自己说:“那愁呀!那恨啊!”出自《丑奴儿》。

【人言头上发,总向愁中白】

人们说起头发变白的原因,都认为是由于自己爱发愁。出自《菩萨蛮》。

【落日胡尘未断,西风塞马空肥】

金兵总是一天到晚地飞骑扬尘,寻衅滋事;秋风吹起,边塞守军却依然不发兵,徒然把战马喂得那样肥壮!出自《木兰花慢》。

【不恨古人吾不见,恨古人不见吾狂耳】

我不怨恨自己见不到古人的神采飞扬,只恨古人不能够看见我狂放傲气的样子啊!出自《贺新郎》。

【带得无边春下,等待江山都老,教看鬓方鸦】

你把无边的春色带给人间,即使岁月更迭,江山垂老,也仍将是满头乌黑的鬓发。这三句词是送给友人的祝寿辞,也寄托了作者的壮志豪情。出自《水调歌头》。

【千古兴亡多少事?悠悠,不尽长江滚滚流】

千百年来,朝代更替经历了多少次,多少回?社会的发展如同这滔滔的江水,不会因朝代的更替而停止,也不会因人的意志而改变!出自《南乡子》。

【袖里珍奇光五色,他年要补天西北】

史大帅身怀绝技,好比女娲身怀珍贵的宝石一样,必定会为收复中原建

立功勋的。补天西北:即收复中原的意思。出自《满江红》。

【千金纵买相如赋,脉脉此情谁诉】

即使可以用千金买得司马相如所写的那样好的文章,也难以将心中的脉脉真情传递出去呀!出自《摸鱼儿》。

【青山遮不住,毕竟东流去】

青山呵,你可以把视线阻拦,但我的心你无法拦阻,正像那滔滔江水,朝向东方永不停步。出自《菩萨蛮》。

《剑南诗稿》——气魄宏大的爱国诗篇

《剑南诗稿》是陆游的诗词全集,共收录诗词 9344 首。陆游的诗抒发政治抱负,反映人民疾苦,批判南宋统治集团的屈辱投降,表现出渴望恢复国家统一的强烈爱国热情,唱出了那个时代的最强音。陆游诗歌创作的基本特征是现实主义,兼有浪漫主义色彩。他的诗,雄浑豪迈、意境高远、气魄宏大、姿态万千。后世许多爱国进步之士都从他的作品中汲取精神力量。

【夜阑卧听风吹雨,铁马冰河入梦来】

夜深了,我躺在床上听到那风雨的声音,就迷迷糊糊地梦见自己骑着披甲的战马,跨过冰封的河流出征北方疆场。出自陆游《十一月四日风雨大作》。

【楚虽三户能亡秦,岂有堂堂中国空无人】

即使楚灭亡后只剩三户人家,他们也能消灭秦国,哪有堂堂中国竟无人抗战御侮这种事情!出自《金错刀行》。

【此生谁料,心在天山,身老沧州】

这辈子谁又能够意想得到,我的心还在希望为国家效力,我的身体却日渐老迈,动弹不得。出自《诉衷情》。

【一身报国有万死,双鬓向人无再青】

为国家效力可以有许多次机会,但是,一旦白发出现,就不能再变成以前的黑色了。说明必须及早为国立功,不然,后悔也来不及。出自《夜泊水村》。

【上马击狂胡,下马草军书】

身为男子汉,应该跨上战马就可以去击杀金兵;下马之后,就可以草拟军中的文书。出自《观大散关图有感》。

【壮心未与年俱老,死去犹能做鬼雄】

我的雄心壮志决不会随着年纪的增长而衰退,死了以后也要做鬼中的强者,继续和敌人搏斗。出自《书愤》。

【国仇未报壮士死,匣中宝剑夜有声】

国家被欺凌的仇还没有报，人却已经衰老，可匣中的宝剑还依然夜夜发出鸣响。表明作者人老雄心在，仍然渴望痛杀敌寇。出自《长歌行》。

【死去原知万事空，但悲不见九州同。】

本来就知道人死去了就什么也没有了，我只是为没有亲眼看到中国的统一而感到悲伤。表现出诗人伟大的爱国主义精神。出自《示儿》。

【千年史策耻无名，一片丹心报天子】

传之千古的史册上不能留下自己的名字，这是最可耻的事情，立誓要拿出自己全部的赤诚报效国家。出自《金错刀》。

【平生铁石心，忘家思报国】

我平生的意志如同铁石一样坚硬，往往置个人荣辱和妻儿老小于不顾，一心一意报效国家。出自《太息》。

《元曲》——我国文学史上重要的里程碑

继唐诗、宋词之后蔚为文学之盛的《元曲》有着它独特的魅力：一方面，元曲继承了诗词的清丽婉转；另一方面，元曲中描写爱情的作品也比历代诗词来得泼辣，大胆。《元曲》有严密的格律定式，每一曲牌的句式、字数、平仄等都有固定的格式要求。《元曲》将传统诗词、民歌和方言俗语糅为一体，形成了诙谐、洒脱、率真的艺术风格，对词体的创新和发展产生了极为重要的影响。

【一茅斋，野花开，管甚谁家兴废谁成败，陋巷箪瓢亦乐哉】

一间茅屋的周围，野花四处盛开，我又何必计较谁兴谁废谁成败，像现在这样住在陋巷里，用箪吃饭，用瓢喝水，日子也一样过得很快乐。出自宋方壶《山坡羊·道情》。

【伤心秦汉经行处，宫阙万间都做了土。兴，百姓苦，亡，百姓苦】

伤心这秦汉兴亡的经行之处，千万间巍峨的宫殿如今都化作了尘土。历史上无论是哪个朝代的兴或是亡，全都是老百姓的痛苦。出自张养浩《山坡羊·潼关怀古》。

【宋高宗，一场空，吴山依旧酒旗风。两度江南梦】

宋高宗到头来只落得一场空，看如今吴山下小酒馆的酒旗依旧在迎风飘扬，像在诉说着曾经两度的江南梦。出自刘秉忠《干荷叶·三首》。

【十载故乡心，一夜邮亭月】

仰望今夜驿站上空的明月，是它牵动起我十多年来对故乡的思念之情，深长而迫切。出自赵善庆《庆东原·泊罗阳驿》。

【古道西风瘦马。夕阳西下，断肠人在天涯】

在残阳夕照的荒凉古道上，出现了一位漂泊天涯的游子，他牵着一匹瘦

马，迎着落日的余晖，慢慢地走着，愁情满怀，却不知自己的归宿在何方。表达了诗人怀才不遇的悲凉情怀。出自马致远《天净沙·秋思》。

【木上节难镑刨，胎中疾没药医】

树干上生长的节疤很难用刀斧削平，胎中带来的疾病没有什么药物能治好。出自钟嗣成《一枝花·自叙丑斋》。

【不读书有权，不识字有钱，不晓事倒有人夸荐】

不爱读书没有学问，却手中握有大权；不认识几个字，却口袋里有钱，不明白事理，却还能受到人们的赞扬和举荐。出自元代无名氏《朝天子·志感》。

【一声梧叶一声秋，一点芭蕉一点愁。枕上十年事，江南二老忧，都到心头】

每一声雨打梧桐叶，都能引起我的阵阵秋思；每一声雨打芭蕉，都会勾起人缠绵的乡愁。像做梦一般想起十年来的往事，还有对江南二老的担心，都一起涌上了心头。出自徐再思《双调·水仙子·夜雨》。

【眼前红日又西斜，疾似下坡车】

眼前的一轮红日又向西山坠落，迅速得好像顺坡而下的车子。出自马致远《双调·夜行船·秋思》。

【从来好事天生俭，自古瓜儿苦后甜】

自古以来天降好事的时候就很少，自古以来瓜儿总是先苦后甜。比喻目标的实现都要经过挫折和努力。出自白朴《喜春来·题情》。

第三章 国学思想精粹

国学思想包含了先秦诸子百家，儒家，道家，墨家等古代思想。儒家思想始终处于中国传统思想的主导地位。道家的思想崇尚自然，同时主张清静无为，反对斗争。墨家学说以兼爱为核心，在当时影响很大。在先秦诸子中，针对社会问题，儒家提倡仁爱；墨家主张兼爱；而道家则提倡『无为』的思想。此时，主张面对未来的法家便横空出世。它们与战国时代最富哲学意味的阴阳家思想一起，构成了中国古代的文化思想体系。

中国传统文化的核心:儒家

仁

“仁”是儒家学说的核心,对中华文化和社会的发展产生了重大影响。“仁”的最初含义是指人与人的一种亲善关系。孔子把“仁”定义为“爱人”,并解释说:“己所不欲,勿施于人。”孔子首先把“仁”作为儒家的最高道德规范,提出了以“仁”为核心的一套学说。儒家把“仁”的学说施之于政治,形成“仁政说”,这在中国政治思想发展史上产生了重要影响。

义

中国古代一种含义极广的道德范畴。本指公正、合理而应当做的。孔子最早提出了“义”。孟子则进一步阐释了“义”。他认为“信”和“果”都必须以“义”为根本,他在《孟子·离娄下》中指出:“大人者,言不必信,行不必果,惟义所在。”社会的每个成员必须做某些事情,这些事情本身就是目的,而不是达到其他目的的手段。如果一个人遵行某些道德,是为了不属于道德的其他考虑,即便他所做的客观上符合道德的要求,也依然是不义。

礼

“礼”在中国古代是社会的典章制度和道德规范。在孔子以前已有夏礼、殷礼、周礼。但论礼最多,并自成体系的首推孔子。他一生以诗书礼乐教弟子,《论语》中有 34 处记载孔子论礼。他从理论上说明礼的重要性,立身治国都非有礼不可。礼与仁义是儒家学说的核心。

作为观念形态的“礼”,在孔子的思想体系中是同“仁”分不开的。不讲仁只讲礼,礼就不会被社会成员普遍认可,就会遭到反对;不讲礼只讲仁,社会成员不受道德约束,就会引发现实中的无政府状态。所以仁和礼是不可分的。社会发展会使礼的一些具体内容发生改变和调整,这种改变和调整是仁的体现。

智

“智”,即智慧、聪明,有才能,有智谋。孔子认为,有智慧的人才能认识到“仁”对他有利,才能去实行“仁”。只有统治者才是“智者”,他们中绝大多数人都可成为“仁人”,而“小人”无智。儒家把“智”看成是实现其最高道

德原则“仁”的重要条件之一。他们要实现“智”，而要实现“智”必须经过“知”的五个步骤，即博学、审问、慎思、明辨、笃行。

信

“信”作为儒家的伦理范畴，意为诚实，讲信用，不虚伪。《论语·学而》：“吾日三省吾身，为人谋而不忠乎？与朋友交而不信乎？传不习乎？……信近于义，言可复也。”“信”既是儒家实现“仁”这个道德原则的重要条件之一，又是其道德修养的内容之一。孔子及其弟子提出“信”，是要求人们按照礼的规定互守信用，借以调整统治阶级之间、对立阶级之间的矛盾。儒家把“信”作为立国、治国的根本。

孝

在我国，孝的观念源远流长。至春秋时期，儒家学派创始人孔子是一位全面系统地论述孝道的人，《论语》、《孝经》等书记载了孔子在这方面的大量言论。《孝经》中曰：“人之行，莫大于孝”；“夫孝，德之本也”。孔子认为为人子女，孝顺父母是天经地义的法则，是人们应该身体力行的。可见孔子对孝道的看重与推崇。儒家讲的孝道，已不仅仅是一种通过行为表现出的人伦道德，而且还是一种社会性行为，行孝者对社会公德负责，肩负着社会责任，孔孟儒学提倡这种孝道，毫无疑问是完全值得肯定的。

悌

悌，儒家的伦理范畴，指敬爱兄长，顺从兄长。目的在于维护封建的宗法关系。常与“孝”并列，称为“孝悌”。儒家非常重视“孝悌”，把它看作是实行“仁”的根本条件。《论语·学而》：“其为人也孝悌，而好犯上者鲜矣。”《孟子·滕文公下》：“于此有焉：入则孝，出则悌。”

勇

儒家所说的“勇”，包括三方面的内容，借用孟子的一句话来说便是：“勇德”为贵，“勇气”次之，“勇力”为轻。先说勇力。古人有六艺，礼、乐、射、御、书、数，即儒家所主张要学习的内容。射与御都是武略，用于战场。可见，传统意义上的儒者本身并不是只知读书而文弱无力的书生。“勇”也绝不是单单凭借勇力，还要具有勇气。但有了勇力、勇气，还不能称之为“勇”。最重要的是还要有“勇德”。真正的勇可冠之为“精神”二字。勇的可取，正是因为勇是在仁爱信念的驱使下，所体现出的一种无所畏惧的行为及精神。勇再由“义”来加以节制，那么这勇便成为“勇德”了。

忠

一提到儒家之“忠”，人们首先总是会想到“愚忠”之类，而实际上，并不是这样的。

《说文解字》中对“忠”的解释是：“忠，敬也，尽心曰忠。”应该说，这便是忠的定义。忠，是一种对事对人的应有品德和行为准则。其对象较为广泛，对自己的分内之事，对亲、师、友、君所交待的事都要忠。间接地，也便成了待亲、待师、待友、待君都应该忠，当然这忠并非无原则的忠。《论语·学而》：“君子行事以忠信为主。”在孔孟那里，“忠”隶属于“仁”，忠是诚实的表现，它所传示的精深内涵本身便是仁义。忠在众德中的地位很高，忠受着“义”的节制，便成为美德。

知命

孔子在《论语·宪问》中说：“道之将行也与？命也。道之将废也与？命也。”这里所谓的“命”则是指天命，即天的命令或天意。我们从事各种活动，要取得外在的成功，都有赖于各种外部条件的配合，完全不是人力所能控制的。所以我们能够做的，莫过于一心一意地尽力去做我们应该做的事，而成败在所不计。这样做，就是“知命”。要做儒家所说的君子，知命是一个重要的必要条件。所以孔子说：“不知命，无以为君子也。”

三纲五常

“三纲五常”作为一种道德原则，它渊源于先秦时代的孔子。孔子曾提出了君君臣臣、父父子子和仁义礼智等伦理道德观念。西汉董仲舒对五伦观念作了进一步的发挥，提出了三纲原理和五常之道。董仲舒认为，在人伦关系中，君臣、父子、夫妻三种关系是最主要的，而这三种关系存在着天定的、永恒不变的主从关系。亦即所谓的“君为臣纲，父为子纲，夫为妻纲”这三纲。董仲舒又认为，仁、义、礼、智、信五常之道则是处理君臣、父子、夫妻、上下尊卑关系的基本法则。在他看来，坚持五常之道，就能维持社会的稳定与人际关系的和谐。在当时，三纲五常起到了一定的维护社会秩序、规范人际关系的作用。

己所不欲，勿施于人

“己所不欲，勿施于人”，此语出于《论语·卫灵公篇》，是孔子经典妙句之一，亦是儒家文化精华之处。意思是指：自己不想要的东西，切勿强加给别人。孔子所强调的是，人应该宽恕待人，应提倡“恕”道，唯有如此才是“仁”的表现。“恕”道是“仁”的消极表现，而其积极表现便是“己欲立而立人，己欲达而达人”。孔子所阐释的“仁”以“爱人”为中心，而爱人这种行为当然就包括着宽恕待人这一方面。《论语》中提到：“夫子之道，忠恕而已矣。”

克己复礼

这是孔子学说的一个重要概念，出自《论语·颜渊》一章：“颜渊问仁。子曰：‘克己复礼’为仁。颜渊曰：‘请问其目。’子曰：‘非礼勿视，非礼勿听，

非礼勿言，非礼勿动。'" 这段话的意思是说，有一次弟子颜回请教孔子如何才能达到仁的境界，孔子回答说："努力约束自己，使自己的行为符合礼的要求，就可以达到理想的境界了。"颜回又问："那么具体应当如何去做呢?"孔子回答说："不符合礼的事，就不要去看、不要去听、不要去说、不要去做。"由此看来，"克己复礼"是达到"仁"的境界的方法。"仁"就是人内心的完美道德境界，能克制自己的私欲而复归于天理，自然就达到了"仁"的境界。

五伦

即五种人伦关系。古人以君臣、父子、夫妇、兄弟、朋友为"五伦"。孟子认为：父子之间有骨肉之亲，君臣之间有礼义之道，夫妻之间挚爱而又内外有别，老少之间有尊卑之序，朋友之间有诚信之德，这是处理人与人之间关系的道理和行为准则。《孟子·滕文公上》："使契为司徒，教以人伦：父子有亲，君臣有义，夫妇有别，长幼有序，朋友有信。"

中庸

"中庸"是儒家的一种主张，指待人接物采取不偏不倚、调和折中的态度。在处理矛盾时善于折中致和，追求中正、中和、稳定、和谐。中庸的主旨在于修养人性。其中包括学习的方式：博学之，审问之，慎思之，明辨之，笃行之。也包括儒家做人的规范，如"智、仁、勇"等。中庸之道的主题思想是教育人们自觉地进行自我完善，把自己培养成为达到至善、至仁、至诚、至德的理想人物。这一主题思想主要体现在《中庸》第一章："天命之谓性，率性之谓道，修道之谓教。"言简意赅地揭示了中庸之道这一主题思想的核心是自我管理。

儒家"八派"

孔子一生长期从事教育活动，学生众多，有所谓"弟子三千，贤人七十"之誉。而孔子的思想学说体系所涉及的范围又相当广泛，孔门弟子对孔子言论和思想的理解不尽相同，难免会产生歧见。所以，孔子逝世以后，孔门弟子就开始逐步分化。到了战国的中后期，儒学在成为"显学"的同时，在儒家内部也形成了八个不同的派别。儒家"八派"之说，始见于《韩非子·显学》："自孔子之死也，有子张之儒，有子思之儒，有颜氏之儒，有孟氏之儒，有漆雕氏之儒，有仲良氏之儒，有孙氏之儒，有乐正式之儒。"

三纲领

三纲领就是明德、新民、至善。

"明德"是任何人都禀受于天，至灵而不污染的本性，它能够与天地相沟通。"明德"是肯定人类与生俱有灵明的德性，现在要加以彰明，使之自觉。人之行善避恶，并非社会规范所外加的义务，却有内在本然的基础。道德实

践的价值是由内而发的，人性是向善的。

“亲民”是在明晓自身本性的善德之后，帮助其他人去除污染心灵的东西，使他们同样能够达到与自己同样心灵纯洁的境界。觉悟“明德”此一天生能力之后，就须“亲民”，使自己无时无刻不在行善之途上前进。

“至善”是指心灵获得最大程度的自由，达到自然与事物发展相统一的境界。“明德”和“亲民”的一切方向是“止于至善”。以“止于至善”为方向或目标，等于是永无止境的期许。

什么是“修齐治平”

又称儒家用语。“修”，指修身；“齐”，指齐家；“治”，治国；“平”，平天下。他们以“修身”为中心，强调个人道德修养与治国、平天下的一致性，主张由近及远，由己及人，把“格物”、“致知”、“诚意”、“正心”，作为“修身”、“齐家”、“治国”、“平天下”的基础，形成封建伦理政治哲学的整个体系。这样，儒家的道德论便更加系统化、理论化，更能适应封建宗法等级制度统治的需要。

十六字心传

“人心惟危，道心惟微；惟精惟一，允执厥中。”这十六个字就是儒学乃至中国文化传统中著名的“十六字心传”。孔门儒学主张根据这十六个字去治理国家、教化人民。

“人心惟危”是说人心不可靠、潜藏危险。“危”之古字形（小象），上面是人，中间是山崖，下面是腿骨节形状，寓意临高而危，包含有危险的意思。

“道心惟微”是说道心非常微妙。“道心”乃天地自然之心。道心的微妙，可从《道德经》中得以引证：“道之为物，惟恍惟惚。惚兮恍兮，其中有象；恍兮惚兮，其中有物。”

“惟精惟一”是说领悟道心要精益求精、专一其心，要“博学、审问、慎思、明辨、笃行”。

“允执厥中”就是要真诚地遵守不偏不倚的中庸之道。“不偏之谓中；不易之谓庸。中者，天下之正道。庸者，天下之定理。”（朱熹《四书章句集注》）

老子与“道”

在中国哲学史上，“道”这一范畴为道家首先提出。春秋后期，老子最先

把"道"看作是宇宙的本原和普遍规律,成为道家的创始人。

道是过程。这是道的第一层含义。道不仅是对万事万物的系统性、整体性的概括,而且是对万事万物发展过程的高度抽象和概括。道的过程性表现为道生万物的过程,即老子说的"道生一,一生二,二生三,三生万物"。

道是本原。这是道的第二层含义。道是天地万物之母,无和有都来自道,是道的不同角度的名称。这是最为玄妙和深奥的。道作为本原,它是物质的东西,"道之为物,惟恍惟忽,其中有物,其中有精。"

道是规律。这是道的第三层含义。道是物质运动的规律,道是天地万物变化的终极原因。老子指出,"道者万物之奥",就是说,道是万事万物运动的规律,万物从道起源,又回归于道。

道是法则。这是道的第四层含义。老子把道视为必须遵循的法则,他说:"故从事于道者,道者同于道。"他要求人们要坚持、遵循道的法则。

黄老学

"黄老学"是从老子学说中分化出来的。黄指黄帝,老指老子。黄帝是中国古代传说中"人神杂糅"的人物。战国中、后期百家托古,多集于黄帝。齐宣王时黄老学已盛行于世。这就是著名的稷下学派。黄老学哲学思想的特点是:以气一元论继承和改造了老子关于"道"的思想,把"道"看成是客观存在的天地万物的总规律。稷下学派发挥了老子哲学中道中有物有精的思想,提出"精也者,气也者,气之精者也",把"精"视为一种精微的气,即精气,认为天下万物及其变化都是这种气运动、变化的结果;并强调道的客观必然性。

无为而治

"无为而治"是道家的基本思想,也是其修行的基本方法。无为而治的思想首先是由老子提出来的。无为而治,让事物按照自身的必然性自由发展,使其处于符合道的自然状态,不对它横加干涉,不以有为去影响事物的自然进程。也只有这样,事物才能正常存在,健康发展。所以在道家看来,为人处事,修心炼性,都应以自然无为为本,避免有为妄作。老子说:"是以圣人处无为之事,行不言之教。"当然,无为而治的"无为",绝不是一无所为,不是什么都不做。无为而治的"无为"是不妄为,不随意而为,不违道而为。相反,对于那种符合道的事情,则必须以有为为之。这种为不仅不会破坏事物的自然进程和自然秩序,而且有利于事物的自然发展和成长。

道法自然

老子说:"人法地,地法天,天法道,道法自然。"可见,道的最根本规律就是自然,即自然而然、本然。既然道以自然为本,那么对待事物就应该顺其自然。从老子的道论出发,其"道法自然"的思想包含着三层意义。第一是

说天地人物都有所法，第二是说天地人物都无所为，第三是说天地人物同遵守自然。换而言之，是说法则是普遍存在的，法则是不可违背的，天地万物都共同遵守一个总的法则。法自然，这是老子思想的核心，亦是道家学说的纲领。因为作为宇宙本源的道，也不能随意地作为，它亦必须遵循自然的法则。这就是说，宇宙之中的一切事物，都遵循着一个有序的规律。那么，作为宇宙之中的人类，所作所为当然也应该遵循这个统一的宇宙法则，不能脱离和违背。对此，老子强调说：大德之人的行为，都是遵循大道的自然规律。

重人贵生

重人贵生，这是道家学说中最重要的思想，亦是其最有价值的理论成果之一。从《老子》所强调的“摄生”、“贵生”、“自爱”和“长生久视”，《庄子》所说的“保生”、“全生”、“尊生”等，始终贯穿着“重人贵生”的思想传统。

“生”，指生命。它来源于自然，并与自然构成有机整体，是“精气之所集也”。人对待生命的正确态度就是“贵生”。应观察天地变化之机，分辨万物生长之利，以促进生命的发展，使万物各尽其年。在此摆脱了唯人独尊的思想，承认了各种生物的生存权利，并把护养万物、维持生命的最佳状态作为圣人的重大责任。贵生是人类之至德。贵生的方法有许多，其主要的原则是凡对于生命有害的事情都应制止，凡对生命有利的事情就去做。

齐物论

“齐物论”是庄子哲学的核心思想。它是一种齐彼此、齐是非、齐物我的相对主义理论。它改造了老子关于对立面互相转化的思想，把事物的运动、变化加以绝对化。“齐物论”认为事物无时无刻不在变移，其形态绝不固定。由于过分强调绝对运动，否定相对静止，导致否定事物质的规定性。庄子认为，一切是非之争都是对道的割裂。是非的区分是没有必要的。庄子的齐物论有见于运动的绝对性，却导致否定事物质的规定性；有见于知识的相对性，却导致否定是非标准，陷入相对主义和不可知论。

天人合一

“天人合一”的思想概念最早是由庄子阐述的。“天人合一”有两层意思：一是天人一致。宇宙自然是大天地，人则是一个小天地。二是天人相应，或天人相通。是说人和自然在本质上是相通的，故一切人事均应顺乎自然规律，达到人与自然和谐。老子说：“人法地，地法天，天法道，道法自然。”即表明人与自然的一致与相通。在道家来看，天是自然，人是自然的一部分。因此庄子说：“有人，天也；有天，亦天也。”天人本是合一的。但由于人制定了各种典章制度、道德规范，使人丧失了原来的自然本性，变得与自然不协调。人类行为的目的，便是打碎这些加于人身的藩篱，将人性解放出

来，重新复归于自然，达到一种“万物与我为一”的精神境界。

返朴归真

道教学道修道，其目的就是要通过自身的修行和修炼，使生命返复到始初的状态，道教称之为“返朴归真”。

道教认为，人原初的本性是淳朴和纯真的，是近于“道”的本性的。但由于随着年龄的增长，思虑欲念不断萌生，再加上社会环境的影响，容易蒙迷了原有的纯朴天性，若进一步嗜欲无止，将严重损害自己心性和生命健康，从此背道而驰。而学道修道，就是要使心性和生命回返到纯朴纯真的状态。这里的“朴”就是指本真，引申为“道”的质朴状态。然而，要返朴必需要抱朴，《道德经》说：“见素抱朴，少私寡欲。”即做人要淳厚，行事遵守公德，生活要俭朴，使本性慢慢返复到淳朴的状态，与道相合。

尊道贵德

在道教，人们最崇敬的是道和德。道教之所以尊道，因为“道”是道教徒信仰的主体，道教的全部信仰和修行都是以“道”为核心的。道的最高体现就是“德”，道造化万物由德来蓄养，神明可敬也是因为有最高尚的德行。所以，道教尊道贵德。对道与德的阐释，《道教义枢》这样说：“道德一体，而具二义，一而不二，二而不一。”也就是说，道和德本来就是一个整体，因为道是由德来体现的，在理义中又有差异，是可分又不能分，但又不能合而称为道。因为德不是造化之根，神明之本。但人们信道修道，必须以“德”为根基，来证道成道。

心斋

何谓“心斋”？就是要保持心的虚静，摒绝任何思虑，“虚也者，心斋也。”亦即“去知”，“黜聪明”。人的生命是有限的，而认知是无限的，想用有限的生命去追求无限的认知，就势必被弄得疲惫不堪；而疲惫不堪，自然就没有逍遥自在可言了。所以要实现逍遥游，就必须“黜聪明”，“去知”。即使每日“与物相仞相靡”，也不要去认识它，更不要去论定是非。排除一切外界干扰，消弭一切名利之念，达到“无名”、“无己”。彻底改变“人为物役”的状况，把精神从名缰利索中解脱出来。

坐忘

“坐忘”是实现“无己”和“逍遥游”的另一条途径。所谓“坐忘”，用庄子的话说就是“堕肢体”、“离形”。当然堕肢体并非真的要毁掉身体，或者是弄得缺胳膊少腿，而是要忘却自身的存在，一任脱离形骸的精神逍遥遨游。像庄子所说，“忘其肝胆，遗其耳目，反覆终始，不知端倪，茫然彷徨乎尘垢之外，逍遥乎无为之业”。忘掉自身，超越尘世，一切是非烦恼全然消失，潇洒

自在,其乐何极?可见,“忘”,是庄子解脱学说和养生观的一大法宝,它不仅要求人们忘年忘义、忘其所受,忘天忘物,总之要忘掉一切,最后连自身也要忘掉,只有“忘己之人,是之谓人于天”。

3 主张平等与博爱的墨家

兼爱

“兼爱”是战国时期墨子的主要思想。“兼爱”,即无差别的平等之爱、普遍互爱。兼爱作为一种普世价值观,涵盖了天人关系的方方面面,是墨子学说的核心,也是墨子全部救世理论的立论基础。《墨子·兼爱》指出:“圣人以治天下为事者也,不可不察乱之所自起。当察乱何自起?起不相爱。”墨子认为当时社会动乱的原因就在于人们不能兼爱。他提倡“兼以易别”,反对儒家所强调的“爱有差等”的观点。他提出“兼相爱,交相利”,把兼爱与实现人们物质利益方面的平等互利相联系,表现出对功利的重视。墨子尚贤、尚同、节用、节葬、非攻等主张均以兼爱为出发点,他希望通过提倡兼爱解决社会矛盾,这当然只是一种理想。但他批判了传统的宗法等级制度,在当时具有一定的进步性。

非攻

“非攻”就是反对一切非正义的战争。“非攻”是墨学的重要范畴,是墨子军事思想的集中体现,同时也包含着丰富的政治、哲学、科学、文化、伦理思想。

“兼爱”主张天下人互爱互利,不要互相攻击,这就必然要主张“非攻”。“非攻”即反对攻战,即“大不攻小也,强不侮弱也,众不贼寡也,诈不欺愚也,贵不傲贱也,富不骄贫也,壮不夺老也。是以天下庶国,莫以水火毒药兵刃以相害也”。当然,非攻并不等于非战,而是反对侵略战争,很注重自卫战争。自卫是反侵略的一个重要的组成部分,不自卫就会等于不反侵略。对防御战,墨子是支持的。他自己就曾经带人参加过好几次帮人守城的战争。兼爱和非攻是体和用的关系。兼爱是大到国家之间要兼相爱交相利,小到人与人之间也要兼相爱交相利。而非攻则主要表现在国与国之间。只有兼爱才能做到非攻,也只有非攻才能保证兼爱。

尚贤与尚同

“尚贤”、“尚同”是墨子的社会政治理论的核心内容。这是针对当时的

世袭贵族制度和才疏德寡的贵族官员提出来的。尚同是要求百姓与天子皆上同于天志，上下一心，实行义政。尚贤则包括选举贤者为官吏，选举贤者为天子国君。墨子要求君上能尚贤使能，即任用贤者而废抑不肖者。墨子把尚贤看得很重，以为是政事之本。他特别反对君主用骨肉之亲，对于贤者则不拘出身，提出"官无常贵，民无终贱"的主张。墨子心目中的贤良之士，就是德行忠厚、道术渊博的德才兼备之人。墨子强调尚同必须以尚贤为基础，尚贤是实行尚同的基本前提。他认为，只有贤良之士才能实现"总天下之义，以尚同于天"。由此可见，尚同和尚贤是不能分离的，尚同虽然要以尚贤为基础和前提，但尚贤需要以尚同来相辅，二者是墨子的政治理论和政治主张不可分割的重要内容。

节用

节用是墨家非常强调的一种观点，他们抨击君主、贵族的奢侈浪费，认为君主、贵族都应像古代大禹一样，过着清廉俭朴的生活。墨子要求墨者在这方面也能身体力行。节俭既是墨子的重要经济思想，又是他的一个治国方略。

面对国家贫穷、统治者奢侈浪费的情形，墨子提出了"节用"的经济对策。基于节用原则，墨子为统治者制定了衣食住行等方面的具体标准：在饮食方面，能够"增气充虚，强体适腹"就可以；在穿衣方面，能够"冬以御寒，夏以御暑"就可以；在居住方面，能够"御风寒"、"别男女之礼"就可以；在舟车方面，能够"完固轻利"、"任重致远"就可以；在蓄私方面，要"不以伤行"，即不夺人所爱。

节葬

节葬是墨子节俭思想的内在要求，也是"节用"思想的推衍。墨子反对儒家看重的久丧厚葬之俗，提倡薄葬短丧，认为"厚葬为多埋赋财"，"久丧为久禁从事"，不能富贫众寡，也不能定危治乱，不利于生人，也无利于死人。死后即葬，大家赶快各就各业，努力生产、工作，以便好好祭祀，表示孝敬父母之心。

非乐

"非乐"是墨子节俭思想的又一个重要内容，墨子认为，"儒之道足以丧天下者四政焉"，其中一政为"弦歌鼓舞，习为声乐"。所以墨子作"非乐"篇，首先反对统治者的纵情音乐，同时，也反对纵情于美色、甘味、安居等享乐。

墨子征引先王之书记载说明：若一味纵情歌舞之乐，必受上天的惩罚，导致国家的灭亡。所以古来的尧舜禹汤圣王是不刻意追求歌舞声乐的。墨子还指出，在人民饥寒并至的情况下，王公大人等统治者非但没有半点哀怜之心，反而不顾人民死活，纵情于音乐享受，这必然"厚措敛乎万民"，加重人民的负担和痛苦。而演奏音乐又需要人去欣赏，欣赏会占用人们的劳动时

间,既会占用王公大人、士君子从政的时间,又会占去一般庶民从事农业、手工业生产的时间。墨子认为统治者如此大办音乐舞蹈,等于剥夺了广大人民的衣食之财,因此必须加以反对。

天志

“天志”是墨子实现其“兼相爱,交相利”的社会理想而提出的表现形式。“天”有赏善罚的意志,“天志”规范制约人们的思想和行为,它是最好的法律,其核心是“兼相爱,交相利”。故“天志”是“爱利百姓”,“为民兴利除害”。墨子之“天志”的提出,无非是要借重当时被社会公认的“天”的至高慑服力,使得专制凶暴的统治者有所畏惧,有所收敛而已。如《天志中》所说:“天为贵、天为知而已矣”。“天子为善,天能赏之;天子为暴,天能罚之。”所以说,墨子的“天志”虽在形式上具有唯心主义倾向,但它的真正内涵,却是为了人民的实际利益。

明鬼

《墨子》有几篇讲“明鬼”。其中说,除了天帝,还有许多小一些的鬼神,他们也同天帝一样,奖赏那些实行兼爱的人,惩罚那些“交相别”的人。在《墨子·明鬼下》的开篇指出:“……是以天下乱。此其故何以然也?则皆以疑惑鬼神之有与无之别,不明乎鬼神之能赏贤而罚暴也。今若使天下之人,偕若信鬼神之能赏贤而罚暴也,则夫天下岂乱哉!”墨子认为,鬼神的惩罚是一个人有病的充足原因,而不是必要原因。

宣扬天志鬼神是墨子思想的一大特点。墨子不仅坚信鬼神其有,而且认为它们对于人间君主或贵族会赏善罚暴。由此我们应当看到,墨子明鬼的目的,主要是想借助超人间的权威以限制当时统治集团的残暴统治。

非命论

“非命论”是墨子思想中最积极合理的部分,是人类对自身力量的初步认识,表达了古代劳动者力图摆脱传统天命思想束缚的愿望。

墨子的“非命论”是从“天志”、“明鬼”的宗教思想体系发展而来的,他所反对的是充塞当时社会、麻醉人心已久的命定之说。他既坚信天帝、鬼神,但又不信命运,乍看之下,似乎是矛盾的,其实并不然。原来墨子不信命之说,正因为他深信天志,墨子以为天志欲人兼爱,不欲人相害,又以为鬼神能赏善罚暴,所以他说能顺天之志, 能中鬼之利,便可得福;不能如此,便可得祸。祸福全靠个人自己的行为,全是各人和自由意志招来的,并不由命定。墨子的非命,在积极方面,便是要人不信命而“强力从事”。这个“强”便是“命”的反对,有了这个“强”,就不会听任命运的摆布。墨子为改革社会人心、促进社会进步而强调“非命论”,为的就是“兴天下之得,除天下之害”。

三表

墨子的三表法出于《墨子・非命上》。墨子在这篇文章中批判分析了目的和现实之间的差距，最后得出了著名的三表法："故言必有三表。何谓三表？有本之者，有原之者，有用之者。于何本之？上本之于古者圣王之事。于何原之？下原察百姓耳目之实。于何用之？废以为刑政，观其中国家百姓人民之利。此所谓言有三表也。"

所谓"本之"，主要是根据前人的经验教训，其依据是求之于古代的典籍；所谓"原之"，是从普通百姓的感觉经验中寻求立论的根据。"本之"是间接经验，"原之"是直接经验，都是属于归纳法的范围。所谓"用之"，是将言论应用于实际政治，看其是否符合国家百姓人民的利益，来判断真假和决定取舍。墨子所说的"三表"既是言谈的思想标准，也包含有推理论证的因素。它是中国哲学史上较早较明确提出的真理标准。

以法治为中心的法家

好利恶害

法家认为人都有"好利恶害"或者"就利避害"的本性。韩非师从于儒家学派的最后一位大师荀子。韩非像他的老师荀子一样相信人性是恶的。但是他又与荀子不同，荀子强调人为，以之为变恶为善的手段，韩非则对此不感兴趣。在韩非和其他法家人物看来，正因为人性是人性的原样，法家的治道才有效。法家提出的治国之道，是建立在假设人性是人性的原样，即天然的恶，这个前提上；而不是建立在假设人会变成人应该成为的样子，即人为的善，这个前提上。有了这种思想，所以商鞅才得出结论："人生有好恶，故民可治也。"

不法古，不循今

在先秦诸子中，针对社会问题，儒家提倡仁爱；墨家主张兼爱；而道家则认为，仁爱和兼爱都不能救世，唯一的方法就是什么都不做，即"无为"的思想。三家激烈争论，但他们都主张回到过去。此时，主张面对未来的法家横空出世。法家学派的代表人物，是战国时期的商鞅和韩非。

法家反对保守的复古思想，主张锐意改革。他们认为历史是向前发展的，一切的法律和制度都要随历史的发展而发展，既不能复古倒退，也不能

因循守旧。商鞅明确地提出了“不法古,不循今”的主张。韩非则更进一步发展了商鞅的主张,提出“时移而治,不易者乱”,他的观点是反对复古,主张因时制宜。他把守旧的儒家讽刺为守株待兔的愚蠢之人。

法、术、势

法家是先秦各哲学流派中最后出现的一派,他们认为,每个时代的变化都有其不得不变化的原因,因此只能现实地对待当今世界。韩非尖锐地攻击儒墨之道,提出了以法治为中心的法、术、势的思想。

韩非之前,法家分三派。一派以慎到为首,主张在政治与治国方术之中,“势”,即权力与威势最为重要。一派以申不害为首,强调“术”,即政治权术。一派以商鞅为首,强调“法”,即法律与规章制度。韩非认为“不可一无,皆帝王之具也”。韩非认为:明君如天,执法公正,这是“法”;君王驾驭人时,神出鬼没,令人无法捉摸,这是“术”;君王拥有威严,令出如山,这是“势”。法、术、势三者相结合,形成了较完整的封建专制主义理论。

循名而责实

这是法家对“正名”的解释。“实”,法家是指担任政府职务的人。“名”,是这些人的头衔。君王的职责是把某项名义的职务授给某人,这项职务所要求的工作已经在相关法律中明确规定,君王只关心某个官吏是否恪尽职守,至于怎样完成工作要求,是臣子本身的事,不需要君王指导。君王要做的只是:完成任务有赏,完不成任务受罚。关键是君王如何选择合适的人去担任某项职务。

那么,君主怎么知道哪个人最适合某个职务呢?法家的回答是,也是用术就能知道。韩非说:“为人臣者陈而言,君以其言授之事,专以其事责其功。功当其事,事当其言,则赏;功不当其事,事不当其言,则罚。”这样,能者居上位,无能者被淘汰。

以法为教

韩非是战国末期韩国著名的哲学家、法家的代表人物。韩非继承和总结了战国时期法家的思想和实践,主张改革和实行法治,要求“以法为教”。法律的第一个作用就是“定分止争”,也就是明确物的所有权。其中法家代表人之一慎到就做了很浅显的比喻:“一兔走,百人追之。积兔于市,过而不顾。非不欲兔,分定不可争也。”意思是说,一个兔子跑,很多的人去追,但对于集市上的那么多的兔子,却看也不看。这不是不想要兔子,而是所有权已经确定,不能再争夺了,否则就是违背法律,要受到制裁。第二个作用是“兴功惧暴”,即鼓励人们立战功,而使那些不法之徒感到恐惧。兴功的最终目的还是为了富国强兵,取得兼并战争的胜利。

韩非强调制定了“法”，就要严格执行，任何人也不能例外，做到“法不阿贵”、“刑过不避大臣，赏善不遗匹夫”。他还认为只有实行严刑重罚，人民才会顺从，社会才能安定，封建统治才能巩固。

以法治国

法家是先秦诸子中对法律最为重视的一派。他们以主张“以法治国”的“法治”而闻名，而且提出了一整套的理论和方法。这为后来建立的中央集权的秦朝提供了有效的理论依据。

为了适应新的政治形势，法家提出了新的治国之道。照他们所说，第一个必要的步骤是立法。韩非写道：“法者，编著之图籍，设之于官府，而布之于百姓者也。”通过这些法，告诉百姓，什么应该做，什么不应该做，法一经公布，君主就必须明察百姓的行为。因为他有势，可以惩罚违法的人，奖赏守法的人。这样办，就能够成功地统治百姓，不论有多少百姓都行。

同时韩非还补充说，圣人治国，不是要人人为善，而是使人人不作恶，国家便能太平。君王治国，应着眼于大多数，而少数人无关宏旨。所以着力于执法，非立德。据此推论，君王只需掌握法律和威势就可以治民。他不需要有特殊才能和高尚道德，也不需要像儒家主张的那样，自己作出榜样，或是通过个人的影响来统治。

韩非根据当时的形势情况，主张法治，提出重赏、重罚、重农、重战四个政策。韩非提倡君权神授，自秦以后，中国历代封建王朝的治国理念都颇受韩非学说的影响。

提倡五行学说的阴阳家

阴阳家的由来

“阴阳”的概念，最早见于《易经》，“五行”的概念最早见于《尚书》，但两种观念的产生，可以追溯到更久远的年代。

到战国时代，阴阳和五行渐渐合流，形成一种新的观念模式，便是以“阴阳消息，五行转移”为理论基础的宇宙观。阴阳家是战国时期重要学派之一，因提倡阴阳五行学说，并用它解释社会人事而得名。这一学派，当源于上古执掌天文历数的统治阶层，也称“阴阳五行学派”或“阴阳五行家”。

阴阳家邹衍

邹衍，战国时期齐国人，是阴阳家的主要代表。据说做过燕昭王的老师，死于长平之战以后。他的著作有十余万言，可惜都已亡失。邹衍信奉的思想方法是“必先验小物，推而大之，至于无垠”。也就是说，从小处出发，推知更为宽广的事情。他的兴趣似乎集中在地理和历史方面。邹衍的学说，现在所留传的有“大九州说”和“五德终始说”。

阴阳学说

阴阳学说是我国古代朴素的辩证唯物的哲学思想。阴阳学说认为：自然界任何事物或现象都包含着既相互对立，又互根互用的阴阳两个方面。阴阳是对相关事物或现象相对属性或同一事物内部对立双方属性的概括。一般来说，凡是剧烈运动着的、外向的、上升的、温热的、明亮的，都属于阳；相对静止着的、内守的、下降的、寒冷的、晦暗的，都属于阴。阴阳学说认为：阴阳之间的对立制约、互根互用，并不是处于静止和不变的状态，而是始终处于不断的运动变化之中。在一定的条件下，阴和阳之间可以发生相互转化，即阴可以转化为阳，阳也可以转化为阴。

阴阳是抽象的概念而不是具体的，在《灵枢 · 阴阳系日月》中就说：“阴阳者，有名无形。”“阴”代表消极、退守、柔弱等特性和具有这些特性的事物和现象，“阳”代表积极、进取、刚强等特性和具有这些特性的事物和现象。“阴阳”的基本内容可以用八个字概括：“对立，互根，消长，转化。”

五行

“五行”，就是自然界中“金、木、水、火、土”这五类物质的运动。“五行学说”是指这五类物质的运动变化，以及它们之间的相互关系，以相生、相克作为解释事物之间相互关联及运动变化规律的说理工具。“五行学说”同“阴阳学说”一样，它也是一种哲学概念，是一种认识和分析事物的思想方法。

“五行学说”并不是说“金、木、水、火、土”这五种具体物质本身，而是指五种不同属性的抽象概念。它以“天人相应”为指导思想，以“五行”为中心，以空间结构的“五方”，时间结构的“五季”，人体结构的“五脏”为基本框架，把自然界中的各种事物，按其属性进行归纳如下：

凡具有清静、收杀特性的属于“金”。

凡具有生发、柔和特性的属于“木”。

凡具有寒冷、滋润、闭藏特性的属于“水”。

凡具有阳热、上炎特性的属于“火”。

凡具有长养、发育特性的属于“土”。

大九州学说

“大九州”这一地理观念由阴阳家邹衍提出。邹衍以前的学者想象全世界是一块大陆，四围是海，海尽处与天相接；当时的中国（包括战国七雄和若干小国）几乎就是这大陆的全部；相传这大陆曾经被夏禹划分为九州。邹衍却认为《禹贡》中所说的九州只是整个宇宙世界的一部分，在中国这个九州以外，还有另外八个和九州相同的州，这就是“大九州地理说”。

邹衍大九州学说的理论基础是阴阳五行说，他从时间与空间来推衍，顺推是五行相生说，主要讲天（大自然）；逆推的五行相胜说，主要讲人（人类社会历史）；由小推到大，由近推及远的大九州说主要讲地（地理），即中央之外，以东南西北“四极”来对应春夏秋冬“四时”，用八卦九宫之数来排列成九州，这也是他“天人合一”的宇宙观的主体思想。

大九州的地理学说对后世影响很大，第一个关于宇宙方面的传奇之书《山海经》，就是根据大九州说的方式来编排的。后来许多学说都有邹衍思想的痕迹；明代郑和下西洋与当时人们相信大九州说关系密切。现代西方关于世界的地理观念和地图知识传入中国，当时的士大夫们就是用大九州说来认知并接受的。

五德终始说

“五德终始说”又称“五德转移”。“五德”指五行的属性，即土德、木德、金德、水德、火德。按阴阳家的说法，宇宙万物与五行对应，各具其德，而天道的运行，人世的变迁，王朝的更替等，则是“五德转移”的结果。

当时的儒者又以为一年之中五行的势力轮流当盛。在某行当盛时，帝王除了需穿颜色与它相配的衣服外，还有许多应做和不应做的事项。例如仲春应当行庆施惠，禁止伐木覆巢，不应当出兵。凡帝王在一年各时中应做和不应做的事项曾被列成时间表，叫做“月令”。邹衍更把“月令”的思想推广，以为自从“天地剖判”以来的历史也是被五行的势力，即所谓“五德”轮流地支配着。在某德轮值的时代须有某种特殊的服色，某种特殊的制度和某种特殊的政治精神，和它相配。例如周属火德，故色尚赤。某德既衰，继兴的一德，必定是与前相克的；例如水克火，故水德继火德。两德交替的时间，照例有些和新德相应的符瑞出现，符瑞所在，便是新时代的主人的所在。例如周文王时，有赤乌衔着丹书，落在周社。

到邹衍时代，社会的分割动乱已经持续了很长时间，百姓都盼望统一。邹衍的五德说正好给即将兴起的新朝制造符命。这也正是“五德终始说”的作用所在。

第四章 国学典故全知道

典故这个名称，由来已久。最早可追溯到汉朝。典故中的典是典籍的意思，顾名思义，典故也可解释成典籍中的故事和词句。因此，它更书面化、正规化，是正统文学的一个分支。事实上，我们习惯把古文中一些脍炙人口的故事称之为典故，典故用很精炼的语言概括了整个故事的大概，以固定的词或短语约定俗成了下来，它们结构简练、含义丰富，有较强的表现力和感染力。

1 人物类

周公吐哺

《史记·鲁周公世家》:“周公戒伯禽曰:‘吾,文王之子,武王之弟,成王之叔父也,又相天子,吾于天下,亦不轻矣。然一沐三握发,一饭三吐哺,犹恐失天下之士。’”喻殷勤礼待贤士,或喻为政事而操心忙碌。

秦王构石

《三齐略记》:“(秦)始皇作石桥,欲过海观日出处。于时有神人,能驱石下海,城阳一山石,尽起立,嶷嶷东倾,状似相随而去。云石去不速,神人辄鞭之,尽流血。石莫不悉赤,至今犹尔。”喻造桥有如神助。

甘罗作相

《史记·甘茂传》:“甘罗者,甘茂孙也。茂既死后,甘罗年十二……始皇召见,使甘罗于赵。……甘罗还报秦,乃封甘罗以为上卿,复以始甘茂田宅赐之。”比喻少年时地位和声望就很显赫。

汉祖有歌

《史记·高祖本纪》:“(汉)高祖还归,过沛,留。置酒沛宫,悉召故人父老子弟纵酒,发沛中儿得百二十人,教之歌。酒酣,高祖击筑,自为歌诗曰:‘大风起兮云飞扬,威加海内兮归故乡,安得猛士兮守四方!’令儿皆和习之。高祖乃起舞,慷慨伤怀,泣数行下。”咏帝王,或指慷慨悲歌及治国安邦的志向。

张良筹

《史记·留侯世家》:“汉王方食,曰:‘子房前!客有为我计桡楚权者。’具以郦生语告于子房,曰:‘何如?’良曰:‘谁为陛下画此计者?陛下事去矣!’汉王曰:‘何哉?’张良对曰:‘臣请藉前箸为大王筹之。’”喻指谋划。

飞将

《史记·李将军列传》:“于是天子乃召拜李广为右北平太守。……广居右北平,匈奴闻之,号曰‘汉之飞将军’,避之数岁,……”指李广。或泛指骁勇善战的将军。

胆大姜伯约

《三国志·姜维传》："魏将士愤怒，杀钟会及（姜）维，维妻子皆伏诛。"裴松之注引《世语》："维死时见剖，胆如斗大。"姜维，字伯约。喻有胆量、勇猛。

东山谢安石

《晋书·谢安传》："征西大将军桓温清为司马，将发新亭，朝士咸送，中臣高讼戏之曰：'卿累违朝旨，高卧东山，诸人每相与言，安石不肯出，将如苍生何？苍生今亦将如卿何？'安甚有愧色。既到，温甚喜，言生平，欢笑竟日。"后谢安官至中书令、司徒等要职。指隐居。

李广不侯

《史记·李将军列传》：李广与从弟李蔡都是汉将军，"蔡为人在下中，名声出广下甚远，然广不得爵邑，官不过九卿，而蔡为列侯，位至三公。……然无尺寸之功以得封邑者，何也？岂吾相不当侯邪？且固命也？"指功劳虽大，但命运不佳，不得晋升。

太守悬鱼

《后汉书·羊续传》："时权豪之家多尚奢丽，（羊）续深疾之，常敝衣薄食，车马羸败。府丞尝献其生鱼，续受而悬于庭；丞后又进之，续乃出前所悬者以杜其意。"指为官清廉。

陆贾分金

《史记·陆贾列传》：孝惠帝时，吕后专权，陆贾"自度不能争之，乃病免家居。以好畤田地善，可以家焉。有五男，乃出所使越得橐中装卖千金，分其子，子二百金，令为生产。陆生常安车驷马，从歌舞鼓琴瑟侍者十人，宝剑直百金，谓其子曰：与汝约，过汝，汝给吾人马酒食，极欲，十日而更。所死家，得宝剑车骑侍从者。"指官吏退休后安排家业，分发钱财。

征黄霸

《汉书·黄霸传》："（黄霸）外宽内明，得克民心，户口岁增，治为天下第一。一征京兆尹，秩二千石。……后数月，征霸为太子太傅、迁御史大夫。"指地方官政绩优良而受征召为京官。

京兆田郎

《仨辅决录·田凤》："长陵田凤。字季宗、为尚书郎。仪貌端正，人奏事，灵帝目送之，因题根柱曰：'堂堂乎张，京兆田郎。'"借指仪表出众的官吏。

京兆画蛾眉

《汉书·张敞传》："（张）敞为京兆……为妇画眉，长安中传张京兆眉

忤。有司以奏敞，上问之，对日：‘臣闻闺房之内，夫妇之私，有过于画眉者。’上爱其能，弗备责也。”咏夫妇间风流情好。

九方皋

《列子·说符》：伯乐推荐九方皋为秦穆公访求骏马。九方皋向穆公报告找到一匹好马“牝而黄”，牵来一看，则是“牡而骊”。伯乐对此大加赞赏：“视其所视，而遗其所不视，若皋之相马，乃有贵乎马者也。”咏马，亦指鉴识人才不可拘于细节。

田横

《史记·田儋列传》：“田横惧诛，而与其徒属五百余人人海，居岛中……遂自刭，令客奉其头，从使者驰奏之高帝。”“闻其余尚五百人在海中，使使召之。至则闻田横死，亦皆自杀。”咏悲壮勇武之士。

冯妇

《孟子·尽心下》：“晋人有冯妇者，善搏虎，卒为善士；则之野，有众逐虎，虎负隅，莫之敢撄。望见冯妇，趋而迎之。冯妇攘臂下车，众皆悦之，其为士者笑之。”喻勇猛之人，或喻打虎之人。

江夏黄童

《东观汉记·黄香传》：“（黄香）年十二，博览传记，家业虚贫，衣食不赡。舅龙乡侯为作衣被，不受。帝赐香《淮南》、《孟子》各一通，诏令诣东观读所未尝见书，谓诸王日：‘此日下无双江夏黄童也……京师号曰‘天下无双国士’。”指才华出众者。

高阳酒徒

《史记·郦陆贾列传》：“郦生食其者，陈留高阳人也。”“县中皆谓之狂生。沛公引兵过陈留，郦生踵军门上谒曰……‘走，复人言沛公，吾高阳酒徒也，非儒人也！”喻指狂放而好饮酒者。

弃瓢翁

汉蔡邕《琴操·箕山操》：“许由者，古之贞固之士也，尧时为布衣，夏则巢居，冬则穴处，饥则仍（依）山而食，渴则仍河而饮，无杯器，常以手捧水而饮之。人见其无器，以一瓢遗之，由操饮毕，以瓢挂树，风吹树动，历历有声，由以为烦扰，遂取损之。”指高人与世无争。

朝歌屠叟

《尉缭子·武议》：“太公望（姜子牙）年七十，屠牛朝歌，卖食盟津，……及遇文王，则提三万之众，一战而天下定。”喻未被赏识的贤德之士。

颜回

《论语·雍也》：“子曰：‘贤哉，回也！一箪食、一瓢饮，在陋巷，人不堪其

忧,回也不改其乐。贤哉,回也!’”指有修养、能安于贫困生活的贤才。

飞燕

《汉书·孝成赵皇后传》:“幸成赵皇后,本长安宫人,初生时,父母不举,三日不死,乃收养之。及壮,属阳阿主家,学歌舞,号曰‘飞燕’”。喻指宫妇或歌女。

无盐

汉刘向《新序·杂事之二》:“齐有妇人极丑无双,号曰‘无盐女’。其为人也,臼头深目,长指大节,昂鼻结喉,肥项少发,折腰出胸,皮肤若漆。”喻丑女。

郑婢

《世说新语·文学》:“郑玄家奴婢皆读书。尝使一婢,不称旨,将挞之。方自陈说,玄怒,使人曳着泥中。须臾,复有一婢来,问曰:‘胡为乎泥中?’答曰:‘薄言往愬,逢彼之怒。’”指仆婢有学问。

春梦婆

宋代赵令峙《侯鲭录》:“东坡老人(苏轼)在昌化,尝负大瓢,行歌于田间。有老妇年七十,谓坡云:‘内翰昔日富贵,一场春梦。’坡然之。里中呼此媪为春梦婆。”喻好景不长。

素女

《史记·封禅书》:“太帝使素大鼓五十弦瑟,悲,帝禁不止,故破其瑟为二十五弦。”咏音乐曲调悲哀,或喻妇女心情哀怨。

徐妃半面妆

《南史·梁元帝徐妃传》:“徐妃以帝眇一目,每知帝将至,必为半面妆以俟,帝见则大怒而出。”喻仅及一半,未得全貌。

徐娘

《南史·梁元帝徐妃传》:徐妃常与人淫通,“季江每叹曰:‘柏直狗虽老犹能猎,萧傈阳马虽老犹骏,徐娘虽老犹尚多情。’”喻年纪虽大但风韵犹存的妇女。

谢女

《世说新语·言语》:“谢太傅寒雪日内集,与儿女讲论文义,俄而雪骤,公欣然曰;‘白雪纷纷何所似?’兄子胡儿曰:‘撒盐空中差可拟。’兄女曰:‘未若柳絮因风起。’公大笑乐。咏才女。

吴下阿蒙

《三国志·吕蒙传》:“后鲁肃上代周瑜,过(吕)蒙言议,常欲受屈。肃拊蒙背曰:‘吾谓大弟但有武略耳,至于今者,学识英博,非复吴下阿蒙。’蒙

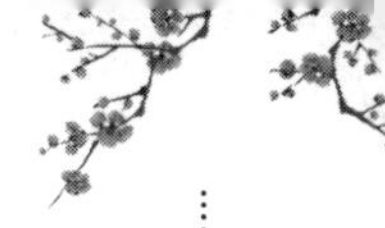

曰：‘士别三日，即更刮目相待。’”指人平庸。

2 人体类

长头

《后汉书·贾逵传》：“（贾逵）身长八尺二寸，诸儒为之语曰：‘问事不休贾长头。’”《梁书·范岫传》：“南乡范云谓人曰：‘诸君进止威仪，当问范长头。’以岫多识前代旧事也。”喻博学之士。

头似笔

《魏书·古弼传》：“世祖大阅，将校猎于河西。弼留守，诏以肥马给骑人，弼命给弱者。世祖大怒曰：‘尖头奴，敢裁量朕也！朕还台，先斩此奴。’弼头尖，世祖常名之曰‘笔头’，是以时人呼为‘笔公’。”指人忠直耿介。

潘鬓

晋潘岳《秋兴赋·序》：“晋十有四年，余春秋三十有二，始见二毛。”喻指年岁蹉跎。

凿窍

《庄子·应帝王》：“南海之帝为倏，北海之帝为忽，中央之帝为浑沌。倏与忽时相遇于浑沌之地，浑沌待之甚善。倏与忽谋报浑沌之德，日：‘人皆有七窍，以视听食息，此独无有，尝试凿之。’日凿一窍，七日而浑沌死。”喻破坏自然，改变原貌。

白眉

《三国志·马良传》：“马良，字季常，襄阳宜城人也。兄弟五人，并有才名。乡里为之谚曰：‘马氏五常，白眉最良。’良眉中有白毛，故以称之。”喻指兄弟中最出色者，或指人中俊杰。

齐眉

《后汉书·梁鸿传》：“遂至吴，依大家皋伯通，居庑下，为人赁舂。每归，妻为具食，不敢于鸿前仰视，举案齐眉。”指夫妻间互敬互爱。

远山眉

《西京杂记》：“文君姣好，眉色如望远山，脸际常若芙蓉，肌肤柔滑如脂，十七而寡，为人放诞风流，故悦长卿之才而越礼焉。”喻女子貌美。

察眉

《列子·说符》:"晋国苦盗。有郄雍者,能视盗之貌,察其眉睫之间,而得其情。晋侯使视盗,千百无遗一焉。"指察看人的面容便知实情。

青眼

《晋书·阮籍传》:"(阮)籍又能为青白眼,见礼俗之士,以白眼对之。及嵇喜来吊,籍作白眼,喜不怿而退。喜弟康闻之,乃赍酒挟琴造焉,籍大悦,乃见青眼。"喻对人看重或喜爱,亦指知己。

宋聋

《左传·宣公十四年):"楚子使申舟聘于齐,曰'无假道于宋'。亦使公子冯聘于晋,不假道于郑。申舟以孟诸之役恶宋,曰:'郑昭,宋聋,晋使不害,我则必死。'"喻指不明事理,或指耳聋。

舌耕

《拾遗记》:"(贾逵)经史遍通,于闾里每有观者,称云振古无伦。门徒来学,不远万里,或襁负子孙,舍于门侧。皆口授经文,赠献者积粟盈仓。或云:'贾逵非力耕所得,诵经舌倦,世所谓舌耕也。'"指以教书谋生。

刺舌

《隋书·贺若弼传》:"父敦,以武烈知名,仕周为金州总管,宇文护忌而害之。临刑,呼(贺若)弼,谓之曰:'吾必欲平江南,然此心不果,汝当成吾志。且吾以舌死,汝不可不思。'因引锥刺弼舌出血,诫以慎口。"喻出言谨慎。

道肥

《韩非子·喻老》:"子夏见曾子。曾子曰:'何肥也?'对曰;'战胜故肥也。'曾子曰:'何谓也?'子夏曰:'吾入见先王之义则荣之,出见富贵之乐又荣之,两者战于胸中,未知胜负,故臞陷。今先王之义胜,故肥。'是以志之难也,不在胜人,在自胜也。"喻指修身养性而使心绪安宁。

刘伶鸡肋

《晋书·刘伶传》:"(刘伶)尝醉与俗人相忤,其人攘袂奋拳而往。伶徐曰:'鸡肋不足以安尊拳。'其人笑而止。"喻身体瘦弱,不堪一击。

董卓脐

《后汉书·董卓传》:董卓被王允设计诛杀后"乃尸卓于市。天时始热,卓素充肥,脂流于地。守尸吏燃火置卓脐中,光明达曙,如是积日。"指恶人遭报应。

髀肉

《三国志·蜀志》:"备住荆州数年,尝于表坐起至厕,见髀里肉生,慨然

流涕。还坐，表怪问备，备曰：‘吾尝身不离鞍，髀肉皆消。今不复骑，髀里肉生。日月若驰，老将至矣，而功业不建，是以悲耳。’”喻因生活安逸而无所作为。

苌弘血

《庄子·外物》：“苌弘死于蜀，藏其血，三年化而为碧。”喻志士捐躯。

玉壶盛泪

晋王嘉《拾遗记·魏》：“文帝所爱美人姓薛名灵芸，常山人也。……灵芸闻别父母，歔欷累日，泪下霑衣。至升车就路之时，以玉唾壶承泪，壶则红色。既发常山，及至京师，壶中泪凝如血。”指妇人哀伤落泪。

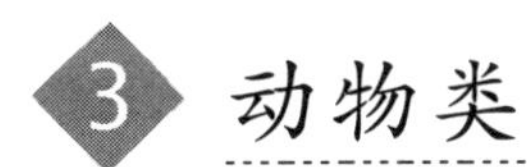

3 动物类

伯奇掇蜂

《太平御览》：“尹吉甫子伯奇至孝事后母。母取蜂去毒，系于衣上，伯奇前欲去之，母便大呼曰：‘伯奇牵我。’吉甫见疑之，伯奇自死。”指受人诬陷，父子反目。

床下蚁

《世说新语·纰漏》：“殷仲堪父病虚悸，闻床下蚁动，谓是牛斗。”指身体虚弱。

悬虱如轮

《列子·汤问》：纪昌学射于飞卫，飞卫命他先学视，要做到视小如大，视微如著。“昌以毫悬虱于牖南面而望之，旬日之间浸大也。三年之后如车轮焉，以睹余物，皆丘山也。乃以燕角之弧，朔蓬之簳射之，贯虱之心而悬不绝。”指勤学苦练或技艺高超。

釜中鱼

《后汉书·范冉传》：范冉字史云，为莱芜长。“所止单陋，有时粮粒尽，穷居自若，言貌无改，闾里歌之曰：‘甑中生尘范史云，釜中生鱼（蠹鱼）范莱芜。’”咏生活清贫。

骊龙

《庄子·列御寇》：“河上有家贫恃纬萧而食者，其子没于渊，得千金之珠。其父谓其子曰：‘取石来。锻之！夫千金之珠，必在九重之渊而骊龙颔

下。子能得珠者，必遭其睡也。使骊龙而寤，子尚奚微之有哉？'"喻宝物。

王祥鲤

晋干宝《搜神记》卷："（王祥）母常欲生鱼，时天寒冰冻，祥解衣，将剖冰求之，冰忽自解，双鲤跃出，持之而归。"指孝事父母，或咏鱼。

支床龟

《史记·龟策列传》："南方老人用龟支床足，行二十余岁，老人死，移床，龟尚生不死。"喻壮志未酬，蛰居待时；或喻隐逸。

龟藏六

《阿含经》："有龟被野干所包，藏六而不出，野干怒而舍去。佛告诸比丘：'当如龟藏六，自藏六根，魔不得便。'"喻为避祸而不出头。

钓鳌

《列子·汤问》："龙伯之国有大人，举足不盈数步而暨五山之所，一钓而连六鳌，合负而趣归其国。"喻事业非凡。

鳌足

《淮南子·览冥训》："往古之时，四极废，九州裂，天不兼覆，地不周载……于是女娲炼五色石以补苍天，断鳌足以立四极，杀黑龙以济冀州，积芦灰以止淫水。苍天补，四极正，淫水涸，冀州平，狡虫死，颛民生。"喻指对社会有重大贡献。

春蚓秋蛇

《晋书·王羲之传》："（萧）子云近世擅名江表，然仅得成书，无丈夫之气，行行若索春蚓，字字若绾秋蛇。"喻书法拙劣。

蜗角

《庄子》："有国于蜗之左角者，曰触氏；有国于蜗之右角者，曰蛮氏。时相与争地而战，伏尸数万，逐北，旬有五日而后反。"喻无谓之争。

水中蟹

《晋书·解系传》："及张华、裴頠之被诛也。（赵王）伦、（孙）秀以宿憾收系兄弟。梁工肜救系等。伦怒曰：'我于水中见蟹且恶之，况此人兄弟轻我邪！此而可忍，孰不可忍！'"喻报仇心切，或喻愤怒。

短狐

《春秋·庄公十八年》："秋，有'蜮'。"杜预注："'蜮'，短狐也，盖以含沙射人为实。"指阴谋中伤。

戏五禽

《后汉书·华佗传》："（华）佗语（吴）普曰：'人体欲得劳动，但不当使极耳。……

吾有一术，名五禽之戏：一曰虎，二曰鹿，三曰熊，四曰猿，五曰鸟。亦以除疾，兼利蹄足，以当导引。体有不快，起作一禽之戏，怡而汗出，因以著粉，身体轻便而欲食。'”指健身或消闲的运动。

鲁禽

《庄子·至乐》：“昔者海鸟止于鲁郊，鲁侯御而觞之于庙，奏九韶以为乐，具太牢以为膳。鸟乃眩视忧悲，不敢食一脔，不敢饮一杯，三日而死。此以己养养鸟也，非以鸟养养鸟也。”喻任性旷达之人。

凤采珠实

《艺文类聚》：“吾闻南方有鸟，其名为凤，所居积石千里，天为生食，其树名琼枝，高百仞，以璆琳、琅玕为实。天又为生离珠，一人三头，递卧递起，以伺琅玕。”喻志向高洁。

镜中鸾

《艺文类聚》：“昔罽宾王结罝峻卯之山，获一鸾鸟。王甚爱之，欲其鸣而不能致也。乃饰以金樊，飨以珍馐，对之愈戚，三年不鸣。其夫人曰：‘尝闻鸟见其类而后鸣，何不悬镜以映之？’王从其意，鸾睹形悲鸣，哀响中霄，一奋而绝。”喻夫妻生死离别、孤独悲哀。

苍鹰

《史记·酷吏列传》：“郅都迁为中尉。丞相条侯至贵据也，而都揖丞相。是时民朴，畏罪自重，而都独先严酷，致行法不避贵戚，列侯宗室见都侧目而视，号曰‘苍鹰’。”指官吏不畏权贵，执法严明。

辽东鹤

晋陶潜《搜神后记》：“丁令威，本辽东人，学道于灵虚山。后化鹤归辽，集城门华表柱。时有少年，举弓欲射之。鹤乃飞，徘徊空中而言曰：‘有鸟有鸟丁令威，去家千年今始归。城郭如故人民非，何不学仙冢累累。’遂高上冲天。今辽东诸丁云其先世有升仙者，但不知名字耳。”喻久别重归而叹世事变迁，或喻人去世，或指鹤。

扬州鹤

《殷芸小说》：“有客相从，各言所志，或愿为扬州刺史，或愿多赀财，或愿骑鹤上升。其一人曰：‘腰缠十万贯，骑鹤上扬州。’”指愿望、志向不切实际，或指得意之极。

轩鹤

《左传·闵公二年》：“冬十二月，狄人伐卫。卫懿公好鹤，鹤有乘轩者。将战，国人受甲者皆曰，‘使鹤，鹤实有禄位，余焉能战？’”借指空有官爵俸禄而不能当事者。

唳鹤

《世说新语·尤悔》:"陆平原河桥败,为卢志所谗,被诛,临刑叹曰:'欲闻华亭鹤唳,可复得乎?'"表示悔恨,或指眷恋乡土之情。

嵇鹤

《世说新语·容止》:"有人语王戎曰:'嵇延祖卓卓如野鹤之在鸡群。'答曰:'君未见其父耳。'"喻指人才出众。

雕陵鹊

《庄子·山木》:"庄周游于雕陵之樊,睹一异鹊自南方来者,翼广七尺,目大运寸,感周之颡而集于栗林。庄周曰:'此何鸟哉,翼殷不逝,目大不睹?'蹇裳躩步,执弹而留之。睹一蝉,方得美荫而忘其身;螳螂执翳而搏之,见得而忘其形;异鹊从而利之。见利而忘其真。庄周怵然曰:'噫!物固相累,二类相召也。'"指一物降一物或暗中伤人。

吴宫燕

《越绝书》:"西官在长秋,周一里二十六步。秦始皇帝十一年,守宫者照燕,失火烧之。"喻无辜受害者。

乌头

《燕丹子》:"燕太子丹质于秦,秦王遇之无礼,不得意,欲求归,秦王不听。谬言曰:'令乌白头、马生角乃可许耳。'丹仰天叹,乌即白头,马生角,秦王不得已而遣之。"喻处境困难,或喻不可能之事。

半夜鹅

《新唐书·李愬传》:李愬想夜袭蔡州,"行七十里,夜半至悬瓠城,雪甚,城旁皆鹅鹜池,愬令击之,以乱军声"。终破蔡州,俘吴元济。喻有谋略。

换鹅

《晋书·王羲之传》:"……山阴有一道士,养好鹅,羲之往观焉,意甚悦,固求市之。道士云:'为写《道德经》,当举群相赠耳。'羲之欣然写毕,笼鹅而归,甚以为乐。"喻以自己的高才绝技换取心爱之物,或喻书法作品高妙。

鲁郊麟

《左传·哀公十四年》:"十四年春,西狩于大野,叔孙氏之车子鉏商获麟,以为不祥,以赐虞人。仲尼观之,曰:'麟也。'然后取之。"指感叹生不逢时。

三人成虎

《战国策·魏策》:"庞葱与太子质于邯郸,谓魏王曰:'今一人言市有虎,王信之乎?'王曰:'否。''二人言市有虎,王信之乎?'王曰:'寡人疑之矣。''三人言市有虎,王信之乎?'王曰:'寡人信之矣。'庞葱曰:'夫市之无虎明

矣，然而三人言而成虎。'"指谣言惑众。

射虎

《史记·李将军列传》：李广射猎，"见草中石，以为虎而射之，中石没镞，视之石也。因复更射之，终不能复入石矣"。指武将勇猛。

隐豹

汉刘向《列女传·陶答子妻》："（陶答子）妻言：'妾闻南山有玄豹，雾雨七日而不下食者，何也？欲以泽其毛而成文章也，故藏而远害。犬彘不择食以肥其身，坐而须死耳。'"喻隐居而全身远害。

风马牛

《左传·僖公四年》："四年春，齐侯以诸侯之师侵蔡。蔡溃，遂伐楚。楚子使与师言曰：'君处北海，寡人处南海，惟是风马牛不相及也，不虞君之涉吾地也，何故？'"指事物间毫不相干。

狐鼠

《晋书·谢鲲传》："及（王）敦将为逆，谓谢鲲曰：'刘隗奸邪，将危社稷。吾欲除君侧之恶，匡主济时，何如？'对曰：'隗诚始祸，然城狐社鼠也。'敦怒曰：'君庸才，岂达大理。'出鲲为豫章太守，又留不遣，藉其才望，逼与俱下。"喻指恶人倚仗势力，不便消灭。

狗尾续貂

《晋书·赵王伦传》："（赵王伦）乃僭帝位……其余同谋者咸超阶越次，不可胜纪，至于奴卒厮役亦加以爵位。每朝会，貂蝉盈坐，时人为之谚曰：'貂不足，狗尾续。'"喻指以次续好。

指鹿为马

《史记·秦始皇本纪》："赵高欲为乱，恐群臣不听，乃先设验，持鹿献于二世，曰：'马也。'二世笑曰：'丞相误邪？谓鹿为马。'问左右，左右或默，或言马以阿顺赵高。或言鹿，高因阴中诸言鹿者以法。后群臣皆畏高。"喻指诬陷或颠倒是非。

4 植物类

楚昭萍

汉刘向《说苑·辨物》："楚昭王渡江，有物如斗，直触王舟，止于舟中。

昭王大怪之，使聘问孔子。孔子曰：'此名萍实，令剖而食之。惟霸王者能获之，此吉祥也。'"喻吉祥之物，或喻珍贵果品。

甘芹

《列子·杨朱》："昔人有美戎菽、甘枲茎、芹萍子者，对乡豪称之。乡豪取而尝之，蜇于口、惨于腹，众哂而怨之，其人大惭。"喻情意真挚。

楚相拔葵

《汉书·董仲舒传》："公仪子相鲁，之其家见织帛，怒而出其妻；食于舍而茹葵，愠而拔其葵，曰：'吾已食禄，又夺园夫红女利乎？'"指为官者不与民夺利。

东陵瓜

《史记·萧相国世家》："召平者，故秦东陵侯。秦破，为布衣，贫，种瓜于长安城东，瓜美，故世俗谓之'东陵瓜'，从召平以为名也。"指隐逸。

飘麦

《后汉书·高凤传》："高凤字文通，南阳叶人也。少为书生，家以农商为业，而专精诵读，昼夜不息。妻尝之田，曝麦于庭，令凤护鸡。时天暴雨，而凤持竿诵经，不觉潦水流麦。妻还怪问，凤方悟之。"咏勤学。

河阳一县花

唐白居易《白帖》："潘岳为河阳令，满植桃李花，人号曰'河阳一县花'。"用作咏花之词，或喻地方之美或地方官善于治理。

解语花

五代王仁裕《开元天宝遗事·解语花》："明皇秋八月，太液池有千叶白莲数枝盛开，帝（唐玄宗）与贵戚宴赏焉。左右皆叹羡，久之，帝指（杨）贵妃示于左右曰：'争如我解语花？'"喻美人聪慧可人。

陇头梅

南朝来盛弘《荆州记》："陆凯与范晔相善，自江南寄梅花一枝，诣长安与晔，并赠花诗曰：'折花逢驿使，寄与陇头人。江南无所有，聊赠一枝春。'"咏对朋友的思念之情，亦咏梅花。

大夫松

《史记·秦始皇本纪》："始皇泰山封禅，'下，风雨暴至，休于树下，因封其树为五大夫'。"咏松树，或喻受恩遇。

王恭柳

《晋书·王恭传》："（王）恭美姿仪，人多爱悦，或目之云：'濯濯如春月柳。'尝被鹤氅裘，涉雪而行，孟昶窥见之。叹曰：'此真神仙中人也！'"指人物品貌出众。

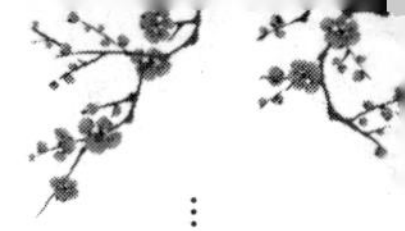

五株柳

晋陶潜《五柳先生传》:“先生不知何许人也,亦不详其姓字,宅边有五柳树,因以为号焉。”喻指隐者。

张绪柳

《南史·张绪传》:“(张)绪吐纳风流,听者皆忘饥疲,见者肃然如在宗庙。……刘俊之为益州,献蜀柳数株、枝条甚长,状若丝缕。时旧宫芳林苑始成,武帝以植于太昌灵和殿前,常赏玩咨嗟,曰:‘此杨柳风流可爱,似张绪当年时。’”指人谈吐风流,举止儒雅。

陶公柳

《晋书·陶侃传》:“(陶侃)尝课诸营种柳,都尉夏施盗官柳植之于己门。侃后见,驻车问倒:‘此是武昌西门前柳,何因盗来此种?’施惶怖谢罪。”咏柳,或喻军纪严明。

道旁李

《世说新语·雅量》:“王戎七岁,尝与诸小儿游,看道边李树多子折枝,诸儿竞走取之,唯戎不动。人问之,答曰:‘树在道边而多子,此必苦李。’取之信然。”喻指弃用或退隐。

东堂桂树

《晋书·郤诜传》:“(郤诜)累迁雍州刺史。武帝于东堂会送,问诜曰:‘卿自以为何如?’诜对曰:‘臣举贤良对策,为天下第一,犹桂林之一枝,昆山之片玉。’帝笑。”喻指科举及第。

斗酒双柑

唐冯贽《云仙杂记》卷二:“戴颙春携双柑斗酒,人问何之,曰:‘往听黄鹏声。’”指春游食物。

陆绩橘

《三国志·吴志》:“绩年六岁,于九江见袁术。术出橘,绩怀三枚,去,拜辞堕地,术谓曰:‘陆郎作宾客而怀橘乎?’绩跪答曰:‘欲归遗母。’术大奇之。”咏孝顺。

杜栎

《庄子·人间世》:匠石之齐,见大栎树,“散木也,以为舟则沈,以为棺椁则速腐,以为器则速毁,以为门户则液樠,以为柱则蠹,是不材之木也,无所可用,故能若是之寿”。喻能全身处世之人。

龙竹

晋葛洪《神仙传·壶公》:“费长房从壶公学仙,辞归,忧不得到家。公以一竹枝与之曰:‘但骑此得到家耳。’房骑竹杖辞去,忽如睡觉,已到家……所

骑竹杖弃葛陂中，视之，乃青龙耳。”喻得道成仙，或指竹杖。

竹头

《晋书·陶侃传》：“时造船，木屑及竹头悉令举掌之，咸不解所以。后正会，积雪始晴，听事前余雪犹湿，于是以屑布地。及桓温代蜀，又以（陶）侃所贮竹头作丁装船。其综理微密，皆此类也。”指节俭而善于利用废物。

孟笋

《三国志·吴志》：“（孟）宗母嗜笋，冬节将至，时笋尚未生，宗入竹林哀叹，而笋为之出，得以供母。皆以为至孝之所致感。”喻孝亲。

安期枣

《史记·禅书》：“尝游海上，见安期生。安期生食巨枣，大如瓜。安期生仙者，通蓬莱中，合则见人，不合则饮。”仙果，或称美瓜果。

5 器物类

范叔袍

《史记·范睢传》：范睢先事魏中大夫须贾，反受须贾怀疑，被魏相舍人毒打，几死，后贿赂看守而逃出。于是改名张禄，入秦为相。须贾出使秦国，范睢装扮成穷人会见他。“须贾意哀之，留与坐饮食，曰：‘范叔一寒如此哉！’乃取其一绨袍以赐之。”指贫困时所受帮助。

季子裘

《战国策·秦策》：苏秦（字季子）“说秦王书十上而说不行。黑貂之裘敝，黄金百斤尽，资用泛绝，去秦而归。羸滕（裹着绑腿布）履蹻（穿着草鞋），负书担橐，形容枯槁，面目犁黑，状有归色。”咏人奔波劳碌。

晏裘

《礼记·檀弓下》：“晏子一狐裘，三十年。”指生活节俭。

羊欣白练裙

《宋书·羊欣传》：“（羊）欣时年十二，时王献之为吴兴太守，甚知爱之。献之尝夏月入县，欣着新绢裙昼寝，献之书裙数幅而去。欣本工书，因此弥善。”咏书法，或喻互相雅慕。

缟带

《左传·襄公二十九年》：吴公子礼“聘于郑，见子产，如旧相识。与之缟

带，子产献纻衣焉”。指友人间馈赠物品。

折角巾

《后汉书·郭太传》：“（郭太）身长八尺，容貌魁伟，褒衣博带，周游郡国。尝于陈梁间行遇雨，巾一角垫，时人乃故折巾一角，以为‘林宗巾’。其见慕皆如此。”指文人风流儒雅。

辽东帽

《三国志·管宁传》：“（管）宁常着皂帽、布襦袴、布裙，随时单复，出入闺庭，能自任杖，不须扶持。四时祠祭，辄自力强，改加衣服，着絮巾，故在辽东所有白布单衣，亲荐馔馈，跪拜成礼。”指清高，有操守；或喻隐居不仕。

侧帽

《周书·独孤信传》：“（独孤）信在秦州，尝因猎，日暮，驰马入城，其帽微侧。诘旦，而吏民有戴帽者，咸慕信而侧帽焉。其为邻境及士庶所重如此。”喻风流自赏。

着帽

《晋书·谢安传》：“（桓）温后诣（谢）安，值其理发。安性迟缓，久而方罢，使取帻。温见，留之曰：‘令司马着帽进。’其见重如此。”指敬重贤才。

仲由缨

《左传·哀公十五年》：“石乞、盂黡敌子路，以戈击之。断缨。子路曰：‘君子死，冠不免。’结缨而死。”咏慷慨赴死。

东郭履

《史记·滑稽列传》：“东郭先生久待诏公车，贫困饥寒，衣敝，履不完。行雪中，履有上无下，足尽践地。道中人笑之，东郭先生应之曰：‘谁能履行雪中，令人视之，其上履也，其履下处乃似人足者乎？’”指生活贫困。

阮家屐

《世说新语·雅量》：“阮遥集好屐，……或有诣阮，见自吹火蜡屐。因叹曰：‘未知一生当着几量屐！’神色闲畅。”喻指特别爱好。

文君酒

《史记·司马相如列传》：“（司马）相如与俱之临邛，尽卖其车骑，买一酒舍酤酒，而令文君当垆。相如身自着犊鼻裈，与保佣杂作，涤器于市中。”咏酒或情爱。

持杯擘蟹

《世说新语·任诞》：“毕茂世云：‘一手持蟹螯，一手持酒杯，拍浮酒池中，便足了一生。’”指喝酒，或喻放浪不羁。

曹参酒

《史记·曹相国世家》："（曹）参代（萧）何为汉相国，举事无所变更，一遵萧何约束。……日夜饮醇酒。卿大夫已下吏及宾客见参不事事，来者皆欲有言。至者，参辄饮以醇酒，间之。欲有所言，复饮之；醉而后去，终莫得开说，以为常。"指丞相或官吏无为而治。

千斛米

《晋书·陈寿传》："或云丁仪、丁廙有盛名于魏，（陈）寿谓其子曰：'可觅千斛米见与，当为尊公作佳传。'丁不与之，竟不为立传。"喻指为身后留名而行贿索贿。

莼菜羹

《世说新语·言语》："陆机诣王武子，武子前置数斛羊酪，指以示陆曰：'卿江东何以敌此？'陆云：'有千里莼羹，但未下盐豉耳！'"喻家乡美味，多怀思乡之情。

季鹰杯

《晋书·张翰传》："（张）翰任心自适，不求当世。或谓之曰：'卿乃可纵适一时，独不为身后名邪？'答曰：'使我有身后名，不如即时一杯酒。'时人贵其旷达。"喻为人旷达。

魏王瓠

《庄子·逍遥游》："惠子谓庄子曰：魏王贻我大瓠之种，我树之成而实五石。以盛水浆，其坚不能自举也。剖之以为瓢，则瓠落无所容。非不呺然大也。吾为其无用而掊之。"谦称自己才能差。

堕甑

《后汉书·郭太传》："（孟敏）客居太原。荷甑（炊具）墯（堕）地，不顾而去。林宗（郭太）见而问其意。对曰：'甑以破矣，视之何益？'林宗以此异之，因劝令游学。十年知名，三公俱辟，并不屈云。"指人洒脱大度，对已犯错误不加计较。

青毡

《晋书·王献之传》："（王献之）夜卧斋中，而有偷人入其室，盗物都尽。献之徐曰：'偷儿，青毡我家旧物，可特置之。'群偷惊走。"喻先祖遗物，或喻旧业。

荀令香

《太平御览》："荀令君（彧）至人家，坐处三日香。"喻奇异香味，或喻人风仪高雅。

金针

唐冯翊子《桂苑丛谈·史遗》:"(采娘)七夕夜陈香筵祈于织女。是夕梦云舆雨盖,蔽空驻车,命采娘曰:'吾织女,祈何福?'曰:'愿丐巧耳。'乃造一金针,长寸余,缀于纸上,置裙带中,令三日勿与,汝当奇巧。"指诀窍。

九重门

宋玉《九辩》:"岂不郁陶而思君兮,君之门以九重。"王逸注:"君门深邃,不可至也。"喻指皇宫。

夫子墙

《论语·子张》:"叔孙武叔语大夫于朝曰:'子贡贤于仲尼。'子服景伯以告子贡。子贡曰:'譬之宫墙,赐之墙也及肩,窥见室家之好。夫子之墙数仞,不得其门而入,不见宗庙之美,百官之富。得其门者或寡矣。夫子之云,不亦宜乎!'"指道德学问高深莫测。

墨翟突

《淮南子·修务训》:"孔子无黔突(深灶),墨子无暖席。"后又多言"孔子无暖席,墨子无黔突"。指忙碌。

长者车

《史记·陈丞相世家》:"(张)负随(陈)平至其家,家乃负郭穷巷,以弊席为门,然门外多有长者车辙。"咏贫寒而有才者。

鼓车

《后汉书·循吏传序》:"建武十三年,异国有献名马者,日行千里,又进宝剑,贾(价)兼百金。诏以马驾鼓车,剑赐骑士。"指大材小用。

埋轮

《后汉书·张纲传》:"汉安元年,选遣八使徇行风俗,皆言儒知名,多历显位,唯纲年少,官次最微。余人受命之部,而纲独埋其车轮于洛阳都亭,曰:'豺狼当路,安问狐狸!'遂奏弹大将军梁冀及其弟梁不疑,京师为之震惊。"咏官吏不畏权贵,勇于斗争。

盖倾

《孔丛子·杂训》:"子思曰:'然吾昔从夫子于郯,遇程子于途,倾盖而语,终日而别,命子路将束帛赠焉,以其道同于君子也。'"喻同道相交。

阿堵

《世说新语·规箴》:"王夷甫雅尚玄远,常嫉其妇贪浊,口未尝言钱字。妇欲试之,令婢以钱绕床不得行,夷甫晨起,见钱阂行,呼婢曰:'举却阿堵物。'"指钱。

澹台璧

晋张华《博物志》卷七："澹台子羽渡河，赍千金之璧于河，河伯欲之，至阳侯波起，两鲛挟船，子羽左掺璧，右操剑，击鲛皆死。既渡，三投璧于河伯，河伯跃而归之，子羽毁而去。"喻气概豪迈。

墨翟丝

《墨子·所染》："子墨子言见染丝者而叹曰：染于苍则苍，染于黄则黄，所入者变，其色亦变，五入必，而已则为五色矣，故染不可不慎也。"喻因世俗给人以不良影响而感叹。

郢匠斤

《庄子·徐无鬼》："郢人垩慢其鼻端若蝇翼，使匠石斫之，匠石运斤成风，听而斫之，尽垩而鼻不伤，郢人立不失容。"喻指技艺精湛。

祖生鞭

《晋书·刘琨传》："（刘）琨少负志气，有纵横之才，善交胜己，而颇浮夸。与范阳祖逖为友，闻逖被用，与亲故书曰：'吾枕戈待旦，志枭逆虏，常恐祖生先吾着鞭。'其意气相期如此。"指争先立功，多用作劝勉之词。

祢生刺

《后汉书·祢衡传》："建安初，（祢衡）来游许下。始达颖川，乃阴怀一刺，既而无所之适，至于刺字漫灭。"咏怀才不遇。

6 人事类

石饮羽

《韩诗外传》："昔者楚熊渠子夜行，见寝石以为伏虎，弯弓而射之，没金饮羽，下视知其石也，因复射之，矢跃无迹。"指射术精湛或勇武过人。

覆局

《三国志·王粲传》："观人围棋，局坏，（王）粲为覆之。棋者不信，以帊盖局，使更以他局为之。用相比校（较），不误一道。其强记默识如此。"指记忆力极强。

叔度千顷

《后汉书·黄宪传）："黄宪，字叔度。……林宗曰：'奉高之器，譬诸汎滥，虽清而易挹。叔度汪洋若千顷陂，澄之不清，淆之不浊，不可量也。'"指

人心胸宽广。

焚谏草

《晋书·羊祜传》:“(羊)祜历职二朝,任典枢要,政事损益,皆咨访焉。势利之求,无所关与。其嘉谋谠议,皆焚其草,故世莫闻。”喻为官谨慎。

桃李自无言

《史记·李将军传》:“余睹李将军悛悛如鄙人,口不能道辞。及死之日,天下知与不知,皆为尽哀。彼其忠实心诚信于士大夫也。谚曰:‘桃李不言,下自成蹊。’此言虽小,可以喻大也。”喻指人心性忠厚诚实。

王陵戆

《史记·高祖本纪》:“吕后问:‘陛下百岁后,萧相国即死,令谁代之?’上曰:‘曹参可。’问其次,上曰:‘王陵可。然陵少戆,陈平可以助之。’”喻人耿直不阿。

王莽谦恭

《汉书·王莽传上》:“(王)莽群兄弟皆将军五侯子,乘时侈靡,以舆马声色佚游相高,莽独孤贫,因折节为恭俭。……上由是贤莽。永始元年,封莽为新都侯……迁骑都尉光禄大夫侍中,宿卫谨敕,爵位益尊,节操愈谦。”喻以伪善骗取信任。

许氏评

《后汉书·许劭传》:“初,(许)劭与靖(许劭之从兄)俱有高名,好共核论乡党人物。每月辄更其品题,故汝南俗有‘月旦评’焉。”指对人或作品进行评价。

贡公喜

《汉书·王吉传》:王吉字子阳,“与贡禹为友,世称‘王阳在位,贡公弹冠’,言其取舍同也。”庆贺他人做官。

江娥啼竹

晋张华《博物志》卷八:“尧之二女,舜之二妃,曰湘夫人。舜崩二妃啼,以涕挥竹,竹尽斑。”咏忧伤之情,或咏竹。

杨朱泣

《淮南子·说林训》:“杨子见逵(大道)路而哭之,为其可以南,可以北。”指因误入歧途而感伤。

泣铜驼

《晋书·索靖传》:“靖有先识远量,知天下将乱,指洛阳宫门铜驼,叹曰:‘会见汝在荆棘中耳!’”指对国家人民遭劫难感到悲伤。

吊楚臣

汉贾谊《吊屈原文·序》："谊为长沙王太傅，既以谪去，意不自得。及渡湘水，为赋以吊屈原。屈原，楚贤臣也，被谗放逐，作《离骚》赋，其终篇曰：'已矣哉，国无人兮，莫我知也。'遂自投汨罗而死。谊追伤之，因自喻。"指自伤身世。

刀环有约

《汉书·李陵传》："立政等见(李)陵，未得私语，即日视陵，而数数自循其刀环，握其足，阴谕之；言可归还也。"环、还谐音，用以咏思乡之情。

龟三顾

《艺文类聚》："孔愉尝至吴兴县余干亭，见人笼龟于路，愉求买放之。至水，反顾视愉。及封此亭侯而铸印，龟首回屈，三铸不正，有似昔龟之顾。灵德应感如此，愉悟，乃取而佩焉。"喻报恩，或颂积德升迁。

广武叹

《三国志·阮籍传》：阮籍"尝登广武，观楚、汉战处，乃叹曰：'时无英才，使竖子成名乎？'"喻怀才不遇而心不甘。

去病无家

《史记·卫将军骠骑列传》："天子为置地，令骠骑视之，对曰：'匈奴未灭，无以家为也。'"指公而忘私。

陈平社

《史记·陈丞相世家》："里中社，平为宰，分肉食甚均。父老曰：'善，陈孺子之为宰！'平曰：'嗟呼，使平得宰天下，亦如是肉矣！'"指人在生活琐事中显现才能。

屋打头

五代王仁裕《开元天宝遗事》："张生(张彖)及第，释褐授华阴尉。时县令太守俱非其人，多行不法。张生有吏道，勤于政事，每申举一事，则太守令尹抑而不从。张生曰：'大丈夫有凌霄盖世之志，而拘于下位，若立身于矮屋中。使人抬头不得。'遂拂衣长往，归遁于嵩山。"指壮志难酬。

请长缨

《汉书·终军传》："南越与汉和亲，乃遣(终)军使南越，说其王，欲令入朝，比内诸侯。军自请：'愿受长缨(长绳)，必羁南越王而致之阙下。'军遂往说越王，越王所许，请举国内属。"指立志报国，降服强敌。

新丰独酌

《新唐书·马周传》："(马周)留客汴，为浚仪令崔贤所辱，遂感激而西，舍新丰，逆旅主人不之顾，周命酒一斗八升，悠然独酌，众异之。"指人物未发

迹时志向远大或豪气干云。

章台走马

《汉书·张敞传》:“(张)敞无威仪,时罢朝会,过走马章台街,使御史驱,自以便面拊马。”指风流潇洒。

七叶贵

《汉书·金日磾传赞》:“金日磾夷狄亡国,羁虏汉庭,而以笃敬寤主,忠信自著,勒功上将,传国后嗣,世名忠孝,七世内侍,何其盛也!”喻世代显贵。

邓通富

《史记·佞幸列传》:“邓通无他能,不能有所荐士,独自谨其身以媚上而已。上使善相者相通,曰:‘当贫饿死。’文帝曰:‘能富通者在我也,何谓贫乎?’于是赐邓通蜀严道铜山,得自铸钱,‘邓氏钱’布天下。其富如此。”喻生活奢侈。

长平苦

《史记·赵世家》:“廉颇免而赵括代将。秦人围赵括,赵括以军降,卒四十余万皆阬之。王悔不听赵豹之计,故有长平之祸焉。”喻指战争惨败。

椿龄

《庄子·逍遥游》:“上古有大椿者,以八千岁为春,八千岁为秋,此大年也。”成玄英注:“大椿之木长于上古,以三万二千岁为一年也。”喻长寿。

添筹

苏轼《东坡志林·三老语》:“尝有三老人相遇,或问之年。……一人曰:‘海水变桑田时,吾辄下一筹,尔(迩)来吾筹已满十间屋。’”用以祝寿。

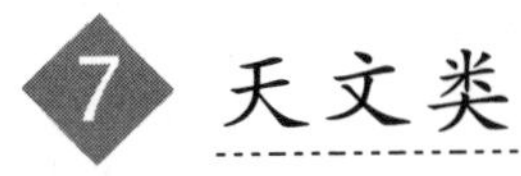

7 天文类

朝南暮北风

《后汉书·郑弘传》:“射的山南有白鹤山,此鹤为仙人取箭。汉太尉郑弘尝采薪,得一遗箭,顷有人觅,弘还之,问何所欲,弘识其神人也,曰:‘常患若邪溪载薪为难,愿旦南风,暮北风。’后果然。”指顺风。

石燕

《水经注·湘水》:“湘水东南流径石燕山东,其山有石一,绀而状燕,因以名山。其石或大或小,若母子焉。及其雷风相薄,则石燕群飞,颉颃如真

燕矣。”咏雨。

灌坛雨

晋张华《博物志》卷七：“太公为灌坛令。文王梦妇人当道夜哭，问之，曰：‘吾是东海神女，嫁与西海神童。今灌坛令当道，废我行。我行必有大风雨，而太公有德，吾不敢以暴风雨过，是毁君德。’文王明日召太公，三日三夜，果有疾风暴雨从太公邑外过。”咏雨，或喻有德政。

燕霜

《淮南子》：“邹衍事燕惠王，尽忠。左右谮之，王系之。仰天而哭，夏五月，天为之下霜。”指冤狱。

亲舍云

唐刘肃《大唐新语·举贤》：“（阎立本）特荐（狄仁杰）为并州法曹。其亲在河阳别业，仁杰赴任，于并州登太行，南望白云孤飞，谓左右曰：‘吾亲所居，近此云下。’悲泣，伫立久之，候云移乃行。”喻客旅在外思念父母。

流霞

《论衡·道虚》：“（项）曼都好道学仙，委家亡去，三年而返。家问其状，曼都曰：‘……

口饥欲食，仙人辄饮我以流霞一杯；每饮一杯，数月不饥。不知去几何年月，不知以何为过，忽然若卧，复下至此。’”喻指酒或仙道生活。

阳春有脚

五代王仁裕《开元天宝遗事》：“宋憬爱民恤物，朝野归美，时人咸谓豫为‘有脚阳春’，言所至之处，如阳春煦物也。”喻官吏有德政。

斗草

南朝梁宗懔《荆楚岁时记》：“五月五日，四民并踏百草，又有斗百草之戏。”代指端午，或指端午时的游戏。

呵壁问天

汉王逸《楚辞·天问序》：“屈原放逐，忧心愁猝，仿徨山泽，经历陵陆，嗟号昊旻，仰天叹息。……休息其下，仰见图画，因书其壁，呵而问之，以渫愤意，舒泻愁思。”喻指失意、愤感。

邹生谈

《史记·荀卿列传》：“邹衍之所言五德终始，天地广大，尽言天事，故曰‘谈天’。”指知识广博，善于言谈。

九日落

屈原《天问》：“羿焉弹日，乌焉解羽。”王逸注：“尧时十日并出，草木焦枯。尧命羿仰射十日，中其九日，日中九乌皆死，堕其羽翼，故留其一日也。”

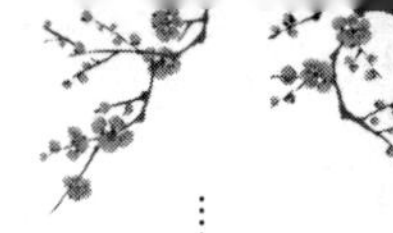

喻为民除害,或喻勇猛。

戈挥日

《淮南子·览冥训》:"鲁阳公与韩搆难,战酣日暮,援戈而挥之,日为之反三舍。"喻酣战。

阳乌

《春秋元命苞》:"阳成于三,故日中有三足乌。"喻指太阳。

赵盾日

《左传·文公七年》:"酆舒问于贾季曰:'赵衰、赵盾孰贤?'对曰:'赵衰,冬日之日也。赵盾,夏日之日也。'"咏烈日。

羲驭

《淮南子·天文训》:"爰止羲和,爰息六璃,是谓悬车。"注:"日乘车,驾以六龙,羲和驭之。"指日或时光。

喘月

《世说新语·言语》:"满奋畏风,在晋武帝坐,北窗作琉璃屏,实密似疏,奋有难色。帝笑之,奋答曰:'臣犹吴牛,见月而喘'。"喻指因疑心而胆怯,或指天气酷热。

少微星

《史记·天官书》:"廷藩西有隋星五,曰少微,士大夫。"喻指处上、隐士。

8 地理类

碑沉汉水

《晋书·杜预传》:"(杜)预为后世名,常言;'高岸为谷,深谷为陵',刻石为二碑,纪其助绩,一沉万山之下,一立岘山之上,曰:'焉知此后不为陵谷乎!'"咏世事变迁,或喻建立功业。

海难为水

《孟子·尽心上》:"孔子登东山而小鲁,登泰山而小天下。故观于海者难为水,游于圣人之门者难为言。"喻所见者大,则小者不足道。

盗泉

《水经注·诛水》:"尸子曰:'孔子至于暮而不宿,于盗泉渴矣而不饮,恶其名也。'"喻恶势力,或表示不义之物。

丹砂井

晋葛洪《抱朴子·仙药》:“有廖氏家,世世寿考,或出百岁,或八九十。后徙去,子孙转多夭折。他人居其故宅,复如旧,后累世寿考。由此乃觉是宅之所为,而不知其何故。疑其井水殊赤,乃试掘井左右,得古人埋丹砂数十斛,去数尺,此丹砂汁。因泉渐入井,是以饮其水而得寿。”喻水质醇美,或喻地灵人杰。

习家池

《世说新语·任诞》:“汉传中习郁于岘山南,依范蠡养鱼法,作鱼池,池边有高堤,种竹及长楸,芙蓉菱芡覆水,是游宴名处也。山简每临此池,未尝不大醉而还,曰:‘此是我高阳池也。’”指欢宴之处。

凤池

《晋书·荀勖传》:“(荀)勖久在中书,专管机事。及失之。甚罔罔怅恨。或有贺之者,团曰:‘夺我凤凰池,诸君贺我邪!’”凤凰池是禁苑中池沼,借指中书省或宰相。

捧土

《后汉书·伏浮传》:“今天下几里,列郡几城,奈何以区区渔阳而结怨天子?此犹河滨之人捧土以塞孟津,多见其不知量也。”喻指力量微薄,难以成事;或反其意用之。

元规尘

《晋书·王导传》:“时(庾)亮虽居外镇,而执朝廷之权,既据上流,拥强兵,趣向者多归之。(王)导内不能平,常遇西风尘起,举扇自蔽,徐曰:‘元规(庾亮字)尘污人。’”喻高官权贵气势凌人,又泛指尘污。

漱石

《世说新语·排调》:“孙子荆(楚)年少时欲隐,语王武子(济),当‘枕石漱流’,误曰‘漱石枕流’。王曰:‘流可枕,石可漱乎?’孙日:‘所以枕流,欲洗其耳;所以漱石,欲砺其齿。’”咏隐居生活。

八砖

唐李肇《翰林志》:“北厅前阶有花砖道,冬中日及五砖,为人直之候。李程性懒,好晚入,恒过八砖乃至,众呼为‘八砖学士’。”指人懒惰。

运甓

晋裴启《语林》:“陶太尉(侃)既作广州,优游无事。常朝自运甓(砖)于斋外,暮运于斋内。人问之,陶曰:‘吾方致力中原,恐为尔优游,不复堪事。’”喻指因立志建功立业而勤勉自励。

郑生谷

《汉书》:“谷口有郑子真,蜀有严君平,皆修身自保,非其服弗服,非其食弗食。成帝时,元舅大将军王凤以礼聘子真,……子真不诎其志,耕于岩石之下,名震于京师。”喻隐居或隐居之所。

亡羊路

《列子·说符》:“杨子之邻人亡羊,既率其党,又请杨子之竖追之。杨子曰:‘嘻,亡一羊何追者之众?’邻人曰:‘多歧路。’既反,问:‘获羊乎?’……曰:‘歧路之中又有歧焉,吾不知所之,所以反也。’”喻指世事复杂。

老罴当道

《北史·王罴传》:“神武遣韩轨,司马子如从河东宵济袭(王)罴,罴不觉。比晓,轨众已乘梯入城。罴尚卧未起,闻阁外汹汹有声,便……大呼而出,谓曰:‘老罴(熊)当道卧……惊退。”指猛士勇武使敌人害怕。

三径

《三辅决录》:“蒋诩,字元卿,舍中三径,唯羊仲、求仲从之游,皆推廉逃名不出。”指家园,或喻归隐。

抱桥

《庄子·盗跖》:“尾生与女子期于梁(桥)下,女子不来,水至不去,抱梁柱而死。”称恋人忠诚守信。

郑驿

《汉书·郑当时传》:“郑当时字庄,……孝景时,为太子舍人。每五日洗沐,常置驿马长安诸郊,请谢宾客,夜以继日,至明旦,常恐不遍。”喻迎宾之所,或喻好客。

九原

南朝宋鲍照《松柏篇》:“永离九原亲,长与三辰隔。”指墓地。

【第五章】不可不知的国粹

「国粹」指的是华夏民族的传统文化中，最具有代表性和最富有独特内涵的文化遗产。中医学以它独特的原理和作用慢慢被大多数中国人所接受。中国的书法艺术在曲线性的时代背景下展示着自身的发展面貌。京剧是中华民族的艺术瑰宝，以其无限的艺术魅力被称为「国粹」。其他如中国武术和烹饪等也都渗透着中国传统文化的精髓。以上诸国粹是华夏民族灿烂文化遗产中的瑰宝，具有悠久的历史与鲜明的民族特色，渐渐地开始深受世界人民的热爱和欢迎。

1 中 医

脏腑学说

脏腑学说是以五脏为中心，配合六腑，联系五体、五官九窍（眼、口、鼻、耳、前阴、后阴）等，连结成一个“五脏系统”的整体。精、气、血、津液是构成人体的基本物质，也是脏腑功能活动的物质基础。

1. 五脏

心：心为君主之官，主神明。心主血脉，其华在面。开窍于舌。心和，则舌能知五味矣。

肝：肝藏血，主疏泄，调节精神情志，促进消化吸收。肝气通于目，肝和，则目能辨五色矣。

脾：主运化，主统血，主肌肉、四肢。开窍于口，其华在唇。

肺：主气，司呼吸，主宣发，外合皮毛。主肃降，通调水道。开窍于鼻，肺和，则鼻能知臭香矣。与喉咙、声音有关。（金实不鸣，金破不鸣）。

肾：藏精气，主生殖，发育。主滋养和温煦各脏腑组织。开窍于耳，司二阴。

2. 六腑

胆：附于肝，与肝相连，和肝共同发挥疏泄作用。胆内贮藏胆汁。因胆汁清净，又称为“中精之腑”。临床上对惊悸、胆怯、失眠、多梦等证，常由胆来治疗。

胃：位于膈下，上接食道，下连小肠。分上、中、下三部。上口为贲门，称为上脘；下口为幽门，称为下脘：上下脘之间名为中脘。主要功能是受纳和熟腐水谷。

小肠：上连于胃，下通大肠。主要功能是吸收具有营养作用的精华部分，归之于脾，转输五脏。同时将糟粕中的水液渗入，下送到大肠。小肠的功能，往往概括在脾的功能中。

大肠：上端接小肠，交换之处称阑门；下端为肛。生理功能是传泻糟粕。

膀胱：位于小腹，接受由肾和三焦下注的水液，有贮藏和排泄小便的作用。

三焦：上中下三焦的总称。因它不是一个具体的脏器，而是人体胸腹之上中下三部及其所在脏腑的概括，有“孤腑”、“外腑”之别称。主要功能是运行水液，敷布原气，主持诸气，司人体气化以推动脏腑的功能活动。

精气学说

历代中医的养生家，都非常重视精、气和神，称其为人生之“三宝”，并创立“精气神学派”。

在精气神学说中所谓的精，主要指肾中所藏之精。这种精禀报受于先天，并受后天精气之滋养而充盈。肾精化生元气，促进人体的生长、发育和生殖，并且推动和调节全身的生理活动功能，是人体生命活动的原动力。同时，在生殖过程中，男女之精交合，则产生新的生命。故此精对于每个人本身及其种族的繁衍，都至关重要，所以必须珍惜。

这一学说中所说的气，是指肾精所化生之气、水谷精气和自然界清气，三者共同组成人体的整个的精气。它是人体生命活动的动力。

此学说所指的神，是指人体内一切生命活动的主宰者。如《素问·灵兰秘典论》所说的“心者，君主之官，神明出焉”，其中的“神”，即是人体生理活动和心理活动的主宰者。精气神学说特别重视神的作用。如《养生三要》中强调指出：“聚精在于养气，养气在于存神。神之于气，犹母之于子也。故神凝则气聚，神散则气消。”因为神是精气与一切生命活动的主宰者。神是由精气所化生的，在神形成之后，亦需得到精气的滋养，方能进行正常的生理功能活动。所以说：精气生神，精气养神，神有统驭精气的作用。

综上所述，精可化气，气可化精，精气互化。精气生神，精气养神，而神而统驭精与气。故三者可合而不可离。

经络学说

所谓经络学说，即研究人体经络的生理功能、病理变化及其与脏腑相互关系的学说。它补充了脏腑学说的不足，是中药归经的又一理论基础。该学说认为人体除了脏腑外，还有许多经络，其中主要有十二经络及奇经八脉。每一经络又各与内在脏腑相联属，人体通过这些经络把内外各部组织器官联系起来，构成一个整体。体之病邪可以循经络内传脏腑，脏腑病变亦可循经络反映到体表，不同经络的病变可引发不同的症状。当某经络发生病变出现病症，选用某药能减轻或消除这些病证，即云该药归此经。

经络是人体通内达外的一个联络系统，在生理功能失调时，又是病邪传注的途径，具有反映病候的特点。如在有些疾病的病理过程中，常可在经络循行通路上出现明显的压痛，或结节、条索等反应物，以及相应的部位皮肤色泽、形态、温度等变化。通过望色、循经触摸反应物和按压等，可推断疾病

的病理状况。

五运六气

“五运六气”简称“运气”。“运”指木、火、土、金、水五个阶段的相互推移;“气”指风、火、热、湿、燥、寒六种气候的转变。运气学说是中国古代研究气候变化及其与人体健康和疾病关系的学说,在中医学中占有比较重要的地位。运气学说的基本内容,是在中医整体观念的指导下,以阴阳五行学说为基础,运用天干地支等符号作为演绎工具,来推论气候变化规律及其对人体健康和疾病的影响的。在现存中医书籍中最先论述运气学说的见于《内经》的天元纪大论、五运行大论、六微旨大论、气交变大论、五常政大论、六元正纪大论、至真要大论等七篇。运气学说涉及天文、地理、历法、医学等各方面的知识。

四诊

中医讲究“望、闻、问、切”,古代称为“四诊”。四诊具有直观性和朴素性的特点,在感官所及的范围内,直接地获取信息,即刻进行分析综合,及时作出判断。四诊的基本原理是建立在整体观念和恒动观念的基础上的,是阴阳五行、藏象经络、病因病机等基础理论的具体运用。四诊是搜集临床资料的主要方法,而搜集临床资料则要求客观、准确、系统、全面、突出重点,这就必须“四诊并用”、“四诊合参”。只有将四诊,有机地结合起来,彼此参悟,才能全面、系统、真实地了解病情,作出正确的判断。

望诊:是医者运用自己的视觉,观察全身和局部情况,以获得与疾病有关的资料,作为分析内脏病变的依据。包括精神、气色、形态的望诊、舌的望诊及排出物的望诊。

闻诊:是医者通过听觉和嗅觉了解病人的声音和气味两方面的变化。闻声音即观察病人的语言、呼吸、咳嗽等声音的变化;嗅气味即观察病人的分泌物、排泄物的气味变化,以协助辨别疾病的虚、实、寒、热。

问诊:是医者对病人或其家属,亲友进行有目的地询问病情的方法。有关疾病的很多情况,如病人的自觉症状、起病过程、治疗经过、生活起居、平素体质及既往病史、家族病史等只有通过问诊才能了解,所以问诊是中医诊法的重要一环,它对分辨疾病的阴阳、表里、寒热、虚实能提供重要的依据。

切诊:是医者以手指按切病人动脉以了解病情的内在变化。也称“切脉”或“诊脉”。

脉为血府,贯通周身,五脏六腑的气血都要通过血脉周流全身,当机体受到内外因素刺激时,必然影响到气血的周流,随之脉搏发生变化,医者可以通过了解脉位的深浅,搏动的快慢、强弱(有力无力)、节律(齐否)、脉的形

态（大小）及血流的流利度等不同表现而测知脏腑、气血的盛衰和邪正消长的情况以及疾病的表里、虚实、寒热。但在临诊中也有脉证不符的特殊情况，如阳证反见阴脉，阴证反见阳脉，因此把脉诊作为唯一的诊断方法是非常片面的，必须强调“四诊合参”，才能了解疾病全貌，作出正确的诊断。

八纲

八纲辨证，是运用阴、阳、表、里、寒、热、虚、实八纲对病位的深浅、病邪的性质和盛衰、人体正气的强弱等进行概括和分类，从而为施治提供依据的辨证方法。分为表里、寒热、虚实、阴阳四对纲领。

表里是辨别疾病病位内外和病势深浅的两个纲领，是一对相对的概念。狭义的表里，是指身体的皮毛、肤腠、经络为外；脏腑、骨髓为内。外有病属表，内有病属里。从病势深浅上讲，表证病浅而轻，里证病深而重；表邪入里为病进，里邪出表为病退。表里辨证适用于外感病，可察知病情的轻重深浅及病势趋向。寒热是辨别疾病性质的两个纲领。寒证与热证反映机体阴阳的偏盛与偏衰，阴盛或阳虚的表现为寒证；阳盛或阴虚的表现为热证。寒热辨证在治疗上有重要意义。虚实是辨别邪正盛衰的两个纲领。虚指正气不足，实指邪气盛实。虚实辨证可为治疗提供依据，补虚泻实。阴阳辨证将一切疾病分为阴阳两大类，是八纲辨证的总纲。阴阳两纲可以概括其他六纲，即表、热、实证为阳；里、寒、虚证属阴。

在一定的条件下，疾病的表里病位和虚实寒热性质往往可以发生不同程度的转化，如表邪入里、里邪出表、寒证化热、热证转寒、由实转虚、因虚致实等。当疾病发展到一定阶段时，还可以出现一些与病变性质相反的假象。如真寒假热、真热假寒、真虚假实、真实假虚等。所以，进行八纲辨证时不仅要熟悉八纲证候的各自特点，同时还应注意它们之间的相互联系。

八纲是分析疾病共性的辨证方法，是各种辨证的总纲，在诊断疾病的过程中，有执简驭繁、提纲挈领的作用，适应于临床各科的辨证，具体地说，各科辨证是在八纲辨证的基础上加以深化。

五味

所谓五味，是指药物因功效不同而具有辛、甘、酸、苦、咸等味。它既是药物作用规律的高度概括，又是部分药物真实滋味的具体表示。

五味入胃，各有它所喜的脏腑，即“酸入肝”、“辛入肺”、“苦入心”、“咸入肾”、“甘入脾”。“五味所入”和临床药物治疗有关。

1. 辛“能散、能行”，即具有发散、行气、活血、开窍、化湿等作用。

2. 甘“能补、能和、能缓”，即具有补益、和中、调和药性及缓急止痛的作用。

3. 酸“能收、能涩”，即具有收敛、固涩的功效。

4. 苦“能泄、能燥、能坚”，即具有清泻火热、泻降气逆、通泻大便、燥湿祛湿、泻火存阴等作用。

5. 咸“能下、能软”，即具有泻下通便、软坚散结的作用。

五色

“五色”指的是五种颜色：青、白、赤、黑、黄。中医认为，青属木属肝，赤属火属心，黄属土属脾，白属金属肺，黑属水属肾。但以此来诊断疾病时，必须结合实际，与病史和脉证合参，不能机械地硬套。

肝属木，青(绿)色和酸味入肝。青绿色食物可调节体内平衡，消除紧张情绪，起镇静作用，有助于减轻头痛、发热、晕厥失眠，如豌豆等；酸食能开胃，增强肝功能，利于钙、磷的吸收，如醋酸、乳酸、柠檬酸等。

肺属金，白色和辣味入肺。白色食物能促进血液循环和机体代谢，如白米、薏仁、杏仁等；中医认为，辣入肺，可发散、行气、活血，辣味能刺激胃肠蠕动，增加消化液的分泌，还可祛风散寒、解表止痛。

心属火，红色和苦味入心。红色食物具有增加肾上腺素分泌和增强血液循环、促使神经系统兴奋的作用，如红米、红豆等；苦味具有解除燥湿、清热解毒、泻火通便、益肾利尿以及健胃等作用。中医提倡在夏天多吃些苦味食品，如苦瓜、茶叶、咖啡、可可等。

肾属水，黑色和咸味入肾。黑色食物可以提高肾脏之气，能保健养颜、抗衰、防老等，对生殖、排泄系统都有益，如黑米、黑芝麻、黑豆等；咸味能软坚润下，能调节人体细胞和血液渗透压平衡及水盐代谢，可增强体力和食欲。在呕吐、腹泻及大汗后，适当喝点淡盐水，可防止体内微量元素的缺乏。

脾属土，黄色和甜味入脾。黄色食物具有提高脾脏之气，促进和调节新陈代谢，增强腑脏功能，如黄豆、花生、小米、玉米等；吃甜食具有补热量、养气血、缓解疲劳、调和脾胃、解除毒素等作用。

针灸

针灸是针法和灸法的合称。针法是把毫针按一定穴位刺入患者体内，运用捻转与提插等针刺手法来治疗疾病。灸法是把燃烧着的艾绒按一定穴位熏灼皮肤，利用热的刺激来治疗疾病。针灸是中医学的重要组成部分之一，其内容包括针灸理论、腧穴、针灸技术以及相关器具，在形成、应用和发展的过程中，具有鲜明的汉民族文化与地域特征，是基于汉民族文化和科学传统产生的宝贵遗产。

推拿

推拿又有“按跷”、“跷引”等称号。推拿，作为一种非药物的自然疗法，

的确由来已久，有学者赞之为“元老医术”。推拿医术是中国古老的医治伤病的方法，是目前中医学的一个组成部分。推拿作为以人疗人的方法，通常是指医者运用自己的双手作用于病患的体表、受伤的部位、不适的所在、特定的腧穴、疼痛的地方，具体运用推、拿、按、摩、揉、捏、点、拍等形式多样的手法，以期达到疏通经络、推行气血、扶伤止痛、祛邪扶正、调和阴阳的疗效。

刮痧

刮痧是传统的自然疗法之一，它是以中医皮部理论为基础，利用刮痧器具（牛角、玉石、火罐）等，刮拭经络穴位，通过良性刺激，充分发挥营卫之气的作用，使经络穴位处充血，改善局部微循环，起到祛除邪气、疏通经络、舒筋理气、祛风散寒、清热除湿、活血化瘀、消肿止痛之作用，以增强机体自身潜在的抗病能力和免疫机能，从而达到扶正祛邪、防病治病的目的。

指压

指压是用手指沿着经络压迫穴位的治疗方法。指压与按摩不同，它没有柔软的移动，同时，还利用压迫或牵拉手、脚、背等的技术。指压实施者沿着经络或能量线给数百个穴位施加压力。为了增加压力力度，还可用手掌、拇指、指关节、肘、膝盖指压，甚至用脚进行指压。人体疾病来自气阻塞和气能量不平衡（阴阳失调）。指压通过沿着经络压迫穴位的方法，推出堆积的能量或调节气能量平衡机理，达到治病、防病和保健的目的。

清热

指清除邪热或虚热的各种治法。由外感温邪引起的一般称为实热。邪在气分的宜用辛凉清热；热毒炽盛或夹湿的宜用苦寒清热；热盛伤津的宜用甘寒清热；热在营血的宜用凉血清热法等。由阴虚而生的内热，称为虚热，宜用养阴以清热。养阴有滋养肺阴、肝阴、肾阴和养血、滋液等多种方法，须根据具体情况配合应用。在热病伤阴阶段，也可参合养阴清热法。另有气虚而致的发热，宜用甘温补气药治疗，不属清热范围。

解毒

指解除病毒的一种治法。“毒”有热毒、寒毒、疫毒、蛊毒、湿毒、火毒及食物中毒等，因病情不同，有内服和外治等各种不同方法。临床上以热毒症较为多见，常用清热解毒药物，如银花、连翘、板蓝根、蒲公英、山豆根等。

降火

指治疗热盛火升的一种方法。“火”有虚火、实火的区别，故治疗亦有不同。

1. 降虚火：指用滋阴降火的药物，以治疗阴虚火升的咽痛、咯血、颜面升火、虚烦易怒、眩晕失眠、舌红口燥、脉细数等症。常用药物如玄参、生地、丹

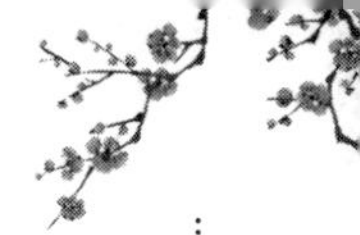

皮等。

2. 降实火:指用清泄降火等药物,以治疗肝火上升的目赤、头痛或胃火炽盛的齿痛、便秘等症。常用药物如龙胆草、黄芩、大黄、生石膏等。

疏肝

指疏调肝气的一种治法。也称疏肝解郁、疏肝理气。是疏散肝气郁结的方法。适用于肝气郁结而致的胸闷不舒,或恶心呕吐、食欲不振、腹痛腹泻、周身窜痛、舌苔薄、脉弦等症。常用药物如柴胡、香附、青皮、金铃子等。

寒证

寒证,感受寒邪,或阳虚阴盛所表现的证候。寒证有外寒和内寒之分。

1. 外寒:为由外界寒邪侵袭所引起的证候。外寒可侵袭肌表,也可直中脏腑。临床表现为恶寒,发热,头痛,身痛,无汗,鼻塞,咳嗽,喘息,舌淡红,苔薄白,脉浮紧;或脘腹胀痛,肢冷神靡,呕吐,泄泻。治宜解表散寒,方用麻黄汤;或温中散寒,方用理中汤、麻黄附子细辛汤等。

2. 内寒:为机体阳虚阴盛所引起的证候。根据病变脏腑不同,其证候类型及临床表现多种多样。内寒证共有的表现是:恶寒喜暖,面色苍白,肢冷蜷卧,口淡不渴,脘腹等部位冷痛,痰、涎、涕清稀,小便清长,大便稀溏,舌淡苔白而润滑,脉迟或紧,或沉细。治宜温里散寒,方如附子理中汤、真武汤、暖肝煎等。

滋阴

滋阴指滋养阴液的一种治法。症见形体消瘦、头晕耳鸣、唇赤颧红、虚烦失眠、潮热盗汗、喘咳咯血、遗精、舌红少苔、脉细数等。常用方如六味地黄丸、左归丸、补阴丸等;常用药如天门冬、麦门冬、石斛、沙参、玉竹、龟板、鳖甲、旱莲草、女贞子等。

安神

指安定神志的一种治法。可分为重镇安神和养心安神两种。重镇安神适用于惊悸不寐、头痛头晕、耳鸣、目眩等症,常用药物如磁石、朱砂、龙齿等。养心安神适用于心烦、失眠、多梦、健忘等症,常用药物如丹参、枣仁、柏子仁、远志等。

肾虚

肾虚指肾脏精气阴阳不足。肾虚主要分为肾阴虚和肾阳虚。肾阳虚的症状为腰酸、四肢发冷、畏寒,甚至还有水肿,也就是说表现为“寒”的症状,性功能不好也会导致肾阳虚;肾阴虚的症状为“热”,主要有腰酸、燥热、盗汗、虚汗、头晕、耳鸣等。

指甲半月痕

根据中医手诊原理，手指甲根部白色月牙部分叫半月痕。它是人体精力是否充沛的刻度表，精力越充沛半月痕越白，面积也越大。一般年轻人大拇指的半月痕是指甲的 1/5，边缘清晰。十个手指只要有八个手指有半月痕，就表示精力充沛；如小手指也有半月痕表示精力相当旺盛。半月痕如减少可以补充蛋白质和黑色食品，如黑米、黑木耳等。尽量保持体力旺盛，要适当锻炼。

2 书　法

甲骨文

甲骨文是中国的一种古代文字，被认为是现代汉字的早期形式，有时候也被认为是汉字的书体之一。甲骨文又称契文、龟甲文或龟甲兽骨文。目前发现有大约 15 万片甲骨，4500 多个单字。这些甲骨文所记载的内容极为丰富，涉及商代社会生活的诸多方面，不仅包括政治、军事、文化、社会习俗等内容，而且涉及天文、历法、医药等科学技术。从甲骨文已识别的约 1500 个单字来看，它已具备了“象形、会意、形声、指事、转注、假借”的造字方法，展现了中国文字的独特魅力。从字体的数量和结构方式来看，甲骨文已经是有较严密系统的文字了。汉字的“六书”原则，在甲骨文中都有所体现。但是原始图画文字的痕迹还是比较明显。

金文

金文是指铸刻在殷周青铜器上的铭文。所谓青铜，就是铜和锡的合金。中国在夏代就已进入青铜时代，铜的冶炼和铜器的制造技术十分发达。因为周以前把铜也叫金，所以铜器上的铭文就叫作“金文”。也叫钟鼎文。商周是青铜器的时代，青铜器的礼器以鼎为代表，乐器以钟为代表，“钟鼎”是青铜器的代名词。

金文应用的年代，上自商代的早期，下至秦灭六国，约 1200 多年。金文的字数，据容庚《金文编》记载，共计 3722 个，其中可以识别的字有 2420 个。

铜器上的铭文，字数多少不等。所记内容也很不相同。其主要内容大多是颂扬祖先及王侯们的功绩，同时也记录重大历史事件。如著名的毛公鼎有 497 个字，记事涉及面很宽，反映了当时的社会生活。

与甲骨文笔道细、直笔多、转折处多为方形有所不同，金文笔道肥粗，弯笔多，团块多。金文早在汉代就已不断出土，它是研究西周、春秋、战国文字的主要资料，也是研究先秦历史最珍贵的资料。

大篆

西周后期，汉字发展演变为大篆。大篆，也称籀文。因其收录于字书《史籀篇》而得名。《汉书·艺文志》："《史籀》十五篇，周室王太史籀作大篆。"

大篆的真迹，一般认为是"石鼓文"。唐初在天兴县陈仓（今陕西宝鸣）南之畴原出土的直径约三尺，上小下大，顶圆底平，十个像鼓一样的石墩子。上面刻下的是秦献公十一年作的十首四言诗，是我国最早的刻石文字，经过失而复得，得而复失，原刻的 700 多字，现存 300 多字。这十个石墩现存故宫。因内容记载畋猎之事，命名为"猎碣或雍邑刻石"，唐诗人韦应物认为石的形状像鼓，改名"石鼓文"，现作为大篆的代表。

石鼓文具有遒劲凝重的风格。字体结构整齐，笔画匀圆，并有横竖行笔，形体趋于方正。大篆在相当大的程度上保留了西周后期文字的风格，只是略有改变，笔画更加工整匀称而已。线条比金文均匀，线条化达到完成的程度，无明显的粗细不均的现象。形体结构比金文工整，开始摆脱象形的拘束，打下了方块汉字的基础。同一器物上几乎没有异体字。字体繁复，偏旁常有重叠，书写不便。

小篆

小篆也叫"秦篆"。秦朝李斯受命统一文字，这种文字就是小篆。通行于秦代。形体偏长，匀圆齐整，由大篆演变而成。小篆是在秦始皇统一中国后，推行"书同文，车同轨"，统一度量衡的政策，由丞相李斯负责，在秦国原来使用的大篆籀文的基础上，进行简化，取消其他六国的异体字，创制的统一汉字书写形式。一直在中国流行到西汉末年，才逐渐被隶书所取代。但由于其字体优美，始终被书法家所青睐。又因为其笔画复杂，形式奇古，而且可以随意添加曲折，印章刻制上，尤其是需要防伪的官方印章，一直采用篆书，直到封建王朝覆灭，近代新防伪技术出现，小篆才逐渐被取代。康熙字典上对所有的字还注有小篆写法。

隶书

隶书也叫"隶字"，是在篆书基础上，为适应书写便捷的需要产生的字体。隶书是汉字中常见的一种庄重的字体，书写效果略微宽扁，横画长而直画短，讲究"蚕头雁尾"、"一波三折"。它起源于秦朝。隶书相传为秦末程邈在狱中所整理，去繁就简，字形变圆为方，笔划改曲为直。改"连笔"为"断

笔”,从线条向笔划,更便于书写。隶书盛行于汉朝,成为主要书体。作为初创的秦隶,留有许多篆意,后不断发展加工。打破周秦以来的书写传统,逐步奠定了楷书的基础。在“罢黜百家,独尊儒术”的思想统一下,汉代隶书逐步发展定型,成为占统治地位的书体,同时,派生出草书、楷书、行书各书体,为书法艺术奠定了基础。

草书

草书是汉字的一种书体,特点是结构简省、笔画连绵。形成于汉代,是为书写简便在隶书基础上演变出来的。有章草、今草、狂草之分。章草笔划省变有章法可循,代表作如三国吴皇象《急就章》的松江本;今草不拘章法,笔势流畅,代表作如晋代王羲之《初月》、《得示》等帖;狂草出现于唐代,以张旭、怀素为代表,笔势狂放不羁,成为完全脱离实用的艺术创作,从此草书只是书法家临摹章草、今草、狂草的书法作品。狂草代表作如唐代张旭《肚痛》等帖和怀素《自叙帖》,都是现存的珍品。

楷书

楷书,又称正楷、楷体、正书或真书,是汉字书法中常见的一种字体。其字形较为正方,不像隶书写成扁形。楷书仍是现代汉字手写体的参考标准,也发展出另一种手写体——钢笔字。

《宋宣和书谱》认为楷书是由古隶演变而成的。初期楷书,仍残留极少的隶笔,结体略宽,横画长而直画短,在传世的魏晋帖中,如锺繇的《宣示表》《荐季直表》、王羲之的《乐毅论》《黄庭经》等,可为代表作。

东晋以后,南北分裂,书法亦分为南北两派。北派书体,带着汉隶的遗型,笔法古拙劲正,而风格质朴方严,长于榜书,这就是所说的魏碑。南派书法,多疏放妍妙,长于尺牍。南北朝,因为地域差别,个人习性、书风迥然不同。北书刚强,南书蕴藉,各臻其妙,无分上下。

唐代的楷书,亦如唐代国势的兴盛局面,真所谓空前。书体成熟,书家辈出,在楷书方面,唐初的虞世南、欧阳询、褚遂良、中唐的颜真卿、晚唐的柳公权,其楷书作品均为后世所重,奉为习字的模范。

古人学书法有这一种说法:“学书须先楷法,作字必先大字。大字以颜为法,中楷以欧为法,中楷既熟,然后敛为小楷,以锺王为法。”根据多年实验研究结果表明:初学写字,不宜先学太大的字,中楷比较适合。

行书

行书是介于楷书、草书之间的一种字体,可以说是楷书的草化或草书的楷化。它是为了弥补楷书的书写速度太慢和草书的难于辨认而产生的。笔势不像草书那样潦草,也不要求楷书那样端正。

在书写过程中,笔毫的使转,在点画的各种形态上都表现得较为明显,这种笔毫的运动往往在点画之间,字与字之间留下了相互牵连、细若游丝的痕迹,这就是牵丝。

行书是楷书的快写,是楷书的流动。经过对几组楷书与行书单字的分析,发现楷书与行书书写时,点画的写法,用笔需遵循的准则,如中锋、铺毫、逆入平出、提按起主、藏锋等都是一致的,只是行书书写时比较舒展,流动。

行书的起源据张怀《书断》说:“行书者,乃后汉颍川刘德升所造,即正书之小讹,务从简易,故谓之行书。”由是说而知:“行书”是“正书”转变而成的。

在汉末,行书没有普遍地应用。直至晋朝王羲之的出现,才使之盛行起来。行书到王羲之手中,将它的实用性和艺术性最完美地结合起来。从而创立了光照千古的南派行书艺术,成为书法史上影响最大的一宗。

章法

章法指安排布置整幅作品中,字与字、行与行之间呼应、照顾等关系的方法。亦即整幅作品的“布白”。亦称“大章法”。

明张绅《书法通释》云:“古人写字正如作文有字法。章法、篇法,终篇结构首尾相应。故云:‘一点成一字之规;一字乃终篇之主。’”可见,章法在一件书法作品中显得十分重要,书写时必须处理好字中之布白、逐字之布白、行间之布白,使点画与点画之间顾盼呼应,字与字之间随势而安,行与行之间递相映带,如是自能精妙和谐,产生“字里金生,行间玉润”的效果。“布白”的形式大体有三:一是纵有行横有列,二是纵有行横无列(或横有行纵无列),三是纵无行,横无列,它们或有“镂金错采”的人工美,或具“芙蓉出水”的自然美。

笔法

写字作画用笔的方法。中国书画主要都以线条表现,所用工具都是尖锋毛笔,要使书画的线条点画富有变化,必先讲究执笔,在运笔时掌握轻重、快慢、偏正、曲直等方法,称为“笔法”。常用的笔法有:

中锋:中锋即锥形毛笔笔尖在毛笔的运行过程中,始终处在用笔的中心位置。中锋用笔的特点是:笔力饱满,内涵丰富。外柔内刚,极富表现力。

侧锋:侧锋顾名思义就是将毛笔倾斜,毛笔笔尖的中心位置偏于侧面。其特点是:用笔变化丰富,有强力的用笔张力,爽快中显山露水。缺点是比中锋用笔显得单薄浅显。

逆锋:逆锋是相对于正手位置顺行方向的反方向毛笔运行方法。逆锋运笔阻力增大,笔锋聚散,松紧变化不同于顺笔意味。目的是为了追求用笔的变化,特点是笔力刚硬,力透纸背,但缺少柔劲。不可常用,适可而止。

拖锋：拖锋即将毛笔倒于纸面上，拖拉运行。特点是转换自然，快慢有致。拖锋比其他方法容易做到，方法实用简便。缺点是用笔比较浮，没有力透纸背的感觉。

飞白锋：此笔法是从书法用笔中的飞白转化而来。特点是用笔松、毛，看似蜻蜓点水，实则遒劲有力，阳刚而有内力，松散见精神，有一种苍茫的感觉。

墨法

亦称“血法”。墨法的运用源自于中国造纸术的产生。是中国宣纸的特性产生了用墨方法的特殊审美情感，它与笔法组成了中国文化极具特点的形式。谈墨法离不开水。既是水墨，当以墨为体，以水为用。“墨分五彩”，讲的是墨有焦、浓、重、淡、轻，又有枯、干、渴、润、湿的用墨用水程度和轻重的区分。墨法中有泼墨法、浓墨法、淡墨法、破墨法、积墨法、焦墨法、宿墨法、冲墨法等。

用墨作风，一方面往往因时因人而异。如北宋浓墨实用，南宋浓墨活用；刘墉喜用浓墨，梦楼专尚淡墨。另一方面，又常因书体风格、纸张性能的不同而有所区别。

结体

亦称“结字”、“间架”、“结构”。指每个字点划间的安排与形势的布置。汉字各种字体，皆由点划联结，搭配而成。笔划的长、短、粗、细、俯、仰、缩、伸，偏旁的宽、窄、高、低、欹、正，构成了每个字的不同形态，要使字的笔划搭配适宜、得体、匀美，研究其结体必不可少。正如清冯班在《纯吟书要》中所云：“先学间架，古人所谓结字也；间架既明，则学用笔。间架可看石碑，用笔非真迹不可。结字，晋人用理，唐人用法，宋人用意。”又云：“书法无他秘，只有用笔与结字耳。”可见，结字在书法中占有重要地位。

院体

书法术语。宋太祖时曾置御书院，书院成员都是学习王羲之的字，以用于书写当时朝廷的各种文告敕令。这种字，体轻势弱，多呆板无神，了无高韵，人称“院体”。后来，人们不管其书者为谁，书为何体，凡无骨力、无神韵的书法皆被人称为“院体”。故这一书法术语用以对书法气格的品评，一般含有贬义。

款识

款识，有两种意思：一指书画作上的署名后款，二是古代神鼎彝器上铸刻的文字。《汉书·郊祀志下》：“今此鼎细小，又有款识，不宜荐见于宗庙。”颜师古注云：“款，刻也；识，记也。”后世在书、画上标题姓名，也称“款识”、或

“款题”。画上款识唐人只小字藏树根石罅,书不工者多落纸背。至宋代,始记年月,也仅细楷,书不两行。唯苏拭有大行楷,或跋语三、五行。元人从款识姓名年月发展到诗文题跋,有百余字者。至明清题跋之风大盛,至今不衰。此外,还有三说:一款是阴文凹入者,识是阳文凸出者;二,款在外,识在内;三,花纹为款,篆刻为识。

笔锋

字的锋芒,也叫“笔锋”。能将笔之锋尖保持在字的点划之中者,叫“中锋”;能藏在点划中间的不出角者,叫“藏锋”;将笔之锋尖偏在字的点划一面者,叫“偏锋”。一般以“偏锋”为书法之病。清周星莲《临池管见》:“能将此笔正用、侧用、顺用、逆用、重用、轻用、虚用、实用,擒得定,纵得出,遒得紧,拓得开,浑身都是解数,全仗笔尖毫末锋芒指使,乃为合拍。”

提按

顾名思义,就是“提”和“按”。提是把笔尖提起,按是把笔尖压向纸面即“顿”。用毛笔写字时,提可使笔画变细,按可使笔画变粗。而硬笔在“提按”时笔画的粗细变化就显得相当细微。

回锋

很多时候紧跟在“顿笔”后的延续动作,一般出现在“折”和某些笔画(如横)的收笔处。它主要起到调整笔画方向和连接下一笔的作用。毛笔软,所以在转折处必须调整好方向才能继续书写,但在硬笔书法里,为了不影响书写的流畅,“回锋”这个动作已经变得很轻微,甚至可以忽略不计。

飞白

飞白是指在书法创作中,笔画中间夹杂着丝丝点点的白痕,且能给人以飞动的感觉,故称其为“飞白”。也叫飞白书。如宋黄伯思《东观余论》记载:“取其若丝发处谓之白,其势飞举为之飞。”在书写中产生力度,使枯笔产生“飞白”,与浓墨、涨墨产生对比,以加强作品的韵律感和节奏感。同时可利用“飞白”使书写显现苍劲浑朴的艺术效果,使作品增加情趣,丰富画面的视觉效果。当然书法的功力在“飞白”中也能充分体现出来。

法帖

法帖是中国书法艺术载体之一。在造纸发明以后,凡书写在纸或丝织品上的、篇幅较小的文字均称之为帖。在唐代由于帝王的喜爱,出现了勾摹前人的墨迹集帖,即《万岁通天帖》。到宋代又出现了汇集历代名家书法墨迹,将其镌刻在石或木板上,然后拓成墨本并装裱成卷或册的刻帖。这种刻帖既使古人的书法得以流传,并扩大其影响,又是学习书法的范本,故又称之为“法帖”。明清之际,随着印刷业的发达和人们对书法学习的需求,汇集

前人书法墨迹，镌刻法帖持续不断，规模也越来越大。除上述《万岁通天帖》外，历史上著名的法帖还有《淳化阁帖》、《潭帖》、《大观帖》、《宝晋斋法帖》、《真赏斋帖》等。

钩填

书法术语。复制法书的一种方法。以较透明的纸蒙于法书上，先以细笔双钩，后用墨廓填，故称。亦称“双钩廓填”。南宋姜夔（续书谱）谓，“双钩之法，须得墨晕不出字外，或廓填其内。”

3 国画

人物画

以人物形象为主体的绘画通称“人物画”，是中国画中的一大画科，出现较山水画、花鸟画等为早；大体分为道释画、仕女画、肖像画、风俗画、历史故事画等。人物画力求人物个性刻画得逼真传神，气韵生动、形神兼备。其传神之法，常把对人物性格的表现，寓于环境、气氛、身段和动态的渲染之中。故中国画论上又称人物画为“传神”。历代著名人物画有东晋顾恺之的《洛神赋图》卷，唐代韩滉的《文苑图》，北宋李公麟的《维摩诘像》，明代仇英的《列女图》卷，清代任伯年的《高邕之像》，以及现代徐悲鸿的《泰戈尔像》等。

山水画

山水画简称“山水”，是以山川自然景观为主要描写对象的中国画。形成于魏晋南北朝时期，但尚未从人物画中完全分离。隋唐时始独立，五代、北宋时趋于成熟，成为中国画的重要画科。传统上按画法风格分为青绿山水、金碧山水、水墨山水、浅绛山水、小青绿山水、没骨山水等。中国山水画是中国人情思中最为厚重的沉淀，我们可以集中体味中国画的意境、格调、气韵和色调。

浅绛山水画

中国山水画中的一种没色技巧。即凡以淡红青色彩渲染为主山水画，统称浅绛山水。其方法是先用浓淡，干温变化之墨线勾勒轮廓结构变化之后，再施以淡的赭石，（或掺少许朱砂类）染山石，树木结构处，最后用淡花青类色渲染即成。

青绿山水画

青绿山水画系中国画中施用浓重的矿物颜料的石青和石绿颜料为主。表现山石树木的苍翠而得名。也有在青绿山石的轮廓上勾以金石，这样的山水画又称金碧山水。青绿山水始创于唐氏的李思训，北宋的王希孟所画的《千里江山图》也是青绿山水的代表之一。

花鸟画

在中国画中，凡以花卉、花鸟、鱼虫等为描绘对象的画，称之为花鸟画。有花卉、蔬果、草虫、畜兽、鳞介等分支。花鸟画中的画法中有“工笔”、“写意”、“兼工带写”三种。工笔花鸟画即用浓、淡墨勾勒动象，再深浅分层次着色；写意花鸟画即用简练概括的手法绘写对象；介于工笔和写意之间的就称为兼工带写。根据墨与色的不同，可分为水墨、泼墨、设色、白描、没骨等类。

院体画

宋代设翰林图画院，选优秀画家，为皇室宫廷服务。历代画院里所画的山水、花鸟、人物等，大都是要求用笔设色，工整细致，富丽堂皇，构图严谨，色彩灿烂，有的有较强的装饰性，称之为“院体画”。这类作品为迎合帝王宫廷需要，多以花鸟、山水、宫廷生活及宗教内容为题材，作画讲究法度，重视形神兼备，风格华丽细腻。因时代好尚和画家擅长有异，故画风不尽相同而各具特点。鲁迅这样评价说：“宋的院画，萎靡柔媚之处当舍，周密不苟之处是可取的。”

文人画

文人画亦称“士夫画”，中国画的一种。泛指中国封建社会中文人、士大夫所作之画。以别于民间画工和宫廷画院职业画家的绘画。

文人画是画中带有文人情趣，画外流露着文人思想的绘画。它不与山水、花鸟、人物画并列，也不在技法上与工、写有所区分。它是中国绘画大范围中的一个交集。陈衡恪解释文人画时讲：“不在画里考究艺术上功夫，必须在画外看出许多文人之感想。”此之所谓文人画或谓“以文人作画，知画之为物。是性灵者也，思想者也，活动者也，非器械者也，非单纯者也”。说明了文人画所具有的文学性、哲学性、抒情性。在传统绘画里它特有的“雅”与工匠画和院体画所区别，独树一帜。

民间画

民间画是指从事绘画的街头艺人，为了生存迎合而一般市井习俗所作的种种画作。其作品倾向艳丽甜俗细腻，不同于专业画家、文人画家，所作的画作较为讲究诗意、画境等文化内涵。而为一般文化层次的平民喜爱。民间画又称匠人画，比起院体画缺乏严格的技巧训练；比起文人画，缺乏文

学和理论修养。但是,它有些趋于朴实、热烈的优点也是文人画与院体画所不及的,也有时为文人画和院体画所吸收。

风俗画

风俗画,人物画的一种,是以社会生活风习为题材的人物画。始于汉代,如辽阳、望都等地墓室壁画和画像石、画像砖等。唐代韩滉《田家风俗图》、五代李群《孟说举鼎》、北宋张择端《清明上河图》、南宋左建《农家迎妇图》、朱光普《村田乐事图》、李唐《货郎图》等,均为一代名作。南宋时在临安(今浙江杭州)流行一种"堂画",亦称"风俗画"。清末吴友如《点石斋画报》中有很多作品,均属风俗画。年画中的《姑苏万年桥》、《大庆丰年》、《万家村》等图,也属这类。建国后的风俗画,反映了新的题材、新的人物。

水墨画

中国画的一种。指纯用水墨所作之画。基本要素有三:单纯性、象征性、自然性。相传始于唐代,成于五代,盛于宋元,明清及近代以来续有发展。以笔法为主导,充分发挥墨法的功能。"墨即是色",指墨的浓淡变化就是色的层次变化,"墨分五彩",指色彩缤纷可以用多层次的水墨色度代替之。唐宋人画山水多湿笔,出现"水晕墨章"之效,元人开始用干笔,墨色更多变化,有"如兼五彩",长期以来水墨画在中国绘画史上占着重要地位。

没骨画

中国画传统花卉(花鸟)画的一种画法。直接用颜色或墨色绘成花叶,而没有"笔骨",即用墨线勾勒的轮廓。这就是"没骨画法"。没骨画不同于工笔和写意,没骨的"没"字,即淹没而含蓄之意,其精要在于将运笔和设色有机地融合在一起,不用勾轮廓,不要打底稿,更不能放底样拓描。作画时,要求画者胸有成竹,一气呵成。没骨画将墨、色、水、笔融于一体,在纸上予以巧妙结合,重在蕴意,依势行笔。

没骨画法也可细分为几种表现方式:

第一种较工细,如"双钩蛋填彩法",只是略去双钩的墨线,靠色彩的层层加染而成。

第二种画法略为疏放,稍带写意的笔意,直接以色彩点染,一次完成。

第三种画法是先工整色,未干前以其他类似的色彩点染局部,类似破墨,因为使用熟纸,故产生半融合效果或略带斑驳的色彩变化。

主题画

在中国画中,画家通过一定的故事情节、人物、场景、题材展示给欣赏者的社会和人生的某种看法或感想,或对某些历史故事事件等的形象与场景的形象刻划与再现等,具有一定的再现性、真实性或揭示性。一般每幅画的

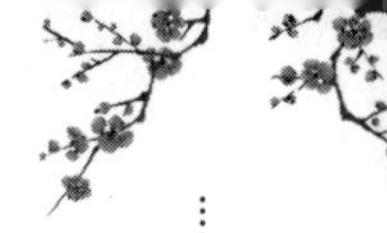

立意比较明确，时间、事件等较为明晰。

界画

中国绘画很有特色的一个门类。在作画时使用界尺引线，故名“界画”。起源很早，晋代已有。到了隋代，界画已经画得相当好。《历代各画记》中评展之虔的界画说：“触物留情，备皆妙绝，尤垂生阁。”到晚唐出了尹继昭，五代有卫贤、赵德义、赵忠义等人，宋初有郭忠恕，元代有王振鹏、李容槿，明代有仇英，清代有袁江、袁耀等。现存的唐懿德太子李重润墓道西壁的《阙楼图》是目前我国最早一幅大型界画，宋代的著名界画有《黄鹤楼》、《滕王阁图》等。

指画

中国传统绘画中的一种特殊的画法。即以画家的手指代替传统工具中的毛笔蘸墨作画，别有一种特殊趣味和技巧。故被称为指画。历史上清高其佩、近代潘天寿、洪世清所作指画作品其影响较大。

小品画

小品画系中国画画家比较自由的抒情作品，随意之作，往往其艺术水平达到较高境界。其原因大概是出于在思想上没有过多的拘束，绝属随意发挥所致。

禅宗画

禅宗绘画是宗教思想影响和需要的产物，表现在禅宗绘画上即为自五代开始流行的罗汉图及禅僧的顶相图等。在绘画风格上，唐以后形成疏简章略的水墨画法。这种以禅僧墨戏为主动脉的绘画风格标志着水墨画的成熟，这种风格的形成直接来源于禅宗思想的影响。禅宗绘画不是说教性的，而是启示性的。禅宗绘画一般不题长款，也不多用印章，仅落名款，甚至一字不题。禅画是沉思入悟的一种形式，不在言辞。挂于禅寺中旨在使思想平静下来，从理性意识转到意识的直觉状态。

禅画风格，分两类，一为即兴性的，即和禅宗悟道的状态相接近；一为兼工带写的风格，技法上与宋院体画相类似又不尽相同，以尖而破的中锋枯笔干擦，笔致松秀、苍郁，沉着自然，细节刻画入微。

静物画

即以相对静止的物体为主要描绘题材的绘画。这种物体(如花卉、蔬果、器皿、书册、食品和餐具等)必须是根据作者创作构思的需要，经过认真地选择，经过精心地摆布和安排，使许多物体在形象和色调的关系上，都能达到高度表现，总的和谐，能传达出物体内在的感情。静物画中所描绘的这些物体，虽很普通，但它却包含了深刻的意义。

如早在宋代李嵩的《花篮图》，精心描绘了堆满花篮的各种春花，给人以春意盎然、百芳争艳、万物扶疏的感觉。宋人《出水芙蓉图》通过对芙蓉花的细腻描绘，给人以清新恬静和芙蓉花丰盛、娇柔而挺健的美感。一幅好的静物画，必须要尽可能地充分表现出对象精神实质的正确形象和色彩。

仕女画

是指以美女为主要描绘题材的人物画。最早始于战国。唐张彦远《历代名画记》载："散君者，善画，齐王妃，九重台，召散君画之。散君久不得归，思其妻，乃画妻对之，齐王知其妻美，与钱百万，纳其妻。"在古代画迹中，像唐周旷《秋风纨扇图轴》、《宫装仕女图》，清改琦《百美图》等作品，均属仕女画珍品。仕女画的特点，大都以工笔重彩为主要表现形式，并富于浓烈的装饰。

扇面画

在中国画门类中，历代书画家都喜欢在扇面上绘画或书写以抒情达意，或为他人收藏，或赠友人以诗留念。存字和画的扇子，保持原样的叫成扇，为便于收藏而装裱成册页的习称扇面。从形制上分，又有圆形的叫团扇和折叠式的叫折扇。

扇面画是中国历史悠久的传统艺术品。在宋、元时代，团扇画广为流行。明代以后，折扇画渐执牛耳。文人墨客精于此道者，灿若繁星。其中不乏超绝脱俗的传世佳作，已经成为我国文化艺术宝库中的重要组成部分。

折扇的扇面上宽下窄，呈扇形。画家在命笔之时必须考虑在这种特定的空间范围中安排画面，精思巧构，展示技法。只有这样，才能够匠心独具，笔随意转，化有限为无限，创造出富有魅力的形象和意境。

工笔

工笔亦称"细笔"。与"写意"对称。中国画技法名。属于工整细致一类密体的画法。用细致的笔法制作，工笔画着重线条美，一丝不苟，是工笔画的特色。如宋代的院体画，明代仇英的人物画，清代沈铨的花鸟走兽画等。

工笔画的技法有：描、分、染、罩。所谓描指的是白描，画者分别用浓磨、淡磨描出底稿，分是指用磨色上色，用清水分蕴开来，表现出画面的层次；染和分是一个意思，只不过用的不再是磨色，而用彩色来分蕴画面，罩色指的是整体上色，比如整片叶子上的绿色。

白描

中国画技法名。单用墨色线条勾描形象而不施彩色的画法。有时略敷淡墨作为渲染。源于古代的"白画"。有单勾和复勾两种。

单勾：用同一墨色的线勾描整幅画的叫一色单勾。用浓淡不同墨色勾

成的，如用淡墨勾花，浓墨勾叶叫浓淡单勾。要求线描准确流畅、生动、笔意连贯。

复勾：先以淡墨勾成，再根据情况复勾部分或全部，其线并非依原路刻板复迭一次，其目的是为加重质感和浓淡变化，使物象更具神采。复勾线必须流畅自然，否则易呆板。物象之形、神、光、色、体积、质感等均以线条表现，难度很大。

写意

俗称“粗笔”，与“工笔”对称，中国画技法名。通过简练放纵的笔致着重表现描绘对象的意态风神的画法。如南宋梁楷、法常，明代陈淳、徐渭，清初朱耷等，均擅长此法。写意画在表现对象上是运用概括、夸张的手法，丰富的联想，用笔虽简但意境繁邃，具有一定的表现力。它要有高度概括的能力，要有以少胜多的含蓄意境，落笔要准确，运笔要熟练，要能得心应手，意到笔随。

十八描

中国画技法名。古代人物衣服褶纹的各种描法。明代邹德中《绘事指蒙》载有“描法古今一十八等”。清王瀛将其付诸图画，并注明每种描法的要点。现在我们看见的总结十八描技法的图画即是出自他手。

十八描可分为：

1. 高古游丝描：最古老的工笔线描之一，常见于顾恺之的画作。线条提按变化不大，细而均匀，多为圆转曲线，顿笔为小圆头状。

2. 琴弦描：略比高古游丝描粗些，多为直线。有写意味道，线用颤笔中锋，线中有停停顿顿的变化，大多为直线的感觉。

3. 铁线描：相比琴弦描又粗些，但用笔方硬，是最常见的描法之一。转折处方硬有力，直线硬折，似铁丝弄弯的形态。用笔中锋，顿笔也是圆头。

4. 混描：基本上是一种写意画法。先用浓墨皴衣纹，墨未干时，间以浓墨，讲“浓破淡”的墨法变化。

5. 曹衣描：即为曹衣出水描的简称。来自于西域的画家曹仲达，其画佛像衣纹下垂、繁密，贴身如出水状，故称“曹衣出水”。其用笔细而下垂，成圆弧状，讲求线之间的疏密排列变化。

6. 钉头鼠尾描：任伯年最常用的线描方法。叶顿头大，而顿时由于大的转笔，行笔方折多，转笔时线条加粗如同兰叶描，收笔尖而细。

7. 橛头钉描：秃笔线描，是一种写意笔法，马远、夏圭多用之。顿头大而方，侧锋入笔，有“斧劈皴”之笔意。线条粗而有力。

8. 马蝗描：马和之用之。近似兰叶描，顿头大，行笔曲折柔软，但很

有力。

9. 折芦描:用笔粗,而转折多为直角,折笔时顿头方而大,线多为直线,是一种写意画的线描方法。梁楷《六祖劈竹图》用之。

10. 橄榄描:顿头大如同橄榄,元代颜辉等人多用,行笔稍细,但粗细变化亦大。

11. 枣核描:顿头如同枣核状,线条行笔中亦有枣核状的用笔变化。

12. 柳叶描:用笔两头细,中间行笔粗。十八描中无兰叶描。柳叶描和竹叶描类似,都是虚入虚出的笔法。吴道子用之。

13. 竹叶描:与柳叶描类似,也是中间粗两头细。

14. 战笔水纹描:如山水画水纹之画法,表现薄而褶多的衣纹。明代唐寅作仕女图多用。

15. 减笔描:指的是马远、梁楷等作大写意用的笔法。用笔粗,一气呵成,一笔中有墨色变化。大多只画个外轮廓,用笔简练到极致。

16. 枯柴描:水墨画笔法。用笔粗,水分少,类似皴法。用笔往往逆锋横卧。

17. 蚯蚓描:粗细均匀,曲折多而柔软。用篆书笔法,圆转有力。

18. 行云流水描:表现软而弯转的衣纹。

上述各种描法,都是根据历代各派人物画的衣褶表现程式,按其笔迹形状而起的名称。

皴擦法

皴擦法源自中国山水画法,是笔法丰富的演化形式。现代人物画中大量借用皴擦法,将皴擦的可重复性特征加以发挥,增加了画面的厚重感和质感。常用的皴擦法有:

斧劈皴:人物画写生中常表现皮类衣服质感。

米点皴:写生中一般画出棉料质感类衣服。

圆笔皴:豆瓣皴的变体,人物休闲服常用此法。如工作服、牛仔服等。

牛毛皴:表现人物头发、皮毛特有质感的用笔方法。

虱:是扩大了的点。虱法在很多场合都能运用,如胡须、短式头发。

擦:用此笔法的地方很普遍,脸、手、衣服等均可采用。

4 京 剧

四大徽班

四大徽班，清代乾隆年间活跃于北京剧坛的四个著名徽班：三庆、四喜、和春、春台的合称。徽班，是以安徽籍艺人为主，兼唱二簧、昆曲、梆子、啰啰等腔的戏曲班社。清乾隆五十五年（1790 年），为给乾隆祝寿，从扬州征调了著名的“三庆”徽班入京，成为徽班进京的开始。此后又有四喜、启秀、霓翠、和春、春台等安徽班相继进京。在演出过程中，六班逐步合并成为著名的三庆、四喜、春台、和春四大徽班。

徽班在原来兼唱多种声腔戏的基础上，又合京、秦二腔，特别是吸收秦腔在剧目、声腔、表演各方面的精华，逐渐形成了四大徽班各自不同的艺术风格，表现为：“三庆的轴子（指三庆班以连演整本大戏见长）；四喜的曲子（指四喜班以演唱昆曲戏著称）；和春的把子（指以擅演武戏取胜）；春台的孩子（指以童伶出色）。”出现了“四徽班各擅胜场”的局面。因此“四大徽班”进京，被视为京剧诞生的前奏，在京剧发展史上具有重要意义。

京剧的诞生

“四大徽班”进京后的 1828 年，一批汉戏演员陆续进入北京。汉戏又名楚调，以西皮、二黄两种声腔为主，尤侧重西皮，是流行于湖北的地方戏。由于徽、汉两个剧种在声腔、表演方面都有血缘关系，所以汉戏演员在进京后，大都与徽班合作演出，且一些人成为徽班的主要演员，如余三胜即是。

徽调多为二黄调、高拨子、吹腔、四平调等，间或亦有西皮调、昆腔和弋腔；而汉调演员演的则是西皮调和二黄调。徽、汉两班合作，两调合流，经过一个时期的互相融会吸收，再加上京音化，又从昆曲、弋腔、秦腔不断汲取营养，终于形成了一个新的剧种——京剧。第一代京剧演员的成熟和被承认，大约是在 1840 年左右。

京剧从产生以来曾经有过许多名称。计有：乱弹、簧调、京簧、京二簧、皮簧（皮黄）、二簧（二黄）、大戏、平剧、旧剧、国剧、京戏、京剧等。

四功

京剧有“四功五法”之说，所谓四功，即唱、念、做、打，它是戏曲表演中的四种艺术手段。同时也是戏曲演员表演的四种基本功。

“唱”，指的是唱功。“念”指的是念白。“做”指的是做功，也就是表演。

而"打"则指的是武功。戏曲演员从小就从这四个方面进行训练培养,虽然有的演员擅长唱功(唱功老生),有的行当以做功(花旦)为主,有的以武打为主(武净)。但是要求每一个演员必须有过硬的唱、念、做、打四种基本功,才能充分发挥作为歌舞剧的戏曲艺术表演的功能,更好地表现和刻画戏中的各种人物。

"四功"体现在京剧传统的剧目中,有侧重唱功的剧目被称为"唱功戏",如《四郎探母》、《玉堂春》等戏;有侧重表演的剧目被称为"做功戏"或"念功戏",如《四进士》、《宋江杀惜》等;有侧重舞蹈和武打的剧目被称为"武打戏"。此外,还有很多剧目是唱念做打的高度综合,观众可以依据其兴趣择戏欣赏,从而获得审美的满足。

五法

"手、眼、身、法、步"被称为京剧中的"五法"。顾名思义,手是指手势,眼是指眼神,身是指各种身段,步是指台步,法指以上几种技术的规格和方法。前辈艺术家曾说过,"手为势,眼为灵,身为主,法为源,步为根。"其中"法"是指戏曲表演所不能背离的规矩和法度,否则就不是戏曲了,它是演员在舞台上展现戏曲表演意境和神韵的技法。

生、旦、净、丑

中国京剧中人物角色的行当分类,按传统习惯,有"生、旦、净、丑"和"生、旦、净、末、丑"两种分行方法,近代以来,由于不少剧种的"末"行已逐渐归入"生"行,通常把"生、旦、净、丑"作为行当的四种基本类型。每个行当又有若干分支,各有其基本固定的扮演人物和表演特色。

1."生"是扮演男性角色的一种行当。可分为老生,演中老年男性;小生,演青年男性;娃娃生,演小男孩;武生,演武戏中的男性。除去红生和勾脸(即在脸上画有脸谱)的武生以外,一般的生行都是素脸的,内行术语叫作"俊扮"的,即扮相都是比较洁净俊美的。

2."旦"是女性角色的统称。旦行中分为花旦、青衣和老旦。武戏中有武旦和刀马旦。一般来说,青衣以唱为主,花旦占较大比重,而刀马旦、武旦以打为主。"旦"行角色的面部化妆,也是无论多少人物,面部化妆都差不多。"旦"行的人物个性主要靠表演及服装等方面表现。

3."净",俗称花脸,是男性角色。净行人物按身份、性格及其艺术、技术特点的不同,大体上又可分为正净(俗称大花脸)、副净(俗称二花脸)、武净(俗称武二花)。

4."丑"的俗称是小花脸或三花脸,"丑"行中除有时兼扮丑旦和老旦外,大都是男角色。可分文丑和武丑两大分支。

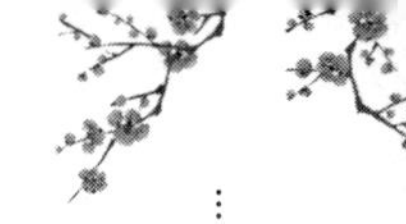

京剧脸谱

京剧脸谱，是具有民族特色的一种特殊的化妆方法。由于每个历史人物或某一种类型的人物都有一种大概的谱式，就像唱歌、奏乐都要按照乐谱一样，所以称为“脸谱”。关于脸谱的来源，一般的说法是来自假面具。

脸谱化妆，是用于“净”、“丑”行当的各种人物，以夸张强烈的色彩和变幻无穷的线条来改变演员的本来面目，与“素面”的“生”、“旦”化妆形成对比。“净”、“丑”角色的勾脸是因人设谱，一人一谱，尽管它是由程式化的各种谱式组成，但却是一种性格妆，直接表现人物个性，有多少“净”、“丑”角色就有多少谱样，不相雷同。因此，脸谱化妆的特征是“千变万化”的。

京剧脸谱，是根据某种性格、性情或某种特殊类型的人物而采用某些色彩的。红色的脸谱表示忠勇士义烈，如关羽、姜维、常遇春，用作辅色暗示人物命运，如蒋忠、华雄、高登等；黑色的脸谱表示刚烈、正直、勇猛、粗率，甚至鲁莽，如包拯、张飞、李逵、项羽、杨七郎等；黄色的脸谱表示彪悍、阴险、凶狠残暴，如庞涓、宇文成都、典韦。蓝色或绿色的脸谱表示一些刚强骁勇、粗犷、桀骜不驯的人物，如窦尔敦、马武、程咬金、公孙胜等；白色的脸谱一般象征阴险狡诈的坏人，如曹操、严嵩、赵高、秦桧、司马懿等。

摔僵尸

京剧演员的基本功。又称为硬僵身（硬僵尸）。演员双腿并拢，慢慢向后下腰，抬头，挑腰，上身向后倾仰，将要落地时，猛然挺直腰部，迅速梗头，以防震伤头部。落地时要屏住呼吸，使脊背着地。

压轴戏

我们看戏时，常听人说什么压轴、大轴。据说过去的剧本写成一长卷，卷的底部有一卷轴，就像装裱国画的画轴。因长卷的最后一戏靠近木轴，所以称为大轴，大轴前面的戏，也就是倒数第二的戏称为“压轴戏”，中间的戏称为中轴戏，前面的戏称为早轴戏。实际上就是以画轴的每一位置的名称来代替演出戏码的排列次序，一场演出就好像是向观众展示一幅多彩的画卷。

当然，演出的各种戏目也有不同的名称。如演出的第一出戏叫“开场戏”。如只演出某一大戏中可以独立演出的一场戏或一个段落，称为“折子戏”。如连续几天演出同一剧目，每天只演出其中一个段落，统称为连台本戏。

真嗓

真嗓亦名大嗓、本嗓。京剧演员发音方法之一。演唱时，气从丹田而出，通过喉腔共鸣，直接发出声来，称为真嗓。用真嗓发出的声音称真声。

京剧的生行（老生、武生、红生）、净行、丑行、老旦等行当，在演唱时均用真嗓。

假嗓

假嗓亦名小嗓、二本嗓。京剧演员发音方法之一。系与真嗓、大嗓、本嗓相对而言。如丹田气经过喉腔时，演员将喉腔缩小，使之发出比真嗓较高的音调，则称为假嗓。用假嗓发出的声音称假声。京剧的旦角、小生的演唱均用假嗓，但二者声音的刚柔力度有所不同。

吐字

指唱曲或说白中按正确或传统的音读出字的发音。设计京剧唱腔要“腔由字生”，演唱唱腔要“以字行腔”。京剧吐字归韵的规律，就是依据汉语拼音的规律，把声母、韵母反切唱出，如：“照窗前”的“窗”（chuang），字头是“吃”，字腹是“乌、昂”，归韵是“恩”；再如“怀”（huai），字头是“喝”，字腹是“乌”，字尾是“爱”，归韵为“衣”。

四呼

“四呼”分为开口呼、齐口呼、合口呼、撮口呼，简称开、齐、合、撮。它是指发音时口腔的四种形状。凡有汉语拼音字母 i 和其他声母、韵母结合的，叫做“齐齿呼”，如李、金；凡有汉语拼音字母 u 和其他声母、韵母结合的，叫做“合口呼”，如“陆”、“尊”；凡有汉语拼音字母 ü 和其他声母、韵母结合的，叫做“撮口呼”，如“吕”、“军”；凡是没有 i、u、ü 介于声母和韵母中间的，叫做“开口呼”，如“马”、“车”、“镇”。

韵味

听戏听韵味，往往以演员是否有味为评价标准。什么是味？京剧有区别其他歌唱的特定风格，是共性。每个京剧演员又有自己独特的味，是个性。构成味的因素，是旋律、语音形成京剧共同的“味”，演员吐字、发声、行腔构成演员个性的“味”。裘盛戎被誉为“老腔新味”，是善于把常见的腔，唱出新风貌，唱出新感情。

念白

“千斤话白四两唱”，念白是展示人物性格、推动戏剧冲突的重要艺术手段，也是演员必须长期训练的基本功之一。念白就中国传统戏曲而言，是指人物内心独白或两者对话，使用明显节奏变化，并拖长字音的语调。此种介于口白与唱腔的表演方式，很难区分。一般来说，不具梆子、西皮、二黄等基础唱调，但比口白夸张的拉长尾音的说话方式，皆可称为“念白”。

京剧念白是生活语言的节奏化、旋律化，是生活语言的歌唱形态。念白会根据使用语言不同而有所差异，例如京剧表演中，使用北京音的念白称为

京白、使用湖广音的称为韵白，而使用苏南地区方言的念白即称为苏白。

唱腔

唱腔在京剧艺术中占有极为重要的位置，京剧的唱腔，有叙事，表述事情经过；有对话，推进戏剧冲突；有抒情，直接抒发胸臆。所以，唱腔是塑造人物形象的重要手段，编好角色的唱腔有助于人物形象的塑造，行内人把这叫做“角色的音乐形象”。

唱腔靠腔调特点和板式变化达情。唱腔的腔调，吸收汉剧、徽剧、秦腔、梆子中的“二黄”、“西皮”作为主要的腔调，简称“皮黄”。由于主属关系的转调，又派生出“反二黄”，“反西皮””。由于行腔、节奏、调式等的特点，形成“二黄”浑厚抒情，“西皮”明朗刚劲，“反二黄”悲愤哀怨，“反西皮”哭诉等基本表现特色。

四大名旦

1927 年，在北京《顺天时报》举办的“首届京剧旦角最佳演员”活动中，梅兰芳、程砚秋、尚小云、荀慧生当选，被誉为京剧“四大名旦”。《顺天时报》还将梅兰芳捧为“四大名旦”之首。

梅兰芳(1894～1961)，擅长青衣，兼演刀马旦。梅兰芳的唱腔优美大方，表演雍容华贵，对京剧的影响极大。梅兰芳曾率京剧团多次赴日本、美国、苏联演出，是享有国际声誉的戏曲表演艺术家。梅派代表作有《宇宙锋》、《贵妃醉酒》、《断桥》、《奇双会》、《霸王别姬》和《穆桂英挂帅》等。

程砚秋(1904～1958)，演青衣，在艺术上勇于革新创造，并根据自己的嗓音特点，创造出一种幽咽婉转、起伏跌宕、若断若续、节奏多变的唱腔，形成独特的艺术风格，世称“程派”。程砚秋擅长演悲剧，编演过《鸳鸯冢》、《荒山泪》、《青霜剑》、《英台抗婚》、《窦娥冤》等戏，大多表演封建社会妇女的悲惨命运。

尚小云(1900～1976)，功底深厚，嗓音宽亮，唱腔以刚劲著称，世称“尚派”。代表作有《二进宫》、《祭塔》、《昭君出塞》、《梁红玉》等，塑造了一批巾帼英雄和侠女烈妇。

荀慧生(1900～1968)，功底深厚，能汲取梆子戏旦角艺术之长，熔京剧花旦的表演于一炉，形成了独特的艺术风格，世称“荀派”。擅长扮演天真、活泼、温柔一类的妇女角色，以演《红娘》、《金玉奴》、《红楼二尤》、《钗头凤》、《荀灌娘》等剧著名。

四大须生

30 年代的观众喜爱听京剧的老生唱腔，当时最负盛名的老生是：马连良、谭富英、杨宝森、奚啸伯，被人们誉为京剧“四大须生”。

马连良(1901～1966),唱腔委婉、俏丽新颖,念白清楚爽朗,声调铿锵,做工潇洒飘逸,形成独特的艺术风格,人称“马派”,代表剧目有:《十老安刘》、《串龙珠》、《春秋笔》、《将相和》、《赤壁之战》、《赵氏孤儿》等。

谭富英(1906～1977),擅长靠把戏,继承了“谭(鑫培)派”和“余(叔岩)派”的风格,并发挥自己的特长,称为“新谭派”。代表剧目有《定军山》、《空城计》、《战太平》、《击鼓骂曹》、《将相和》等。

杨宝森(1909～1958),根据自己嗓音宽厚有余而高昂不足这一特点加以变化,唱工清醇雅正,韵味朴实浓厚,做工稳健老练,人称为“杨派”。代表剧目有《失空斩》、《伍子胥》、《击鼓骂曹》、《洪羊洞》、《汾河湾》等。

奚啸伯(1910～1977)曾得到京剧名老生言菊朋的赏识,授以《击鼓骂曹》等戏。代表剧目有《白帝城》、《宝莲灯》、《清官册》、《苏武牧羊》、《法门寺》等,尤以《乌龙院》更负盛名。

5 武　术

散打

散打,又称断手、散手、实作等。简单而言就是两人徒手面对面地打斗。散打是中国武术一个主要的表现形式,以踢、打、摔、拿四大技法为主要进攻手段,另外,还有防守、步法等技术。散打中的摔法来源于中国式摔跤,是散打区别于其他各国任何一种搏击运动的唯一特征。

散打的起源与发展,是和中华民族悠久历史同步。它从先辈的生产劳动,生存斗争缘起。原始社会人类为了猎取食物,长期与野兽搏斗,学会了与野兽搏斗所使用的不同方法。如:拳打、脚踢、抱摔等简单的散打技术,并学会了一些野兽猎取食物的本领,如:猫扑、狗闪、虎跳、鹰翻等。春秋战国时期,散打得到了很大的发展,受到了人民的重视。

1979 年散打在我国成为竞技的比赛项目。在 80 厘米高,8 米见方的擂台上进行比赛。散打比赛允许使用踢、打、摔等各种武术流派中的技法,不允许使用擒拿,不许攻击喉、裆等要害部位;运动员分体重、穿护具在相同的条件下平等竞争。在对敌斗争中这些界限就没有了,军警对敌斗争就专寻对手的要害部位击打。使用的招法也比较凶狠,杀伤力较大。

散打是中华武术的精华,是具有独特民族风格的体育项目,多年来在民

间流传发展，深受人民喜爱。

套路

武术套路就是一连串含有技击和攻防含义的动作组合。套路是武术运动的一种表现形式，也是区别于其他武术的一大技术特征。应当属于"演法"。旧时称"套子"或"套"。一般由4段或6段组成，应有起势与收势。

中国武术各家各派都有表现自己门派特色的许多套路，而且套路多是循序渐进的，初学者和练习很长时间的人学习的套路是不同的。传统武术中，套路练习初期多是分开来一招一招练的，让学习者体会运气使力、攻防技击的含义。而这种练习反复不断地进行，正是为了在实战中能够条件反射式地使出相应的招式，也可以仔细体会招式的功效。例如号称"半步崩拳打天下"的形意拳大师郭云深，对敌总是使用一个招式，即崩拳，而且严格来说只是半个招式，但是却足以击败对手。

南拳北腿

中国古代武术素有"南拳北腿"之分，风格迥异，特点鲜明。大开大合，蹿纵跳跃，这是北派武术的特点；阔幅沉马，迅疾紧凑，这是南派武术的特点。中国古代武术风格的差异可以用地域来区分，但造成这差异的关键在于体格上的差距，正是由于身体条件上的差距才造成了南北流派在武术风格上的差异。

"南拳北腿"这一称法可以看作是在某一时段中南派武术强于拳，而北派武术盛于腿。不过无论是内在的理念还是外在的技巧，南派武术对于中国古代武术发展的影响都远远大于北派武术。从身体的较量到技巧的比拼，在南派武术的发展过程中让人看到了智慧的力量，这就是南派武术最大的贡献，而且这一点对于中国古代武术的发展具有极其关键的意义，因为它提升了武术的层次与境界。

外家拳

武术流派的说法之一。外家拳源于古代战场硬柄武器使用方法。外家拳又可以大致分为武术套路和武术散打两大类。武术套路以表演为主要目的，动作追求花哨漂亮；散打则追求以实战为目的，理论上包含了中国各个武术流派的各种攻防招式。

内家拳

内家拳是相较于外家拳技而言的一种拳法理论。内家拳是源于古代战场韧柄武器使用方法，主要是大枪术。内家拳与外家拳是有区别、有联系的。内家拳有内功有外功，有刚有柔。外家拳也是有内功有外功，有刚有柔。内家拳是在外家拳的基础上发展起来的。外家拳、内家拳都有仿生象

形。所以，内家、外家根本上的区别还是韧柄与硬柄。二者只有风格不同，没有高下之别。

外功

“外功”就是锻炼筋、骨、皮的功夫。武术中，外功指习武者经过专门的系统训练，使身体表皮部分具有比常人较强的抗击力和抗磕碰的能力，达到外壮的效果。如以《易筋经》论，“揉”为内功，“打”为外功；就太极拳而言，太极之“形”为外功，太极之“功”为内功。气由丹田积累而运达四肢全身筋骨皮者为正宗外功，此外还有一些乡下土把式以及旁门左道的外功。这种功夫制人有余，自卫则不足了。涵灵禅师说：“习外功者，劈、击、点、刺，念念皆在制人，是重于攻。攻者非但能够杀人，亦能够自杀，所以称为死机。”

内功

内功是锻炼身体内部器官的功夫。内功是通过气的练习而成的，内功只有积精累气一条正路，气在丹田任督间流行者为内功。练气讲究呼吸吐纳，多用腹式呼吸法，精神集中，循序渐进，从而达到锻炼身体内部器官的目的。武术中可以提高耐力、战斗力和极强的自我保护作用等。

内功是专练柔劲，行气入膜，以充全身，虽不足以制人，可是练到炉火纯青的时候，不但拳脚不能伤其毫发，就用刀劈剑刺亦难使其毫发受损。内功为武术之体，外功为武术之用。人们常认为内功优于外功。涵灵禅师说：“习内功者，运气充体，如筑壁垒，念念在于自保，任他来攻，纵有硬功和兵器，亦不能毁其得逞，终必知难而退，所以称为生机。”

桩功

中国武术内家拳的基本功，亦称“站桩功”。站桩是中国传统武术的最重要的特点之一。中国传统武术历来重视桩功训练。中国武术以控制打法为主，讲究削即打、打即削、攻防结合、削打合一，总是考虑在限制对手的防守和进攻时来发招攻击。这样，势必使撑、扭、抱、按、带、拉、缠、裹、夹、挑、抓等技法频繁使用，从而给自己身体加上了额外负担。这个负担又是动的和变化的，随时牵动着重心，破坏着防守，威胁着平衡。因此，只有脚下生根、间架稳固才不至受制于人，才能将技术发挥出来。故而，强调桩功也是合理的。

擒拿

擒拿，中国拳术之一。是使用拿、锁、扣、扳、点、缠、切、拧、挫、旋、卷、封、闭等招法，进行擒伏与解脱，控制与反控制的专门技术。其特点是不用兵器，只采用各种徒手格斗的手法，利用人体关节、穴道和要害部位的弱点，使对方身体局部产生剧痛而束手就擒。擒拿是从国术技击中演变而来，从

广义上说是少林武术的一个小分支，因为少林武术中很早就有一种叫做“缠丝擒拿手”的功夫。有72路擒拿手和32路小擒拿等。所以可以说少林武术产生时就有了擒拿术。

对练

中国武术项目之一，其套路是在各种武术单练（拳术、器械）项目的基础上由踢、打、摔、拿、击、刺、劈、撩、砍、点、蹦等技击方法组成的，并由2人或多人进行对练。武术对练有助于进一步体会和理解各种武术单练套路中每个动作的技击意义，从而提高运动技术水平。

武术对练一般分为3种，即徒手对练、器械对练、徒手与器械对练。

1. 徒手对练。双方运动员在相同拳种的单练基础上，运用各种手法、腿法、身法等，按照进攻、防守、还击的运动规律编排对练套路。例如，长拳对练多包括窜、蹦、跳跃、跌扑、滚翻等动作，演练的风格要求快速，敏捷；擒拿对练是按照逆人体关节而动的原则，利用刁、拿、锁、扣、搬、点等手法进行擒伏与解脱、控制与反控制的练习 。

2. 武术器械对练。双方可持相同器械，也可持不同的器械进行攻防练习。不同武术器械对练，其风格也不尽相同。如练刀时应呈现出勇猛、刚毅、快速的特点；练剑应突出刚中含柔、轻快潇洒的风格；练朴刀对枪，要勇猛凶悍；练三节棍进棍的动作要快速紧凑，气势逼人等。武术器械对练还有大刀进枪、匕首进枪、梢子棍进枪等长、短、双、单不同武术器械对练。

3. 徒手与器械对练。运动员一方徒手，另一方手持器械进行攻防对练。套路的编排，多以徒手的一方争夺对方器械的形式出现。如空手夺刀，空手夺枪，单刀对空手枪等。要求持器械的一方熟练掌握器械的性能及其使用方法，徒手的一方则须闪躲敏捷，动作轻巧。

螳螂拳

螳螂拳是我国著名的传统武术流派“象形拳”的一种。它是山东四大名拳之一，也是传统武术九大流派之一，螳螂拳的形成发展，是凝聚了明末清初众多武术流派之长而成，仅依拳谱所载就有“十八家拳祖姓名”之说，可以说螳螂拳是中国古代武术文化的载体，研究这种拳术对于了解明清之际的武术有很大的帮助作用。

八卦掌

八卦掌又称游身八卦掌、八卦连环掌，是一种以掌法变换和行步走转为主的拳术。由于它运动时纵横交错，分为四正四隅八个方位，与“周易”八卦图中的卦象相似，故名八卦掌。

八卦掌是我国流传很广的拳种，是武当内家拳三大名拳之一，也是道家

养生、健身、防身阴阳掌的一个体现。它以八大桩法为转掌功，又集八大圈手于一体，下配一至八步的摆、扣、顺步法为基础，以绕圈走转为基本运动路线，以掌法为核心，在走转中全身一至，步似行云流水，身法要求：拧转、旋翻协调完整，走如游龙，翻转似鹰。手法主要有：穿、插、劈、撩、横、撞、扣、翻、托等。

关于八卦掌的起源，据考证为清代河北文安县人董海川（约 1813～1882）在江南游历时得到道家修炼的启示，结合武术加以整理而成。董海川曾在清朝肃王府作拳师，故八卦掌首先在北京一带流传开来，近百年来遍及全国，并传播到国外，如东南亚地区。

四大名器

1. 棍：棍为“百兵之首”。棍是最原始的兵器，一个不会武术的人在自卫防身中，往往会随心所欲地使用棍子，棍子作为兵器十分普遍，故称之为“百兵之首”。

棍的种类较多，有大棍、齐眉棍、短棍、三节棍、大梢子棍、两节棍、流星棍等。大棍长八尺至八尺五，是棍中最长的，演练时不可舞花，显得姿势雄伟，刚劲有力。

三节棍又名太祖棍、蟠龙棍，是用三节木棍，中间以铁环相连，全长七八尺，两手可握两端之棍根部使用，或握中间一节舞花；更可握中间与前端两节，用另一端抽打；甚至单手握一节，用两节往前抽打。棍法勇猛，动作泼辣。

2. 枪：枪为“百兵之王”，这说明了枪械的厉害。枪之所以称王、称贼，是因为它在实战中威力强，攻防速度快，富于变化，往往使人防不胜防。枪的种类很多，有尖枪、花枪、双头枪、钩镰枪等。虽然种类多，但现在主要以练花枪的人居多。“七尺花枪八尺棍，大枪一丈零八寸。”花枪虽说七尺长，但一般是根据人体高矮而定，如枪在身边立直，一臂上举五指伸直，枪尖与中指同高即可。其舞动起来灵活迅速，神出鬼没，故有人说花枪是“百兵之贼”。

3. 刀：刀为“百兵之帅”。刀是我国最早出现的兵器之一，也是最普遍使用的兵器之一。大刀可马战，腰刀可步战，朴刀则可马步战，较枪又灵活得多。

刀的种类很多，有青龙偃月刀、二郎刀（即三尖两刃刀）、凤嘴刀、眉尖刀、屈刀、戟刀、笔刀等。其中的青龙偃月刀，就是常说的大刀。

此外还有单刀。其中，刀头宽大者名鳝鱼头刀，刀窄形如柳叶者名为柳叶刀，形如雁翎者名雁翎翅钢刀。戒刀为僧门护法防身所用，有单有双。其

次根据各门别派系的不同,所用的刀形也有不同。

4. 剑:剑为"百兵之秀"。剑也是我国最早出现的兵器之一,在频繁的战争中,剑逐渐被其他兵器所代替。后来,剑术形成两种风格,一种是长穗剑,称文剑,练起来剑走龙蛇,潇洒飘逸,美不胜收。一种短穗剑,称武剑。其步伐灵活,招法多变,动作迅猛,是实用的一种剑法。然而,不论是长穗剑还是短穗剑,都不像刀法那样凶猛外在,而总是伴有一种儒雅之风,特别是它与琴、棋、书并为文人四宝之后,称之为"百兵之秀",当之无愧。

剑的尺寸约三尺左右,所以有"三尺龙泉"之称。其由三部分组成:一剑身,包括剑尖、剑上刃(阳刃、外刃)、剑下刃(阴刃、内刃)、血槽(血线)。二剑柄,包括剑柄、剑镦。三吞口(护手)。

十八般兵器

十八般兵器,泛指多种武艺。早在南宋时期就有"十八般武艺"之说,其实"十八"不过是泛称而已,实际上远不止此数。

武术是中华民族的瑰宝,源远流长,具有悠久的历史,而武术器械就是这瑰宝中的重要组成部分。武术器械主要由古代兵器演化而来的。兵器是克敌制胜的工具。有了兵器,就要有掌握和使用兵器的技艺——武艺。武艺越是精通,越能发挥兵器的性能,取胜对方的可能性越大。因此,兵器与武艺有着密切的关系。学练兵器,既是一个掌握武艺的过程,也是强健筋骨、锻炼体魄的过程。

有一种说法是:十八般兵器包括"九长九短":九长是枪、戟、棍、钺、叉、镗、钩、槊、环;九短是刀、剑、拐、斧、鞭、锏、锤、棒、杵。然而,最常见的说法是:刀枪剑戟,斧钺钩叉,镗棍槊棒,鞭锏斧抓,拐子流星。

另有一说十八般兵器指:"刀、枪、剑、戟、棍、棒、槊、镗、斧、钺、铲、钯、鞭、锏、锤、叉、戈、矛"等十八种武术器械。

6 烹　饪

八大菜系

中国菜肴品种繁多,约有一万余种,因地理位置、风俗习惯、饮食爱好不同,形成了中国菜的千差万别、风味各异,从口味上讲,中国菜素有南甜、北咸、东酸、西辣之说,最能够代表中国菜特色的是人们常说的中国"八大菜

系”：即四川菜系（川菜）、山东菜系（鲁菜）、广东菜系（粤菜）、淮扬菜系（苏菜）、浙江菜系（浙菜）、福建菜系（闽菜）、安徽菜系（徽菜）、湖南菜系（湘菜）。

一个菜系的形成和它的悠久历史与独到的烹饪特色分不开的，同时也受到这个地区的自然地理、气候条件、资源特产、饮食习惯等影响。有人把“八大菜系”用拟人化的手法描绘为：苏、浙菜好比清秀素丽的江南美女；鲁、皖菜犹如古拙朴实的北方健汉；粤、闽菜宛如风流典雅的公子；川、湘菜就像内涵丰富充实、才艺满身的名士。中国“八大菜系”的烹调技艺各具风韵，其菜肴之特色也各有千秋。

鲁菜

“八大菜系”之首当推鲁菜。鲁菜发端于春秋战国时的齐国和鲁国（今山东省），形成于秦汉。宋代后，鲁菜就成为“北食”的代表。鲁菜是我国覆盖面最广的地方风味菜系，遍及京津塘及东北三省。

鲁菜选料精细，讲究调味纯正，口味偏于咸鲜，具有鲜、嫩、香、脆的特色。十分讲究清汤和奶汤的调制，清汤色清而鲜，奶汤色白而醇。烹调方法讲究，常用的有爆、炒、烧、扒、塌、汆、熘、炸、熬、蒸、烤、熏等30种以上，其中尤以爆、炒最能体现山东菜快速出菜的特色。代表菜如御笔猴头、糖醋鲤鱼、香酥鸭子、红扒鸡、红烧肘子、山东蒸丸、砂锅白菜等。

川菜

川菜作为我国八大菜系之一，在我国烹饪史上占有重要地位，它取材广泛，调味多变，菜式多样，口味清鲜，醇浓并重，以善用麻辣著称，并以其别具一格的烹调方法和浓郁的地方风味，融会了东南西北各方的特点，博采众家之长，善于吸收，善于创新，享誉中外。

川菜常用的技法有炒、爆、熘、炸、煎、烧、烩、焖、蒸、煮、炖等数十种，尤其擅长小煎、小炒和干煸、干烧；调味变化多样，常用的味型就有20多种，其中鱼香、怪味、麻辣、家常、红油为特有的味型。代表菜如红烧熊掌、家常海参、干烧鲜鱼、麻婆豆腐、鱼香肉丝、水煮鱼片、毛肚火锅等。

苏菜

苏菜为八大菜系之一。由于苏菜和浙菜相近，因此和浙菜统称江浙菜系。苏菜主要以南京、扬州、苏州、淮安、徐州、海州等地方菜（金陵菜、淮扬菜、苏锡菜、徐海菜）组成，其中淮扬菜在苏菜中占主导地位。早在二千多年前，吴人即善制炙鱼、蒸鱼和鱼片。一千多年前，鸭已为金陵美食。南宋时，苏菜和浙菜同为“南食”的两大台柱。苏菜用料广泛，选料精良，重视调汤，清鲜淡雅，咸甜适中，富于变化，讲究火功，擅长炖、焖、煨、焐、烤等技法。代

表菜如镇江三鱼、荷包鲫鱼、盐水鸭、松鼠鳜鱼、熏烧兔、糖醋蝉猴、红烧沙光鱼、鳝鱼辣汤等。

粤菜

粤菜，即广东地方风味菜，是我国著名八大菜系之一，它以特有的菜式和韵味，独树一帜，在国内外享有盛誉。

粤菜口味清淡、嫩滑、爽脆、讲究时令。烹调方法、调味方式自成体系，如煲、烧、烤、蒸、焖、烩、煎等；调味品多用老抽、柠檬汁、豉汁、嫩肉粉、生粉、黄油等，这些都是其他菜系不用或少用的调料。代表菜如红烧大群翅、清平鸡、生菜龙虾、红炖鱼翅、爽口牛肉丸、什锦煲等。

闽菜

闽菜又称福建菜，是我国八大菜系之一。最早起源于福建闽侯县，在后来发展中形成福州、闽南、闽西三种流派。闽菜有三大特色，一长于红糟调味，二长于制汤，三长于使用糖醋。

烹饪原料以海鲜和山珍为主。刀工精巧，富于趣味，汤菜居多。偏于甜、酸淡。擅长炒、熘、蒸、炸、煨、糟等方法，且尤以蒸、熘、糟、煨见长。代表菜如茸汤广肚、肉米鱼唇、鸡丝燕窝、糟汁氽海蚌、沙茶焖鸭块、当归牛腩、白斩河田鸡、涮九品等。

浙菜

浙江菜，简称浙菜，是我国八大菜系之一。浙菜富有江南特色，历史悠久，源远流长，是中国著名的地方菜种。具有悠久历史的浙江菜品种丰富，菜式小巧玲珑，菜品鲜美滑嫩、脆软清爽，其特点是清、香、脆、嫩、爽、鲜，在中国众多的地方风味中占有重要的地位。浙菜主要由杭州、宁波、绍兴、温州四个流派所组成，各自带有浓厚的地方特色。

浙菜选料讲究，注重火候，擅长炒、炸、烩、熘、蒸、烧、氽，烹。讲究口味清鲜脆嫩，馨香腴润。代表菜如东坡肉、龙井虾仁、油焖春笋、荷叶粉蒸肉、三丝敲鱼、爆墨鱼花、锦绣鱼丝、炸香脆肉、桂花大肠、浓香鸡块等。

湘菜

潇湘风味，以湖南菜为代表，简称“湘菜”，是我国八大菜系之一。湘西菜擅长香酸辣，具有浓郁的山乡风味。湘菜历史悠久，早在汉朝就已经形成菜系，烹调技艺已有相当高的水平。

湘菜的特点是：油重色浓，在口味上注重酸辣、香鲜、软嫩。在制法上以煨、炖、腊、蒸、炒诸法见称。代表菜如红煨鱼翅、潇湘五元鱼、腊肉焖鳝片、炒腊野鸭条、麻辣仔鸡、冰糖湘莲、花菇无黄蛋、油辣冬笋尖等。

徽菜

徽菜是指徽州菜，它起源于黄山麓下的歙县（古徽州）。徽菜以烹制山珍野味而著称。

味型以咸鲜微甜为主，注重原汁原味；在技法方面，刀工、火候、操作技术互为补充，相得益彰；擅长烧、炖、熏、蒸等。代表菜如八公山豆腐、软炸石鸡、方蜡鱼、葡萄鱼、红烧头尾、黄山炖鸽等。

菜肴的属性

菜肴的属性一般表现在三方面，即："色、香、味"，但更全面地说，菜肴的属性应该是"质、色、香、味、形、皿"六方面。所谓"质"包括菜肴的营养价值，利于消化的熟、嫩、脆、烂的火候程度，合乎杀菌消毒的卫生要求等；所谓"色"包括主料与辅料色泽配合、料与汁色泽的配合以及装饰料色泽的配合；所谓"香"包括能嗅到的合乎标准的肉香、鱼香、菜香、果香等香气；所谓"味"是菜肴特有的能尝到的咸、甜、酸等滋味；所谓"形"包括菜肴中的主料、辅料成熟的形状，以及菜肴盛装在容器中的形象；所谓"皿"包括器皿的形状和大小与菜肴的质量相称，器皿的质地和色彩与菜肴和质色相称，整桌菜肴与多种器皿之间的形状、大小、质地色彩配置相称等。

勾芡

勾芡指的是：在菜肴接近成熟时，将调好的淀粉粉汁淋入锅内，使卤汁稠浓，增加卤汁对原料的附着力，从而使菜肴汤汁的粉性和浓度增加，改善菜肴的色泽和味道。

勾芡用的淀粉主要有绿豆淀粉，马铃薯淀粉，麦类淀粉，菱、藕淀粉等。淀粉不溶于水，在和水加热至60℃时，则糊化成胶体溶液。勾芡就是利用淀粉这种特性。

勾芡是否适当，对菜肴的质量影响很大，因此勾芡是烹调的基本功之一。勾芡多用于熘、滑、炒等烹调技法。这些烹调法的共同点是旺火速成，用这种方法烹调的菜肴，基本上不带汤。但由于烹调时加入某些调料和原料本身出水，使菜肴中汤汁增多，通过勾芡，使汁液浓稠并附于原料表面，从而达到菜肴光泽、滑润、柔嫩和鲜美的风味。

炒

炒是中国传统烹调方法，烹制食物时，锅内放少量的油在旺火上快速烹制，搅拌、翻锅。炒的过程中，食物总处于运动状态。将食物扒散在锅边，再收到锅中，再扒散，不断重复操作。这种烹调法可使肉汁多、味美，可使蔬菜嫩又脆。

炒菜一般都是用急、旺火烹制，为了保持原料嫩和特有的水分，烹调时

必须动作快，时间短，防止出汤，最大限度地保存营养成分。

爆

“爆”就是急、速、烈的意思，加热时间极短。烹制出的菜肴脆嫩鲜爽。爆法主要用于烹制脆性、韧性原料，如肚子、鸡肫、鸭肫、鸡鸭肉、瘦猪肉、牛羊肉等。常用的爆法主要有油爆、水爆、葱爆、酱爆等。

1. 油爆：将加工好的小形原料用沸水稍烫，捞出沥干水分，随即再在沸油锅内炸至七成熟，捞出沥油，再起油锅，待油透，投入炸好的原料颠翻一下，加入调味芡汁，再颠翻几下即成。

2. 酱爆：先将主料经过挂糊用温油炸后，再用面酱等调料炮制。比油爆的汁要少。

3. 盐爆：烹调过程与油爆同，但起锅前用调味清汁（不淀团粉、酱油为调味清汁）。盐爆一般用香菜段、葱丝、蒜末、盐、料酒等调味品调和制成。

4. 水爆：食品主料用开水汆烫，熟而嫩，另用调味汁蘸食，又称“汤炮”。

5. 家常爆：少油、烈火下原料，调料不加汤，熟嫩不勾汁。

6. 葱爆：当原料炸好后，另起油锅用大葱段和炸好的原料一起炮制，其他烹制过程也和油爆相同。

熘

熘初始于南北朝时期，指将加工、切配的原料用调料腌制入味，经油、水或蒸汽加热成熟后，再将调制的卤汁浇淋于烹饪原料上，或将烹饪原料投入卤汁中用旺火急速烹调的一种方法。如山药熘肉片，醋熘白菜，醋熘鸡，熘豆芽，熘肥肠等。

烹

烹，是在煎或炸的基础上，烹上清汁入味成菜的一种烹调技法。烹可分为两种：

1. 以鸡、鸭、鱼、虾、肉类为料的烹。一般是把挂糊的或不挂糊的片、丝、块、段用旺火油先炸一遍，锅中留少许底油置于旺火上，将炸好的主料放入，然后加入单一的调味品（不用淀粉），或加入多种调味品兑成的芡汁（用淀粉），快速翻炒即成。

2. 以蔬菜为主料的烹。可把主料直接用来烹炒，也可把主料用开水烫后再烹炒。

煎

煎是先把锅烧热，用少量的油刷一下锅底，然后把加工成型（一般为扁型）的原料放入锅中，用少量的油煎制成熟的一种烹饪方法。一般是先煎一面，再煎另一面，煎时要不停地晃动锅子，使原料受热均匀，色泽一致。

烧

烧是先将主料进行一次或两次以上的热处理之后，加入汤（或水）和调料，先用大火烧开，再改用小火慢烧至或酥烂（肉类，海味）、或软嫩（鱼类，豆腐）、或鲜嫩（蔬菜）的一种烹调方法。由于烧菜的口味、色泽和汤汁多寡的不同，它又分为红烧、白烧、干烧、酱烧、葱烧、辣烧等许多种烹调方法之一。先用油炸，再加汤汁炒或炖，或先煮熟再用油炸。

炖

炖和烧相似，所不同的是，炖制菜的汤汁比烧菜的多。炖先用葱、姜炝锅，再冲入汤，烧开后下主料，先大火烧开，再小火慢炖。炖菜的主料要求软烂，一般是咸鲜味。

炖有两种方法：

1. 不隔水的炖：不隔水炖法是将原料在开水内烫去血污和腥膻气味，再放入陶制的器皿内，加葱、姜、酒等调味品和水，加盖，直接放在火上烹制。烹制时，先用旺火煮沸，撇去泡沫，再移微火上炖至酥烂。炖煮的时间，可根据原料的性质而定，一般约二、三小时左右。

2. 隔水炖法：隔水炖法是将原料在沸水内烫去腥污后，放入瓷制、陶制的钵内，加葱、姜、酒等调味品与汤汁，用纸封口，将钵放入水锅内，盖紧锅盖，不使漏气。以旺火烧。使锅内的汤汁不断滚沸，大约三小时左右即可炖好。这种炖法可使原料的鲜香味不易散失，制成的菜肴香鲜味足，汤汁清澄。

也有的把装好原料的密封钵放在沸滚的蒸笼上蒸炖，其效果与不隔水炖基本相同，但因蒸炖的温度较高，必须掌握好蒸的时间。蒸的时间不足，会使原料不熟和少香鲜味道；蒸的时间过长，也会使原料过于熟烂和散失香鲜滋味。

氽

氽既是对有些烹饪原料进行出水处理的方法，也是一种制作菜肴的烹调方法。氽菜的主料多是细小的片、丝或丸子，而且成品汤多。氽属旺火速成的烹调方法。

氽有多种用法，一是保养水作，使其延长使用时间。如氽作，把锅放火上添入清水，放入笋片等原料，水开倒入盆内。二是用于汤菜，如氽里脊丝等。把锅放火上添入清水烧六七成热时，放入里脊丝，肉变色发白捞出，对入清汤、作料即可食用。

煮

煮和氽相似，但煮比氽的时间长。煮是把主料放于多量的汤汁或清水

中，先用大火烧开，再用中火或小火慢慢煮熟的一种烹调方法。

烩

烩是将汤和菜混合起来的一种烹调方法。用葱，姜炝锅或直接以汤烩制，调好味再用水淀粉勾芡。烩菜的汤与主料相等或略多于主料。

炝

炝是把切成的生料，用沸水焯烫或用油滑透，趁热加入各种调味品，调制成菜的一种烹调方法。炝是制作冷菜常用的方法之一，所用的调料仅有精盐、味精、蒜、姜和花椒油等几种，成品具有无汁、口味清淡等特点。炝菜的特点是清爽脆嫩、鲜醇入味。炝菜所用原料多是各种海鲜及蔬菜，还有鲜嫩的猪肉、鸡肉等原料。

炝与拌的区别主要是：炝是先烹后调，趁热调制；拌是指将生料或凉熟料改刀后调拌，即有调无烹。另外，拌菜多用酱油、醋、香油等调料；而炝菜多用精盐、味素、花椒油等调制成，以保持菜肴原料的本色。

拔丝

拔丝是将糖（冰糖或白糖）加油或水熬到一定的火候，然后放入炸过的食物翻炒，吃时能拔出糖丝的一种烹调方法。

高汤

高汤又称“上汤”、“顶汤”，是指用猪骨、鸡骨、鸭架、碎肉头等原料熬制好的毛汤，加入和成稀糊状的、未加盐的鸡茸或肉茸处理，使之清澈如水、味浓而鲜的一种汤料。高汤是烹饪中常用到的一种辅助原料。做菜时凡需加水的地方换作加高汤，菜肴必定更美味鲜香。

高汤一般分为毛汤、奶汤、清汤三大类。

1. 毛汤大量用于普通烹调。原料一般是鸡骨、鸭骨、猪骨、碎肉、猪皮等。冷水煮滚，去沫，放入葱姜酒，小火慢煮几小时即可。

2. 奶汤一般选用鸡鸭猪骨、猪蹄、猪肘、猪肚等容易让汤色泛白的原料，滚水先烫过，放冷水旺火煮开，去沫，放入葱姜酒，文火慢滚至汤稠呈乳白色。

3. 清汤分普通清汤和精制清汤。

（1）普通清汤：选老母鸡，配部分瘦猪肉，用滚水烫过放冷水旺火煮开，去沫，放入葱姜酒，随后改小火，保持汤面微开，翻着碎小水泡。火候过大会煮成白色奶汤，火候过小则鲜香味不浓。

（2）精制清汤：取普通清汤用纱布过滤，将鸡脯肉斩成肉茸，放葱姜酒及清水浸泡片刻，用纱布包好鸡肉茸放入清汤，旺火加热搅拌。待汤将沸时改用小火，不能让汤翻滚。汤中浑浊悬浮物被鸡茸吸附后，取出鸡茸。这一精制过程叫“吊汤”。常用于高档菜肴的制作。

【第六章】不可不知的国学大师

国学大师，指的是在国学领域内有突出成就、大家公认并且德高望重的人。所谓『国学大师』必须以博通、精研先秦时代的原典为前提。在此基础上要符合三个条件：一、在其中某一领域有原创性成果。二、精通小学，古文辞（各体式）、古体诗、近体诗词都能自由挥洒，出色当行。如果是20世纪的国学大师，还必须加上条件三：能汲取外来之学说，而不忘民族之本位，中西兼通，而又以传统文化为其治学指归。

1 晚清国粹派

俞樾

俞樾(1821～1907),字荫甫,号曲园,浙江德清人。是晚清著名文学家、教育家、书法家、国学大师。他是国学大师章太炎的老师。俞樾是反对中医第一人。他一生孜孜不倦致力教育,辛勤笔耕。

俞樾是清道光进士,官至河南学政,被罢官后侨居苏州,主讲紫阳书院。晚年又主讲杭州诂经精舍。他是晚清有影响的学者。他长于经学和诗词、小说、戏曲的研究,所作笔记搜罗甚广,包含有中国学术史和文学史的珍贵资料。一生著述不倦,主要著述有《春在堂全书》、《小浮梅闲话》、《右台仙馆笔记》、《茶香室杂钞》等。俞樾对小说的艺术研究也很精湛。在俗小说方面的重要贡献是修改《三侠五义》,使这部小说得以广泛流传。

杨守敬

杨守敬(1839～1915),字惺吾,号邻苏,晚年自号邻苏老人,湖北省宜都市人。清末民初杰出的历史地理学家、金石文字学家、目录版本学家、书法艺术家。杨守敬在1862年中举,1865年考取景山宫学教习,1874年考取国史馆誊录。1880年至1884年任驻日钦使随员,归国后先后任黄冈教谕、两湖书院教习、勤成学堂总教长。1909年被举为礼部顾问官,次年兼聘为湖北通志局纂修。

杨守敬是学坛公认的著名历史地理学家。他用毕生的精力和学识,运用金石考古等多种方法研究《水经》、《水经注》,历经四五十年。集我国几百年水经研究之大成,撰写有代表巨著《水经注疏》、编绘有《历代舆地沿革图》、《历代舆地沿革险要图》和《水经注图》等。

杨守敬是金石学家,又对目录版本学造诣颇深。撰著有《湖北金石志》、《日本金石志》、《望党金石录》等。编辑有《寰宇贞石图》、《三续寰宇访碑录》等。目录版本方面的著作有《日本访书志》、与人合辑的《古逸丛书》等,都颇受当时学者名流的推重,至今也是少有的杰作。

杨守敬的书法、书论驰名中外,于楷、行、隶、篆、草诸书俱长,撰有《楷法溯源》、《评碑记》、《评帖记》、《学书迩言》等多部书论专著。在日本期间,杨

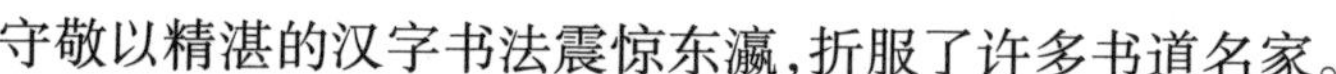

守敬以精湛的汉字书法震惊东瀛，折服了许多书道名家。

王先谦

王先谦（1842～1917），字益吾，因宅名葵园，学人称之为“葵园先生”，湖南长沙人。1865年成进士，授翰林院庶吉士，散馆授编修，累迁翰林院侍讲。1885年任江苏学政。任内延揽文人，在江阴南菁书院开设书局，校刻《皇清经解续编》，成书1000余卷；还刻有《南菁书院丛书》。其间，还疏请筹办东三省边防，罢三海工程，弹劾徐之铭、李莲英等。

王先谦博览古今图籍，研究各朝典章制度。治学重考据、校勘，荟集群言。除校刻《皇清经解续编》外，还编有清《十朝东华录》、《续古文辞类纂》等。著有《汉书补注》、《水经注合笺》、《后汉书集解》、《荀子集解》、《庄子集解》、《诗三家义集疏》等。为文远追韩愈，又以桐城派阳湖派自许；其诗被称为“得杜之神，运苏之气”，“置之清代集中，挺然秀拔”。有《虚受堂诗文集》。

孙诒让

孙诒让（1848～1908），幼名效洙，又名德涵，别号籀庼，浙江瑞安人。孙诒让是我国近代著名的一代经师，由于他的学术研究极为朴实，故又称“朴学家”，并被誉为“有清三百年朴学之殿”，他十三岁就著成《广韵姓氏刊误》，十八岁写成《白虎通校补》，一生著作达35种。主要著作《周礼正义》是解释周礼最精审详备之作，《墨子间诂》为训诂名著，被誉为“现代墨子复活”，《契文举例》是考释殷墟文字最早的著作。孙诒让苦心经营，筹措资金五十来万，领导温州、处州十六个县先后成立学堂三百余所，为浙南近代教育奠定了良好的基础，并对地方启蒙运动和刷新乡土社会风气起着巨大作用。

孙诒让在经学、诸子学、文字学、考据学、校勘学以及地方献的整理等方面都有卓越的成就。章太炎赞誉他为“三百年绝等双”，郭沫若说他是“启后承前一巨儒”。他又是近代新教育的开创者之一，在理论和实践上成就卓著，是清末著名的教育家。

廖平

廖平（1852～1932），初名登廷，字旭陵，号四益；继改字季平，改号四译；晚年更号为六译。四川井研县人。他是公认的晚清著名经学大师，在中国近代学术界占有极其重要的地位。他一生研治经学，融合古今中西各种学说，建立了富有时代特色的经学理论体系，做出了超越前人的学术贡献。

廖平在1874年参加院试，受四川学政张之洞赏识，录取为第一。光绪二年（1876年）由官方供奉，进入成都尊纪院深造，钻研《春秋》经学。光绪五

年中举，光绪七年注《春秋谷梁传》，次年成《谷梁集解纠谬》和《公羊何氏角诂十论》。其说多为前人未发之论。

廖平在构建其经学理论时，取材不仅限于经学。他是用今文经学的方法来建构理论的，而建构中不仅突破了今文经学的界限，同时还突破了整个经学的界限。古今中外，经传诸子史册，诗赋纬道佛堪舆术数，西方地理学天文学宗教等学说，都是廖平用来建构其理论的素材。因此，从廖平经学理论的内容来看，又与传统经学有根本不同。

严复

严复(1854～1921)原名宗光，字又陵，后改名复，字几道，福建侯官人。是清末很有影响的资产阶级启蒙思想家、翻译家和教育家，是中国近代史上向西方国家寻找真理的"先进的中国人"之一。

严复翻译了《天演论》、《原富》、《群学肄言》、《群己权界论》、《社会通诠》、《穆勒名学》、《名学浅说》、《法意》、《美术通诠》等西洋学术名著，成为近代中国开启民智的一代宗师。离开北洋水师学堂后，严复先后出任安徽高等学堂监督、复旦公学和北京大学等校校长，以教育救国为任。辛亥革命后，他一度党附袁世凯，卷入洪宪帝制，为世人诟病。虽然如此，其立身行且秉持特立独行的操守，学术政见有其一以贯之的原则，在翻译学上更是为一时之先，其风格思想影响了后期一大批著名翻译家。其众多译著更是留给后世的宝贵遗产。著作有《严几道诗文钞》等。著译编为《侯官严氏丛刑》、《严译名著丛刊》。

辜鸿铭

辜鸿铭，(1857～1928)，出生于马来西亚。早年，其祖辈由中国福建迁居南洋，他的父亲辜紫云当时是英国人经营的橡胶园的总管，他的母亲则是西洋人。辜鸿铭精通英、法、德、拉丁、希腊、马来西亚等9种语言，获13个博士学位。被印度圣雄甘地称为"最尊贵的中国人"。

辜鸿铭的仕途生涯不足一谈，他一生事迹的意义及其重要性在于沟通中西文化并诉诸翻译事业。为了让西方人了解中国的孔孟哲学，精神道义，他勤于写作。辜氏一生著述颇丰，且多用流利的英文写成，其目的即在于使西方人了解，并通过了解进而尊重中国文化。

作为翻译家，辜鸿铭的贡献主要包括两个方面：一方面是将我国经典古籍《论语》、《中庸》、《大学》等译成英文传播到西方，在清末民初的中书英译中最享盛誉；另一方面是将外国诗歌等翻译成中文，主要有威廉·柯伯的《痴汉骑马歌》和柯勒律治的《古舟子咏》，成为近代中国向国内译介西方诗歌的先驱。

康有为

康有为(1858～1927),又名祖诒,字广厦,号长素,广东南海人。清光绪年间进士,官授工部主事。出身于士宦家庭,乃广东望族,世代为儒,以理学传家。近代著名政治家、思想家、社会改革家、书法家和学者,他信奉孔子的儒家学说,并致力于将儒家学说改造为可以适应现代社会的国教,曾担任孔教会会长。

康有为不仅是位杰出的政治家,也是一大书论家。他于1889年所著的《广艺舟双楫》是从理论上全面地系统地总结碑学的一部著作,提出“尊碑”之说,大力推崇汉魏六朝碑学,对碑派书法的兴盛有着极其深远的影响。

康有为的事业成就涉及多方面,皆有惊人建树,仅著述就有700多万字,一般人难以望其项背。他的文学成就主要是诗歌创作,想象奇特,辞采瑰丽,具有浓郁的浪漫主义特色,辑成《南海先生诗集》。其政论文打破传统古文程式,汪洋恣肆,骈散不拘,开“新文体”先河。主要著作有《康子篇》、《新学伪经考》、《孔子改制考》、《日本变政考》、《大同书》和《欧洲十一国游记》等。

罗振玉

罗振玉(1866～1940),祖籍浙江省上虞县,客籍江苏省淮安县。初字坚白,后改字叔蕴,又称永丰乡人、仇亭老民。他是著名的语言文字学家、甲骨文学家、文物收藏家。

罗振玉以上虞县学第七名出身,两次乡试不中,自此潜心治学。中日甲午战争后,留意新学,翻译介绍日本和欧美农学著作,并协办武昌农校、江楚编译局、苏州师范学堂等。1906年起,任学部参事官、京师大学堂农科监督等职。罗振玉自幼喜爱收集金石铭刻,终生不辍。因其学术见闻广,掌握资料多,又恰值殷墟甲骨、敦煌遗书、西域简牍、中原碑志等大量古物陆续被发现,以一家之力广泛收集各类新发现的文物资料,分门别类地加以整理研究,为近现代社会科学研究保存了可贵的资料,做出了有益的贡献。著有《五十日梦痕录》、《殷虚书契菁华》、《铁云藏龟之余》、《殷虚书契后编》等书。

蔡元培

蔡元培(1868～1940),字鹤卿,号孑民,浙江绍兴人。民主主义革命家和教育家。数度赴德国和法国留学、考察,研究哲学、文学、美学、心理学和文化史,为他致力于改革封建教育奠定了思想理论基础。曾任教育总长、北京大学校长、人学院院长、中央研究院院长等职。他为发展中国新文化教育事业,建立中国资产阶级民主制度做出了重大贡献,堪称“学界泰斗、人世楷

模”。

蔡元培是我国著名的教育家，提出了“学为学理，术为应用”，“学为基本，术为枝叶”的观点。他提出了“五育”并举的教育方针和“尚自然、展个性”的儿童教育主张。他试图通过贫儿院的试验和推广，逐步以学前儿童公共教育替代当时的家庭教育，最终实现学前儿童公育的理想。他是中国近现代美育的倡导者，主张从家庭教育、学校教育、社会教育三方面实施美育。他始终信守爱国和民主的政治理念，奠定了我国新式教育制度的基础，为我国教育、文化、科学事业的发展作出了富有开创性的贡献。教育论著有《蔡元培教育文选》、《蔡元培教育论著选》等。

章太炎

章太炎(1869～1936)，初名学乘，字枚叔。后改名绛，号太炎，浙江余杭人。清末民初民主革命家、思想家、中国近代著名的朴学大师。著名学者，研究范围涉及小学、历史、哲学、政治等，著述甚丰。

1897 年任《时务报》撰述，因参加维新运动被通缉，流亡日本。1906 年出狱后，孙中山迎其至日本，参加同盟会，主编同盟会机关报《民报》，与改良派展开论战。1911 年上海光复后回国，主编《大共和日报》，并任孙中山总统府枢密顾问。1917 年脱离孙中山改组的国民党，在苏州设章氏国学讲习会，以讲学为业。1935 年在苏州主持章氏国学讲习会，主编《制言》杂志。

早年接受西方近代机械唯物主义和生物进化论，在他的著作中阐述了西方哲学、社会学和自然科学等方面的新思想、新内容。在文学、历史学、语言学等方面，均有成就。宣扬革命的诗文，影响很大，但文字古奥难解。所著《新方言》《文始》《小学答问》，上探语源，下明流变，颇多创获。关于儒学的著作有:《儒术新论》《订孔》等。

梁启超

梁启超(1873～1929)，字卓如，号任公，又号中国之新民、饮冰室主人等，广东新会人。中国近代史上著名的政治活动家、教育家、史学家和文学家。梁启超自幼在家中接受传统教育，1889 年中举，1891 年就读于万木草堂，接受康有为的思想学说并由此走上改良维新的道路。

梁启超于学术研究涉猎广泛，在哲学、文学、史学、经学、法学、伦理学、宗教学等领域，均有建树，以史学研究成绩最著。1901 至 1902 年，先后撰写了《中国史叙论》和《新史学》，批判封建史学，发动“史学革命”。著有《清代学术概论》、《墨子学案》、《中国历史研究法》、《中国近三百年学术史》、《情圣杜甫》、《屈原研究》、《先秦政治思想史》、《中国文化史》等。

梁启超在文学理论上引进了西方文化及文学新观念，首倡近代各种文

体的革新。文学创作上亦有多方面成就:散文、诗歌、小说、戏曲及翻译文学方面均有作品行世,尤以散文影响最大。梁启超的文章风格,世称“新文体”。这种带有“策士文学”风格的“新文体”,成为五四以前最受欢迎、模仿者最多的文体,而且至今仍然值得学习和研究。

在书法艺术方面,梁启超早年研习欧阳询,后从学于康有为,宗汉魏六朝碑刻。

王国维

王国维(1877~1927),字伯隅、静安,号观堂、永观,浙江海宁盐官镇人。清末秀才。他是在文学、美学、史学、哲学、古文字、考古学等各方面成就卓著的学术巨子,国学大师。

王国维世代清寒,早年屡应乡试不中,遂于戊戌风气变化之际弃绝科举。22岁起,他至上海《时务报》馆充书记校对。利用公余,他到罗振玉办的“东文学社”研习外交与西方近代科学,结识主持人罗振玉,并在罗振玉资助下于1901年赴日本留学。

作为中国近代著名学者,王国维从事文史哲学数十载,是近代中国最早运用西方哲学、美学、文学观点和方法剖析评论中国古典文学的开风气者,又是中国史学史上将历史学与考古学相结合的开创者,确立了较系统的近代标准和方法。他生平著述62种,批校的古籍逾200种,其中以《观堂集林》最为著名。被誉为“中国近三百年来学术的结束人,最近八十年来学术的开创者”。

1927年,国民革命军北上时,王国维留下“经此世变,义无再辱”的遗书,投颐和园昆明湖自尽。在其50岁人生学术鼎盛之际,为国学史留下了最具悲剧色彩的“谜案”。

2 近现代学者

陈垣

陈垣(1880~1971),字援庵,又字圆庵,笔名谦益、钱罂等,广东新会人。中国历史学家、宗教史学家、教育家。1910年毕业于光华医学院。自幼好学,无师承,靠自学闯出一条广深的治学途径。在宗教史、元史、考据学、校勘学等方面,著作等身,成绩卓著,受到国内外学者的推重。陈垣毕生致力

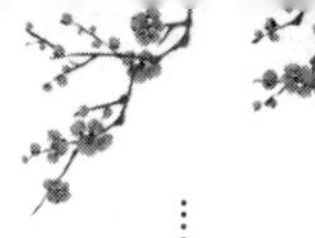

于教育事业，他从教70多年，任过46年大学校长，造就了众多的人才。

陈垣的宗教史研究范围十分广泛，对已消亡的外来宗教，如火祆教、摩尼教、一赐乐业教做过专门研究；也就佛教、基督教、伊斯兰教等世界三大宗教在中国的兴起和流传写过不少论著；对中国本土的道教，也撰有专书。他的宗教史研究，同时也是中外文化交通史研究的重要内容。主要著述有《元西域人华化考》、《校勘学释例》、《史讳举例》、《南宋河北新道教考》、《明季滇黔佛教考》、《清初僧诤记》、《中国佛教史籍概论》及《通鉴胡注表微》等，另有《陈垣学术论文集》行世。

马一浮

马一浮（1883～1967），名浮，幼名福田，字一佛，后字一浮，号湛翁，别署蠲翁、蠲叟、蠲戏老人。中国国学大师、一代儒宗，一生著述宏富，有“儒释哲一代宗师”之称；是引进马克思《资本论》的中华第一人；亦是诗人和书法家。马一浮1899年赴上海学习英、法、拉丁文。1903年，赴美国主办留学生监督公署中文文牍，后又赴德国和西班牙学习外语。1904年东渡至日本学习日文。辛亥革命后，潜心研究学术，古代哲学、文学、佛学，无不造诣精深。

马一浮擅长书法，各体皆备，碑帖兼取，尚古而脱古，自成一家。尤精行草及隶书，行草运笔俊利，章法清逸而气势雄强，横划多呈上翻之势，似淡拘成法，拙中寓巧，气格高古；隶书取精用弘，形成用笔温厚、结体潇洒之特点。亦善治印，朴茂而富韵致。

马一浮工诗词，喜吟哦，他对文字学、古典文学及哲学均深有造诣，著述甚富。主要有《泰和会语》、《宜山会语》、《复性书字讲录》、《尔雅台答问》、《老子道德经注》、《马一浮篆刻》、《避寇集》、《朱子读书法》等。

刘师培

刘师培（1884～1919），字申叔，号左盦，江苏仪征人。他12岁读完四书五经，并开始学习试帖试，有《水仙花赋》、《凤仙花诗一百首》等。1897年起开始研究《晏子春秋》。19岁中举。1904年，刘师培到上海与章太炎、蔡元培、谢无量等一起参加反清革命，参与《俄事警闻》、《警钟日报》和《国粹学报》的编辑工作，积极为《中国白话报》撰稿，用通俗的语言，向民众宣传普及革命主张，作《中国民族志》、《攘书》、《中国民约精义》和《匪风集》。

刘师培作为经学大师，在继承《左氏》家学的同时，善于把近代西方社会科学研究方法和成果，吸收到中国传统文化研究中来，开拓了传统文化研究的新境界，成果很多。他运用进化论思想研究古代社会生活的《论小学与社会学之关系》、《读书随笔》、《国学发微》、《小学发微补》等，具有开创意义；关于《左传》的研究成果，有《春秋左氏传古例诠征》、《春秋左氏传例略》、

《春秋左氏传答问》、《春秋左氏传时月日古例考》、《读左札记》等。他研究《周礼》所著的《周礼古注集疏》、《礼经旧说考略》、《逸礼考》以及《古书疑义举例补》、《论文札记》等，都有较高的学术地位。

余嘉锡

余嘉锡（1884～1955），字季豫，号狷庵，今湖南常德人。史学家，目录学家。嘉锡自幼立志著述，14岁作《孔子弟子年表》，15岁注《吴越春秋》。光绪二十七年（1901）中乡试举人。后入京，选为吏部文选司主事。清末举办学校，他应常德官立中学、西路师范学堂之聘，教授文史。

余嘉锡学贯古今，荐作等身，文笔灵活，跌宕有致，无呆板冗蔓之病。著作有《目录学发微》、《古书通例》、《四库提要辨证》、《世说新语笺疏》、《汉书艺文志索隐》以及《余嘉锡论学杂著》等。以上著作，学术界极为重视，尤其是一部历时五十余年创作的八十万字的《四库提要辨证》，声振国内外，被誉为"是一部从微观角度研究我国古籍的巨著"。

吴梅

吴梅（1884～1939），字瞿安，号霜臣，江苏长洲（今苏州）人。戏曲理论家和教育家，诗词曲作家。吴梅对古典诗、文、词、曲研究精深，作有《霜崖诗录》、《霜崖曲录》、《霜崖词录》行世。又长于制曲、谱曲、度曲、演曲。作《风洞山》、《霜崖三剧》等传奇、杂剧十余种。

自1917年至1937年间，他先后在北京大学、东南大学、中央大学、中山大学、光华大学、金陵大学任教授。他精通昆曲，他不但整理了唐宋以来的不少优秀剧目，还创作了不少昆曲，并且是第一个把昆曲这一民间艺术带入大学的教授。培养了大量学有所成的戏曲研究家和教育家。如朱自清、田汉、郑振铎、齐燕铭、梅兰芳、俞振飞等人都是吴梅的弟子。

吴梅一生致力于戏曲及其他声律研究和教学。主要著作有《顾曲麈谈》、《曲学通论》、《中国戏曲概论》、《元剧研究》、《南北词谱》等。又作有传奇、杂剧十二种。

吕思勉

吕思勉（1884～1957），字诚之。出生于江苏常州。16岁自学古史典籍。1905年起，先后在苏州东吴大学、江苏省立第一师范专修科等校任教。1926年起，任上海光华大学国文系、历史系教授兼系主任。抗战期间，归乡闭户著书。抗战胜利后，重返光华大学。

吕思勉是我国现代著名的史学家，知识渊博，学术造诣高。他的史学研究通贯各时代，在中国通史、断代史和各种专史领域都做出了独到的贡献。著名史学家严耕望曾说过，"论方面广阔，述作宏富，且能深入为文者，我常

推重吕思勉先生……”加强对吕思勉学术的研究，对于推进当代史学的进一步发展，具有积极的意义。

熊十力

熊十力（1885～1968），原名继智，号子真、逸翁，晚年号漆园老人，湖北省黄冈县人。著名哲学家，新儒家开山祖师，国学大师。幼时在家随兄读书，14 岁从军。1917 年赴广州参加“护法运动”失败后，决意专心从事哲学研究。熊十力是我国现代哲学史上最具有原创力、影响力的哲学家。著有《新唯识论》、《原儒》、《体用论》、《明心篇》、《佛教名相通释》、《乾坤衍》等书。其学说影响深远，在哲学界自成一体，“熊学”研究者也遍及全国和海外，《大英百科全书》称“熊十力与冯友兰为中国当代哲学之杰出人物”。

熊十力主要的哲学观点是：“体用不二、心物不二、能质不二、天人不二。”所谓“体用不二”，也就是肯定生命的意义和人生的价值，是为了在物欲横流的世界重新寻找“人生本质”和“宇宙本体”。熊十力奠定了现代新儒学思潮的哲学基础。其“新唯识论”哲学思想体系建构宏伟，构思奇巧，富有创意，独具特色。他以广阔的文化视野、独具的哲人慧思，为世人开创了一条探寻价值的新路，因而具有普遍的世界意义。

黄侃

黄侃（1886～1935），初名乔鼐，后更名乔馨，最后改为侃，字季刚，晚年自号量守居士，湖北省蕲春县人。语言文字学家。1905 年留学日本，在东京师事章太炎，受小学、经学，为章氏门下大弟子。1914 年后，曾在北京大学、武昌高等师范、北京师范大学、山西大学、东北大学、中央大学、金陵大学等学校任教授。在北京大学期间，向刘师培学习，尽通春秋左氏学的家法。

黄侃在经学、文学、哲学各个方面都有很深的造诣，尤其在传统“小学”的音韵、文字、训诂方面更有卓越成就，人称他与章太炎、刘师培为“国学大师”，称他与章太炎为“乾嘉以来小学的集大成者”、“传统语言文字学的承前启后人”。他主张中国传统语言文字学的研究应以《说文》和《广韵》两书为基础，他重视系统和条理，强调从形、音、义三者的关系中研究中国语言文字学，以音韵贯穿文字和训诂。

黄侃的主要著作有：《黄季刚先生遗嘱专号》、《黄侃论学杂著》、《集韵声类表》、《日知录校记》等。

钱玄同

钱玄同（1887～1939），原名夏，字中季，号疑古、逸谷，笔名浑然，浙江省吴兴县人。语文改革活动家、文字音韵学家、著名思想家。1906 年赴日本早稻田大学习师范。1908 年，师从章太炎学国学，研究音韵、训诂及《说文解

字》。1910年回国后曾任中学教员、浙江省教育总署教育司视学、北京高等师范附中教员、高等师范国文系教授、北京大学教授、《新青年》编辑、北平师范大学中文系教授和系主任等。他在语言文字学方面的主要贡献集中体现在语文改革活动、文字、音韵和《说文》的研究等方面。

在音韵学研究方面,他的代表作是《文字学音篇》。这是一篇全面论述传统音韵学的著作。其中既继承了章太炎等的传统音韵学的成果,又受到了高本汉的现代语音学研究方法和观点的影响,在当时学术界产生了很大的反响,被多人用做大学教材。此外,他还著有《广韵四十六字母标音》、《古韵二十八部音读之假定》等。在文字学方面,他著有《说文部首今读》、《说文音符今读》和《中国文字学说略》等论著。

沈兼士

沈兼士(1887~1947),浙江吴兴(今湖州)人。中国语言文字学家、文献档案学家、教育学家。1905年与兄沈尹默自费东渡日本求学,入东京物理学校。时章太炎先生居东瀛,沈兼士拜其门下,并加入同盟会。曾与其兄沈士远、沈尹默同在省立一中、北大任教,有"北大三沈"之称,为中国新诗倡导者之一。

沈兼士在语言文字领域的贡献主要体现在积极参加国语运动,创建汉语字族学。在中国传统语言学研究的经验与成果的基础上,将语义与语音结合起来研究,以文字为标音符号,从叙述谐声字发展的历史轨迹中,揭示汉语语根与派生词的亲族关系,即建立汉语的字族学。他认为这是建设汉语语言学的必要条件。在建立汉语字族学方面,著有《广韵声系》一书。

而《右文说在训诂学上之沿革及其推阐》一文则是其从汉字形体入手研究汉语字族的重要著作。沈兼士认为右文说的作用在训诂学上可比较字义,把握语言的变化,而不致拘于汉字的形体;还可探寻语根。他研究右文说,把汉字作为音符,以此将形、音、义联系起来研究并探讨其间的关系,突破了《说文解字》因形取义的陈法。这是对古代语言研究的一大贡献,为汉语语源学的建立打下了基础。

为了进一步研究音符,沈兼士还著有《声训论》一文,认为义类相通,声类相同是声训成立的主要原因,研究声训义类,可证明古音的分部,也可确立汉语的字族。此外,他还著有一些研究具体某个汉字的字族的论文及《段砚斋杂文》一书。

陈寅恪

陈寅恪(1890~1969),江西修水人。中国现代最负盛名的历史学家、古典文学研究家、语言学家。著名诗人陈三立之子,湖南巡抚陈宝箴之孙。

1902 年,陈寅恪随兄衡恪东渡日本,入日本巢鸭弘文学院。1921 年,又转往德国柏林大学攻读东方古文字学,同时学习中亚古文字,向黑尼士学习蒙古语,在留学期间,他勤奋学习,具备了阅读梵、巴利、波斯、突厥、西夏、英、法、德八种语文的能力,尤以梵文和巴利文特精。1925 年,陈寅恪回国。他国学基础深厚,国史精熟,又大量吸取西方文化,很受国内外学人所推重。

陈寅恪继承了清代乾嘉学者治史中重证据、重事实的科学精神,又吸取西方的"历史演进法",运用这种中西结合的考证比较方法,对一些资料穷本溯源,核订确切。并在这个基础上,注意对史实的综合分析,从许多事物的联系中考证出关键所在,用以解决一系列问题,求得历史面目的真相。他这种精密考证方法,其成就超过乾隆、嘉庆时期的学者,发展了我国的历史考据学。

陈寅恪对佛经翻译、校勘、解释,以及对音韵学、蒙古源流、李唐氏族渊源、府兵制源流、中印文化交流等课题的研究,均有重要发现。在《中央研究院历史研究所集刊》、《清华学报》等刊物上发表了四五十篇很有分量的论文,是国内外学术界公认的博学而有见识的史学家。

胡适

胡适(1891～1962),原名嗣穈,学名洪骍,字希疆,后改名胡适,字适之,笔名天风、藏晖等,安徽人。现代著名学者、诗人、历史家、文学家、哲学家。因提倡文学革命而成为新文化运动的领袖之一。胡适 1910 年赴美国留学,1914 年往哥伦比亚大学攻读哲学,接受了杜威的实用主义哲学,并一生服膺。1917 年获得哲学博士学位回国后,任北京大学教授,加入《新青年》编辑部,积极提倡"文学改良"和"白话文学",成为当时新文化运动的重要人物。从 1920 年至 1933 年,主要从事中国古典小说的研究考证。

胡适是个学识渊博的学者,在文学、哲学、史学、考据学、教育学、伦理学等诸多领域均有不小的建树。就对孔子和儒学的研究而言,在 1919 年出版《中国哲学史大纲》中,胡适首先采用了西方近代哲学的体系和方法研究中国先秦哲学,把孔子和儒学放在一定的历史条件下,用"平等的眼光"与诸子进行比较研究,破除了儒学"独尊"的地位和神秘色彩,具有开创性的影响。

赵元任

赵元任(1892～1982),字宣仲,又字宜重,江苏人。赵元任是中国现代语言和现代音乐学先驱。他博学多才,既是数学家,又是物理学家,对哲学也有一定造诣。然而他主要以著名的语言学家蜚声于世。在二三十年代期间曾亲自考察和研究过吴语等近 60 种方言。他用英文和中文写下了大量语言学著作:《中国语言词典》、《中国语入门》、《中国语文法之研究》、《现代吴

语研究》、《语言问题》、《通字方案》。

赵元任从小受到民族音乐的熏陶,少年时学习钢琴,在美国留学时曾广泛涉猎西欧古典音乐和现代音乐。他在从事语言学研究过程中,曾到中国各地调查方言,接触了不少民歌、民谣等民间音乐,对中国社会下层生活也有所了解。1915 年即发表了钢琴曲《和平进行曲》。"五四"运动以后。他陆续谱写了约 100 多首作品。如歌曲《卖布谣》、《劳动歌》、《教我如何不想他》、《上山》、《听雨》以及合唱曲《海韵》等,流传至今,成为音乐院校的教材及音乐会上经常演唱的曲目。

赵元任的歌曲作品,音乐形象鲜明,风格新颖,曲调优美流畅,富于抒情性,既善于借鉴欧洲近代多声音乐创作的技法,又不断探索和保持中国传统文化和音乐的特色。他十分注意歌词声调和音韵的特点,讲究歌词字音语调与旋律音调相一致,使曲调既富于韵味,又十分口语化,具有独特的风格。

郭沫若

郭沫若(1892 ~ 1978),原名郭开贞,字鼎堂,号尚武;笔名沫若,四川乐山人。他是我国新诗的奠基人,是继鲁迅之后革命文化界公认的领袖。他著有《青铜时代》、《十批判书》等,皆大气磅礴,具有原创性;精研甲骨文字,著作有《甲骨文字研究》、《卜辞通纂》、《古代文字之辩证的发展》、《中国古代史的分期问题》、《中国古代社会研究》、《甲申三百年祭》等。

在书法艺术方面,郭沫若同样成就璀璨,在现代书法史上占有重要地位。郭沫若以"回锋转向,逆入平出"为学书执笔 8 字要诀。其书体既重师承,又多创新,展现了大胆的创造精神和鲜活的时代特色,被世人誉为"郭体"。郭沫若以行草见长,笔力爽劲洒脱,运转变通,韵味无穷;其楷书作品虽然留存不多,却尤见功力,气贯笔端,形神兼备。

若以书法家视之,从某种意义上而言郭沫若可归入学者型或"文化人"类型的书家。在他的书法作品中,处处透射出一种"文"的气息,宠万端于胸中,幻化出千种思绪,从笔端涓涓流出,生成与他诗、文、史种种学问修养相融合的化境,以书法的外化形式展现给读者。

汤用彤

汤用彤(1893 ~ 1964),字锡予,祖籍湖北省。中国著名哲学史家、佛教史家、教育家、著名学者。现代中国学术史上会通中西、接通华梵、熔铸古今的国学大师之一。汤用彤毕业于清华学堂。留学美国,入汉姆林大学、哈佛大学深造,获哲学硕士学位。与陈寅恪、吴宓并称"哈佛三杰"。

汤用彤通晓梵语、巴利语等多种外国语文,熟悉中国哲学、印度哲学、西方哲学,毕生致力于中国佛教史、魏晋玄学和印度哲学的研究。所著《汉魏

两晋南北朝佛教史》、《隋唐佛教史稿》，用科学方法系统地阐述了佛教从印度传入到唐朝时期的历史发展过程及其特点、佛学思想与中国传统思想的相互关系；详细地考察了中国佛教各个学派、宗派的兴起和衰落过程及其原委。由于他对佛教有系统的研究，因而对印度哲学发展过程也有深入、全面的了解，他在《印度哲学史略》中采录了中国所保存的不少重要史料，并作了考证和评价。其学术成就获得中外有关学者的一致好评。

已出版的著作有《汉魏两晋南北朝佛教史》、《隋唐佛教史稿》、《汤用彤学术论文集》（包括《魏晋玄学论稿》、《往日杂稿》、《康复札记》等）、《印度哲学史略》等。

顾颉刚

顾颉刚（1893 ~ 1980），原名诵坤，字铭坚，江苏苏州人。是中国近代史上有着重要影响的著名历史学家，民俗学家。

顾颉刚受胡适在新文化运动中倡导的“整理国故”思想的影响，从 20 世纪 20 年代起即从事中国历史和古代文献典籍的研究和辨伪工作。主张用历史演进的观念和大胆疑古的精神，吸收近代西方社会学、考古学等方法，研究中国古代的历史和典籍。与钱玄同等发起并主持了古史辨伪的大讨论，又广集当时的研究成果编成《古史辨》八册，形成了“古史辨派”。

顾颉刚一生著述颇丰，除所编《古史辨》之外，重要的尚有《汉代学术史略》、《秦汉的方士与儒生》、《尚书通检》、《中国疆域沿革史》、《史林杂识》等。

顾颉刚作为一个史学家，享誉中外学术界，影响深远。他将史学上的创见运用到民间文学、民俗学领域来，为之贯注新血液，探讨新方法，同样取得了极大成就。他在孟姜女故事和歌谣学、民俗学诸方面的研究，赢得了很高的荣誉。

梁漱溟

梁漱溟（1893 ~ 1988），原名焕鼎，字寿铭、萧名、漱溟，后以其字行世，祖籍广西桂林。著名的思想家、哲学家、教育家、国学大师，主要研究人生问题和社会问题，现代新儒家的早期代表人物之一，有“中国最后一位儒家“之称。梁漱溟只有中学毕业文凭，却被蔡元培请到全国最高学府北京大学教印度哲学。

梁漱溟在辛亥革命时期，曾热衷于社会主义，著《社会主义粹言》小册子，宣传废除私有财产制。20 岁起潜心于佛学研究，几度自杀未成，经过几年的沉潜反思，重兴追求社会理想的热情，又逐步转向了儒学。

梁漱溟自称“是一个有思想，又且本着他的思想而行动的人”。其学术

思想是把孔子、孟子、王阳明的儒家思想，佛教哲学和西方柏格森的“生命哲学”糅合在一起。在东西文化观上，把人类文化划分为西洋、印度和中国三种类型，指出中国文化以孔子为代表，以儒家学说为根本，以伦理为本位，它是人类文化的理想归宿，比西洋文化要来得“高妙”，认定“世界未来的文化就是中国文化复兴”，认为只有以儒家思想为基本价值取向的生活，才能使人们尝到“人生的真味”。

其著作除有《印度哲学概论》、《唯识述义》等，今编有八卷本的《梁漱溟全集》。

蒙文通

蒙文通（1894～1968），我国著名的史学家、上古史专家，同时在中国思想史研究上也有专长，师承欧阳竟无，在佛学上也有精深的见地。蒙文通的教育是在国学大师的精心指教下进行的。蒙文通五岁入私塾，1906 年又随其伯父入四川高等学堂分设中学，五年后被选入当时国学最高学府四川存古学堂。蒙文通进入学堂后，时刻钻研于国学之中，且不拘于大师们平时所言，课余自行购置大量书籍，广涉经、史、子、集，对四库全书也开始涉及，早年广博的知识使蒙文通在后来治经、史、佛中都能显示出深厚的根基。

在经史文学上，蒙文通早在四川存古学堂便显示出深厚的根基。蒙文通于 1914 年所著的《孔氏古文说》，笔触深入旧史与六经的根基，由此辨其差别进而解开以后学者在二者上争论的症结。之后，蒙文通又相继撰述《近二十年汉学之平议》、《经学抉源》、《天问本身》、《周秦民族史》、《中国史学史》、《考古甄微》、《儒家政治思想之发展》、《墨学之流变及其原理》等专论。

对于经史，蒙文通一向视之为历史的经纬，二者与文学互相交叠共同组成历史的洪流。他的著述论证也常以经治史、以史注经二者相互叠交，相互出入而辉映成趣。1968 年蒙文通所著的《越史丛考》一书即详细引用一百三十余种古文献资料，有经有史，经史互证。文章从十二个角度探究越南的起源、发展、扩张、削弱的过程，论证谨严，资料详实，极具说服力。

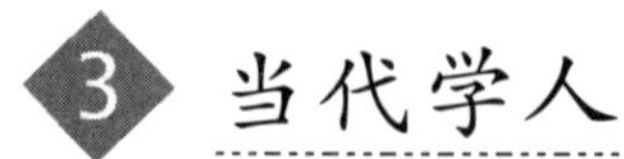

3 当代学人

钱穆

钱穆（1895～1990），字宾四，晚号素书老人、七房桥人等，江苏无锡人。

现代历史学家，国学大师，被中国学术界尊之为"一代宗师"。九岁入私塾，1912年辍学后自学，任教于家乡的中小学。1930年因发表《刘向、刘歆父子年谱》成名，被顾颉刚推荐，聘为燕京大学国文讲师，后历任北京大学、西南联大、齐鲁大学、武汉大学、华西大学、四川大学、江南大学教授。

钱穆用七年时间完成巨著《朱子新学案》。此书是他晚年的代表作。作者不仅深入论述了朱熹学术思想，而且花大工夫系统梳理了朱子思想资料，夹叙夹议，精微邃密。作者把朱熹放在整个中国思想史上考察，突出了朱熹在中国思想史后半期的重要历史地位，同时连带地解决了朱子卒后七百多年来学术思想史上争论不休、疑而未决的一些重要问题。在学术上，他再现了朱熹作为百科全书式人物的形象。在治学方法上，义理与考据孰轻孰重也是学者们争论的焦点之一，他用"考据正所以发明义理，而义理亦必证之考据"的方法克服治学方法上的偏颇。《学案》是他研究理学的重要著作。国际汉学批评家杨联升读《学案》后，赞叹不止，说钱穆治中国学术思想史，"博大精深，并世无能出其右者"。

冯友兰

冯友兰（1895～1990），字芝生，河南南阳唐河人。著名学者、哲学家。1915年入北京大学文科中国哲学门，1919年赴美留学，1924年获哥伦比亚大学博士学位。回国后历任中州大学、广东大学、燕京大学教授、清华大学文学院院长兼哲学系主任。曾获美国普林斯顿大学、印度德里大学、美国哥伦比亚大学名誉文学博士。1952年后一直为北京大学哲学系教授。

1923年，冯友兰顺利通过美国哥伦比亚大学博士毕业答辩，获哲学博士学位。是年秋回国后，沿博士论文方向写成《一种人生观》。1924年又写成《人生哲学》，作为高中教材之用，在这本书中，冯友兰确立了其新实在主义的哲学信仰，并开始把新实在主义同程朱理学结合起来。

从1939年到1946年7年间冯友兰连续出版了六本书，称为"贞元之际所著书"：《新理学》、《新世训》、《新事论》、《新原人》、《新原道》、《新知言》。通过"贞元六书"，冯友兰创立了新理学思想体系，使他成为中国当时影响最大的哲学家。

20世纪50、60年代是冯友兰学术思想的转型期。新中国成立后，冯友兰放弃其新理学体系，接受马克思主义，开始以马克思主义为指导研究中国哲学史。著有《中国哲学史新编》、《中国哲学史论文集》、《中国哲学史论文二集》、《中国哲学史史料学初稿》、《四十年的回顾》等书。

冯友兰的《中国哲学简史》出版后几十年来，一直是世界各大学学习中国哲学的通用教材。李慎之先生常说："中国人了解、学习、研究中国哲学，

冯友兰先生是可超而不可越的人物。”其依据之一就是冯先生的《中国哲学简史》。

傅斯年

傅斯年（1896～1950），初字梦簪，字孟真，祖籍江西永丰。著名历史学家，古典文学研究专家。1913年考入北京大学预科，1916年升入北京大学文科。由于受到民主与科学新思潮的影响，1918年创办《新潮》月刊，提倡新文化，影响颇广。

傅斯年任历史语言所所长23年，培养了大批历史、语言、考古、人类学等专门人才，组织出版学术著作70余种，为历史语言的发展做出了重要贡献。傅斯年在历史学研究方面，主张“上穷碧落下黄泉，动手动脚找材料”，重视考古材料在历史研究中的作用，摆脱故纸堆的束缚，同时注意将语言学等其他学科的观点方法运用到历史研究中，取得了较高的学术成就，在现代历史学上具有很高的地位。傅斯年还将明清大库档案资料争取到历史语言研究所，组织进行专门整理，使明清史研究取得了突破性的进展。

傅斯年的主要著作有：《东北史纲》、《古代中国与民族》、《古代文学史》等。

钟敬文

钟敬文（1903～2002），原名钟谭宗。广东人。他毕生致力于教育事业和民间文学、民俗学的研究和创作工作，贡献卓著。是我国民俗学家、民间文学大师、现代散文作家。他少年聪颖勤奋，爱好诗文。1922年毕业于海丰县陆安师范。师范学校学习期间，受新文化运动影响，开始学做白话诗。毕业后在家乡一带教小学，20世纪20年代中期到广州岭南大学国文系工作并学习 。

他致力于民间文学的研究和文学创作，并作出了较大的贡献，当选为中国民间文艺研究会副会长。写了《西北纪游诗抄》、《中国民谣中所表现的有觉意识》和有关鲁迅研究等一批学术论文，还有《一声春雷》、《碧云寺秋色》等散文20多篇，撰写了《近代民间文学史略》，翻译了日本学者增田涉《鲁迅的印象》一书。

他在民俗和民间文学研究方面独有建树，成为我国提倡用人类学、民俗学、民族学的观点来研究民间文学的首批学者之一，是我国第一次正式打出民俗学大旗的学者之一，是第一次提出中国文字“三大干流”的概念，较早地把民俗学现象看成一个由物质文化、社会组织和意识形态组成的整体的学者，是中国现代知识分子中善于进行理论构架的人。

张中行

张中行(1909～2006),原名张璇,河北人。著名学者,哲学家,散文家。1935年毕业于北京大学中国语言文学系,曾任教于天津南开中学、保定中学、贝满女中,担任过《现代佛学》主编。后到北京大学任教,与季羡林、金克木合称“燕园三老”。1949年后任人民教育出版社编辑,任人民教育出版社编辑、特约编审。主要从事语文、古典文学及思想史的研究。曾参加编写《汉语课本》、《古代散文选》等。合作编著有《文言文选读》、《文言读本续编》;编著有《文言常识》、《文言津逮》、《佛教与中国文学》、《负暄琐话》等。

张中行涉猎广泛,博闻强记,遍及文史、古典、佛学、哲学诸多领域,人称“杂家”。自觉较专者为语文、中国古典和人生哲学。以“忠于写作,不宜写者不写,写则以真面目对人”为信条。被季羡林称为“高人、逸人、至人、超人”。20世纪80年代出版的多部散文集成为畅销书,从而闻名于世,人称“文坛老旋风”。短短几年就奠定了他散文大家的地位。代表作有《顺生论》,此书由很多短小的文章组成,内容深刻,文笔优雅,充满哲理。

牟宗三

牟宗三(1909～1995),字离中,山东栖霞人。中国现代学者、哲学家、哲学史家,现代新儒家的重要代表人物之一,被称为当代新儒学的集大成者。1927年入北京大学预科,两年后升入哲学系。1933年毕业后,曾先后在华西大学、中山大学、金陵大学、浙江大学等校任教,以讲授逻辑学和西方哲学为主。1949年去台湾,任教于台北师范大学、台湾东海大学,讲授逻辑、中国哲学等课程。1958年与唐君毅、徐复观、张君劢联名发表现代新儒家的纲领性文章《为中国文化敬告世界人士宣言》。

牟宗三是海外新儒学的重要代表和集大成者。牟宗三以《认识心之批判》、《道德的理想主义》、《智的直觉与中国哲学》、《现象与物自身》、《圆善论》、《心体与性体》、《佛性与般若》、《才性与玄理》等一系列著作,会通中西,圆融古今,完成了对中国儒学的创造性重建,建立了庞大、缜密的哲学体系即道德的形上学体系。其哲学成就代表了中国传统哲学在现代发展的新水平,其影响力具有世界水平。英国剑桥哲学词典誉之为“当代新儒家他那一代中最富原创性与影响力的哲学家”。

张岱年

张岱年(1909～2004),字季同,别号宇同,河北沧县人。著名的哲学家,哲学史家,国学大师。张岱年长期从事中国哲学史研究,著作等身,有极高的造诣和广泛的建树。曾任中国社会科学院哲学研究所兼职研究员、中国哲学史学会会长、中华孔子研究会会长、清华大学思想文化研究所所长等。

在20世纪20年代至30年代中期，先后写了《先秦哲学中的辩证法》、《秦以后哲学中的辩证法》、《颜李之学》、《中国元学之基本倾向》、《中国思想源流》、《关于新唯物论》、《辩证唯物论的知识论》、《辩证唯物论的人生哲学》、《谭理》等重要哲学论文，第一次系统梳理了中国古代哲学的唯物论思想，阐发了中国的辩证法思想，显扬了中国人本思想，而且做出了以马克思主义哲学观点解释社会人生的尝试。

1936年，张岱年写成50万字的《中国哲学大纲》，以哲学问题为纲，分别叙述其源流发展，以显出中国哲学的系统条理，其较高的学术品位为学界所公认，至今仍是中国哲学专业的必读书目。

1942～1944年间，张岱年以振奋民族精神为己任，先后著成《哲学思维论》、《知实论》、《事理论》和《品德论》等书稿，分别论述了对立统一规律、形式逻辑定律、唯物论和人生观，初步形成了自己的一个完整的哲学结构。

钱钟书

钱钟书（1910～1998），原名仰先，字哲良，字默存，生于江苏无锡。是中国现代著名作家、文学研究家。

钱钟书出生于诗书世家，自幼受到传统经史方面的教育，中学时擅长中文、英文，却在数学等理科上成绩极差。报考清华大学时，数学仅得15分，但因国文、英文成绩突出，其中英文更是获得满分，于1929年被清华大学外文系录取。

钱钟书博学多能，兼通多国外语，学贯中西，在文学创作和学术研究两方面均做出了卓越成绩。解放前出版的著作有散文集《写在人生边上》，用英文撰写的《十六、十七、十八世纪英国文学里的中国》，短篇小说集《人·兽·鬼》，长篇小说《围城》，文论及诗文评论《谈艺录》。其中《围城》有独特成就，被译成多国文字在国外出版。解放后，钱钟书出版有《宋诗选注》、《管锥编》、《七缀集》、《槐聚诗存》等。他的《管锥编》则是论述《周易正义》、《毛诗正义》、《左传正义》、《史记会注考证》、《老子王弼注》、《列子张湛传》、《太平广记》等的学术巨著，体大思精，旁征博引，是数十年学术积累的力作，曾获第一届国家图书奖。

钱钟书的治学特点是贯通中西、古今互见的方法，融汇多种学科知识，探幽入微，钩玄提要，在当代学术界自成一家。因其多方面的成就，被誉为“文化昆仑”。

季羡林

季羡林（1911～2009），字希逋，又字齐奘，山东临清人。中国著名的古文字学家、历史学家、思想家、翻译家、佛学家、作家。季羡林于1930年考入

清华大学西洋文学系，专业方向德文。从师吴宓、叶公超学东西诗比较、英文、梵文，并选修陈寅恪教授的佛经翻译文学、朱光潜的文艺心理学等。他精通12国语言，对印度语文文学历史的研究建树颇多。曾任中国科学院哲学社会科学部委员、北京大学教授、副校长、中国社科院南亚研究所所长、中国文化书院院务委员会主席、中科院院士。

季羡林认为，“文化交流是人类进步的主要动力之一。人类必须互相学习，取长补短，才能不断前进”。季羡林将人类文化分为四个体系：中国文化体系，印度文化体系，阿拉伯伊斯兰文化体系，自古希腊、罗马至今的欧美文化体系，而前三者共同组成东方文化体系，后一者为西方文化体系。季羡林为东方民族的振兴和东方文化的复兴呐喊，提出东西方文化的变迁是“三十年河东，三十年河西”，在国内引起强烈反响。季羡林表达的是一种历史的、宏观的看法，也是对长期以来统治世界的“欧洲中心主义”的积极反驳。

季羡林自1946年从德国回国，受聘北京大学，创建东方语文系，开拓中国东方学学术园地。在佛典语言、中印文化关系史、佛教史、印度史、印度文学和比较文学等领域，创获良多、著作等身，成为享誉海内外的东方学大师。

程千帆

程千帆(1913～2000)，原名逢会，改名会昌，字伯昊，千帆是其曾用过的许多笔名之一，后来就通用此名，祖籍是湖南。中国古代文史学家、教育家。

程千帆是一位以学术为第一生命的学者，他在校雠学、历史学、古代文学、古代文学批评等方面都取得了卓著成就。在1958年被迫中断学术研究20年后，他又重新开始教学和研究工作，短短的十多年中，出版了十多部重要的学术著作，其中如《校雠广义》、《史通笺记》、《文论十笺》、《程氏汉语文学通史》、《两宋文学史》、《唐代进士行卷与文学》、《闲堂文薮》、《古诗考索》、《被开拓的诗世界》、《古诗精选》、《读宋诗随笔》等，都以精深的学术造诣受到国内外学术界的重视。他也是一位杰出的诗人，存世作品有《闲堂诗文合钞》和《新诗少作》两种，其中尤以五七言诗成果最为杰出。

程千帆也是一位诲人不倦的教育家，他终生都以教师为业，以培育人才为自己的首要职责。尤其是他晚年在南京大学任教的十多年中，尽管有许多著作要撰写和整理，但仍然把大量的时间和精力用在培养研究生上面。在他的精心指导下，南京大学中文系古代文学专业的研究生教育取得了丰硕的成果，一批获得博士、硕士学位的年轻人成长为学术界的后起之秀，有的已经在学术上崭露头角。

饶宗颐

饶宗颐(1917～　)字固庵，号选堂，广东潮州人。是我国当代著名的历

史学家、考古学家、文学家、经学家、教育家和书画家，是集学术、艺术于一身的大学者，又是杰出的翻译家。饶宗颐和季羡林齐名，学界称为“南饶北季”。

饶宗颐 1949 年移居香港，任教香港大学，又在新加坡大学、美国耶鲁大学、法国高等研究院任职教授。他于 1962 年获法国汉学儒莲奖。饶宗颐学术范围广博，对甲骨文、敦煌学、古文字、上古史、近东古史、艺术史、音乐、词学等，均有专著，出版书 40 种，学术论文过三百篇。

饶宗颐的书画艺术秉承了中国明清以来文人书画的优秀传统，充满“士夫气”。是当今社会难得的“学者型”书画艺术家，他的山水画写生和人物白描，独具一格。书法方面，植根于古文字，而行草书则融入明末各家豪纵韵趣，隶书兼采各家之长，自成一格，真草隶篆皆得心应手。

除了诗词和书画，饶宗颐在音乐上也有着一定造诣。他不仅是一个建树颇多的音乐史方面的学者，还是一个资深的古琴家。他 20 世纪 50 年代从岭南古琴名家容心言学习指法，终有所成就。并对琴谱、琴史产生研究兴味，在这方面也有大成，最重要的研究成果就是《宋季金元琴史考述》，此文可谓中国近现代第一部系统论述古琴艺术发展的断代史，发表后为海内外学者和古琴家所传诵。

南怀瑾

南怀瑾(1918～2012)，出生于浙江。国学大师，诗人，中国传统文化的积极传播者。其著作多以演讲整理为主，内容往往将儒、释、道等思想进行比对，别具一格。南怀瑾的著述是学习中国传统文化的捷径，对无法直接了解典籍的人作了一个重要引导。南怀瑾的言谈生动有趣、博大精深，可以说是中国传统文化的忠实代言人，对中国传统文化复兴与普及的作用功不可没。人们尊称他为“大居士”、“哲学家”、“禅宗大师”和“国学大师”，一度名列“台湾十大最有影响的人物”。

儒家方面，其代表作品有《论语别裁》、《孟子旁通》、《原本大学微言》等。其中刊正了许多以往对传统文化的误解。道家方面，代表作有《老子他说》、《道家密宗与东方神秘学》、《静坐修道与长生不老》、《中国道教发展史略述》等。佛教学方面的著作有《金刚经说什么》、《圆觉经略说》、《如何修证佛法》、《药师经的济世观》等。